融合型·新形态教材

复旦学前云平台 fudanxueqian.com

U0731051

普通高等学校学前教育专业系列教材

幼儿科学教育

科学素养与活动实训

主　　编　蔡志东

副 主 编　顾丽琴　钱云祥　徐　群　吴春明

编写组成员（按姓氏笔画为序）

丁春华　王玉叶　李　菊　杨　霞　吴春明

吴辉芳　张　华　张旻敏　陈　颂　陈　瑜

顾丽琴　钱云祥　徐　群　浦立孟　眭红霞

鲁　旸　蔡志东　熊小燕　魏军化

复旦大学出版社

内容提要

本书是专为幼师高专、高职高专、幼师中专等各类院校学前教育专业"幼儿科学教育"课程量身打造的一本专业课教材。主要内容：幼儿科学教育的主要问题及相关理论，幼儿科学教育的目标、内容和方法，幼儿集体科学教育活动典型案例解析，其他形式的幼儿科学教育活动，幼儿科学教育的统整、资源和评价，幼儿科学实验与制作，幼儿科学教育实施的基本要求。本书形式新颖，内容实用、科学，观念独特，融教材和教学参考资料于一体。

复旦学前云平台
数字化教学支持说明

为提高教学服务水平，促进课程立体化建设，复旦大学出版社学前教育分社建设了"复旦学前云平台"，以为师生提供丰富的课程配套资源，可通过"电脑端"和"手机端"查看、获取。

💻【电脑端】

电脑端资源包括 PPT 课件、电子教案、习题答案、课程大纲、音频、视频等内容。可登录"复旦学前云平台"www.fudanxueqian.com 浏览、下载。

Step 1 登录网站"复旦学前云平台"www.fudanxueqian.com，点击右上角"登录 / 注册"，使用手机号注册。

Step 2 在"搜索"栏输入相关书名，找到该书，点击进入。

Step 3 点击【配套资源】中的"下载"（首次使用需输入教师信息），即可下载。音频、视频内容可通过搜索该书【视听包】在线浏览。

前　言

　　要想编写一本好的幼儿科学教育教材，至少需要三个条件：一是这本教材要有一定的科学性，二是这本教材要有一定的理论性，三是这本教材要有一定的实用性和可操作性。要做到这三点，教材编写组的成员中，既要有科学方面的专家(确保科学性没有问题)，也要有教育方面的专家(确保教材有一定的理论高度)，还要有幼儿园一线的优秀教师(确保内容的实用性)。本书的编写组正是由这三方面的人员所组成的，因此，本书在这三方面较有保证。

　　目前，幼儿科学教育方面的教材很多，有一些教材在理论方面很好，实践方面一般，科学方面问题较多。科学教育教材不科学，并非个别现象。统计表明，中国公众的科学素养达标的比例只有美国的1/8，欧洲的1/3。在创新能力方面，我国与发达国家相比也有较大的差距。而要提高公众的科学素养和创新能力，必须从娃娃抓起。因此，幼儿科学教育任重而道远，它担负着培养幼儿的创新意识、良好的个性品质和科学的启蒙教育等任务，可谓光荣和艰巨。要完成这一任务，需要有一大批有较高科学素养、较强教学能力的幼儿教师，而要做到这一点，有一本好的幼儿科学教育教材是基本的条件之一。

　　本书是专门为高职高专(包括幼专)院校量身打造的幼儿科学教育教材，适用于学前教育专业开设"学前儿童科学教育"或"幼儿科学教育"这门课程。因为专科层次的师范类高校比较注重技能型、应用型人才的培养，并且一般课时较少，而本书可以在较短时间内用较有效的方法提高幼师生的科学素养和教学能力。本书的许多理念、思想和观点，是我们多年教学经验的提炼，相信无论是对于幼师生或幼儿教师，还是对于师范类高校的教师，都有一定的启发作用。

　　本书在编排时，除了考虑学前教育专业学生的需求之外，也考虑了学前教育专业教师的需求。因为大部分高校"幼儿科学教育"课程的教师都是从数学、物理、化学、生物、地理、教育等专业转岗而来，除了本专业的知识之外，往往对自然科学其他学科的知识了解得并不多。正是基于这一点，我们精心编写了附录一，简明扼要地介绍了各学科的基本知识，以供教师查阅。

　　本书的特点可以用八个字来概括，即新颖、独特、实用、科学。本书在形式上是新颖的，内容上是实用的、科学的，观念上是独特的。本书的另外一个特点是融教材和教学参考资料于一体，每一章后面的阅读材料和书后的附录，均可作为教师重要的参考资料。

　　本书从开始到结束，内容从宏观(第一章)→中观(第二章)→微观(第三章)→实训(第六、第七章)，从理论到实践，由粗到细，符合理实一体的教学理念。中间的第四章和第五章是为了让幼师生了解集体科学教育活动(上课)之外的一些知识。

后面的附录一为学前教育专业的师生提供了一个知识宝典,包含理、化、生、地等各科知识精要,方便师生查阅以解释实验现象。附录二和附录三则是精选的幼儿科学教育的优秀教案和小实验,对学生有一定的参考价值。附录四给任课教师提供了一个课时分配方案和一些教学建议,希望每个任课教师在上课前先看一下这部分的内容。

本书编写的基本原则是:以实验为基础,以案例为核心,以规范为抓手,以理论为指引,以提高科学素养和教学能力为目标。我们一向认为:没有实践的理论是空洞的,没有理论的实践是盲目的,本书体现了理论和实践相结合的原则。

本书的编写分工如下:第一章由镇江高等专科学校蔡志东和钱云祥负责编写;第二章、第五章由钱云祥负责编写(第五章附录由徐州幼儿师范高等专科学校陈颂负责编写);第三章主要由江苏省丹阳市新区幼儿园顾丽琴、杨霞、眭红霞负责编写,由张华(常州幼儿师范学校)、陈颂、蔡志东和钱云祥等负责评析。第四章由金审学院熊小燕负责编写。第六章由江苏省丹阳市新区幼儿园李菊和眭红霞负责筛选实验,由无锡高等师范学校张旻敏、南通师范高等专科学校陈瑜、盐城幼儿师范高等专科学校浦立孟、扬州职业大学丁春华等负责原理解释和拓展。第七章由蔡志东负责编写。

附录一由镇江高等专科学校蔡志东、魏军化、吴辉芳、王玉叶等负责编写。附录二由眭红霞和陈颂负责编写。附录三主要由眭红霞、李菊负责整理。附录四由蔡志东负责编写。每章后的阅读材料由蔡志东负责编写。

全书由蔡志东教授、江苏第二师范学院学前教育学院徐群副院长、镇江高等专科学校丹阳师范学院吴春明院长共同负责整体设计。具有30多年幼儿科学教育经验的徐群副院长提出了许多宝贵的意见和建议,为最终确定本书的框架结构起到了关键性作用,同时她还审阅了本书的大部分内容。

本书在编写过程中得到了很多人的帮助,如全国著名学前教育专家刘占兰研究员,南京师范大学张俊副教授和杨作东教授,江苏第二师范学院尹坚勤教授、周欣教授,南京市太平巷幼儿园园长、教授级特级教师汪丽等。他们的精彩讲座和悉心指导,使编者获益匪浅,深受启发,在此向他们表示衷心的感谢!

此外,还要感谢江苏省十多所师范类高校的二十多位"学前儿童科学教育"课程教师培训班的学员。编者的许多想法正是在和他们的交流中产生的,本书可以说是"阅古今中外,借他山之石,集众人智慧,扬独特个性"之作。

值得一提的是,江苏省丹阳市新区幼儿园的眭红霞和李菊两位老师,从海量的文献资料中精心挑选出了40个实验、20个典型案例。每个典型案例都亲自或由其他教师多次实践(上课),其一丝不苟的工作作风令人感动。她们的工作得到了园长顾丽琴、副园长杨霞的大力支持,这是本书能够顺利编写的基础。此外,眭红霞、李菊以及陈颂老师还共同提供了30个优秀教案,以供学生参考。

本书在编写过程中参阅了众多的参考文献,在此向这些文献的作者表示衷心的感谢!因文献数量太多,这里就不一一列举了,书后的参考文献中有详细的目录。

由于时间仓促,加上编者学识所限,书中难免存在不少错误和不当之处,敬请各位专家学者批评指正!

编　者

2018.3

目 录

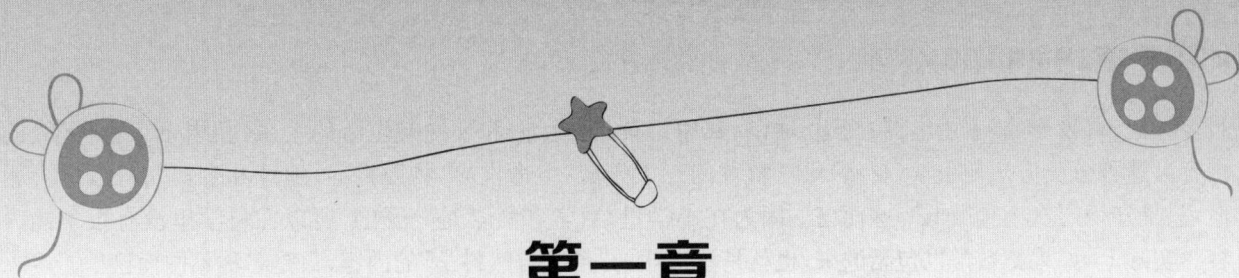

第一章

幼儿科学教育的主要问题及相关理论

第一节　幼儿科学教育的三个主要问题

要认识世界上的任何事物，不外乎搞懂三个问题，即：是什么（what），为什么（why），怎么做（how）。这三个问题是指引我们前进的三盏指路明灯。幼儿科学教育也不例外，它要解决的问题无非就是这三个：为什么要对幼儿进行科学教育？幼儿科学教育的内容是什么？如何进行幼儿科学教育？本节将从宏观上简要回答这三个问题。后面的章节实际上都是围绕这三个问题展开的，是具体回答这三个问题的。

一、幼儿科学教育的目的

幼儿科学教育目的有五个：一是扩大幼儿的实践经验；二是使幼儿获取一定的知识和技能；三是使他们掌握正确的思维方法和解决问题的方法；四是培养幼儿良好的个性品质；五是培养幼儿良好的情感、创新意识和精神。这五个目的，实际上也就是后面的阅读材料所提出的科学素养的五个层次。其中有四个目的很多教材中都有所提及，但很少有人提及个性品质。其实，个性品质对人的成长尤为重要，说它起着决定性的作用也不为过。

个性品质中，最重要的是"三心二意（毅）一习惯"，"三心"即耐心、细心和决心，"二意（毅）"是指坚强的意志和顽强的毅力，"一习惯"是指独立思考的习惯。此外，良好的身心素质、诚实守信的品德也很重要。

二、幼儿科学教育所涉及的领域

（一）正确的分类

有人问，幼儿科学教育教些啥？这个问题看似简单，实则不容易回答。幼儿科学教育的内容非常多，涉及的领域也非常广。那么到底有哪些领域呢？这个问题到现在仍然是"仁者见仁，智者见智，众说纷纭，莫衷一是"。中央教育科学研究院科学教育专家刘占兰研究员和华东师范大学周欣教授根据幼儿对周围事物和现象的认识，把幼儿科学教育分为六大领域：常见的动植物（与生物学有关）；物体与材料（部分与化学有关）；常见的物理现象；天气与季节变化（部分与地理有关）；科技产品和环境及其与生活的关系（综合）；数学认知。

这种分类方法有一定的合理性，实际上可以看成是传统自然科学（包括数、理、化、天、地、生）的缩小版,再加上科技产品(家用电器;交通、通讯、农用工具;玩具等)和环境与生活的关系(相当于综合科学)的内容。这种分类方法与小学(自然)科学教育的三大领域"生命世界、物质世界、地球和宇宙"相比,内容相似,只是知识层次上稍微低一些而已。因为在小学里,数学和科学是分开的,所以在科学里没有数学的内容。实际上,如果把数学也包括进来,也就是浅层次的"传统自然科学"的内容,只是名称不同而已。

(二) 不妥的分类

有些分类,把幼儿科学教育的内容分为五大领域:人体、动植物、生态与环境、自然科学现象、现代科学技术。这种分类方法是不妥的,甚至有科学性错误。众所周知,识别物体并根据某一特性对许多物体进行分类,是人类认识事物的开始,也是人类最基本的一种能力。分类是有原则的,最重要的原则有两条:一是分类时必须根据某一个特性进行分类,不能把几个特性混在一起进行分类;二是分成的几个类别之间不能有完全包含的关系。例如,可以根据人的性别把人分为男人和女人,也可以根据人的年龄把人分为:儿童、少年、青年、中年和老年人。但是,不能把人分为男人、女人和老年人这三类。因为这样分,把两个特性即性别和年龄混杂在一起了,别人根本不知道是根据什么来分的。此外,这样的分类中出现了包含的关系,因为老年人中也有男人和女人。

下面来看看把幼儿科学教育所涉及的领域分为"人体、动植物、生态与环境、自然科学现象、现代科学技术"这五类为什么是错误的,错在哪里。

首先,现代科学技术的含义极其广泛,包含了现代科学和现代技术两大部分。现代科学主要有现代数学、现代自然科学、现代社会科学和现代思维科学四大类。现代自然科学主要有:现代物理学、现代化学、现代生物学、现代地学、现代天文学和宇宙学等。现代物理学中主要有:相对论、量子力学、粒子物理学、凝聚态物理等。现代技术主要有:现代信息技术、能源技术、材料技术、空间技术、海洋技术、生物技术等。如果让幼儿去学这些东西,显然不切实际。因此,把现代科学技术作为幼儿科学教育的内容是不恰当的。

其次,自然科学是现代科学的一部分,自然科学包括现象和规律的研究,因此,自然科学现象属于自然科学的一部分。自然科学现象完全包含在现代科学技术之中,它们不是并列的关系,根本不能并列在一起。类似地,生态和环境也是自然科学研究的一部分,两者不能并列在一起。

最后,从生物学上讲,人属于动物(从社会学上讲,人和动物有根本的区别),因此,把人和动植物并列在一起也是不妥的。总之,这种分类方法是不妥的,是由于对科学的各领域不了解所导致的。

类似地,有一些分类把幼儿科学教育所涉及的领域分为:生物与环境、非生物与环境、自然科学现象、现代科学技术、数学这五类。其错误和上述分类差不多,但不妥当的程度甚至更加严重。例如,把沙子放在"非生物和环境"这一类里,这样的分法非常不妥,山水、土壤、沙子、大气层本身就是生物所处的环境的一部分,既然已经有了"生物与环境","非生物和环境"就没有必要了。这是不了解"环境"一词的含义所导致的结果。还有,有的分类把玩纸放在现代科学技术一类里,也令人匪夷所思。

要特别指出,现代科技、现代科技常识、现代科技产品是三个完全不同的概念。现代科技的含义上面已经阐述过,极其广泛。而现代科技常识却仅仅限于简单的常识,不涉及高深的理论,而现代科技产品往往泛指产品的使用,不涉及它的理论或实践过程。因此,如果一定要和现代科技扯上关系,务必要在后面加上"常识"或"产品"二字。

(三) 简洁的分类

1. 认知分类法

我们可以在刘占兰和周欣的分类基础上适当精简,把幼儿科学教育分成:认识自然界的事物(包括有生命的动植物和无生命的物体和材料);了解自然现象(包括物理、化学、天气和季节等);科技产品和小制作;数学认知这四个部分。这符合幼儿的认知特点:从最初的识别物体→了解物体之间的联系即自然现象→各种综合现象和科技产品→抽象的数学。这一分类法的缺点是比较笼统,有些事物和现象之间的分界线也不明确。

2. 部分学者的分类

有学者认为,幼儿科学教育包括:生命科学、物理与化学、生态与环境、现代科技与制作。这一分类法比较简洁,但仍然存在互相包含的问题,所以,应当把现代科技改成现代科技常识或现代科技产品与制作,这样比较合适,加上数学认知,共五个部分。也有学者则把物理化学现象扩展为物质科学(包括现象和对一些物质材料性质的认识),还把生态和环境扩展为地球和空间科学,当然也是可以的。这样一来,实际上和小学的科学教育内容完全一致了,与小学、中学的科学教育可以做到很好衔接。表1-1是幼儿园、小学、中学教学内容的分类比较。

表1-1　幼儿园、小学、中学科学教学内容的分类比较

幼儿园	小学	中学
物理化学现象 (或物质科学)	物质世界	物理学、化学
生命科学	生命世界	生物学
生态与环境 (或地球与空间科学)	地球与宇宙	地理(含天文常识)
现代科技小常识与 科技小制作	科技小制作	科技制作与发明 现代科技概论等
数学认知	数学初步	初等数学

注:小学和中学也有一些小制作,但不作为正式的课程教学内容而是兴趣小组的内容。

本书将遵循这个简洁分类方法。由于"物质科学"这四个字涉及的内涵过于宽泛,可以说,它是自然科学的三大任务之一(自然科学的三大任务分别是:物质的结构、生命的本质、宇宙的起源和演化),涉及物质的外部特征和内部结构问题;而认识物质的内部结构(如分子、原子、原子核和电子、夸克等)已经超出了幼儿的能力范围。实际上,幼儿所能认识的主要还是一些物理化学现象和物体的一些基本性质和特点,属于物理和化学的一小部分。因此,本书没有采用"物质科学"这个概念,而使用"物理化学现象"一词。类似地,"空间科学"所包含的内容也很多,其中一个重点是关于人造飞行器的发射和应用问题。空间科技的定义是:探索、开发和利用太空以及地球以外天体的综合性工程技术,通常也称之为航天科技或航天技术。而幼儿是不可能去研究这些东西的,所以叫"地球与天文常识"比起"地球和空间科学"要更确切一些。由于生态和环境是幼儿认识地球的一个重点,所以,本书暂时采用"生态和环境"。这样做,一方面是更加切合实际,另一方面,也是为了使它和小学科学教育的内容有一些差别。但是,我们原则上不反对采用"物质科学"一词,而"地球和空间科学"这一说法,总是让人感到有些别扭,不如采用"地球和天文现象"或"地球和天文常识"合适。

三、幼儿科学教育的四项原则

如何进行幼儿科学教育呢?我们提出幼儿科学教育的四项原则来说明。这里先从幼儿的特点说起。

(一)幼儿和幼儿科学教育的特点

幼儿的特点可以用"四强四弱一单纯"来概括,即好奇心强,(感知或体验式的)记忆力强,模仿能力强,语言学习能力强;抽象思维能力弱,计算推理能力弱,分析综合能力弱,动手制作能力弱,思想比较单纯。幼儿的学习是从模仿开始的,对声音的感知能力和语言学习能力远超成人。

根据幼儿的特点,可以知道幼儿科学教育有显著的不同,必须以直观、形象、具体、可操作的事物为基础,从做中学、以体验式教学为主,不能以抽象的概念教学或灌输式教学为主。但是,既然是科学教育,那

么,教育的内容和方法就必须是科学的,不能随心所欲,这是幼儿科学教育和其他科学的相同之处。

所谓科学的启蒙教育,其终极目的,就是要让幼儿知道,这个世界上有许多事情并非如所想象的那样,可以随心所欲。一些事情应该怎么做,不应该怎么做,怎么做才对自己有利,都有既定的法则。例如,可以想象人和鸟一样能飞,但是人不能飞。也可以认为人和植物一样,是从泥土里长出来的,但事实上不是,泥土里长不出人来。也可以认为鱼和人一样可以在陆地上生活,但事实上不是,鱼要是离开了水就会死。幼儿科学教育的第一堂课,就要让幼儿分清科学和艺术、想象和事实之间的区别。科学重证据和事实,而文学艺术可以想象、夸张。科学课上,我们允许幼儿猜想或想象,但一定要让幼儿清楚地知道想象和事实之间的区别,而生活中必须按照科学的法则去行事,否则可能会产生严重的后果(如不能把手直接触碰到电源插座的插孔,否则会有生命危险)。

(二) 幼儿科学教育的四项原则

1. 目标明确具体(具体性原则)

做任何事,首先目标要明确,任务分工要清楚,这样才会有前进的方向和动力。幼儿科学教育的目标有总目标、各年龄阶段的分目标、单元目标和课时教学目标等。确定课时教学目标非常重要,很多幼儿教师不会确定。这里提出一个一般性的指导原则,就是把教育的三维目标(知识与技能,过程与方法,情感、态度与价值观)与三个 W(What、Why、hoW)结合起来。根据此法,很容易确定课时教学目标。当然,要结合具体的内容确定。后面有很多案例,从正反两方面说明应该怎么写,不应该怎么写。

2. 内容合适恰当(恰当性原则)

科学教育的内容不能超越幼儿的认识能力,要符合他们的年龄特征和身心特点。具体的内容选择下一章有较为详细的介绍,这里提出几个重要的注意点(选择内容的八个小原则)。

(1) 安全性:禁用有毒有害的物质;玻璃制品和剪刀之类的物体尽量少用,即使要用,必须在教师监管下使用,否则容易造成伤害事故。安全是头等重要的大事,大意不得。

(2) 趣味性:这是所有幼儿园课程遵循的一个基本原则,科学课程同样也是如此,乐趣是孩子最好的老师。有趣、好玩的内容是孩子喜欢科学课程的基础。

(3) 简单性与科学性:一个探究活动中通常只体现一个科学原理,这样幼儿比较容易掌握。此外,实验或制作或其他活动的难度要合适,要科学合理,太难了幼儿完成不了。

例如,让小班的幼儿去做裤子,让中班的幼儿去制作雨伞,这显然不符合简单性和科学性原则。裤子和雨伞许多成人都不会做,更何况幼儿? 再说,这些制作也没体现出某一个特定的科学原理,这属于片面强调生活性而忽视简单性和科学性的典型。

(4) 生活性:探究活动尽量和日常生活密切相关,实验制作的材料尽量从生活中选取。

(5) 多样性和均衡性:不能过于偏向某一学科,如所有的科学活动几乎全部涉及动植物,或全部涉及物理,这样不利于幼儿了解各种事物和自然现象。另外,在选择实验材料的时候也要多样,不能太单一。例如,不少幼儿园使用的综合活动课程中,涉及科学活动的内容 53％以上都是和动植物相关,这显然不符合内容选择的均衡性,不利于幼儿的全面发展。

(6) 典型性或代表性:现在人类认识的生物大约有 200 万种(实际可能有几千万到上亿种),其中有大约 30 万种植物、20 万种微生物、150 万种动物。幼儿科学教育在选择动植物时要有典型性,不能随意选,其他学科也是如此,要让幼儿做到"举一反三、触类旁通"。遗憾的是,现在不少幼儿园的科学活动完全是随心所欲,没有代表性。例如,有一些幼儿科学活动中,春、夏、秋、冬一年四季都玩水,难道除了玩水,就没有别的活动可开展了?

(7) 层次性和差异性:实验过程中,发放材料的时候要注意层次性,不能一股脑儿全部给幼儿。有时候需要分步发放。另外,要注意幼儿之间的差异性,有些动手能力弱的幼儿,教师要多加关注。选择科学活动的内容或实验材料时,不能仅仅考虑到那些最聪明、能力最强的幼儿。

(8) 区域性和季节性:因地制宜,农村的幼儿园可以选择一些水稻、小麦、红薯等作为探究对象;城市的幼儿园可以选择一些科技馆、博物馆的物体作为探究对象。另外,根据季节的不同,可选择相应的材料或活动,如冬天选择冰雪等作为观察对象。后面有许多正反两方面的案例,从中可以了解如何选择合适的教学内容。

3. 方法正确有效(有效性原则)

有人认为,科学教育的方法有三种:指导探究法、讲解法、自主探究法。这样的分类显然是不妥的。指导探究和自主探究都属于探究,而讲解与探究完全不同,属于非探究。因此,从大的方面来讲,科学教育的方法有两种:即探究和非探究。而探究又可以分为指导探究和自主探究两种。

(1)以探究为主,以其他为辅

目标和内容确定后,科学教育的方法就显得特别重要。由于幼儿的抽象思维和逻辑思维能力比较弱,因此,学习科学时不应该灌输太多抽象概念,而应当以具体、形象、直观的探究活动为主。以探究活动为主,以其他活动为辅,这就是幼儿科学教育的基本方法或策略。国内外有数不胜数的幼儿科学教育理论,归根结底,也就是"探究"二字,或"做中学"三字。

(2)探究的形式

探究的形式有很多种,如观察、实验、制作、野外考察、参观访问、调查统计等。其中,实验是核心。因为许多实验中,既包含了观察、测量,又包含了制作、讨论、数据采集和分析等,涵盖了多种形式的探究活动,具有典型性和代表性。掌握了实验的一些方法和流程,可以做到举一反三、触类旁通,其他形式的探究活动和实验基本相似。

(3)探究和非探究的区别

探究是一种有目的、有计划、有步骤、体验式的科学实践活动。而非探究一般没有明确的目的,也不会按照特定的步骤去做,多数情况下是被动或随意获取科学知识或技能的一种方式,如阅读书刊、看电视(益智类动画片、动物世界节目、科技节目等)、听大人讲科学家的故事或解释一些自然现象、旅游、各种娱乐活动(如玩滑滑梯,坐翻滚过山车,玩玩具等)、各种网上科技资料的收集、玩益智类网络游戏、跟着父母学习使用常用工具等。这些活动不是严格意义上的探究而属于非探究,非探究对增长见识、拓宽视野、掌握技能都有帮助,是探究活动的有益补充。探究不是幼儿科学教育的唯一方法,而是主要方法。

4. 流程符合规范(规范性原则)

各种各样的幼儿科学教育理论,其本质无非就是讲两个字:探究。那么,如何进行探究呢?探究一般包含五个过程(环节):

设置情景,引出问题,积极思考,提出猜想→实验操作,做好记录→互动讨论,交流分享→得出结论,总结推广。简单一点即:问题→猜想→实验→讨论→总结。要注意的是,很多时候,实验不是一次完成,而是分层、分步进行的。实验一般包含:材料发放→步骤讲解,注意事项→实际操作,观察记录→原理分析。

而有些实验,特别是小制作,其流程与此有所不同,可以如下进行:问题引入→材料发放→原理分析→步骤讲解,注意事项→实际制作→总结、分享。因为,要制作一件物品,需要先搞清楚内部结构和工作原理,否则可能会浪费大量时间。

要注意的是,实际的探究过程可以根据具体情况再适当变通,如变通为:问题(任务)→实验(实践)→猜想并讨论→总结。有时候也可以把猜想和引出问题进行合并:猜想并引出问题→实验或制作→讨论→总结。

对于个人的独立探究,一般可以忽略猜想和讨论两个步骤:问题(任务)→实验(实践)→资料收集,数据分析→总结得出结论,推广应用。

总之,集体探究活动一般包含了五个环节(步骤),具体的流程并不是绝对固定的,要根据具体情况确定,后面有许多案例,从中可以体会到探究的五个环节以及灵活变通的情况。

总之,科学教育必须遵循四项原则:目标具体——内容恰当——方法有效(正确)——流程规范。这四个原则分别回答:干什么(目标)——拿什么来干(内容或工具)——怎么干和为什么要这么干(方法、原理)——怎么才能干好(工艺、流程、实际操作步骤)。

本节核心内容

　　本节的核心内容可以概括为："三大纪律"(三个准则)"八项注意"(教学内容选择的八个注意点)、四项原则(科学教育的四项原则)、五个环节(科学教育的五个基本环节)。这样表述只是为了便于记忆,实际上,五个环节和八项注意已经包含在四项原则之中了。因此,也可以用"三个准则,四项原则"这八个字来概括本节的内容。

第二节　国内外幼儿科学教育基本理论简介

　　幼儿教育一直是教育的重要组成部分,历来受到心理学家和教育学家的重视,他们对幼儿和幼儿教育都有自己的看法,形成了独到的见解。今天看来,这些经典的观点对开展幼儿科学教育也提供了许多借鉴,值得我们去挖掘、探究。

一、皮亚杰的认知发展阶段理论

　　皮亚杰(Jean Piaget),瑞士当代最著名的儿童心理学家,他是最早关注儿童科学认知的心理学家,毕生从事儿童认知发展的研究,提出了著名的认知发展阶段理论。在他的理论中关于儿童知识经验的获得、儿童认知发展阶段以及学习与发展关系的论述为研究幼儿科学教育提供了诸多启发。

(一) 知识经验的获得

　　皮亚杰认为,知识在本原上既不是从客体发生的,也不是从主体发生的,而是从主体和客体之间的相互作用中发生的[①]。只有儿童亲自、具体地参与各种活动,才能获得真实的知识,才能形成他们自己的假设,给予证实或否定,形成新的认知结构。皮亚杰认为,知识经常是与动作联系在一起的,动作是联结主客体的桥梁和中介,在动作操作过程中,主客体之间发生相互作用,一方面使得客体发生了一定的改变,另一方面也使得主体在相互作用过程中发生了改变,即获得了一定的知识。

　　皮亚杰的论述提醒我们,在幼儿科学教育过程中,教师应该为儿童创设丰富的探索环境,而不应该将知识直接强行硬塞给儿童。活动中放手让儿童自己动手操作,动脑探索,通过儿童自由观察、操作、思考、实验来认识事物,发现问题,解决问题,不断建构自己的知识经验系统。教育过程中,要允许儿童犯错误,意识到儿童只有在不断尝试错误的过程中,才能积累经验,获得发展。

(二) 儿童认知发展的阶段划分

　　皮亚杰理论中的闪光点之一就是他在实验研究的基础上提出了儿童认知发展的阶段理论。他把儿童认知发展划分为四个阶段,即感知运动阶段(0~2岁)、前运算阶段(2~7岁)、具体运算阶段(7~11、12岁)和形式运算阶段(11、12岁~14、15岁),这四个阶段相互联系,又有本质区别。

　　幼儿的认知发展处于感知运动阶段和前运算阶段。儿童科学认知的发展取决于他们的认知发展阶段。皮亚杰指出,我们必须承认有一个心理发展过程的存在;一切理智的原料并不是所有年龄阶段的儿童

---

① 皮亚杰. 傅统先译. 儿童的心理发展【M】. 上海:上海教育出版社,1982.

都能吸收的;我们应该考虑到每个年龄阶段的特殊兴趣和需要[①]。因此,在对幼儿进行科学教育时,既要注意到不同年龄阶段存在的本质区别,又要考虑前后各阶段之间的互相联系;既要考虑全班所有儿童所处的共同发展阶段和共同需要,又要根据儿童之间的个别差异提出不同的要求;把握儿童发展的可能性与现实性,充分挖掘儿童的发展潜力;给儿童提供的活动材料必须与儿童的已有经验有一定的联系,又要有一定的新颖性,从而激发儿童对活动的兴趣,引起儿童认知上的不协调和冲突,促进儿童主动活动和学习,最终获得提高和发展。

（三）学习与发展的关系

皮亚杰认为,关于学习能否加速儿童认知发展的问题,其关键在于学习活动是成人教导下儿童被动地学习知识,还是儿童在其生活情境中自行探索主动学到知识。教育的真正目的不是增加儿童的知识,而是设置充满智慧刺激的环境,让儿童自行探索,主动学到知识。如果在发展尚未达到适当水平之前提早教他知识,将会对儿童自行探索主动求知的行为反倒产生不利影响[②]。因此,儿童是主动的学习者,而不是被动的接受者,儿童的科学认识过程也应该是自发的,甚至是创造性的过程。如果过早地教给儿童一些他自己日后能够发现的东西,这样会使他缺乏创造,结果不能对这种东西有真正意义的理解。

皮亚杰认为,儿童的学习充满探究性特点。教育要为儿童提供实物和环境,让儿童自己动手操作,通过看、摸、闻、尝、听、抓、捏等感官活动来了解事物的各种特性。把儿童看成是主动的学习者,学习与发展的主体,把学习过程看成是儿童与环境相互作用的过程。当他们操作材料、进行试验、探索着发现事物,并谈论是如何发现的时候,他们在进行最好的学习。强调儿童的许多学习是以问题开始的,而这正是探究性学习的重要特点。重视儿童学习的兴趣和主动参与,重视知识的获得过程。皮亚杰认为,人的认识是有结构的,这种结构是儿童在探究过程中主动建构起来的。这些思想对当前的幼儿科学教育都有很大的启发。

二、维果斯基的文化发展理论

维果斯基(Lev Vygotsky),苏联著名心理学家,他所创立的社会文化发展理论对世界心理学和教育学产生重要影响。他理论中关于教学与发展的关系的论述以及儿童科学概念形成的观点对幼儿科学教育具有很大的启发意义。

（一）社会文化对人的影响

维果斯基十分重视社会文化对人的发展的影响。他认为,个体的学习是在一定的历史、社会文化背景下进行的,是在与他人的相互交往中建构和发展起来的,社会可以为个体的学习发展起到重要的支持和促进作用。因此,在幼儿科学教育中,教师要思考为幼儿创设一个多元的、积极的文化系统,一个有利于儿童与同伴交往、合作学习的良好环境,充分发挥同伴交往和师幼交往对儿童认知发展的作用。一个积极的、良好的社会文化背景有利于为幼儿学习科学创造安全的、自由的、舒畅的心理环境,让幼儿更好地进行科学探究。

（二）教学与发展的关系

"最近发展区"是维果斯基提出的一个重要概念。他认为,儿童的发展有两种水平:一是儿童的现有发展水平,二是即将达到的发展水平。这两者之间的差距,就是最近发展区。也就是说,最近发展区是儿童在有指导的情况下,借助于成人帮助所能达到的解决问题的水平与独自解决问题所达到的水平之间的

---

① 皮亚杰. 傅统先译. 教育科学与儿童心理学【M】. 北京:文化教育出版社,1981.
② 张春兴. 教育心理学【M】. 杭州:浙江教育出版社,1998.

差距。

"最近发展区"的重要意义在于：提醒教师不应该只看到儿童今天已经达到的发展水平,还应该看到儿童仍处于形成中的状态,正在发展的过程;教学不能只适应发展的现有水平,走在发展的后面,而应该适应最近发展区,走在发展的前面,并最终跨越最近发展区达到新的发展水平。所以在教学中,要善于观察和分析,了解幼儿的最近发展区,创设符合幼儿最近发展区的教育环境,提供能促进幼儿最近发展区向前推进的活动材料。

维果斯基对儿童的游戏给予了高度重视。他认为游戏创造了儿童的最近发展区,游戏是儿童发展的重要源泉,儿童在游戏中的表现总是超越他的实际年龄和日常行为表现。事实上,在游戏中,儿童的言语、符号活动作为中介都可以促进儿童认知水平的提高。所以,在幼儿科学教育中,要将游戏的教学方式引入进来,更好地促进幼儿发展,提高幼儿科学教育的质量。

（三）儿童科学概念的形成

维果斯基对儿童科学概念的形成和发展做了大量的研究。他认为,"日常概念"是幼儿在吸取了丰富的生活经验内容的基础上自发形成的,它的发展是由下而上的,从较简单的和低级的特性到高级的特性;而"科学概念"的发展则是由上而下的,从较复杂和高级的特性到比较简单的和低级的特性,它较为抽象。两者的形成过程正好相反,但在内部也有深刻的联系。一方面,日常概念的发展取决于科学概念,它是通过科学概念向上生长发展的;另一方面,科学概念也要依赖日常概念的发展,为其进一步向下发展开拓道路。

维果斯基鼓励儿童在问题解决中学习。他认为,学习应该融入到对日常问题的解决中,鼓励儿童在解决问题中探索,通过对问题的解决使他们建构对知识的理解。因此,在幼儿科学教育中,教师要提供丰富多彩的、富有探究价值的教育环境,激发儿童的活动和探究欲望,引导他们发现问题、收集资料、开展实验,成为科学知识的主动探究者。

三、建构主义学习理论

建构主义又叫结构主义,是教育心理学中重要的学习理论。自20世纪70年代末,以布鲁纳为首的美国教育心理学家将苏联教育心理学家维果斯基的思想介绍到美国后,对建构主义思想的发展起到了极大的推动作用。建构主义的观点及其对幼儿科学教育的启发主要体现在以下几个方面:

（一）学习观

建构主义认为,学习不是知识由教师向儿童的传递,而是儿童建构自己的知识的过程,儿童不是被动的信息接受者,而是信息意义的主动建构者,这种建构不可能有其他人代替,包括教师。

知识或意义也不是简单由外部信息决定的,外部信息本身没有意义,意义是学习者通过新旧知识经验间反复的、双向的相互作用过程而建构成的。其中,每个学习者都在以自己原有的经验系统为基础对新的信息进行编码,建构自己的理解。

建构主义强调学习情境的重要性,认为学生的学习是与真实的或类似于真实的情境联系着的,是对一种真实情境的体验。学生只有在真实的社会文化背景下,借助于社会性交互作用才能积极有效地建构知识。

（二）学生观

建构主义强调,学生并不是空着脑袋走进教室的。在日常生活中,在以往的学习中,他们已经形成了丰富的经验,小到身边的衣食住行,大到宇宙的变化,从自然现象到社会生活,他们几乎都有自己的一些看法。而且,有些问题即使他们还没有接触过,没有现成的经验,但当问题一旦呈现在面前时,他们往往也可以基于相关的经验,依靠他们的认知能力,形成对问题的某种理解。因此,教学不能无视学生的这些经验,另起炉灶,从外部装进新知识,而是要把儿童现有的知识经验作为新知识的生长点,引导儿童从原有的知识经验中"生长"出新的知识经验。

建构主义强调互动在学习过程中的重要性。由于经验背景的差异,学生对问题的理解常常各异,在学生的共同体中,这些差异本身便构成了一种宝贵的学习资源。教学就是要增进学生之间的协商与合作,使他看到那些与他不同的观点,从而促进学习的进行。

建构主义学习理论给幼儿科学教育的启发是:儿童学习的重点不在于被动地获得一些教师提供的、现成的科学知识,而在于在真实的学习情境中主动建构自己的新的知识经验。教师在教学中,要重视儿童已有的知识经验,尽管这些知识经验在儿童之间是存在差异的,但儿童原有的知识经验是新知识的生长点,要促进新旧知识之间的联系。教师要转变自身的角色身份,从知识的教授者转变为儿童建构知识的忠实支持者、积极帮助者和有效引导者。

四、加德纳的多元智能理论

加德纳(Howard Gardner),美国著名心理学家,多元智能理论提出者。加德纳认为,所有个体拥有不同程度的、至少是八个领域的、且相互独立的智力,即语言智力、逻辑数理智力、音乐智力、空间智力、身体动觉智力、内省智力、交往智力和自然探索智力等八个组成成分。每个个体身上都同时拥有这几种相对独立的智力,在现实生活中,它们又错综复杂地、有机地以不同方式组合在一起,使得每个个体的智力都有独特的表现方式,每个个体的智力都各具特色。因此,人的智力是多方面的,判断一个人智力的标准也应该是多样的,不能用统一的标准来评价一个人的聪明与否或成功与否。多元智能理论对美国教育改革的理论和实践产生了广泛的影响,并且成为许多西方国家近年来教育改革的重要指导思想。多元智能理论对幼儿科学教育也有较大的启发意义。

(一)观察发现幼儿智力强项,并有针对性地培养

科学的本质在于探索事物的变化规律。探究,作为广义上的"探索",是幼儿科学教育的最重要形式。幼儿在科学探究过程中,不仅需要用到传统意义上的数理逻辑能力和语言智力,而且其他智力如音乐智力、空间智力、身体动觉智力、内省智力、交往智力及自然探索智力都有可能在探究的过程中表现出来,影响探究的进行;而且每个幼儿的表现都不一样,每个幼儿表现出的强项也不相同。因此,幼儿科学教育中要尊重幼儿之间存在的客观差异,给不同能力的幼儿提供不同的机会,去发挥他们的潜能和特长,以适合他们自己的独特方式学习科学。

要充分尊重幼儿在智力上存在的差异,做到因材施教,必须注意以下几点:

第一,认真观察,区分出幼儿的智力强项或弱项。教师在幼儿科学教育活动中留意观察幼儿的行为,准确了解和评价幼儿智力特点,在了解了幼儿智力强项后为其创造条件,给予其表现的机会,在具体操作、实验中使强项得到发展,并获得成功感和价值感,在可能的情况下,将这些成功和自信迁移到其他能力的发展上。

第二,发展幼儿在某方面的强项时,不要随意贴"标签",避免产生标签效应,影响幼儿的后续发展,因为我们区分、培养的目的只是着眼于促进幼儿的发展。

第三,要促进幼儿之间的交往。因为幼儿之间在能力发展上存在能力类型和能力发展水平的差异,相互之间的交往则有利于幼儿之间相互启发、借鉴和促进,儿童的智力强项也只有在群体中才能更好地被认可。

第四,培养长项并不代表限制幼儿在其他领域的尝试和体验,广泛的兴趣和体验充分发展他们的潜能。

(二)提供多元化的操作材料,为幼儿各项智力发展创造条件

怎样才能促进幼儿各项智力的发展呢?心理学研究表明,幼儿智力发展是幼儿在与环境的相互作用

中产生的,因此,幼儿智力发展需要有足够的刺激。正如《幼儿园教育指导纲要(试行)》①中提到的,我们要为幼儿"提供丰富的可操作的材料,为每个幼儿都能运用感官、多种方式进行探索提供活动的条件"。通过教师提供的大量的、各种各样的材料,让幼儿摆弄、探究、体验,在实际操作的活动中积累经验。

为了充分发挥材料在智力发展上的促进作用,教师在提供材料时需注意:

第一,材料要能够激发儿童某种智力或智力组合,考虑所涉及智力和智力领域的全面性,同时必须考虑儿童在同一种智力发展上的差异。

第二,活动材料要尽可能激发幼儿从事相应活动的兴趣,只有这样幼儿才有继续进行观察、操作、实验的欲望,并从中体验探究的乐趣,获得新的发现,最终智力得到一定的发展。

(三) 采用多元化的评价方式

《纲要》与《3～6岁儿童学习与发展指南》②均指出,幼儿园的教育内容是全面的、启蒙性的,各领域的内容可以相互渗透,从不同角度促进幼儿情感态度、方法与能力、知识经验等方面的发展。但幼儿的发展不可能是每一个方面齐头并进地发展,每一个幼儿都可能呈现其发展的优势方面,并形成发展领域的不同组合。幼儿能力发展上亦是如此,有的幼儿语言能力强一些,有的空间能力强一些,有的幼儿则交往能力强一些,但在不同的幼儿身上,每一项能力都是在逐步发展的。因此,教师在对幼儿进行评价时,要考虑采用多元化的评价方式,评价不能过于单一,以免发生评价的偏差,以至于对幼儿发展造成不利影响。

五、蒙台梭利的幼儿教育思想

蒙台梭利(Maria Montessori),意大利著名的幼儿教育家,被誉为20世纪初的"幼儿园改革家",她原是一名精神病学的医生,她在研究和治疗弱智儿童的实践中,取得了明显的效果。她想:"如果能使这些儿童(指弱智儿童)达到正常儿童所能达到的学业水准,那么,在正常儿童的教育中一定有什么可怕的错误。"她相信把自己的方法和经验用于正常儿童的教育一定会更有效,于是她就转向了正常幼儿的教育,于1907年在罗马贫民区创办了一所"幼儿之家"。在那里,蒙台梭利采用了特殊的教育方法,进行了举世闻名的教育实验,创造了教育的奇迹。以她的名字命名的教育方法——蒙特梭利教学法传遍了全世界。今天,世界各国都有蒙台梭利幼儿园,并用她的教育思想、方法、教具进行教育。

(一) 幼儿自我学习的法则

蒙台梭利认为,每个儿童都是一个遵循自身内部法则的生物体,都有各自不同的需要和发展进程表。她在教育过程中发现,幼儿有强烈探索环境和周围一切的本能,这种生命的冲动促使幼儿从生活中学习并发现自我。因此,她视教育为促进幼儿内在力量自然发展的过程,强调幼儿的自由活动,反对成人中心的教育,反对传统的班级统一教学,允许幼儿个别学习。她说:"我的教学法就是要培养和保护儿童自身的学习积极性。"所以,在幼儿科学教育中,始终要把幼儿需要放在第一位,发现幼儿的兴趣,保护和激发幼儿的好奇心,支持和引导幼儿的主动探索行为。

(二) 重视教育环境的作用

在蒙台梭利教育中,一个有准备的环境是关键。她认为,幼儿的发展离开适宜的环境是不可能实现的。因此,教育就是给幼儿创造一个好的学习环境。

这个环境具有以下特点:

(1) 一个自由发展的环境,有助于儿童创造自我和自我实现;

(2) 一个有秩序的环境,儿童能安静而有规律地生活;

---

① 全书中,再次出现该文件时,简称《纲要》。
② 全书中,再次出现该文件时,简称《指南》。

（3）一个生气勃勃的环境，幼儿在那里充满生气、欢乐和可爱，毫不疲倦地生活，精神饱满地自由活动；

（4）一个愉快的环境，几乎所有的东西都是为儿童设置的，适合于儿童的年龄特点，对儿童有极大的吸引力。

因此，在幼儿科学教育中要为幼儿创设自由的、安全的、鼓励性的心理环境，同时创设一个能够不断向他们提供科学信息、激发想象、引发探索活动的兴趣、可供操作的物质环境。

（三）教师的作用

在蒙台梭利教育中，教师不是传统的灌输知识的机器，而是一个环境的创设者、观察者、指导者。教师为幼儿精心设计环境和学习材料，提供必要的发展手段，保证幼儿能开展自由的学习。教师通过"全神贯注地观察"去发现幼儿巨大的个别差异，对幼儿的需要作出恰当的反应，提供必要的帮助。蒙台梭利明确指出，幼儿自由学习的质量是由教师的质量决定的，正是教师才使幼儿的自由得以实现。所以，在幼儿科学教育中，教师应成为幼儿学习的支持者、合作者、引导者。

（四）幼儿的自由和作业的组织相结合的原则

蒙台梭利认为，给予幼儿自由和教师对作业的组织是一个统一体的两个侧面。她说，理想的作业组织给了幼儿自我发展的可能性，给了幼儿发泄能量的机会，才使每个幼儿获得了满足。没有作业组织的自由将是毫无收益的。没有作业、被放任自流的幼儿将一事无成。因此她认为，教师在为幼儿的自由发展创造条件的同时，当然也要制定必要的纪律。所以，在具体的科学教育活动中，一方面要为幼儿创设自由的探究氛围，同时，也可以适当提出一些学习的目标和要求，这样有助于形成幼儿良好的学习品质，为后续学习奠定良好的基础。

（五）重视感觉教育

在蒙台梭利教育中，感觉教育是重要内容。她认为3～6岁是儿童身心迅速发展的时期，幼儿的各种感觉先后处于敏感期，因此必须对幼儿进行系统的和多方面的感官训练，使他们通过与外部世界的直接接触发展敏锐的感觉和观察力，为高级的智力活动和思维发展奠定基础。为此，她专门设计了一套教具，如用以辨别物体形状、大小、高低、长短的镶嵌板，辨别声音、音色的音筒，辨别味道、气味的瓶子，练习小肌肉活动的纽扣版等。教具的特点是：简单、幼儿能自我纠正错误、教师容易掌握指导时机。幼儿常常自由地选择教具，并专注地和独立地反复进行自我学习。在幼儿科学教育中，促进幼儿感知觉的发展应该成为重要的教育目标，就是要注重幼儿感知觉的发展；同时，幼儿的科学探究就是从感知觉开始的，科学学习离不开看、听、尝、触摸、闻等基本的感知觉。

蒙台梭利的教育理论也受到不少批评，主要指责她的教育偏重智能而较忽视幼儿情感的陶冶，忽视幼儿社会化活动；其感觉教育教具脱离幼儿的实际生活，过于狭隘、呆板，操作法过于机械等。尽管如此，蒙台梭利教育的伟大功绩、对世界幼儿教育的巨大贡献是不可否认的。她的理论的基本精神，特别是重视幼儿身心发展特点、重视幼儿的自主性和自我学习，重视环境的作用，以及她对教师作用的观点等，无论在蒙台梭利时代还是在今天，都具有不衰的生命力，对现在的幼儿科学教育也有多方面的启迪和借鉴意义。

六、陶行知的生活教育理论

陶行知，我国伟大的人民教育家。在"教育救国"思想的影响下，他毕生从事旧教育的改革，推行生活教育、大众教育，为我国教育做出了重大贡献。在教育实践中，他创立了生活教育理论和教、学、做合一的教育方法，提出"生活即教育"、"社会即学校"和"教学做合一"的教育主张。这些教育思想同样对幼儿科学教育产生了重要影响。

（一）探索生活化的科学教育

"生活即教育"是陶行知先生生活教育理论的核心。陶行知先生认为，教育应该以生活为中心，他强调："没有生活做中心的教育是死的教育，没有生活做中心的学校是死的学校，没有生活做中心的书本是死的书本。"这一点与幼儿科学教育一直提倡的做法不谋而合。由于受年龄和认知发展水平的限制，幼儿难以理解复杂的、抽象的科学概念，教师选择贴近生活的教育有利于幼儿理解和掌握，使他们对学习内容产生浓厚的兴趣，进而积极主动地参与到活动中来。幼儿在生活化的科学教育活动中，对科学探究产生了浓厚的兴趣，获得了探索解决问题的有效方法，形成了爱科学的积极情感和态度。所以，教师要注意将生活引入教育，把教育融入生活，使教育丰富多彩。

（二） 开拓社会化的科学教育

陶行知先生认为："社会即学校，必须以大自然为您的生物园，才有丰富的收获……真教育是在大自然与大社会里办。""社会即学校"的根本思想是反对脱离生活、脱离人民大众的"小众教育"，主张用社会各方面的力量办学，打通学校与社会的联系。这一观点提醒我们，学校就该是开放的，要加强学校与社会的联系，充分利用社会资源为学校教育服务，促进学生的发展。正如《纲要》总则所提"幼儿园应与家庭、社区密切合作，与小学相互衔接，综合利用各种资源，共同为幼儿的发展创造良好的条件"。幼儿对周围世界的各种事物、现象充满好奇，它们都有可能成为幼儿关注、探索的对象。因此，教师应该把课堂进行延伸，把大自然、大社会也作为科学教育的大课堂。春天可以带领幼儿走进公园、树林，观察生物的生长过程，感受蓬勃的生命力；秋天可以组织幼儿走进大自然，感受秋天的"味道"，走进农庄，亲手采摘果实，感受生命的成熟与收获，充分享受大自然的恩赐。也可以走进街道和社区，感受社会风俗人情。

（三） "教、学、做合一"的教育方法

陶行知先生坚决反对教、学、做分家，他"看见国内学校里先生只管教。学生只管学的情形，就认定有改革之必要"。他说："教学做是一件事，不是三件事。我们要在做上教，在做上学。""比如种田这件事是要在田里做的便须在田里学，在田里教。……做是学的中心，也就是教的中心。""不在做上用工夫，教固不成教，学也不成学。"在幼儿科学教育中，教师的教与幼儿的学之间是统一的，是一个问题的两个面。教师在确定教育目标，选择教育内容、教育方法时均要考虑学生的年龄特点、认知发展水平、个别差异等因素，使教与学有机融合在统一的教学活动中。由于幼儿思维发展水平等因素的制约，获取间接经验存有较大困难，他们需要积累丰富的直接经验，而获取直接经验的唯一手段就是"做"，亲自动手操作。所以，《指南》明确提出，我们要"充分利用自然和实际生活机会，引导幼儿通过观察、比较、操作、实验等方法，学习发现问题、分析问题和解决问题"，融"教、学、做合一"。

（四） 解放儿童的创造力

陶行知先生提出了"五大解放"的思想，认为教育要启发、解放儿童的创造力，为他们提供手脑并用的条件和机会。具体包括五个方面：

（1）解放儿童的头脑，把他们的头脑从迷信、成见、曲解和幻想中解放出来；

（2）解放儿童的双手，给儿童动手的机会；

（3）解放儿童的嘴，给儿童说话的自由，尤其是要允许他们发问；

（4）解放儿童的空间，让他们接触大自然、大社会；

（5）解放儿童的时间，给他们自己学习、活动的时间，给他们一些空闲时间消化所学知识，学一点他们自己渴望要学的学问，做一点他们自己高兴要做的事。

陶行知先生的幼儿教育思想在今天对幼儿科学教育仍然具有极大的现实意义。

附1 中法日美等国的科学教育基本特点

中国强调"探究"；法国强调"动手做"或"做中学"；日本强调"环境、生活与道德"；美国强调"多样性中的统一性"（美国的教材五花八门，教育形式多种多样，家庭、学校和社会参与教育，注重提供良好的环境和

条件,强调知识与技能、方法与过程、情感态度价值观的统一)。

附2 科学教育的"五项十字教学法"

国内外的很多教育理论,有优点也有不足。比如,加德纳的多元智能理论,就有很多不足,他把智能分为八种,并没有可靠的科学依据,也很不全面。而建构主义的一些观点,比较适合于学前教育和初等教育,对于高等教育,是否仍然可以适用?这个问题值得探讨。从教学效果上讲,自己建构知识当然很好,但从效率上讲,却不一定是最高的。建构主义的核心观点可以这样打比方说明:教师不是房地产老板而是建材市场的经理,学生不是购房者而是建房者。不错,自己建造房子,当然对房子有更深刻的感性认识,也获得了许多宝贵的经验,但试想一下,如果自己住的房子全部由自己来造,那么,一方面,建房的速度肯定很慢(学习建房是要花时间的),效率肯定很低;另一方面,房子的质量也得不到保证。而由房地产公司统一开发,自己去购买,省时省力,而且质量也有保证,何乐而不为?

我们的意思是说,对于学前教育、初等教育、中等教育乃至部分高等教育,强调直观形象、亲身体验、主动建构概念和知识是正确的。但我们不能认为,建构主义是万能的,在任何时候、任何情况下都是适用的。事实上,被动接受知识或灌输式教育,如听报告或听讲座、短期培训等,是获取知识和技能的最高效的手段之一。一个典型的例子是,苏联教官仅用 11 天就教会了中国普通士兵跳伞,而通常情况下至少需要半年时间。采用的方法很简单即:教官讲,士兵听,机械记,反复练。要注意的是,这些方法适用于成人而不适合于少年儿童。我们要学会一分为二地看问题,包括对教育理论,也应如此。

这里,我们把各种教育理论的精华提取出来,整合成一个科学教育的"十字教学法",如图 1-1 所示,它由五个词汇十个字所组成,简称为"五项十字教学法"。

第一,是"实践"。探究也好,做中学也罢,陶行知的生活教育也好,皮亚杰的认知发展理论也罢(强调知识是主体和客体通过相互作用而获得的),都离不开实践。实践出真知,体验式教学,是幼儿科学教育的出发点和根本点。幼儿通过亲身实践,如观察、实验、制作、参观访问、实地调查等活动,获得感性认识,增长知识和技能。

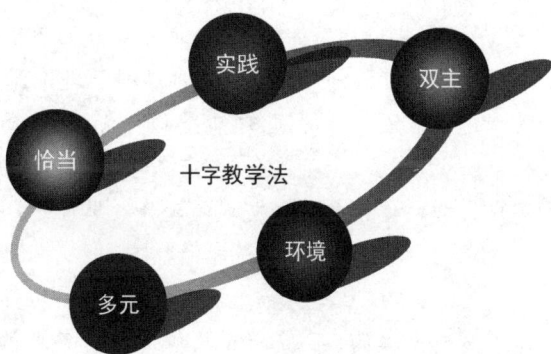

图 1-1 五项十字教学法

第二,是"双主",即以幼儿为主体,以教师为主导。建构主义和蒙台梭利教育思想,前者强调知识的主动建构,后者强调幼儿的自主学习以及幼儿的自由和教师的组织相结合。实际上,这两者是"异曲同工,殊途同归"。它们都强调幼儿的主体地位,都认为教师是材料的提供者,活动的观察者、参与者、合作者、组织者、引导者而非知识的灌输者。

第三,是"环境"。蒙台梭利教育思想的另一个核心就是认为,教师的作用,除了上面讲的几个"者"之外,还必须是一个环境的创设者,营造一个愉悦的课堂教学环境和良好的校园环境,对学生的成长极为重要。

第四,是"多元"或"全面"。这是多元智能理论的核心。其实,它和中国很早就提出的"德智体美劳"全面发展理论有许多共同之处,只不过,前者从智能的角度上来讲,而后者则从更宽广的角度讲而已。因此,"多元"这个词,其实没有"全面"这个词好,面向全体(学生),全面发展,全面评价(学生)是教育的一个基本方针,毫无疑问,也是幼儿科学教育的基本要求之一。

第五,是"恰当"或"合适"。维果斯基的认知发展理论,其核心之一就是提出了最近发展区的概念,而皮亚杰的认知发展理论中提出了儿童发展的四个阶段。实际上,它们都是讲,选择的内容要恰当,不能超越其认识能力,不能拔苗助长。跳一跳能够着,这就是选择内容的标准。

思考题

1. 幼儿科学教育主要有哪三个问题？幼儿科学教育的目的是什么？为什么说培养幼儿良好的个性品质对幼儿的成长具有重要作用,试举例说明。

2. 简述幼儿科学教育中的"三大纪律、八项注意、四项原则、五个环节"的主要内容,举一个例子(本书以外的例子)说明"四项原则"具有普遍的指导意义。

3. "收放自如"是优秀教师最重要的基本功之一,"收"是指能把一篇文章乃至一本书的核心内容用寥寥几行甚至几个字来概括,"放"是指能够把几个字或几行字扩展成一篇文章乃至一本书。

请你上网或到图书馆查阅资料,了解后现代主义理论、全面和谐发展理论、活动理论等教育理论的主要内容,并用寥寥几行字或几个字来概括其核心思想。可以对你浓缩的那几个字作适当的注解,看看谁概括得既精炼又准确。

阅读材料

什么是科学?

一、什么是科学?

这个问题看似简单,实质很难回答。到目前为止仍然是"仁者见仁,智者见智,众说纷纭,莫衷一是"。我们将以独特的视角、全面系统地回答这个问题。

1. 科学是"有条理的思想"(从科学理论产生的角度)

这是爱因斯坦的回答,也是到目前为止,全世界对这一问题最简洁的回答。如果没有真正从事过科学研究,那么,很难体会到"有条理的思想"这六个字的深刻含义。事实上,科学研究的过程一般是:实践活动或理论学习→发现问题→冥思苦想,一筹莫展,一片混乱→茅塞顿开,灵感突现→严密推理,细心求证,得出结论→实验检验。

因此,单纯从理论产生的角度来说,一切科学理论都是人类伟大思想的结晶,毫无疑问,这种思想必须是有条理的而不是混乱不堪的。有条理的思想从哪里来?归根结底,来自于实践活动和理论思考。当然,爱因斯坦的这个回答虽然很简洁,但是并不很准确,最起码应该在后面加上"正确的"三字,即科学是"有条理的正确的思想",这样才比较准确。

2. 科学是一盒"蛋糕"(从科技体系的结构来说)

科学所包含的内容非常多,从体系结构上来说,它很像一盒蛋糕,如图1-2所示:

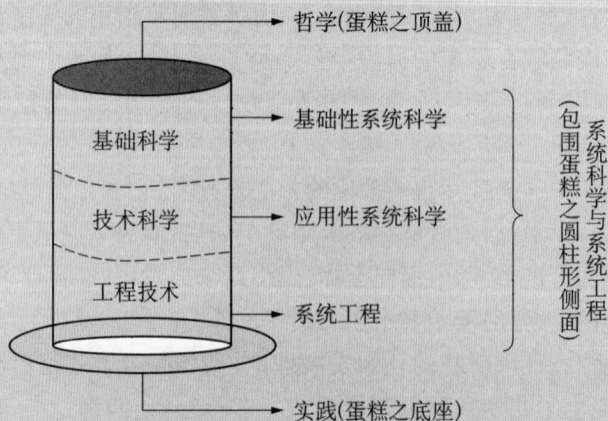

图1-2 科技体系的"蛋糕模型"侧视图

简要说明：整个现代科技好比一盒蛋糕。圆柱形蛋糕的顶盖相当于哲学，它意味着一切科学技术都在哲学的指导或统帅之下。科技实体（蛋糕）可以分为三个层次，从上到下分别为：基础科学、技术科学、工程技术。基础科学中最主要的是基础理论，但也包含了相应的实验手段和技术。基础理论的主干一般包含四大部分：数学、自然科学、社会科学、思维科学。

技术科学也可以叫做应用科学，它主要包含一些非常实用的科学知识。工程技术就是在实际施工中的制造工艺、施工手段和方法等等。

蛋糕的四周围沿好比系统科学和系统工程，这是因为它所研究的对象包含了各种各样的事物，而且采用系统的、整体的方法来研究，它也包含了三个层次：基础性系统科学、应用性系统科学和系统工程。蛋糕的底部为实践，表示一切科学理论，归根结底来源于实践。

3. 科学是"一片树林"（从成长环境和研究对象来讲）

把科学比作蛋糕，虽然很形象，但是没有生命力。事实上，科学是不断发展、不断成长的，因此，把它比作不断生长的大树更为恰当。

这一片"树林"中，有五棵"大树"，象征着基础科学的五大领域：数学、自然科学、社会科学、思维科学、系统科学。其他的分支学科仅仅是"小树或小草"而已。五棵树中，有两棵树特别高大且粗壮，一棵叫做"数学"，一棵叫做"自然科学"。

下面重点介绍"自然科学"这棵"大树"。如图1-4所示，为自然科学的各个分支。

图1-3　科学的"树林"中有五棵"大树"

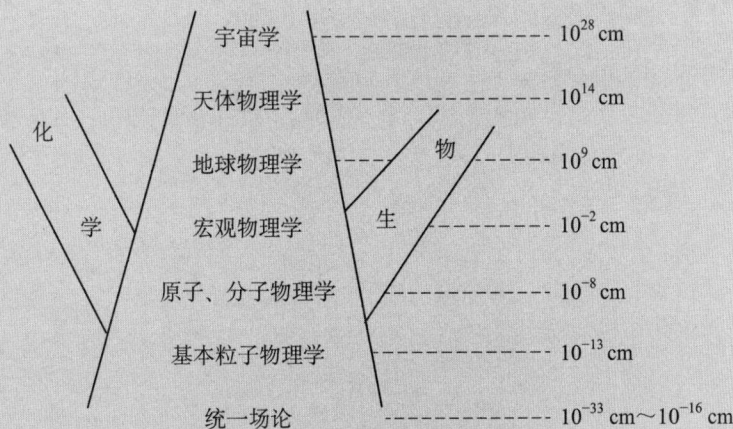

宇宙学	$10^{28}\ cm$
天体物理学	$10^{14}\ cm$
地球物理学	$10^{9}\ cm$
宏观物理学	$10^{-2}\ cm$
原子、分子物理学	$10^{-8}\ cm$
基本粒子物理学	$10^{-13}\ cm$
统一场论	$10^{-33}\ cm \sim 10^{-16}\ cm$

图1-4　自然科学的尺度分类法

简要说明：自然科学通常包含物理、化学、生物、天文、地理。但按照爱因斯坦的观点，天文和（自然）地理可以归结于物理或物理的拓展延伸。这样一来，自然科学这棵大树就有一个大的树干（物理）和两个大的分枝（化学和生物）。从研究尺度上来说，从最小的统一场论到最大的宇宙，都是物理学的研究对象。在原子分子层次，分化出两个分支即化学和生物。$10^{-33}\ cm$是所谓的"普朗克尺度"，是人类所能认识到的最小尺度的物体（目前所有的仪器都不可能探测到如此小尺度的物体）。而$10^{28}\ cm$（数量级为百亿光年），是人类目前所能观察的宇宙的最大尺度（宇宙的年龄约为137亿年，很多人认为宇宙的尺度为137亿光年，其实不然，由于宇宙的膨胀，导致可观察宇宙的尺度为460亿光年）。

有些学者则从三个角度来看待科学：认为科学是一种系统的理论，是一种探究活动，是一种思维方式。这当然有一定道理，但不全面。

二、科学的四个基本特点

(1) 实证性(或实践性、结论可重复检验性、现象的可预测性)。

(2) 客观真理性(或约定的一致性和合理性。自然科学的规律不以人的意志为转移,必须是相对正确的,社会科学则必须是合理的。当然,真理是相对的)。

(3) 逻辑的严密性和理论的系统性(严密、定量、系统是科学的基本特征)。

(4) 不断发展性和应用的广泛性(没有其他学科能比科学发展更快、应用更广)。

三、科学的定义

科学是研究自然、社会、思维和抽象概念的严密的知识体系和有目的、有步骤的实践活动,它具有客观真理性、理论系统性、应用广泛性和不断发展性等特点。

四、科学的本质

可以用"探索真理"四个字来概括,当然也可以用一个字"真"来概括。具体一点就是寻求自然、社会和思维活动中"变化中的不变性,复杂中的简单性,多样中的统一性"。

第二章

幼儿科学教育的目标、内容和方法

第一节　幼儿科学教育的目标

教育目标既是开展教育活动的依据,又是对教育活动进行评判的标准,它往往使教育活动更具方向性。幼儿科学教育目标是幼儿教育总目标的重要组成部分,是幼儿教师进行幼儿科学教育活动的指导思想,也是教师制定科学教育计划的重要依据。

一、确定幼儿科学教育目标的依据

幼儿科学教育目标一方面要依据幼儿教育的总目标来制定,同时也要考虑幼儿身心发展规律和特点、幼儿科学教育自身的特点,以及当前社会发展的需要。

（一）依据幼儿身心发展规律

发展心理学研究表明,在幼儿的认知活动中,感知觉占有重要地位。幼儿感知觉的发展有其自身的特点,如幼儿视力发展越来越好,逐渐能分辨细小物体,逐渐能辨认混合色与近似色,听觉感受性不断提高。空间方位知觉上,从以自身为中心辨别上下、前后、左右逐渐过渡到能以其他客体为中心辨别上下、前后、左右。形状知觉也逐年发展,依次先后掌握圆形、正方形、三角形、长方形、半圆形、梯形、菱形和平行四边形。幼儿对时间的理解是从和生活紧密联系的"一天"开始的,如早上、晚上,逐渐向更长和更短的时间延伸。在思维发展上,在整个学前期以具体形象思维占优势,依靠事物的具体形象或表象来进行思维。到了学前后期,抽象逻辑思维有了一定的发展,儿童能够通过简单推理了解事物之间的联系,进行间接推断。

确定幼儿科学教育目标就必须了解幼儿身心发展的规律和特点,并以此为基础,找到每个儿童的"最近发展区",明确其发展的潜能。这样确定的幼儿科学教育目标才有可能是科学的、合理的。

（二）幼儿科学教育自身的特点

幼儿的学习是一个主动建构的过程。教师要尊重儿童的需要和兴趣,开发和利用幼儿感兴趣、想探究的问题,扩展成幼儿科学教育的内容,生成幼儿科学教育活动。另外,科学的本质在于探索事物变化的规律。学前儿童天生好奇,具有探究的本能,因此,科学探究是幼儿科学教育的核心。幼儿科学教育的过程应该是在幼儿教师指导下的学前儿童自主探究的过程,如果没有幼儿的探究过程,就不存在科学教育的过程。

教师要注重儿童自发的个别形式和小组形式的探究活动,将科学教育活动渗透于幼儿的一日生活中,引导幼儿在幼儿园、大自然、社区和家庭中进行观察、调查等科学探究活动,使幼儿真正体验探究科学的过程,在探究过程中,掌握学习科学的方法和技能,培养科学精神和态度。

因此,为了发挥幼儿科学教育在儿童成长中应有的作用,在确定幼儿科学教育的目标时,要考虑学前儿童学习的特点,注重科学探究。

（三） 当前社会发展的需要

在当前的信息社会中,个体只有具备了终身学习的兴趣和能力,才能在浩瀚的信息海洋中主动获取自己所需的、有用的信息,适应将来社会发展的需要。因此,作为学校教育起点的学前教育,理所应当担负起培养儿童可持续发展所需要的基本素质的任务。落实到幼儿科学教育上,首先,我们不应该把儿童掌握了多少知识作为衡量学前教育好坏的标志,而应该通过幼儿科学教育培养儿童对学习和探究的兴趣,强调培养儿童获取知识、探究解决问题的能力。其次,电视、电脑、手机等科学技术产品几乎使现代生活的每个角落都打上了科学的烙印。学科学、懂科学、用科学已成为科技社会对其成员提出的一项基本要求。因此,幼儿科学教育要让儿童体验生活中到处有科学、到处需要科学,培养幼儿对科学技术的积极态度,并产生内在的学习动机。最后,科技发展在给人类带来便利的同时,也带来了许多的负面影响,其中最突出的就是环境问题。生态环境的严重破坏,极大地威胁人类的生存。幼儿科学教育应当培养幼儿关注自然、关注社会、热爱自然、保护自然的意识与社会责任感。

二、幼儿科学教育的总目标

幼儿科学教育的目标按照层次结构,可以分为幼儿科学教育的总目标、各年龄阶段具体目标、学期教学目标、单元教学目标、课时教学目标等。下层目标与上层目标之间是协调统一的,层次越低的目标越具有可操作性,低层次目标的实现最终促进高层次目标的实现。

幼儿科学教育的总目标是学前教育总目标的组成部分,它确定了学前阶段进行科学教育的范围和方向。

2001年教育部颁布的《纲要》明确了幼儿科学领域的教育目标：

(1) 对周围的事物、现象感兴趣,有好奇心和求知欲;

(2) 能运用各种感官,动手、动脑,探究问题;

(3) 能用适当的方式、交流探索的过程和结果;

(4) 能从生活和游戏中感受事物的数量关系并体验到数学的重要和有趣;

(5) 爱护动、植物,关心周围环境,亲近大自然,珍惜自然资源,有初步的环保意识。

2012年教育部颁布的《指南》,对学前阶段科学领域也提出了具体的学习与发展目标：

(1) 亲近自然,喜欢探究;

(2) 具有初步的探究能力;

(3) 在探究中认识周围事物和现象。

以上这两个纲领性文件,先后分别说明了幼儿科学教育的目标。虽然《纲要》和《指南》对幼儿科学教育目标的具体提法有一些差异,但通过对以上两部文件中学前科学教育目标的分析和解读,很容易得出幼儿科学教育总目标包含三个要素：科学情感和态度、科学方法和能力以及科学知识与经验。幼儿科学教育应该以此目标为指导思想实施。

（一） 科学情感与态度

由于幼儿的特殊性,培养他们的科学精神和态度是幼儿科学教育的首要目标和前提性目标,幼儿具有了对科学、对大自然的积极态度和科学精神,将会影响其一生的的发展。幼儿科学教育中有关科学态度和精神的目标具体包含以下几个方面：

1. 发展幼儿的好奇心、兴趣和求知欲

《纲要》第一条明确提出培养幼儿"对周围的事物、现象感兴趣,有好奇心和求知欲"。好奇是幼儿阶段的年龄特点,好奇心是幼儿探究的内在动力。通过幼儿科学教育发展儿童对周围各种事物(包括自然事物和科技产品)和现象的好奇心,培养幼儿参与科学探究活动、科学制作活动的兴趣,激发幼儿的求知欲。

刚刚发芽的小树、不知名的小虫子都会吸引孩子的注意,观察半天,问这问那,这些都是幼儿好奇、好问的表现,而好奇好问是幼儿探究的动力和前提。当幼儿有了好奇心后,继而就会动手拨弄,探索物体和材料,试图通过各种动手动脑的方式寻求答案,而这正是幼儿好探究的表现。幼儿科学教育中要引导幼儿亲近自然,保护和发展幼儿对周围事物的好奇心、兴趣和求知欲。任何无视幼儿好奇心、兴趣的行为,最终导致的必然是教育对象好奇心、兴趣的消失和磨灭。

2. 培养幼儿热爱自然、保护环境的积极情感和态度

《纲要》总目标第五条"爱护动、植物,关心周围环境,亲近大自然,珍惜自然资源,有初步的环保意识",要求幼儿在探索自然的过程中产生热爱自然、保护环境的积极情感和态度,具体包括让幼儿形成对自然界的探究兴趣,关爱生命,尊重自然,萌发对保护大自然的责任感。同时,引导幼儿发现自然界的美,学会欣赏自然美。在世界环境日益恶化的今天,培养幼儿热爱自然、保护环境的积极情感与态度显得尤为重要。

3. 培养幼儿尊重事实的科学精神和态度

科学精神的重要内涵就是实事求是、尊重事实。幼儿教育实践中,经常会发现有些幼儿在发现自己的答案与周围小朋友不一致时,会轻易放弃自己的观点。这些都不是尊重科学、尊重事实的表现。因此,教师在幼儿科学教育过程中,引导幼儿自己记录自己观察到的、自己探索发现的、亲自操作获得的结果,并根据这些客观存在结果形成自己对事物及其关系的看法和解释;不过早地下结论;愿意从不同角度认识事物,愿意考虑不同意见;甚至对公认的事实敢于怀疑、敢于批判。

4. 培养幼儿尊重他人意见、乐于合作与交流

尊重他人不仅是良好的社会品质,同样,在科学领域,对同一个问题,不同的幼儿往往也会有不同看法。我们要通过幼儿科学教育使幼儿看到同伴的价值,学会尊重同伴观点,接纳同伴的合理意见,并修正和完善自己的想法与做法,且乐于与同伴分享和交流自己的看法和观点。

幼儿在活动过程中表现出的积极态度和良好行为倾向是终身学习与发展所必需的宝贵品质。作为教师要充分尊重和保护幼儿的好奇心和学习兴趣,帮助幼儿逐步养成积极主动、关爱生命、尊重事实、尊重他人、敢于探究和尝试、乐于合作等良好学习品质与态度。

（二）科学方法与能力

"授之以鱼,不如授之以渔。"教给幼儿知识固然重要,但更重要的是教给幼儿学习和探索的方法,这一点在信息量猛增的社会背景下显得尤为重要。培养幼儿具有初步的科学方法和探究能力是幼儿科学教育的重要目标或称为关键性目标。考虑到科学学习的特殊性和幼儿的年龄特点,幼儿科学教育主要培养幼儿以下几种能力。

1. 善于观察

观察力是指有目的、有计划的知觉过程,是科学探究的开端。科学史上,许多科学家就是从别人司空见惯的日常现象中,通过敏锐的观察开始,并最终获得重大发现或发明的,如达尔文的进化论、阿基米德浮力定律等。幼儿的科学探究更应该从培养他们的观察能力入手,使幼儿善于观察。如"玩空气"教学中,可以引导幼儿观察"瓶口朝下放入水中"和"瓶口朝旁边放入水中"后瓶中纸巾的差异(一个是干的,一个是湿的),来感受空气的存在。要了解动植物的特征,比较事物之间的异同,甚至找到同类事物的共同特征等都需要首先引导幼儿进行仔细的观察。

2. 积极思维

《纲要》第二条指出,"能运用各种感官,动手、动脑,探究问题"。因此,如果说观察是科学学习的第一步,那么积极思维就是与观察活动紧密相伴的科学学习的又一重要环节。其中主要包括比较、概括和分类、推理和预测等思维活动。

（1）学会比较，即对直接观察到的事实或现象进行比较，认识它们之间的相同和不同。如比较小兔与小羊，春天与冬天。

（2）学会概括和分类。在幼儿科学学习中，幼儿把观察到的具体事实加以概括，将其中具有某一共同特征的对象归总在一起。通过这种概括，幼儿可以在认识事物多样性的同时发现它们的共同特点，为形成科学概念奠定基础。分类能力对幼儿的要求较高，它要求幼儿能明确同类事物所具有的共同特征，以及不同类事物在这一特征上的差别。分类可以按照事物的外部特征，如颜色、大小、形状等分类；也可以按照用途分类，幼儿熟悉的事物，甚至可以按照其本质属性进行分类。

（3）学会推理和预测。即根据观察到的现象，结合自己已有的经验，推想其原因，提出合理的解释，作出猜想和预测将来可能发生的现象。对一个探究活动中的现象进行猜想和预测，有助于提高幼儿的思维能力和判断力。大约4～5岁左右，幼儿开始能预测可能发生的情况；6岁左右，幼儿能做出有想法的预言，而不是无秩序的、轻率的猜测。

3. 主动操作

《纲要》第二条指出的"能运用各种感官，动手、动脑，探究问题"同样强调了动手操作的重要性。在幼儿园科学教育活动中，无论是哪种科学学习活动都离不开幼儿的动手操作能力，其中测量是一种重要的操作能力。测量是利用测量工具测定事物数量特征的过程。测量活动不仅能使幼儿认识事物的质的特征，也可以认识事物的量方面的特征，从小培养他们的量化意识，即对数量的敏感性，从小学会使用简单的测量工具来测量和比较物体的长短、大小、多少、轻重等特征。

当然，操作不仅仅指测量，幼儿的科学学习活动，还存在大量的其他操作活动。如"好玩的磁铁"教学中，幼儿要想知道"磁铁能吸铁""马蹄形磁铁两端磁性更强，能吸住更多的铁，中间磁性最弱，吸引的东西最少""磁铁隔着纸能吸铁"等一系列问题，均可以让幼儿亲自操作。在操作过程中，明白以上这些问题。幼儿科学教育活动的目标之一就是让幼儿在一系列具体的操作活动中学会观察，学会动手、动脑。

在幼儿早期，幼儿在操作活动中明显地表现出动作思维的特点，即在动作中思维。很少在头脑中对操作活动具有预先的计划，缺少目的性，反映出较强的随意性甚至是盲目性。随着年龄增长，操作活动中的目的性才会逐步增强，即事先有较为明确的计划。

4. 学会表达和交流

《纲要》第三条要求学前儿童"能用适当的方式、交流探究的过程和结果"，强调的就是表达和交流能力。通过探究操作，每个幼儿都会有自己的感受、体验和发现，这时需要把自己的这些感受、体验和发现表达出来，或相互之间进行交流。表达作为一种科学学习的过程能力，在科学活动中是必不可少的信息交流手段，它既可以总结，又可以传达、交流科学过程和结论。幼儿通过表达也可以对自己的科学学习过程进行进一步的思考，强化自己的科学发现，同时增强自信心。

幼儿表达和交流主要的发展目标包括幼儿学习用准确、有效的语言（包括口头的、文字的）表达、交流自己在科学活动中的做法、想法和发现；同时表达自己在科学活动中的情绪体验；学会用数字、图画、图表或其他符号记录自己科学学习的过程和结果。如4岁的幼儿，可以用简单的图画记录自己所观察到的事物；随着数学经验的增加，幼儿逐渐能用简单的数字、图表等不同方式对观察结果做简单记录；6岁左右的幼儿能用数字、图画、图表记录自己相对较复杂的想法、探究的具体过程以及结果。

幼儿科学教育活动是幼儿在教师指导下的自主探究活动。幼儿在对自然界和生活中各类刺激进行探究的过程中，需要仔细观察、积极思考、主动操作、适时表达和交流，通过这些活动，有利于培养幼儿的观察力、思维能力、动手操作能力、语言表达能力以及问题解决能力；也为幼儿终身可持续发展奠定良好的基础。

（三）科学知识与经验

尽管《纲要》没有将科学知识与经验目标明确列出来，但《指南》目标3提出学前儿童"在探究中认识周围事物和现象"。由此，"科学知识与经验"理应是幼儿科学教育目标之一。幼儿在感知、体验、探究和发现的过程中，获得了对事物和现象的认识，这也是幼儿科学探究的必然结果。如幼儿通过看、闻、触摸、品尝等感知觉和探究手段,一方面培养了幼儿的观察能力、对身边事物观察的兴趣以及初步的探究能力,同时也增加了相应认识对象的相关知识和经验。科学知识与经验目标是幼儿科学教育的产物性目标。

对于幼儿来说,科学知识的获得是在亲身活动中,在大量的特例、丰富具体的实际经验的基础上归纳形成的。研究表明,儿童能够运用的知识90%是通过亲身实践获得的。幼儿通过亲身经历获得的经验性知识是幼儿理性思维和今后学习的基础。

总之,幼儿科学教育的核心是激发探究兴趣,体验探究过程,发展初步的探究能力。教师和家长要善于发现和保护幼儿的好奇心,充分挖掘和利用自然和实际生活中的各种教育机会,引导幼儿通过观察、比较、分类、实验、操作等方法,学习发现问题、分析问题和解决问题,帮助儿童不断积累经验,并运用到新的学习活动中,形成终身受益的学习方法和能力。三方面的目标是一个探究过程的不同方面,相互影响、紧密联系。

三、幼儿科学教育的各年龄阶段目标

幼儿科学教育的各年龄阶段目标是指在幼儿的不同年龄阶段所要实现的目标。它是根据幼儿科学教育总目标来确定的,是幼儿科学教育总目标在不同年龄阶段的具体体现。在这一点上,《指南》为我们把握各年龄阶段幼儿的科学教育目标提供了依据。

表2-1　目标1"亲近自然,喜欢探究"(首要目标、前提性目标)

3～4岁	4～5岁	5～6岁
1. 喜欢接触大自然,对周围的很多事物和现象感兴趣。 2. 经常问各种问题,或好奇地摆弄物品。	1. 喜欢接触新事物,经常问一些与新事物有关的问题。 2. 常常动手动脑探索物体和材料,并乐在其中。	1. 对自己感兴趣的问题总是刨根问底。 2. 能经常动手动脑寻找问题的答案。 3. 探索中有所发现时感到兴奋和满足。

这一目标是科学精神和态度总目标在不同年龄阶段的具体要求,可以用"好奇""好问""好探究"三个关键词来概括,体现了对好奇心和探究兴趣的高度重视。自然的、身边的、熟悉的、生活中的事物是幼儿最感兴趣的,对这些事物的探究最能激发幼儿亲近自然、喜欢探究的热情。教师和家长应该让幼儿经常接触大自然,为幼儿提供机会,提供有趣的探究工具,保护和发展幼儿的好奇心和探究兴趣。

表2-2　目标2"具有初步的探究能力"(重要目标、关键性目标)

3～4岁	4～5岁	5～6岁
1. 对感兴趣的事物能仔细观察,发现其明显特征。 2. 能用多种感官或动作去探索物体,关注动作所产生的结果。	1. 能对事物或现象进行观察比较,发现其相同与不同。 2. 能根据观察结果提出问题,并大胆猜测答案。 3. 能通过简单的调查收集信息。 4. 能用图画或其他符号进行记录。	1. 能通过观察、比较与分析,发现并描述不同种类物体的特征或某一事物前后的变化。 2. 能用一定的方法验证自己的猜测。 3. 在成人的帮助下能制定简单的调查计划并执行。 4. 能用数字、图画、图表或其他符号记录。 5. 探究中能与他人合作与交流。

这一目标是科学方法和能力总目标在不同年龄阶段的具体要求,要求引导幼儿在探究过程中学会使用观察、比较、分类、概括、实验验证、计划和实施调查、记录、合作交流等方法。幼儿有了初步的探究方法和能力就具备了基本的探究未知、寻求答案和获取新知识的方法和能力,也就在一定程度上具备了主动学习的意识和能力。教师和家长应该积极鼓励和支持幼儿在动手动脑、积极探究解决问题的过程中学习探究的方法,提升探究的能力,防止"将方法以知识形态"教给幼儿。

表2-3　目标3"在探究中认识周围事物和现象"(载体性目标、产物性目标)

3～4岁	4～5岁	5～6岁
1. 认识常见的动植物，能注意并发现周围的动植物是多种多样的。 2. 能感知和发现物体和材料的软硬、光滑和粗糙等特性。 3. 能感知和体验天气对自己生活和活动的影响。 4. 初步了解和体会动植物和人们生活的关系。	1. 能感知和发现动植物的生长变化及其基本条件。 2. 能感知和发现常见材料的溶解、传热等性质或用途。 3. 能感知和发现简单物理现象，如物体形态或位置变化等。 4. 能感知和发现不同季节的特点，体验季节对动植物和人的影响。 5. 初步感知常用科技产品与自己生活的关系，知道有些科技产品有利也有弊。	1. 能觉察到动植物的外部特征、习性与生存环境的适应关系。 2. 能发现常见物体的结构与功能之间的关系。 3. 能探索并发现常见的物理现象产生的条件或影响因素，如影子、沉浮等。 4. 感知并了解季节变化的周期性，知道变化的顺序。 5. 初步了解人们的生活与自然环境的密切关系，指导尊重和珍惜生命，保护环境。

这一目标是科学知识和经验总目标在不同年龄阶段的具体要求。幼儿在感知、体验、探究和发现的过程中，获得了对事物和现象的认识，这也是幼儿科学探究的必然结果，所以说是产物性目标。又因为积极的科学态度和精神、观察等科学方法与能力的形成不可能通过简单的形式训练来完成，只有通过在具体的知识经验的探究过程中获得，因此，其又被称为载体性目标。幼儿在探究中认识的事物和现象主要包括以下四个方面：物质科学、生命科学、地球和空间科学以及科技产品与生活(这部分内容将在第二节详述)。

理解和把握幼儿科学教育的各年龄阶段目标时应注意：

第一，幼儿科学教育的各年龄阶段目标是根据幼儿科学教育总目标制定的，是幼儿科学教育在幼儿各年龄阶段的具体要求的体现。

第二，不同年龄阶段科学教育的不同要求也是根据幼儿的年龄特点，尤其是认知特点确定的，它反映了幼儿科学教育目标的年龄差异性。安排具体科学教育活动过程中要体现这种年龄差异性。

第三，在看到年龄阶段差异性的同时，不能忽视幼儿的心理发展具有连续性，不能完全把幼儿的成长人为地、机械地割裂为几个阶段。

第四，注意幼儿的个别差异。教育过程中发现，即使是同样的教育环境，不同幼儿的发现、收获都有差异，不要千篇一律地要求所有的幼儿达到同样的高度，那是不现实的。

除了上面重点讲的幼儿科学教育的总目标和各年龄阶段分目标之外，还有学期教育目标(一般以教学计划的形式出现)、单元教学目标(以某一个单元或某一主题为基础而制定的目标)、课时教学目标(以一节课的内容为主制定的教学目标)。其中，课时教学目标最为具体，也最具可操作性，对教学质量影响也最大。

实例解析

如何确定幼儿科学教育的目标？

在大班科学教育活动"陀螺的奥秘"中，有教师写下了这样的三个目标：

1. 在自主探究中感知陀螺转动的不同现象，能较清楚、完整地介绍自己的探究过程及感受。
2. 体验探究活动的乐趣，乐意与同伴分享交流。
3. 学习用符号等方法记录探究过程和自己的发现。

对于该目标设计，有一定的合理性。但这个目标过于笼统，它犯下了确定目标的大忌。把陀螺改成不倒翁，改成雪花(转动改成飘落)，改成任何其他东西，是不是都可以？这就表明，这个目标不够具体，没有针对性。

此外,从教育的三维总目标来看也不妥:知识与技能,目标中没有体现,掌握什么知识?什么技能?完全不知道。过程与方法,看似好像有,实际没有,什么过程,什么方法?情感与态度,表面上有,但怎么激发幼儿的兴趣?比较空洞。

比较具体的写法是:

(1) 了解什么是陀螺,或各种陀螺的共同特点是什么。(what)

(2) 通过观察,了解陀螺的转速与稳定性之间的关系,初步了解为什么旋转的陀螺不会倒。(why)

(3) 动手制作一个最简单的陀螺(用牙签穿过萝卜片即可),观察陀螺的大小、重量、重心的高低、转速大小与转动稳定性之间的关系(how),并了解其应用。

这个目标就非常具体,从识别——研究(不倒的原因)——动手做(做中学),真正体现了探究式教学。不仅回答了三个W,而且也体现了三维目标。知识方面:了解什么是陀螺,陀螺不倒的原因;技能方面,知道怎么制作简易陀螺。方法方面:知道重心比较低、转速比较大、物质分布对称的陀螺不容易倒。情感方面:通过亲手制作简易陀螺,探究它的大小、转速和稳定性之间的关系,自然能激发幼儿的兴趣。

第二节 幼儿科学教育的内容

在教育目标确定的情况下,后面要涉及的主要问题就是选择合适的教育内容,合适的教育内容是实现教育目标的载体。幼儿科学教育的内容总的来说非常广泛,但在时间有限等条件限制下,究竟选择什么样的内容作为幼儿科学教育的内容呢?

一、选择幼儿科学教育内容的基本原则

(一)科学性和启蒙性

科学性是指幼儿科学教育的内容应该符合科学,能正确反映客观规律,不违背科学事实。这里所指的科学性不仅指幼儿获得的知识本身的科学性,还包括幼儿科学知识的获得过程是科学的。科学教育内容的科学性是由科学本身的特点以及科学教育的性质决定的。同时,只有做到了科学性,才能使儿童学会客观地、实事求是地看待周围的事物,发挥科学教育应有的作用。

启蒙性是指幼儿科学教育的内容应该是浅显的,符合幼儿已有的知识经验和认知发展水平,是幼儿在教师引导下,通过自身的努力,能够形成对科学的积极情感和态度,能够掌握探究事物的科学方法和能力,能够理解和接受的科学知识,而不是一味追求知识的系统性。幼儿受其知识经验以及身心发展水平的限制,难以理解抽象的科学概念和规律,因此,科学教育所选的内容必须是幼儿所能理解和接受的。

科学性和启蒙性要求我们在选择科学教育的内容时,尽量选择幼儿熟悉的、又感兴趣的自然现象和事物,并将科学知识寓于简单、直观的现象之中,将科学性与启蒙性相结合,在保证内容准确无误的基础上注重对幼儿科学启蒙作用。不要把小学的科学内容随意前移至幼儿园,或者用机械的、抽象的方式来让幼儿学习科学内容,这些都不符合科学性和启蒙性的原则,当然也就必然完成不了幼儿科学教育的目标。

(二)广泛性和代表性

广泛性是指幼儿科学教育的内容要尽量涉及多个方面,目的是通过科学教育,使幼儿能获得较为广泛

的科学知识、丰富的科学探究的体验。幼儿生活的世界本身是丰富多彩的,包含的现象是多样的,有动植物的、物理的、化学的、科技产品的使用等,这些都与幼儿的生活紧密联系,都能激起幼儿强烈的好奇心,并在好奇心的驱使下继续探索活动。因此,在选择科学教育内容时就应该考虑到这种多样性,使幼儿能从不同角度、不同方面来认识和探究周围的世界,积累丰富的科学经验,从小培养广泛的科学兴趣。

代表性是指所选择的内容能反映出科学某个领域的基本知识结构。科学本身包含的范围非常宽泛,涉及的面非常广,而幼儿的学习时间和认知特点决定了幼儿科学教育的内容不可能做到面面俱到。因此,在选择幼儿科学教育的内容时应该选择每个科学领域内典型的、有代表性的事物和现象让幼儿学习和探究。

在具体操作时,要做到广泛性,可以在幼儿广泛的日常生活中进行选择。随着幼儿年龄增长,生活的接触面越来越广,生活中遇到的现象都是幼儿科学教育的很好的素材,这些素材既是幼儿熟悉的,又是幼儿感兴趣的,因此,可以在幼儿实际生活中遇到的各种现象中选择幼儿科学教育的内容。另外,也可以按照学科知识进行选择。自然科学发展到现在,每个学科、每个领域的知识已自成体系。可以从众多的学科或领域中选择合适的内容作为幼儿科学教育的内容。衡量内容代表性的标准是考察幼儿通过这一内容学习能否进行举一反三、触类旁通,为他们学习类似内容做好铺垫。在考虑内容的广泛性和代表性的同时,要兼顾各部分内容的均衡性。在选择内容时,不能因为教师的喜好,过多地强调某个学科或领域,而忽视其他学科或领域内的科学知识,这势必造成幼儿认识的片面化和狭隘化,不利于后续科学知识的学习和探究。

（三） 地域性和季节性

地域性是指教师在选择幼儿科学教育的内容时要考虑地方特色,从各地的实际情况出发,灵活地选择科学教育的内容。大家知道,我国地域辽阔,南方与北方、城市与乡村、山区与平原,各地自然条件复杂,自然资源千差万别,这就要求在选择幼儿科学教育的内容时,要因地制宜,把具有本地特色甚至本园特色的、常见的自然现象和自然资源作为科学教育的重要内容。同时,对于幼儿园课程中的固定内容可以灵活取舍。

季节性是指教师在选择幼儿科学教育的内容时要根据不同季节来选择。我国的地理位置决定了我国的气候变化很大,各地的气候差异也很大,这是地域性的表现。但即使是同一个地方,一年之中气候的变化也很大,表现出明显的季节性,各种动植物也会随着季节的变化产生相应的变化。因此,选择幼儿科学教育的内容时,要因时制宜,遵循季节性的原则,这既能加强幼儿对季节的认识,又能帮助幼儿理解周围事物与季节之间的关系。

所以,在选择具体的教学内容时,要根据当地自然和社会资源灵活选用,不要一味按照现成课程按部就班,要善于挖掘具有地方特色的科学教育资源。一方面,这些内容是幼儿最为熟悉的、符合幼儿兴趣和已有知识经验,同时通过这些内容的学习有助于激发幼儿热爱家乡的积极情感;另一方面,符合幼儿的认知发展的顺序,他们对事物的认知总是从身边事物逐步扩展到更大范围。当然,较远的、不常见的、但具有认识意义的典型事物和现象也可以作为科学教育的内容,但在内容的编排上应该遵循由近及远的原则,即先认识身边的、常见的现象和事物,再认识较远的、不常见的事物和现象。为了让幼儿能够切身感受到周围大自然季节的变化,内容的选择和编排上要尽量与季节保持一致,突出季节性。

（四） 时代性和民族性

时代性是指教师在选择幼儿科学教育内容时,要与时俱进,选择具有时代特点的科学知识。现代社会早已进入信息化社会,在这样的社会中,信息量猛增,科学技术飞速发展,儿童可以通过多种途径接触和感受科学技术在生活中的运用及其重要作用。

民族性是指教师在选择幼儿科学教育内容时,要有意识地选择部分中国的传统科学文化,以弘扬民族优秀的科技文化传统。中国历史上的许多科学发明创造曾经为世界科技的发展起到重要的推动作用,如四大发明。让幼儿了解中华民族优秀的科技文化成果,除了幼儿科学教育本身的价值,还有利于培养幼儿积极的民族主义情感、爱国主义情感。

在根据时代性选择幼儿科学教育的内容时要注意从幼儿生活中、身边熟悉的事物和现象里精心选择。随着社会的不断发展,科技与生活联系不断加强,生活中时时处处都能感受到科技给人们生活带来的巨大变化,为了提高科学教育的实效性,教师可以选择与幼儿生活紧密联系的、幼儿能切身感受到的科技产品作为科学教育的内容。如在"神奇的指纹"的教学时,可以把"指纹在现代生活中的应用"作为一个重要问题引导幼儿进行讨论,激发幼儿对指纹神奇特性的理解,以及体会指纹的重要用途。对重要科技成果的产生和发展进行介绍,一方面积累科学技术的知识,另一方面帮助幼儿了解科技发展的昨天和今天,激发他们进行创造的欲望,开创新科技的明天。在内容选择时,注重选择具有鲜明的民族特色的科技成果,如丝绸这一具有典型中国特色的产品,围绕"丝绸"主题可以让幼儿观察丝绸的特性,观察蚕的生长、吐丝、结茧到经过加工制作成丝绸的整个过程。

二、幼儿科学教育的内容

幼儿科学教育的内容是实现幼儿科学教育目标的载体,因此内容的选取应该符合幼儿科学教育目标。除此之外,要符合幼儿科学教育本身的特点和规律以及幼儿的兴趣、需要、身心发展水平等。因此,在结合《纲要》和《指南》的主要精神的基础上,可以把幼儿科学教育的内容分成以下四个方面:生命科学、物质科学、地球和空间科学以及科技与人类的关系。

(一) 生命科学

生命科学和幼儿的生活密切相关,幼儿对周围有生命的物体充满了兴趣与好奇,乐于观察、操作和询问。生命科学教育为幼儿提供了观察、探究生物的机会,促进幼儿了解生物的特性、生存条件、生命周期以及生物与环境的紧密关系。

1. 生物的外部特征

认识常见的动植物及其特征是幼儿认识生命体特征的重要一环。其中包括能说出常见动植物的名称;通过观察,特别是对真实生物的观察,幼儿可以认识常见生物的典型特征,如兔子的尾巴是短的,牛的尾巴长而粗等;而且可以通过观察描述更详尽、更丰富的多种特征,如兔子不仅尾巴是短的,它还有长耳朵、圆眼睛、四条腿、肥硕的身体等。

除此之外,我们还可以引导幼儿思考生物的结构形态和功能之间的关系,如兔子的长耳朵具有自我保护的功能(可以帮助兔子调整其体内的温度,还能捕捉到环境中较微弱的声音,并可随声音的方向做任意转动。休息的时候,耳朵就会紧贴在后背。当周围有一点点动静时,就会警觉地竖起,并转动一只或两只耳朵,去捕捉声音的来源,感知可否存在危险)。还有不同植物的种子形状不同,有助于其在自然界的传播。生物也包括人类,幼儿乐于学习人体不同部位的名称,探索身体不同部位的功能。

2. 生物生存和生长的基本条件

生物要能生存和发展就必须满足一定的条件,如动物需要食物、空气、水以及适宜的环境,植物与动物有区别,但也需要水、空气、阳光等。幼儿可以通过日常的生活经验和学习了解到生物所共有的一些基本需求,也需要了解动植物之间存在不同需求,乃至不同种类的动物之间、不同种类的植物之间也有着不同的需求。如动物可以分为食草性、食肉性和杂食性动物;植物有喜阴的,也有喜阳的。引导幼儿通过观察、探索去感知和发现生物生存、生长的基本条件和规律。

幼儿可以通过观察、阅读、讨论等方式了解生物的多种生存行为,如觅食方式、自我保护方式等。

3. 生物的生命周期与繁殖

任何生物都是有一定的生命周期的,从孕育、出生、发展、成熟直到死亡。在日常生活中,幼儿会有一些动植物饲养和培育的经验,利用这些经验可以让幼儿感受和体会生命的历程,以及不同生物生命周期的长短与细节的不同。

通过饲养动物和培育植物的过程,了解动物的繁殖方式,包括人类的繁衍方式,以及植物的繁殖方式。这样的生活经验也会触发幼儿去思考生与死的问题,感受所有的生命都是有始有终的。

4. 生物的多样性

认识生物的多样性是对幼儿进行生命科学教育的重要内容。自然界的生物品种繁多，在外部特征、生存和发展条件、生命周期等方面有各自的特点。教师要引导幼儿理解自然界的生物是多种多样的、各不相同的。动物中，有大的、有小的，有胖的、有瘦的，有温顺的、有凶猛的，有会飞的、有会跑的，有长腿的、有没腿的，有在水里的、有在树上的……植物中，种类也是多样的，有高大的、有矮小的，有宽大叶子的、有细长叶子的，有开花的、有不开花的。即使是同一种类的动植物，差异也是非常之大的。

教师可以有选择地把当地典型的生物作为重点介绍，让幼儿从周围的生物开始了解，逐步扩展。不同年龄的幼儿可以观察不同的生物，观察的要求也应该有所不同。鼓励幼儿根据常见生物的典型特征进行比较分析、简单归类，以更好地理解生物的多样性。

5. 生物的适应性

生物的适应性主要涉及的是生物与环境的关系。生物与周围的环境是相互联系、不可分割的。任何一种生物的任何一种行为都会对环境构成影响，对环境中的其他成员构成影响，环境的改变又会反过来使生物发生一定的改变，所以，生物与环境的和谐共生构成了生命科学教育的重要内容，尤其是在全球环境恶化的背景下，这一主题显得尤为重要。

（1）生物之间的关系

主要包括动物与动物之间、植物与植物之间以及动物与植物之间的关系。可以让幼儿了解不同动物的食性，动物之间的朋友和敌人（如猫是老鼠的天敌，蛇也是老鼠的天敌）；许多植物喜欢阳光，在同一片土地上的植物会因为其他植物对阳光的遮挡而影响这一植物的生长。

生物之间的关系还包括：（普通）动植物与人类的关系[①]。可以让幼儿了解人类的生活中是怎样利用普通动植物的，如认识竹子和竹子在生活中的运用；还应该让幼儿了解人类是怎样保护动植物的。

（2）生物与环境的关系

动植物的多样性与环境。不同的动植物，生活的环境也会有所不同。如有些动物生活在水里，有些生活在陆地上，有些则是水陆两栖动物；植物也是如此。

动植物的形态结构与环境。引导儿童进行观察，探索不同环境中的动植物在形态结构上有哪些不同，以及它们与环境之间的关系。如北极熊的皮毛是什么样的？为什么这样？树根是什么样子的？为什么这样呢？

动植物的生长与环境包括与季节变化之间的关系。如种子一般在什么样的环境、什么季节发芽？动植物如何过冬？春天来了，动植物又会有哪些变化？

（3）人与自然环境的关系

人与自然环境的教育，应该渗透和体现在认识自然界中的动植物和非生物的内容中。如在观察小草时，可以引导幼儿和小草交朋友，关心和保护小草的生长，不要随意践踏小草等。引导幼儿关注在日常生活中人们是怎样利用（普通）动植物的，又应该怎样保护动植物，不保护会造成怎样的结果。

除了以上的教育外，教师还可以引导幼儿参加力所能及的实践活动，如植树等；养成良好的保护环境的行为习惯，如教育幼儿爱护花草树木、爱护小动物、保持环境整洁、不污染环境等。

（二）物质科学

"物质科学"一词并不十分恰当，因为广义的"物质"包括有生命的物质——生物，和无生命的物质——非生物。这里的"物质"是狭义的物质，主要是对非生命物质的研究。而且，即使是狭义的物质，也不涉及物质的内部结构问题，而只涉及物体的一些基本性质特点和一些现象。由于一时找不到既简洁又具有相当内涵的词汇来描述这一范围的事物，所以暂时用"物质科学"一词来描述。

幼儿对周围的物质世界具有强烈的好奇。幼儿在观察、操作周围环境中的物质和材料的过程中，了解

---

① 在生物学上，人属于动物界、脊椎门、哺乳纲、灵长目、人科、人属、人种。所以人属于动物，而且是最高的动物，把动植物和人并列在一起是不科学的，如果一定要把动物和人并列在一起的话，那么，在动物前面要加上"普通"二字。

它们的基本特性和变化,获得科学经验,形成科学探究的能力。

1. 常见的物体和材料的性质

了解物体和材料的基本性质是认识该事物的基础和开端,幼儿获得了对常见物体和材料的基本属性的认识就为以后的学习积累了丰富的感性经验。具体包括:

(1) 运用感官对常见的物体和材料进行观察和摆弄,获得并描述物体的性质和特征,如物体和材料的颜色、大小、形状、硬度、光滑度等。

(2) 使用一些简单工具,测量物体的一些性质,如大小、重量等,进而对物体和材料进行更为精确的比较。

(3) 探索构成物体的材料所具有的性质。

(4) 使用多种感官从多方面感知和认识物体和材料的不同属性,如铁不仅是硬的,而且能导电和传热等。

(5) 探索物体和材料在不同的条件下可以具有不同的存在状态,如固态、液态或气态,水放冰箱冷冻可以变成冰块,水烧开了可以变成水蒸气。

2. 常见的物理现象

(1) 声

儿童生活的世界是一个充满着各种类型声音的世界,自从出生后幼儿就会对外界声音产生反应。一方面,声音是幼儿了解世界的重要信息来源;另一方面,幼儿也是声音的制造者。在幼儿阶段,可以引导幼儿探索和了解周围世界的各种声音,同时保护和培养幼儿的听觉能力。

① 能注意并辨别各种声音:自然界的声音、人的声音、乐音与噪音等,了解各种声音所代表的意义。

② 能探索出不同的物体能发出不同声音的方法。

③ 通过游戏、实验等方式探索声音的传播。观察和了解几种生活中常见的能传播声音的现代科技产品,探索它们是如何将声音传得更远的。

④ 了解噪音的产生及其危害,如工地上轰鸣的机器声、教室里喧哗声。

(2) 光

光是大自然中普遍存在的现象,也是与幼儿的生活密切联系的,光的出现经常会引起幼儿的浓厚兴趣。教师可以与幼儿一起探索光的奥秘。

① 认识各种光源,有来自自然界的,如阳光、闪电等;也有人造的,如各种类型的灯光,比较各种光源的不同。

② 了解各种光源的重要性。

③ 通过玩各种光学仪器(如平面镜、三棱镜、凸透镜、凹透镜),玩具(如万花筒、放大镜),甚至日常物品(小镜子、酒瓶底)等探索光的反射、折射等现象。

④ 通过实验探索光和影子的关系。

(3) 热

温度觉是人类一种基本的感觉。幼儿从小就能对温度进行感觉,相关的生活经验也较为丰富,教师可以结合幼儿的生活经验,让幼儿探索有关于热的知识。

① 感受物体的冷热,知道有的物体冷,有的物体热。

② 掌握感知冷热的一些方法,如用手触摸,用温度计来量等。

③ 探索并发现热的物体会变冷,冷的物体会变热,物体变冷变热的一些方法。

④ 知道天气的冷热。讨论不同地方的人们冬天是怎样取暖的,夏天是怎样散热的,并了解几种常见的取暖和散热的物品。

(4) 电

电在现代人日常生活中的作用越来越大,在幼儿的生活中也是如此,如家用电器、玩具等方面都要使用电。虽然电对于幼儿来说具有相当大的危险性,但不能因此禁止幼儿接触和了解电,相反,必须对幼儿进行适当的电知识的普及,使幼儿了解电的作用,同时也知道电的危险,预防事故的发生。幼儿对电的学习内容主要包括以下内容：

① 通过游戏等方式探索摩擦起电的自然现象。

② 初步了解电的来源，如日常生活中的电是发电厂通过电线输送的，电动玩具使用的电是电池供给的。

③ 通过探索各种电的使用，了解电在日常生活中的重要作用。

④ 介绍用电安全的常识，避免发生事故，如手指不能伸进插座孔里，湿的手不能插拔插座等；能正确处理废旧电池。

（5）磁

磁产生的现象往往带有神秘色彩，容易引起幼儿的兴趣，激发幼儿科学探究的欲望。教师可以引导幼儿探索以下内容：

① 操作、探索不同大小、形状的磁铁，发现磁铁能吸铁的现象。对于中大班幼儿还可以探索不同磁铁的吸力的大小。

② 通过实验或游戏探索磁铁之间的关系，知道相互吸引和排斥的现象。

③ 摆弄指南针，探索指南针指南的现象。

④ 探索发现指南针在日常生活中的运用。

（6）力

运动变化是万事万物不变的法则，物体之间的力也是永恒存在的。让幼儿探索力，目的不是让他们掌握各种力的抽象概念，而是启发幼儿探索和思考日常生活中关于力的经验，从平常具体的现象中发现其规律性。幼儿阶段关于力的探索内容主要包括：

① 通过实验、操作感受力的大小，探索力的大小、方向与运动之间的关系。

② 通过实验探索各种力的现象，如浮力、地球引力、弹力、摩擦力、风力、电磁作用力、推力、拉力等。

③ 通过玩跷跷板、平衡架、天平等体验物体的平衡，探索平衡的条件。

④ 探索各种机械，发现它们的作用，如斜面的角度对物体下滑快慢的影响。

3. 典型的化学现象

在幼儿的日常生活中有许多奇妙而有趣的化学现象，可以把这些内容纳入幼儿科学教育中，让他们去观察、体验、发现和探索，如糖能溶解，洗洁精能去污等。

（三）地球与空间科学

地球是人类赖以生存的家园，从幼儿阶段开始加强对地球的知识的教育，有助于幼儿更好地了解地球，同时产生保护地球的积极情感。

1. 地表附近的物质及其特性

地球表面附近的物质包括沙、土、石、水和空气等，这些是地球的最基本物质，它们有着各自的特性和用途，幼儿自出生后就与它们打交道，非常熟悉，也乐于玩耍和探究。

（1）水

水对于人类来说具有非常特殊的意义，是生命之源，幼儿也有天然的喜水性。幼儿对水的认识主要包括：

① 对水的物理性质的探索。让幼儿在玩水的过程中感受它的无色、无味、透明等特性；探索一些和水有关的物理现象，如水是流动的，是由高处往低处流动的，水有浮力，能溶解一些物质等。

② 通过实验探索水在不同条件下有三种形态：固态、液态、气态。

③ 通过实验、游戏、讨论等方式让幼儿了解水对于人类、（普通）动植物及其他生命体的重要性。

④ 观察、体验日常生活中的水污染现象及其对自然造成的影响，引导幼儿产生节约用水、保护水源的意识和行为。

（2）沙、石、土

沙、石、土是幼儿生活中都能接触到的自然物质，幼儿生活中也喜欢玩这些物质。幼儿对沙、土、石的学习内容主要包括：

① 通过玩沙、土、石感知和探索它们的物理性质,及其在日常生活中的用处。

② 通过探索活动知道沙、土是由岩石变化而来的(土壤中不仅包括岩石碎屑,还包括其他一些微生物、水和空气等)。但沙和石头上都很难长出植物,而只有土壤里才能长出植物来。体会土壤和(普通)动植物乃至人类的关系,激发珍惜土壤,保护自然资源的意识。

（3）空气

空气对于生命体来说也是不可或缺的物质,但空气本身看不见、摸不着,因此幼儿探索起来比较困难。教师可以引导幼儿探索以下内容：

① 体验空气看不见、摸不着,但我们周围到处都是空气。

② 通过实验、游戏的方式探索发现空气可以流动(当然也可以静止),即有流动性。

③ 知道动植物与空气的关系。如植物的生存离不开空气,同时植物的生长也可以净化空气。

④ 知道人类与空气的关系。了解空气污染对人类的影响,激发保护环境的意识。

2. 日月星辰等常见天文现象

广袤的天空对幼儿来说充满好奇,充满想象。如"太阳公公下山以后到哪里去了呢",有的幼儿会认为"躲到山底下睡觉去了"。"星星为什么会眨眼",有的幼儿会认为"是因为有人在星星上用手电筒对着我们晃来晃去"。

由于受思维水平等方面的影响,幼儿阶段不必向幼儿解释各种抽象的天文知识,只需要引导幼儿观察各种天文现象,获取直观经验,为后续学习做准备。其间,可以引导幼儿探索以下内容：

（1）通过观察了解太阳的形状、颜色(除了早晚之外,一般不能直接用肉眼观察太阳,需要戴好防护镜);通过实验感受太阳的光与热,阳光对于人类和其他生物的重要性。

（2）通过肉眼或望远镜等观察月相的变化和运动模式,并用自己喜欢的方式记录下来。

（3）介绍人类对宇宙的探索,如我国神舟飞船太空之旅,激发幼儿的探索欲望和爱国热情。

3. 天气与季节变化

天气和季节变化是自然规律,它影响着(普通)动植物的生长和人类的生产与生活。幼儿阶段主要引导他们探索以下内容：感知、体验和认识常见的天气特点及其对人们生活、动植物生长变化的影响。感知、体验和发现不同季节的特点和周期性变化,以及这些特点和变化对(普通)动植物和人类的影响。具体包括：

（1）风：观察和感受不同情形下风的不同,知道风有大小、冷暖之分;知道风在日常生活中的作用,如风力发电;同时风也可能给人类带来危害,如台风、龙卷风、沙尘暴等。

（2）云：观察空中的云,体验云在不同天气时的运动和变化。

（3）雨：知道不同种类的雨,如小雨、中雨、大雨、暴雨等;知道雨在不同季节对植物生长和人类的影响,如春雨有利于播种,夏季雨量过多会引起洪灾等。

（4）冰、雪、雾、霜：通过实验和游戏的方式了解冰、雪、雾、霜的形成及其变化;了解它们对(普通)动植物以及人类的影响,如雾霾对人类健康产生的消极影响,培养幼儿保护环境的意识和行为。

（5）知道四季的名称及顺序,观察、了解季节的变化及每个季节的典型特征,初步了解季节变化和人类及(普通)动植物的关系,人类和(普通)动植物是如何适应天气和季节的变化的,等等。

（四）科技与人类的关系

现代科技产品已渗透到幼儿生活的方方面面,他们能时刻感受到现代科技带来的影响,因此,有必要把现代科技(产品)的相关内容纳入幼儿科学教育中来,使他们认识常见的科技产品,培养幼儿关注科技的兴趣,初步学会使用简单科技产品,并为形成正确的科技观打下基础。

1. 认识生活中常见的科技产品及其作用

具体包括：

（1）家用电器：包括电视机、空调、电灯、电话等,学习简单的使用方法,体会它们给我们生活带来的影响。

（2）交通工具：如自行车、摩托车、汽车、地铁、飞机等，讨论不同种类的交通工具有什么样的优缺点，以及给人们的生活带来了怎样的便利。同时，了解安全驾驶和遵守交通规则的常识，包括常见的交通标志的含义。

（3）农业科技产品：比较传统农业与现代农业的区别，了解现代化的种植方式既减轻了农民负担又增加了产量，如温室种植蔬菜、瓜果、鲜花等。

（4）科技玩具：让幼儿在玩的过程中，学会使用各种玩具，体会科技在玩具中的使用。

2. 介绍著名科学家，了解重要科学发明的过程

通过讲故事、看图书的方式熟悉著名科学家的事迹，了解重要科学发明的具体过程，激发幼儿热爱科学的情感和对科学家的崇敬之情，激发他们的想象力和创造力。

3. 科技小制作

幼儿在认识著名科学家和重要科学发明的基础上，可以在教师引导下亲自动手制作一些简单的科技玩具，如制作风车、不倒翁等。幼儿亲自动手完成一个科技小制作和了解一种科学现象是完全不同的科学经验。在此过程中，幼儿不仅学会具体的操作技巧，同时也获得了亲自动手的经历，增强了动手动脑的自信和乐趣。

实例解析

如何选择合适的活动内容？

案例1： 有一位教师在小班安排用树叶和剪刀之类的东西来吹泡泡，有人认为活动设计得不错，但一般认为，这个内容不合适。

首先，剪刀非常锋利，小班的幼儿可能还没有掌握正确的使用方法，极易造成伤害事故，违反安全性原则。其次，吹泡泡应该由易到难，循序渐进，先从容易的吸管一类的管子来吹比较合适。让幼儿知道，只要有孔有液膜，都能吹出泡泡。用树叶吹泡泡，大人都不会，更何况幼儿？在树叶上打孔吹泡泡，一是枯树叶比较脆，容易把整个叶子打碎。二是嫩树叶很软，即使打好了孔，吹的时候也会变形，不太容易操作。

这个活动算是小小的创新，把不能吹泡泡的东西变成能吹的东西，本意很好。但是，应该放在大班比较合适。而且一节课单纯用树叶来吹显然不行，应该用树叶、很薄的萝卜片、泡沫片或细铅丝等多种材料来吹，让幼儿知道，在实心的物体上钻个孔，或用实心物体做一个孔，就可以吹出泡泡。在树叶上钻孔，用筷子戳显然不是好方法，用钢笔套往树叶上一按即可。事实上，在很薄的萝卜片或泡沫片上打几个孔，吹起来效果更好。钻孔有两种方法：一种是用比较尖锐的东西在物体上戳一下，二是用圆筒形的物体如钢笔套在物体上按一下即可（适合于较软和较薄的物体）。用铅丝或扭扭棒可以做大小不同的孔，研究孔的大小和吹出的泡泡大小之间的关系，这样的活动才有意义，才叫探究，能学到很多方法和技巧。

案例2： 有教师在小班教幼儿做裤子，在中班做雨伞，这显然不合适。裤子和雨伞都比较复杂，不适合小班和中班的幼儿制作，很多大人都不会做，更何况小孩？这个制作也没有体现科学原理，只注重生活性而没有注意简单性和科学性。违背了科学教育的八个注意点中的简单性原则，也不符合幼儿的认知特点。相对而言，制作不倒翁比制作雨伞和裤子要简单得多，而且也体现出一些力学原理（重心很低，并且偏离后重心升高的物体为稳定平衡，能够自动恢复到原来的平衡状态）。

第三节　幼儿科学教育的方法

一、幼儿科学教育方法的含义

幼儿科学教育的方法是指教师为了完成幼儿科学教育的目标,组织幼儿开展科学教育活动的具体方法。其中既包含了教师组织幼儿开展科学教育活动的方法,又包含幼儿学科学的方法。但教师的教育方法要依据幼儿的学习方法来确定,即幼儿学科学的方法决定了教师开展科学教育活动的方法。因为幼儿教育的目标是促进幼儿的发展,而幼儿的身心发展尤其是认知发展有其自身的特点,这就要求教师在选择教育方法时必须符合幼儿身心发展特点和思维发展水平,否则教育目标无法达成。教师的教育方法和幼儿的学习方法两者之间应该是统一的。

二、幼儿科学教育方法的分类

幼儿科学教育的方法虽然很多,但概括起来,不外乎两大类:即探究和非探究。何谓"探究",目前并没有统一的定义,不同的人有不同的见解。顾名思义,"探究"即探讨研究或探索研究,但是,这样的理解显然是肤浅的、片面的。事实上,"研究"这个词要比"探究"这个词含义更广,研究可以是科学研究,也可以是其他方面的研究,比如几个人商量一个解决问题的对策或方案(如研究刑事案件、经济纠纷等)。即使是科学研究,也不一定是探究,比如数学家通过抽象思维来证明一个定理,就不是简单的探究,而是科学研究。类似地,"探索"这个词也比"探究"这个词含义要广得多。广义的"探索"包含了一切尝试了解(对他个人而言)未知事物的活动,从这个角度讲,探究属于探索的一个部分。此外,探索并不限定于科学领域,其他领域也有。

但是,真正意义上的"科学探索"和一般意义上的"探索"是有区别的。"科学探索"和"科学研究"含义基本相同,它和"探究"最根本的区别在于:科学探索的目的是为了发现真理,而探究的目的只是为了了解事实真相,探索是为了创造知识和产品,而探究只是为了获得知识和技能。

所以,探究是通过有组织、有计划、有目的、有步骤的实践活动和合作讨论等形式,使幼儿主动获取知识和技能的一种教学方法。

三、探究的基本特点及其核心·地位

根据探究的定义,可以知道探究有四个基本特性:

1. 实践性

实践出真知,体验式教学,这是探究的最基本特点。通过各种感觉器官(眼、耳、鼻、舌、身),获取足够的感性认识,再通过大脑的思维来了解事物的真相,这是探究和非探究的最大区别。通过看书,看动画,听老师或大人讲解,也能获得很多科学知识,但没有亲身体验,没有感性认识,这种知识是肤浅的,这是一种非探究的教育方式或学习方式。

2. 双主性

探究的定义中有四个"有":即有组织、有计划、有目的、有步骤,这体现了教师的主导作用。精心组织(幼儿活动),精心设计(活动过程),精心选择(实验材料),精心记录活动结果,都需要教师起到主导作用。而"主动获取"这四个字则体现了幼儿的主体地位。不是被动接受知识,而是主动建构概念和知识。因此,以幼儿为主体,以教师为主导,是探究的第二个基本特点。但要注意的是,探究包含"双主"(既发挥教师的

主导性,也发挥学生的主体性),"双主"却不一定是探究。例如,语文课上也会用"双主"教学,但它通常不是探究。完全由教师讲,学生听,显然不是探究。但是,有些教学从一个极端走向另一个极端,完全放任自流,教师不管不问,学生爱怎么玩就怎么玩,表面上看起来好像充分发挥了学生的主体地位,但显然也不是真正的探究。

3. 互动性

合作讨论,共同分享,师生互动,生生互动,这是探究的第三个基本特点,也是探究和非探究的区别之一。教师灌输,学生听,没有一点点互动,显然不能称之为探究。

4. 科学性(目的性)和规范性

探究的目的是为了了解事实真相,一般情况下,要知道是什么,为什么,怎么做。

如果仅仅知道是什么,或仅仅知道怎么做,显然是不够的。例如,仅仅在树叶上打一个孔,然后吹一个泡泡,那还算不上是真正的探究。如果发现不管什么东西,只要有孔有膜,都能吹出泡泡,而且孔的大小和泡泡的大小有一定的关系,泡泡的产生是由于气流聚集在肥皂膜中、肥皂膜不断长大的结果,那才是真正意义上的探究。有些活动,看似热闹,其实就是纯粹瞎玩,没有通过活动获得知识和技能,没有达到探究的真正目的。

之所以要把"探究"作为幼儿科学教育中最重要的方法,是因为这种教学方法是各种现代教育理论的综合体现。例如,它强调学习的主动性,这符合建构主义的核心观点,也符合蒙台梭利的核心思想。它强调实践性,这符合陶行知的生活教育理念,也符合皮亚杰的认知发展理论。因此,探究是一种融各种教育理论于一体的最好的教学模式或方法。

探究是一种宏观的教学模式或方法,其具体的形式可以有很多种。既然它是一种实践活动,那么,实践活动的形式有几种,探究的形式也就有几种。常见的实践活动有观察、以观察为主的综合感知、实验、制作、实地调查、参观访问等。打个比方,如果说探究是一棵树,那么,其他的各种具体的方法如观察、实验等都是树枝。

四、探究的主要形式

主要有观察、综合感知、实验、制作等。

(一) 观察

1. 观察的含义和意义

(1) 观察一词的含义

根据《辞海》上的解释:"观"即看,"察"即仔细看,因此,单纯的观察也就是用眼睛仔细看的意思。当然,在观察的过程中应及时做好记录。观察和观察力有所不同,观察力还和大脑的思维有关。科学观察不同于一般意义上的观察,它是一种有目的、有步骤的科学实践活动,但是,也不能随便把观察一词的意义随便引申。

有一些观点,无限扩大"观察"一词的意义,认为"观察"不仅仅是用眼睛看,还包括用耳朵听,用鼻子闻,用舌头尝,用手摸,用身体感知等。显然,这种观点既不符合语言学上对观察的定义,更不符合科学上对观察的定义。

蒙台梭利非常注重感觉教育,但她强调的是五种感觉器官的训练和五种感知力的培养,绝非单纯的观察和观察能力。

在科学研究中,观察最常用于天文学和生物学,这是因为天文学研究天体,天体在天上,除了用眼睛直接或间接(通过望远镜)观察之外,没有别的办法,因此说天文学是观察的科学。生物学主要研究生物的生长变化,当然主要也是靠观察。物理学和化学更多的是靠实验,当然,实验中必然包含观察,但它绝不仅限于观察,还包含许多其他的感知、思维和操作等。

值得一提的是,化学实验中,不仅需要用眼睛来观察,还需要用耳朵来听,用鼻子来闻,实际采用的是

"以观察为主的综合感知法"。我们不能把"观察法"和"感知"混为一谈,观察是最重要的感知方式,但不是唯一的感知方式。

（2）观察法的意义

观察法在幼儿的学习与发展中有着独特作用。首先,观察是幼儿学习科学的基本方法。自出生后,婴幼儿最先发展起来的就是感知觉,依靠感知觉在直接接触事物的过程中,认识事物的外部属性,获取丰富的感性经验。这些丰富的感性经验为幼儿进一步认识事物,发展抽象思维能力奠定了基础。其次,观察能促进幼儿其他认知能力的发展。幼儿在观察时,外界事物不仅刺激着幼儿的感觉器官,感觉器官获取的信息会迅速传递到大脑,注意、记忆、想象、思维和语言等心理活动在大脑的指挥下也会积极地进行。有目的地观察能逐步促进幼儿有意注意的发展;观察时,能引起幼儿展开丰富的想象活动等。最后,通过观察活动能促进幼儿观察力的发展。通过观察法学习科学的过程中,能不断促进幼儿观察品质的发展和完善。例如,对观察的目的性,小班幼儿观察时往往被事物的明显特征所吸引,观察是凌乱的,需要教师有意识引导,按照教师要求去观察物体,中班幼儿逐步学会自己确立观察的目的,目的性有所增强。

2. 观察法的分类

从最一般的角度来说,观察一般可以分为无目的的随机观察和有目的的科学观察两大类,这里重点讲科学观察。科学观察又可以分为很多类型。

有些分类把观察的方法分为:一般观察法、比较观察法、长期观察法。这种分类是不妥的,把两种不同的分类特性混在了一起。应该这样分:按照观察的时间长短可以分为短期(几分钟到几小时)、中期(几天到几周)、长期(几个月到几年)三类(短期、长期是相对的,并不绝对固定)。按照观察的目的来分可以分为:识别观察(认识物体的外在特点,识别物体,这就是所谓的一般观察法)、比较观察(观察两个或几个物体之间的共同点和不同点,用于分类或了解其作用)、分析观察(观察某一个特定事物的内在结构,分析其各部分之间的内在联系,找出其规律)。从层次上讲,这三种观察即:

外在棱廓、形态特征→内部结构、作用功能→精细结构、形成原因、本质联系。这是由表及里,由现象到本质的一种观察过程,是人类认识任何事物的三个主要阶段。下面主要从认知角度或观察目的来介绍三种观察方法。

（1）识别性观察

识别性观察有时候也叫作个别物体观察,是指对某一物体或现象所做的特定的观察。可以是认识事物的某个外部特征,也可以是对它的整体全面的认识。教学中,教师一般每次引导幼儿观察一种特征,经过多次观察形成对观察对象的整体的全面的认识。在一次活动中,如果先后观察两个对象,它们之间没有关系的话,个别物体观察法不要求进行比较认识。个别物体观察法是幼儿科学教育活动中最基本的观察形式。

（2）比较性观察

比较性观察是指对两种或两种以上的物体或现象进行观察并比较,找出它们之间的相同点和不同点。比较是思维过程的一个重要环节,人对事物的认识只有经过比较才能区分事物的本质特征与非本质特征,从而认识事物的本质特征,形成概念,甚至进行分类等更复杂的认识活动。引导幼儿进行比较性观察主要目的在于帮助幼儿掌握比较的技能,促进幼儿思维能力的发展。

（3）分析性观察

与识别性观察不同,它不是注重事物的外部或整体特征,而是注重于观察某一个特定事物的内在结构,分析其各部分之间的内在联系,这个要求比较高,通常适用于大班幼儿。如在制作不倒翁之前,可以先拆开现成的不倒翁,观察它的外部和内部结构,不倒翁主要由外壳、内部的填充物、装饰物三大部分组成。要让幼儿仔细观察内部填充物的多少,这非常重要,关系到能否制作成功的问题。

前面说过,除了从认知角度或观察的目的来分之外,还可以根据观察的时间分为短期观察、中期观察和长期观察。短期观察用得比较多,通常的实验中的观察,如观察纸花的开放等都是短期的。而兴趣小组活动,如观察蚯蚓的生长等,属于中期观察。

长期观察比较少,是指在较长一段时间里,有目的的、有计划地对某一事物或现象的发展变化进行观察,使幼儿对其发展过程、相互联系等有清晰、完整的认识。如观察爬山虎,可以引导幼儿沿着春天、夏天、秋天和冬天的时间顺序进行长期观察,以便全面了解爬山虎的整个生长过程。通过长期观察活动可以培养幼儿从发展的、相互联系的角度看待事物和周围现象。

3. 观察时的注意事项

(1) 观察前做好充分准备

《纲要》提出:"根据科学教育活动计划、季节和地区的情况、儿童发展水平,确定观察的内容、要求、地点与形式,拟定观察计划。"因此,在观察之前,教师就应该将以上这些内容考虑周全,并思考怎样才能引起幼儿观察的兴趣,激发观察的欲望,准备提哪些问题、提问的顺序等。观察前的准备工作直接影响观察的效果。

(2) 观察时悉心指导

① 加强观察方向的引导。

在观察活动中,教师要运用语言引导幼儿观察的方向,使他们掌握观察的顺序。如引导幼儿先看整体再看部分,先看大致轮廓再看细节,先看近的再看远的,从上到下,从左到右。久而久之,幼儿就学会了观察事物的顺序。

② 注意观察和其他感知手段相结合。

观察的目的在于通过具体的观察活动获得感性经验。要使感性经验丰富、全面,就要动用幼儿的各种感官全面获取信息。如观察春天,不仅要让幼儿去看春天,看吐新芽的柳枝,看解冻的冰河,碧波荡漾,看田野的一片新景象;还可以让幼儿去听春天,听微风,听鸟鸣,听流水声;还可以让幼儿嗅泥土的味道,嗅花香……通过这样观察春天,幼儿对春天就会有丰富的感性知识。在此基础上,教师有时还需要引导幼儿进一步思考,学会比较,探索事物之间的异同,进行概括,甚至找到事物的本质的特征。

③ 重视观察结果的处理。

要使观察收到预期的效果,就要重视观察成果的巩固,合理处理观察结果。如可以让幼儿大胆说出自己在观察中的发现,用图画、数字等多种形式记录自己的观察结果。

(二) 实验

1. 实验的重要地位

实验是科学研究最重要的手段,是一切自然科学的基础。近代科学最显著的特点就是把实验和数学(逻辑推理)引入科学。而古代科学则主要是以观察和思辨为主的科学。

观察虽然能获得大量的信息,但由于不能改变观察对象所处的环境条件,因此,比较难以寻找规律。而实验可以在人为设定的环境条件下,控制某些变量,通过比较分析,研究考察对象的变化规律。观察通常只能了解事物的表面,而实验和逻辑推理才能真正理解事物的本质。

一个典型的例子是:亚里士多德通过观察发现,石头比羽毛(或雪花)落得快,于是,他就立即得出结论,重的物体落得快,轻的物体落得慢。这个错误观点统治了人们一千多年,直到伽利略通过比萨斜塔实验证明了这个结论是错误的,才了解事实真相。亚里士多德看到的现象没有问题,但它的结论却是错的。因为,下落得快和慢主要不是由于物体的轻重,而是因为阻力的大小。羽毛和雪花受到的阻力相对于其自身重量来说很大,所以下落得慢,而石头受到的阻力和它自身的重量相比微不足道,所以下落得快。在没有阻力的情况下,不论轻重,所有物体下落的快慢都一样(前提是从同一高度释放)。

从这个典型的例子可以看出,对于科学而言,实验的作用远大于单纯的观察。即使是天文学这样观察的科学,也不单纯是观察的问题,更多的是涉及数据的分析问题,需要用到大量的数学计算和计算机模拟等,当然也涉及观察仪器的制造。

幼儿科学也是科学,既然是科学,实验必然是基础,必然是探究活动的重点。理由很简单,实验中包含了各种感知手段和过程,包含了观察、合作研究、猜想讨论,甚至制作等。动用了一切感觉器官(眼、耳、鼻、舌、身)和思维器官(大脑),真正做到了手脑并用,而单纯的观察是不可能达到这样的效果的。

2. 幼儿科学实验的注意事项

幼儿科学实验与中小学生的科学实验相比,有许多不同之处和特殊的地方,在选择幼儿科学实验材料时需要注意以下几点:

（1）材料的安全性

幼儿实验的材料安全性，有显性和隐性两种。一种是有明显的安全性问题，如刀具、尖锐物品、有毒材料、超过36 V的电、强酸、强碱、高速旋转、缠绕等。还有一种是隐性的安全性，而这点更容易被幼儿园和家长忽略。这其中，以再生塑料制品最为明显。这种材料的毒性，不是当时就显现的，但它含有的毒性更不确定，重金属超标，有毒气体挥发，所以危险性更大，对幼小孩子的生长发育，会造成比较大的损害。再生塑料制品应该严格禁止在幼儿园使用。塑料杯、纸杯、橡皮泥等要符合国家相关标准。培养皿、滴管、注射器要有医疗行业生产许可证。其他制品也要符合国家要求，化学类制品，如色素、柠檬酸、苏打等，应该是食品级的。

（2）材料的合理性

一个实验能否成功，材料是否合理，是非常关键的。由于针对幼儿的科学实验，所以下面几点应该特别注意：

① 在器具的大小上，要有合适的大小。太小，孩子的精细操作能力较弱，不容易完成；而太大，又不便于孩子操作和观察。

② 操作要简便，而且要能有一定的容错性。也就是孩子在操作中有一定的偏差时，不会影响该实验的结果。

③ 材料之间的结合，尽量避免硬连接。虽然对材料本身的安全性进行了充分的考虑，但材料在操作过程中形成的新的结构，是否也同样安全，也是要考虑的问题。如齿轮传动，可以选择泡沫齿轮。如果选择了硬质齿轮（如尼龙、塑料、金属等），在转动齿轮时，就有可能会夹住孩子细小的手指，而这种二次结构的损伤，却是非常容易被设计者忽略的。

（3）材料的生活化

幼儿科学教育是科学的启蒙教育，是培养孩子举一反三，能够在某实验的基础上进行模仿、重复和延伸。如果在活动设计中，大量采用特殊材料，孩子在学校完成该实验后，很难再找到相同或类似的材料，进行再次的创造和创新，那该活动的意义就失去了大半。而该项要求，也是《纲要》的要求。因此，在材料的选择上，在保证实验现象和效果的同时，要选择日常生活中常见材料。

（4）材料的集体化（适合集体教学）

国内的幼儿园教学以集体教学为主。实验的设计、活动模式、操作过程，都要适合集体教学模式。这也要求：第一，操作所需的材料要完善，每个孩子手中所掌握的材料应该齐全，尽量不要让老师临时发放或提供。第二，尽量避免使用公用的材料，这会牵涉老师太多的精力。第三，需要老师协助完成的环节要少，尤其要避免实验过程中的某个环节，全部需要老师协助来完成。这样，才能让老师更好地掌控整个活动过程，也有时间去帮助个别完成有困难的小朋友。

（5）实验的组织和记录

实验常常要分组（2～4人一组），分步，同时要做好记录。一般地，一节课不止一个实验，材料要分步发放，不能一下子全部发放，这样容易引起混乱。实验结束后应该及时回收清理。实验必须要有记录，由于幼儿大部分不认识字，所以记录的方式通常以图画的形式出现。事先应该精心设计记录的图纸。所有实验，教师事先应该先做一遍。实验时，一定要事先讲清楚规则。做到收放自如，什么时候做，什么时候停，什么时候讨论，教师一定要把控好，否则极易造成混乱。实践教学中有两种情况要避免：一种是极端沉闷，实验时鸦雀无声，幼儿不敢大胆去做，去试；一种是不听规则和要求，瞎玩，导致课堂秩序很乱。此外，有些幼儿喜欢随大流，不能独立完成实验，看到别人什么结论也是什么结论，要教育幼儿尊重事实。

除了观察、综合感知和实验之外，常见的探究形式还有制作、实地调查、参观访问等，因为用得不多，篇幅有限，这里不再一一介绍。

五、集体教学和区域活动中的探究

探究法在幼儿科学教育实践中的运用，主要体现在集体性的科学探究活动、区角性的科学探究活动以及生活中的科学探究活动。在不同的教学形式中，探究的方法有一些不同。

（一）集体活动中的科学探究

1. 集体活动中探究的含义

集体活动中的探究是指探究的情境、内容、主要进度均由教师预先设定，幼儿在教师设定的情境中经历科学探究的完整过程。在整个教学过程中，教师的主导性体现得比较明显，从探究情境的创设，到探究内容的确定，以及探究过程的把控等均需教师施加影响。

2. 集体活动中的探究经历的阶段

（1）确定探究的问题

教师通过创设一定的科学教育情境，引导幼儿进行观察，在观察的基础上发现问题。幼儿有了疑问往往就会产生寻求答案的冲动，进入主动探究的状态。

在这一阶段，教师要选择合适的内容让幼儿进行探究。合适的标准：第一，探究的主题或内容是某一领域的关键概念；第二，主题或内容符合幼儿的兴趣、好奇心；第三，这些主题或内容是幼儿通过自己的主动探究能够建构和理解的科学知识。

（2）进行预测

在确定了需要探究的问题后，教师应该鼓励幼儿对探讨的问题进行相互讨论，得出个人或小组的预测。当然，教师要注意引导幼儿尽量得出有依据的预测，而不是胡乱猜想；教师要为幼儿创造猜想的时间和条件，支持鼓励幼儿猜想各种可能发生的情况；耐心倾听幼儿的各种猜想，哪怕是错误的，给幼儿一种心理上的安全和自由。

（3）实验验证

只有猜想，没有解决问题的尝试过程是无法真正获得主动的学习和发展的，所以教师应该鼓励幼儿在猜想的基础上，按照自己的想法去验证，尝试自己解决问题。幼儿的学习是一个主动建构的过程。幼儿通过操作活动验证自己的设想是否与事实一致，如果一致，幼儿已有的经验和认知结构将得到强化。如果不一致，幼儿将调整自己的原有认知结构和经验，从而形成新的认识。

（4）记录和处理信息

在探究的不同阶段，教师都要鼓励和引导幼儿用适当的方式记录观察和实验的结果。具体来讲，幼儿可以用图画、符号、表格、简单文字以及照片等多种适合幼儿的方式，记录活动的主要过程和关键步骤。一方面以便将结果形成科学证据，另一方面培养幼儿尊重事实的科学精神和态度。记录的方式可以是个人记录、小组记录，也可以是班级纪录；可以是描述性记录，也可以是统计性记录。

（5）表达和交流

表达和交流是幼儿探究活动必不可少的一个环节。幼儿要将组织的想法向同学说明，或设法去说服别人，这是一个很重要的思维过程。教师要提供给每个幼儿表达自己观点的机会，来描述他们亲自经历的科学探究过程，鼓励幼儿重复关键发现；发现并引导幼儿关注自身探究结果的矛盾和不一致的地方；发现并引导幼儿关注同伴间的差异甚至是矛盾，使他们懂得每个人都可以对同伴提出质疑。教师最后要把幼儿的观点进行总结。

3. 集体活动中的探究应该注意的问题

（1）活动准备时，在这一阶段，除了要选择合适探究的内容，创设良好的探究情境外，教师还应该对幼儿在探究过程中可能出现的困难有一定的预设，并想好相应的引导和解决的对策。

（2）活动过程中，教师应该积极关注每个幼儿的探究操作过程，当探究遇到问题时，给予适时的、合理的指导，如给予适当的提醒，提供具有引导性质的材料等。但要注意不是告诉幼儿现成的解决问题的方法。

（3）活动结束后，教师应该回顾反思在活动准备、活动过程中的合理与不合理的地方。

（二）区域活动中的科学探究

1. 区域活动中的科学探究的含义

区域活动中的探究主要指教师在科学区、种植区、饲养区等区域制作、投放一定的材料，由幼儿自主选择活动的内容、活动材料和活动方式,按照自己的兴趣、学习特点而进行的科学探究过程。

2. 区域活动中的科学探究的独特作用

区域活动中的探究相对于传统的集体活动中的探究有其自身的特点,在幼儿的学习与发展中具有独特作用。具体表现在:

(1)在区域活动中,幼儿可以根据自己的兴趣、爱好选择不同的区域、不同的材料和活动方式,活动完全由幼儿自主发起、自由选择,学习和探究会更加的积极主动。

(2)在区域活动中,幼儿获得了更多的动手操作的机会。幼儿的年龄特点决定了动手操作是幼儿学习的最主要方式。而区域活动为幼儿提供了更多的亲自动手、亲自操作学习材料的机会。通过操作学习材料,幼儿更容易获得内化的知识经验。

(3)在区域活动中,幼儿有了更多的与同伴交往的机会,促进了幼儿社会性的发展。区域活动主要以小组活动为主,相较于集体性教学,幼儿与幼儿之间交往的机会增多了,在交往的过程中,幼儿的语言、交往技能以及其他社会性表现均能获得一定的发展。

3. 区域活动中的科学探究应注意的问题

(1)教师应该合理安排适合幼儿探究的区域活动。由于区域活动在科学领域的独特作用,它已经成为幼儿科学教育中不可或缺的教育方式。教师在教学实践中,应该根据幼儿的年龄特点,合理安排适合幼儿探究的区域活动,一方面尽量选择涉及关键经验、关键概念的活动;另一方面,尽可能兼顾幼儿科学教育的各个方面。

(2)教师要为幼儿提供适宜探究的材料

区域活动中的探究必须有适合幼儿探究的材料,这些材料主要靠教师事先提供。教师提供的材料应该是丰富的,并有一定的层次。围绕某一主题设计的材料不应该是一成不变的,一般幼儿在操作一定时间后,可以根据幼儿的兴趣、探究的实际情况进行调整,如更换主题,或适当增加材料,以便探究进一步深入。

(3)教师在适当的时机可以进行适当的引导

在区域活动中,更多的时间是让幼儿自主活动,教师的主导作用远没有集体性教学中那么明显。但区域活动中,教师仍应该发挥一定作用。教师应观察幼儿探究的情况,当幼儿探究中遇到困难或无法解决的问题时,需要适时介入,提供必要的引导。但要注意引导的方式必须是间接的、隐蔽的,而不是提供现成的方法。如教师可以提供一些新的工具、一些新的材料,让幼儿试一试,看看会发生什么,想想为什么会有这样的变化。

六、探究的意义

探究在幼儿科学学习中具有其独特作用,其主要表现在:

(一)激发科学学习的热情和兴趣

在科学探究中,教师往往会创设一定的情境,提供各种类型的生动、有趣的材料,幼儿往往被这些生动、有趣的材料所吸引;在探究中不时会产生思维火花的碰撞,出现一些出乎意料、新奇的发现,这些都会给幼儿带来认知上的愉悦,从而进一步激发幼儿的好奇心和探究欲望,产生更浓厚的科学学习的热情和兴趣。

(二)培养幼儿发现问题、解决问题的能力

尽管幼儿的探究与科学家的探索研究有着很大区别,但幼儿的探究过程本身也是一个简约式地重演科学发现的过程,因此,无论是对哪类问题的探究,都有其基本的探究环节和步骤。从看似平常的现象中发现问题,经过教师与幼儿之间、幼儿与同伴之间的讨论提出各种假设,能用恰当的方式收集各种信息验证假设并最终得出合理的结论。经过这样一些探究过程的体验,幼儿发现问题、解决问题的能力就会得到

一定程度的发展。

七、其他类型的科学教育方法

在幼儿科学教育中,如果把探究比作"主食",那么,其他一些方法就是"副食"或水果等。一个人光吃主食也不行,还需要吃点副食或水果,这样营养才会全面而均衡,才有利于身体健康。同样,在科学教育中,除了探究之外,其他一些教育方法也是必要的,可以和探究形成相辅相成、相得益彰的作用。

非探究的科学教育形式也有很多,如自由阅读,看科学动画、影视作品等。其中比较重要的是讨论法和游戏法。下面介绍一下这两种方法。

(一) 讨论法

1. 讨论法的含义

讨论法是指在教师指导下,幼儿围绕某个问题发表和交换意见,通过彼此之间的相互启发、讨论、商量等获取知识、经验的教学方法。

2. 讨论法的意义

(1) 有助于幼儿思维能力的培养

讨论的过程是幼儿积极思维的过程。幼儿如想在讨论中表达自己的观点,必须经历以下过程:第一,回忆自己观察到的现象是怎样的,收集到了哪些资料等;第二,根据自己想要表达的内容,梳理自己收集到的资料;第三,组织语言,力求让其他小伙伴听明白。同样听的过程也是充满了积极思维的过程。所以,通过讨论可以促进幼儿的思维能力的发展。

(2) 调动幼儿学习的积极性

年龄和发展水平相近的幼儿共同讨论,容易激发兴趣、活跃思维,有助于他们听取、比较、思考不同意见。同时,讨论法也为每个幼儿提供了表达自己观点和意见的机会,调动了所有幼儿的学习积极性。

3. 讨论法运用时的注意点

(1) 选好讨论的内容

首先,要选择那些有讨论价值的内容,最好是与关键经验、关键概念有联系的内容;其次,要选择难度恰当的内容。一般来说,过于简单或过于复杂的内容都是不适当的,要选择幼儿经过努力能够解决的问题。

(2) 肯定幼儿各种观点的价值

对于未知的东西,任何意见都是有价值的,每个幼儿总是从自己的已有经验出发去理解和思考,因此各种不同意见尽管可能离正确答案相去甚远,但却是最真实反映了每个幼儿的想法。教师不应该当"裁判",而要让幼儿畅所欲言,通过充分地讨论理解什么是对、什么是错,以及为什么对、为什么错。

(3) 善于引导

教师在幼儿进行讨论时,要善于捕捉讨论中反映出来的问题。当幼儿在讨论中遇到障碍要适当点拨,在讨论脱离主题时要加以提醒,在讨论结束时要帮助幼儿整理结论和答案。

(二) 游戏法

1. 游戏法的含义

游戏法是指运用自然物质材料、玩具等物品,让幼儿在放松状态下,进行带有游戏性质的操作活动,获得相关的科学经验,激发好奇心和探究欲望,发展观察力和思维能力等的方法。科学是有规则的游戏,可以把科学变成好玩的游戏;同时游戏也是幼儿最喜欢的活动形式,所以《纲要》《指南》把游戏作为幼儿园的基本活动。

2. 游戏法的意义

(1) 游戏符合幼儿的年龄特点和兴趣,激发好奇心和探究欲望

幼儿进行科学游戏完全符合他们的年龄特点,完全出于他们自己的兴趣和爱好,这就在最大程度上保

证了幼儿科学学习的主动性和积极性。同时,也正是由于游戏符合幼儿的兴趣,游戏法就在最大程度上激发了幼儿的好奇心和探究欲望。好奇心和探究欲望是幼儿科学教育的重要培养目标。

(2) 幼儿在轻松愉快的状态下学习科学

"趣味性"是科学游戏本身具有的特性。儿童在游戏的状态下,感受到的是轻松、愉快的体验。科学游戏能使幼儿在一种没有压力的状态下学习科学,幼儿完全感受不到学习的任务,在轻松愉悦的情绪状态下就能获得科学经验,掌握科学方法,体验科学精神和态度。

3. 游戏法在运用时的注意点

游戏法是幼儿科学教育的重要方法之一,但要收到良好的效果,必须注意以下几点:

(1) 游戏前的准备要充分

游戏前教师要非常熟悉即将要开展的游戏的目的、步骤。游戏所需材料要准备充分,材料要方便幼儿使用,数量上要能满足要求,保证每位幼儿都能参与。有的实验性游戏事先教师还应该做好预备性试验,保证游戏设计是科学合理的。心理上营造游戏的良好氛围,激发幼儿参与游戏的热情。

(2) 真正实现趣味性

科学游戏是以其自身的趣味性吸引幼儿主动参与,并在活动中体验到轻松愉快的情绪的。因此,无论是内容的选择、活动材料的准备还是活动过程的设计都要体现出趣味性。当然,这种趣味性不是指表面上的热闹、有趣,而更多是指科学活动本身有趣。

(3) 要把教育目标与游戏融合

在科学教育中,游戏不是科学教育的真正目的,而只是教育的方法,方法服从于目的,即科学教育中游戏法的使用目的是为了实现特定的教育目标。所以,在幼儿科学教育中,教师要把幼儿科学教育目标和内容转化为好玩的材料和有趣的现象,引导幼儿边玩游戏边思考,在游戏的情境中积累相关的科学经验和操作技巧,最终实现科学教育的目标。

(4) 游戏中教师应适当介入

科学游戏是以幼儿为主体的活动,但教师要注意观察游戏的进展情况,留意幼儿在游戏中的反应,必要时可对个别幼儿提供必要的帮助。

思考题

1. 选择幼儿科学教育内容时要遵循哪些原则?
2. 科学教育的内容很广,幼儿科学教育的内容主要包括哪些方面?
3. 幼儿科学教育的主要方法有哪些? 请选择其中的一种方法,谈谈它的作用和使用时的注意点。
4. 自行收集一份幼儿科学教育活动方案,分析该活动方案中幼儿科学教育目标设置是否合理,教育过程中目标落实得怎样。

阅读材料

科学与艺术的区别和联系

一、艺术及其分类

广义的艺术包括文学和音乐、美术等,也就是所谓的"文艺",狭义的艺术则不包含文学。事实上,文学和艺术并没有什么根本的不同,仅仅是采用的手段稍有差别。一切艺术,都是反映社会生活、自然景观、个人内心体验或表达情感的一种手段。根据其形式的不同,艺术大致可以分为:音乐(包括舞蹈,用音符、肢体、神态反映社会生活,表达内心体验)、美术(包括书法、摄影、雕塑、建筑艺术等,用线条、色彩、各种立体的实物反映社会生活,表达内心体验和情感)、文学(用文字反映社会生活,表达内心体验和情感)、表演(电影、电视、相声、戏剧、歌剧等,用各种综合手段反映社会生活,表达内心体验和情感)。艺术注重反映和表达,而科学则注重探索和研究。

二、科学和艺术的区别

1. 它们观察世界的方式不同、角度不同、深度不同

艺术家观察事物时是横向的、表面的、联想的、主观的、情感的、夸张的，而科学家观察（或研究）世界上的事物时是纵向的、本质的、深邃的、客观的、理性的、真实的。

2. 两者的目的不同，手段不同

科学的目的是探索宇宙间一切事物运动变化的规律，其研究手段或方法主要有观察、实验、分析、综合、总结、推理、构造、制造等。艺术的主要目的是反映自然、社会的某些现象和表达情感，其主要的手段有观察、模仿、感受、想象、夸张、虚构等。

简单地说，科学求"真"，艺术求"美"。科学家经常要问"对不对"，艺术家则要问"美不美"；科学回答"是什么""为什么"，技术回答"做什么""怎么做"；艺术则回答"映什么""怎么映"（即反映什么样的社会生活和个人情感，怎么反映，怎么表达，这里主要指文学和音乐），"像什么""怎么像"（部分表演艺术和美术）。

3. 它们的作用和功能不同

科学是认识世界的有力武器，技术则是改造世界的有力武器，科学除了满足人类的好奇心之外，主要解决人类的物质需求。而艺术则是了解人的思想和情感、社会生活的各种现象和自然景观的手段，主要解决人类的精神需求。

4. 它们的检验标准不同

科学和艺术最根本的区别在于：艺术可以夸张，可以幻想，它的检验，标准是主观的人（喜不喜欢，好不好），而科学则不同，它不允许夸张或随意幻想（科学的想象和艺术的联想截然不同，它必须是有根据的，合理的、符合逻辑的）。科学的检验标准是实验或实践，它是客观的，不以人的意志为转移的。如文学作品里可以认为月亮上有兔子或树，但是科学研究表明，事实上没有。因此，科学重证据，艺术重欣赏。值得注意的是，艺术的夸张也是有限度的，不能无限夸张，夸张过了头，就不是"源于生活而又高于生活"，而是完全脱离生活了。

三、科学和艺术的联系

艺术有两个最重要特征对科学影响极大：一是创新，二是审美。艺术家最不喜欢墨守成规，不管作品有多好，如果老是同一副面孔，也会产生审美疲劳。因此，创新是一切艺术的生命力。科学家由于追求"变化中的不变性（规律）"，有时会固守原来的理论而不敢创新。在这一点上，科学需要吸收艺术的养分，这样才能更好地成长。如果把科学比作一片树林，那么，实践就是土壤，哲学就是阳光，艺术就是水分和养料，而对科学的热爱则好比空气。阳光、空气、水分和土壤是植物生长的四要素，科学也与此相似。

艺术的另外一个特征——审美或美学原理，对科学的作用非常巨大。在科学的最高峰，真、善、美是统一的，科学和艺术也是统一的。一个好的科学理论必然也是美的理论。例如，爱因斯坦的相对论就是一个至真、至美的理论，美学原理已经成为指引科学研究的指路明灯了。

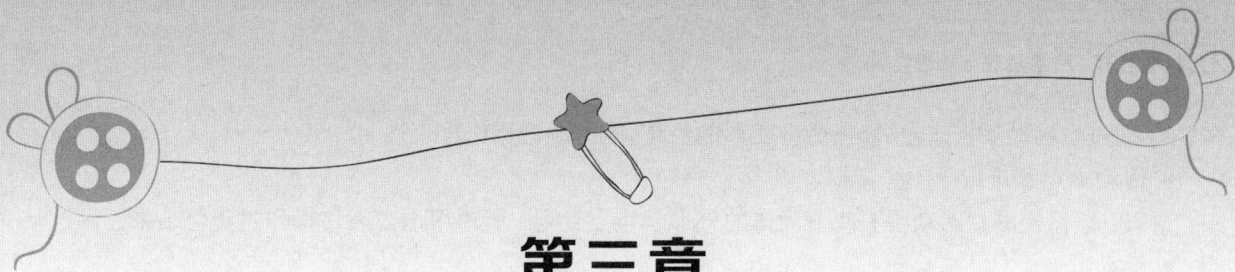

第三章

幼儿集体科学教育活动典型案例解析

人类学习任何知识，一般要经历四个大的阶段或六个小的阶段。这四个大的阶段可以比喻成：

看葫芦（能鉴别葫芦的好坏）→依葫芦画瓢→独自画瓢→以全新的风格创作新的作品。

如果分得更细一些，则有六个阶段：师生共同欣赏并能鉴别葫芦→学生独立欣赏并能鉴别葫芦→依葫芦画葫芦→依葫芦画瓢→独自画瓢→以全新的风格创作新的作品。

这里的"葫芦"和"瓢"都是一种比喻，比喻两种不同的事物。

本章的目的就在于提高幼师生的鉴赏能力，知道写教案的一般流程，并在此基础上，自己能写出一个比较好的教案。本章的教案不一定是最好的，却是最具代表性的。幼儿科学教育的四大领域：物理和化学、生命科学、生态与环境、现代科技产品与制作等都有典型案例，这样可以让幼师生见识到各种类型的教案，从别人身上可以获得成功的经验和失败的教训，从而提高自己的鉴赏力和教学能力。

本章的绝大部分教案都是上课者自己撰写的原始教案。上完课后，他们对原始教案做了修改，修改后的教案非常好，接近完美。但是，没有一点问题的教案，对于幼师生来说，也就没有太多的参考价值。因此，这里给出的都是原始教案而非修改后的教案。其目的在于让幼师生发现种种问题，并避免出现类似的错误。

第一节 物理与化学方面典型案例解析

一、物理科学活动典型案例解析

案例1 小班科学活动"变一变"

（江苏省丹阳市新区幼儿园 郦晓燕）

- 设计思路

在日常生活中，我发现小班幼儿喜欢摆弄一些物品，如玩具、橡皮泥等。看到幼儿对此很感兴趣，我设计了本次活动。目的是激发幼儿的探索欲望和好奇心，引导幼儿以愉快的情绪参与探索活动，并通过自己动手操作，感知一些会变形的物体，能用语言大胆表述，对物体的变形产生好奇和兴趣。

- 活动目标

1. 幼儿以愉快的情绪参与活动。

2. 对物体的变形产生好奇和兴趣。

3. 通过自己动手操作,感知一些会变形的物体,能大胆地用语言表达。

● 活动重点和难点

重点:以愉快的情绪动手去改变物体的外形。难点:能大胆地用语言表达操作过程与结果。

● 活动准备

拉花、气球、橡皮泥、折纸、扭扭棒。

● 活动过程

一、游戏激趣

1. 拉花魔术

师:小朋友们,看,郦老师给你们带来了什么?

幼:纸条、长方形……

师:郦老师要变魔术了,看,我把它变成什么了?

幼:一朵花。

总结:纸条可以变形,它可以从长方形变成一朵花。

2. 气球变变变

师:气球小朋友们都见过,看,郦老师也把它请到了我们小二班。现在它是什么形状呢?

幼:圆圆的、长长的、葫芦一样……

师:你有什么办法,让它变一变?

幼:吹一吹,变成球状。

总结:气球也能变形,用小嘴巴吹一吹或者使用打气工具就让它变大成球状。

二、探索尝试

1. 生活用品大展示

师:生活中还有许多东西可以变形,郦老师就带来一些,看,都在这个篓子里。我们一起来看看,都是什么东西呢?(——出示)

幼:橡皮泥、折纸、扭扭棒。

2. 变一变

师:看,在那边的桌上,郦老师给每位小朋友都准备了一个篓子,里面都有这些东西。等一会儿,请大家去试一试、变一变,看看你的这些材料可以变成什么。

规则:

(1)三样材料都要分别变一变,开动小脑筋,看看你能把它们变成什么。

(2)把你变好的东西就摆在篓子里,一会儿我们一起来展示。

三、展评

师:小二班的魔术师们真厉害,变出了这么多东西。我们一起来看看吧。

总结:引导幼儿说一说自己是用什么办法变的,把什么变成了什么。

活动延伸:生活中的物品可以变一变,我们的小手也能变一变。我能把手变成蝴蝶,你呢?(小鸡、小鸭、小兔、毛毛虫)我们可以在区域游戏里玩玩"变一变"的游戏喽。

[教学反思]

《指南》科学领域指出,对3~4岁的幼儿,我们应当引导其对感兴趣的事物仔细观察,发现其明显特征。能用多种感官或动作去探索物体,关注动作所产生的结果。本次活动中,幼儿能在教师引导下仔细观察与思考,运用动作大胆尝试、摆弄,认识到物体变形的特征。整个活动充满趣味性,游戏化的活动充分调动了幼儿的探索欲与想象力。

在活动之后,区域里应相应添加相关材料,让幼儿进一步尝试"变一变"。

[案例评析]

从科学教育的四个原则来看,郦晓燕老师的这堂课在三个方面做得比较好,在内容的选择上是恰当的,所用到的一些材料,如拉花、气球、橡皮泥、折纸、扭扭棒等,都是生活中常见的,改变它们的形状也不难,符合小班幼儿的认知特点。方法也得当,以幼儿动手操作为主,体现了做中学的理念。流程基本符合规范,以魔术表演(纸条变花)引入,然后让幼儿自己尝试改变材料的形状,最后展评。基本按照"问题→实践操作→互动、讨论、展评→总结"的流程进行。在六个标准中,重点性和总结性方面有待改进。

主要的问题:目标不够明确;重点不够突出;指导不够具体;实践没有记录;总结不够到位。在教育的三维目标中,知识目标不够明确,这节课到底要让幼儿学到什么样的知识,并不清楚,因为目标不够明确,所以重点也就不突出。物体的变形大致有四种:①单纯几何图形的改变,如变成三角形、长方形、五角星等,这个幼儿比较容易做到;②变成各种植物或花朵;③变成各种动物如小鸡、小鸭、小兔等;④变成各种其他物体如房子,汽车等。后面三种实际上难度有点大,在15分钟的时间里,是很难做到的。

这节课的重点应当放在几何图形的变化上,让幼儿通过操作认识各种形状及其特征,类似于数学课和科学课的综合,其他几种变形可以作为拓展延伸,让幼儿知道,除了形状的改变之外,还可以用一些简单的材料做成有用的物品或动植物等。在分组活动的时候,因为没有给予具体的指导和启发,一些幼儿很茫然,不知道怎么变,变什么,气氛不够活跃。幼儿操作的时候也没有记录,自己不知道到底用一种材料变成了哪些东西。所以最后展评的时候,也难以进行恰当的评价,总结自然不到位。由此可知,目标明确具体非常重要,它起到牵一发而动全身的作用。

案例 2　中班科学"好玩的磁铁"

（江苏省丹阳市新区幼儿园　贺红霞）

● 活动目标

1. 通过操作探索,感知磁铁的基本特性,认识并喜欢玩磁铁。

2. 尝试运用磁铁的特性解决生活和游戏中的问题,培养幼儿探索兴趣和思维能力。

● 活动准备

1. 幼儿人手一块长方形磁铁和一块 U 型磁铁。

2. 每组数种材料(内有木棒、回形针、叉子、木珠、大头针、图钉、木头玩具等)。

3. 教师操作材料:教学 PPT;各类磁铁、磁性游戏材料。

4. 记录表 3 份(每组幼儿一份)。

● 活动过程

1. 情境导入:硬币魔术

(1) 师在口袋里藏入磁铁。

师:(出示一元硬币),我会变魔术哦,往硬币上吹一口气,硬币就能"粘"在衣服上,不信你瞧!谁来替我吹一口气,我也能粘住。

(2) 这是怎么回事呢? 有谁发现我的小秘密。

师:原来我的口袋里藏着一个好宝贝(出示磁铁),它有一个好听的名字叫磁铁。

2. 操作探索:好玩的磁铁,有磁性

(1) 师:磁铁可是个大家族,里面住着许许多多长得都不太一样的磁铁宝宝,我们一起来看一看,你认识哪些磁铁宝宝?(出示课件图片)

师小结:磁铁宝宝身上藏着许多秘密,今天我给每个小朋友准备了一些磁铁,我们一起来玩一玩好吗?

(2) 你们桌上的小篓子里有一些有趣的材料,听清要求,每人拿一块条形磁铁,请带着磁铁去和这些有趣的材料,碰一碰、玩一玩,看看会发生什么好玩的事。

(3) 发生了哪些好玩的事情? 组织交流(鼓励幼儿大胆诉说自己的发现)。

(4) 探究磁铁的特点。

师:有些东西能被磁铁吸住,他们是磁铁的好朋友,有些不能吸,不是它的朋友,那到底谁是磁铁的朋友呢? 我们再去试一试,这次,请每组完成一张记录表。把能被磁铁吸住的东西贴在笑脸的下方,不能的贴在哭脸的下方。

（5）幼儿动手操作，小组展示汇报。

你发现了什么？磁铁吸住了什么东西？哪些东西没有被磁铁吸住？被磁铁吸住的东西有什么共同的特点呢？（他们都是铁做的。）

师小结：原来磁铁喜欢回形针、图钉等一些铁制品，喜欢和它们做朋友，所以磁铁也叫吸铁石，说明它会吸住铁的东西。如果是磁铁吸不住的，那说明这样东西就不是铁做的，像纸、木头、布等。

3. 操作探究：神奇的磁铁，传递性

（1）师：磁铁的本领可不止这些哦！桌子上有很多回形针，这次老师为大家提供一些 U 型的磁铁，你们去试一试，看看又有什么发现。

（2）幼儿操作，教师巡回指导。

（3）师：小朋友们都去尝试了，谁来说一说你的发现？

（4）请幼儿说说自己的操作结果。有的幼儿会发现，磁铁吸住回形针后，被吸住的回形针及其他回形针，不止一枚。师解释：这是磁铁的传递性，磁铁将自己的磁性暂时分给了吸住的第一个回形针，让回形针可以吸住下面的回形针，回形针越多，磁性就逐渐减弱了。

（5）挑战：看谁吸住的回形针多，要比一比哪个 U 型磁铁挂下来的最长。

（6）如果隔着物体，还能吸住回形针吗？幼儿猜一猜，动手拿黄色的纸试试看。

4. 磁铁真有用，经验迁移

（1）找找钥匙。

师：磁铁有这么大的本领，我们需要它来帮忙啦！老师有一把钥匙掉进了玩具堆里，谁能用最快的方法把它找出来。

师小结：因为钥匙是铁做的，我们用磁铁就能马上吸住它，真方便，以后奶奶要是缝衣服的针掉在地上了，我们只要有这个宝贝，就大功告成啦！

（2）生活中的应用。

师：其实在生活中，磁铁对我们的帮助很大，我们一起来了解一下（出示图片）。

（3）教室里找一找磁铁的朋友，玩一玩磁铁游戏。

师小结：今天我们认识了磁铁，帮助磁铁找到了它的许多朋友，还知道了磁铁的很多本领，现在我们拿上磁铁到教室里去找找它的朋友，一起玩一玩磁铁游戏吧！

师为幼儿准备钓鱼工具、磁性板、磁珠等磁铁游戏，引导幼儿自主选择一项游戏玩，感受一下磁铁的好玩有趣。

[教学反思]

通过与两位专家的交流，知道了这节课的一些不足之处，需要改进的地方包括下面几点：一是探究的内容比较多，时间上有点紧，可以适当压缩活动的时间，及时在活动后进行小结，帮助幼儿梳理探究的结果。二是在进行实验操作前，要先讲清实验的要求和注意点，再请幼儿领取所需的材料。三是在汇报交流时，应先要求幼儿把材料整理好，勿让材料影响交流的有效性。另外，在设计实验活动时还要更科学、更规范，可以适当引导中班孩子用自己的方式对一些现象进行记录和分析。

[案例评析]

无论是从科学教育的四个原则，还是从评课的六个标准来看，这节课都做得比较好。教学的目标明确，内容恰当，方法有效，流程规范；条理性、重点性、实践性、互动性等几个方面做得都很好。

其最突出的优点可以用"三分二活一丰富"来概括。三分即：分步（分层）、分组、分析。教学过程的分层非常重要，这节课大致分为四个层次：

认识磁铁，了解磁性→探究磁性的传递性→探究磁性的穿透性→了解磁铁的应用。

如果不分层次，那么条理就不清楚。"层层设问、环环相扣、步步引导、积极参与"是这节课的一个特点。分组实验并记录实验结果，对结果进行讨论分析，也是这节课的一个特点。"二活"什么意思呢？一是上课幼儿非常活跃，兴趣盎然。二是幼儿能够活学活用，用学到的知识解决实际问题。一丰富，即上课的内容很丰富，玩磁铁玩出了名堂，不是简单地让幼儿了解磁性，而是探究磁性的一些特点，确实做到了"玩中学,学中玩"。

不足之处:由于时间比较紧,最后的总结不够到位;在发放材料的时候,可以有意识地发放金属和非金属两大类,金属材料中可以有意识地发放铁磁性材料(铁、钴、镍及其合金,如铁制品等)、非铁磁性金属(如铜和铝制品,铜丝或铝丝等)。当然,非金属材料如木头、衣服等一般都是非铁磁性材料,磁铁只能吸引铁制品等铁磁性材料而不能吸引非铁磁性材料。

此外,在用词方面还应该更科学一些,如说磁铁把磁性分给了回形针,这种说法不科学,如果是分给了别人,那么它自己磁性必然会减弱,实际上不是这样的。不是分给而是传给了回形针。磁铁的磁场在迫使回形针磁化的时候,把磁性传给了回形针,磁铁的磁性并没有减弱。

案例3　中班科学"纸花开放"

（江苏省丹阳市新区幼儿园　李　菊）

● 活动目标

1. 在探索与比较过程中,感知不同的纸吸水的速度是不同的。

2. 尝试看懂图式,并能按相应要求操作。

● 活动准备

1. 纸花折成花苞的步骤图。

2. 实验规则图示。

3. 拓展留疑的各种纸。

4. 水盆、纸花、轻音乐。

● 活动过程

一、认识材料,引出话题

1. 请小朋友们看一看,这是什么纸?

2. 出示图一,解读图示(用图画纸剪成一朵花,折变成一朵花苞)。

3. 示范折花苞。教师示范,花瓣往中间折,花瓣往花心折,一片一片抱紧了,轻轻地压一下。

4. 提问,如果把这朵小花苞放在水里,你觉得它会怎么样?

二、尝试第一次实验

1. 出示图二,解读操作规则。操作要求:

(1) 每人拿一朵花。

(2) 折成花苞,轻轻放入水中。

(3) 放入水中后手不能去碰花。

2. 要求试验中,小手不能碰眼睛,要仔细看。

3. 幼儿操作,播放背景音乐。

4. 集体交流实验结束。

提问:纸花放在水里怎么了? 它怎么会开的?

三、尝试第二次实验

1. 现在手工纸做的花和图画纸做的花要比赛了,它们要比一比,在水中谁先开花。你猜哪一朵花会先开? 为什么?

2. 规则:规则发生变化。

提问:刚才两朵花是哪一朵先开花的? 为什么?

3. 重新贴学号。

四、留疑(拓展延伸)

我这儿还有很多不同材质的纸,你们认识吗? 要是把它们做成花苞放在水里会开吗? 谁会是冠军呢?

[教学反思]

孩子们对纸花开放这个实验充满了好奇,在实验的过程中有个别幼儿没听清要求,没有正面朝上,所以实验的结果就有所不同。在这样的情况下,我们要尊重幼儿,经过多次实验,从实验中找出答案。如果能用多媒体播放出纸是如何慢慢吸水的过程,那更直观,也利于孩子理解。每个环节的结束,老师都应该有适当的总结,这个总结可以是从孩子的实验中得出,也可以是老师做出总结。

[案例评析]

这节课条理清楚,简洁明了,重点突出,实践性和互动性都很好;教学过程十分清晰,分为四个大的步骤,即引入、第一次实验、第二次实验、拓展延伸。第一步中包含了如何折叠纸花苞,以及幼儿的猜想:放入水中后纸花苞会如何? 然后自然进入第二步,观察纸花苞的绽放过程,并引出问题:为什么会绽放? 接着观察不同的纸做的花绽放的快慢,进一步了解到纸张的性质不同,吸水快慢不同,导致绽放的速度不同。最后一步,如果时间比较充裕,可以比较更多种不同的纸花苞绽放的快慢。整个教学过程按照:

问题→猜想→实验→交流实验结果,互动讨论,猜想,原理分析→二次实验,探究不同纸做的花苞在水中绽放的快慢,再次讨论,探究原因→拓展延伸。

不足之处:(1)教学目标还应该稍微具体一些,可以加上一点:初步了解纸花绽放的原因以及绽放速度与吸水性的关系。目标中没有这一点,但是实际的教学过程中有,说明目标和内容不一致。(2)为了让学生真正了解绽放的原因,可以通过多媒体动画展示吸水后纸花绽放的具体过程。(3)实验中有人把纸花苞反过来放在水面上,说明在实验前老师没有强调应该怎么放。(4)总结不到位。总结的时候主要是两点:纸花在水中绽放是因为纸纤维吸收水分后能够自动展开并紧贴水面(毛细现象这个概念可以不讲,最多讲一下水沿着纤维之间的缝隙渗透到整个花苞),不同的纸花吸水快慢不同,所以绽放的速度不同。

案例4 让"沉"的东西浮起来

（江苏省丹阳市新区幼儿园　罗　丹）

● 活动目标

1. 初步感知物体的体积、空实心度对物体沉浮状态的影响。探索让沉在水中的东西浮起来的方法。

2. 培养幼儿的观察能力、动手能力和相互合作的能力。

3. 观察纯水和盐水对物体沉浮状态的影响,激发幼儿探索的欲望。

● 活动准备

1. 教师教具:190 mL空牛奶盒2个,吸管1个,透明水盆1个,钉子若干,沙子一瓶,柱形透明筒2个(一个盛纯净水,一个盛饱和食盐水),盐、水若干。

2. 幼儿学具:190 mL空牛奶盒、透明水盆6个、吸管(均2人1个),钉子若干。

● 活动重难点

感知物体的体积、空实心度对物体沉浮状态的影响,探索让沉在水中的东西浮起来的方法。

● 活动过程

1. 激趣导入。

"小朋友们,看老师今天带来了什么?"(出示空牛奶盒和钉子)

"你们知道它们放入水中会怎么样吗?""为什么?"

验证结果:请一位幼儿上来演示操作。(牛奶盒浮在水面,钉子沉到水底)

2. 教师进行演示操作实验。

"小朋友们真棒,知道了重的东西会沉下去,轻的东西会浮上来。可是,老师却有些疑惑,你们愿意帮助我吗?"(教师出示两个空的牛奶盒和若干钉子)

"老师这里有两个相同的、空的牛奶盒,现在老师要在这两个相同的牛奶盒里放进同样多的钉子。"(教师边演示边讲解如何放钉子:手拿钉子的中心部位,将钉子的圆头部分先塞进牛奶盒放吸管的洞里,放进去后摇一摇,使在牛奶盒里的钉子倒下来)"它们还是一样重,老师要把其中的一个牛奶盒压扁以后再折叠起来。"(师边讲边示范)"老师要把它们分别放入水中,那你们觉得这两个牛奶盒会怎样?"(幼儿讨论后讲述)

验证结果:教师操作,幼儿仔细观察。(未被压扁的牛奶盒浮在水面,压扁的牛奶盒沉入水下)

"现在,老师要把自己的疑问说出来了:为什么同样多的铁钉放在两个一样的牛奶盒里,一个沉到水底,一个浮在水面上呢?"(幼儿猜测:一个大、一个小,一个空心、一个实心……)

"那小朋友有没有办法,让沉在水底的这个牛奶盒浮起来呢?"

"小朋友们说的真棒,现在老师就用小朋友说的办法:吹气。"(教师介绍插吸管和吹气的方法,幼儿仔细观察已经压扁、折叠过的牛奶盒的变化)

教师小结:原来,同样的物体,如果改变了它的大小、空实心对物体的沉浮也会产生影响。

3. 幼儿操作,教师巡回指导。

"这个实验好玩吗? 你们想不想尝试?"(教师介绍实验的规则后幼儿开始操作)

教师小结:今天,小朋友们自己动手用了一种方法,让沉在水里的东西浮起来。这个办法就是:要让沉在水里的东西"块头"变大,让它在水里占的地方变大。(出示鱼鳔PPT)看,这是鱼鳔,鱼鳔里面充满了氮气、氧气、二氧化碳等混合气体,鱼有时靠它的胀缩来上浮或下沉。膨胀的时候,鱼就上浮;收缩的时候,鱼就下沉。

4. 延伸活动,激发幼儿探索的欲望。

"除了刚才吹气改变体积的方法,小朋友,你还有什么办法可以让沉的东西浮起来吗?"(幼儿讨论)

"其实还有很多办法呢,瞧,老师还带来了盐水。"(教师示范操作,激起幼儿探索的兴趣)

"这是一瓶纯净水,这是一瓶盐水,老师这儿有一瓶沙子,我请小朋友来把这瓶沙子先放在纯净水中,我们看看会有什么变化?"(沉入水中)"现在,请小朋友往纯净水中加盐水,仔细看好,有变化吗?"(浮起来了)

"小朋友的眼睛真亮,一下子就发现了。原来,盐也可以使物体浮上来。今天老师请你们回家后和爸爸妈妈再找一找还有什么办法可以使沉的东西浮上来,明天来告诉老师,好吗?"

[教学反思]

通过本次活动,幼儿已经初步了解物体的沉浮与它的体积、空实心度有关。在活动中,幼儿的观察能力、动手能力、相互合作的能力都有了进一步的提高。在活动中,幼儿大胆想象,将自己的猜测能够大声讲述出来,在实验中,幼儿相互合作,积极动手探索,都获得了成功的喜悦,对探索更加感兴趣了。活动也存在着不足之处:(1)在教师操作实验时,由于我在折叠牛奶盒时没有压紧,因此牛奶盒下沉得不够明显,幼儿观察也就不明确了。(2)目标达成度不够,由于我讲解得不够明确,导致个别幼儿对物体的沉浮概念理解不清。(3)自己对沉浮了解不够透彻。在今后的活动中,我应当先自学,将科学现象理解透彻,并用儿童化的语言让幼儿更清晰地了解科学现象。

[案例评析]

罗老师的这节课,最大的特点是把老师的演示实验和幼儿分组实验有机结合起来,这样讲解实验步骤和规则的时候容易被幼儿接受,效率比较高。实验的材料来自生活中常见的物品。实验生动有趣,幼儿玩得非常开心,很有成就感,完全达到了激发兴趣的目的。在教学的三维目标方面,有两个目标即过程与方法、情感和态度方面做得很好。但是,在知识与技能目标方面略显不足,最后也没有进行很好总结。

例如,在开始的时候,幼儿说重的铁钉沉下去,轻的牛奶盒浮起来,感觉好像物体的沉与浮取决于其轻重。而后面的实验是同样轻重的物体(装有相同铁钉的牛奶盒),一个沉下去(压扁的那个),一个浮起来(未压扁的),这说明沉浮与物体的轻重无关。这样前后就矛盾了。

事实上,浸在液体中的物体,它的沉与浮,与物体的轻重、物体的大小(体积)、物体的形状都没有直接的关系,而是取决于它的平均密度。在幼儿阶段,密度这个概念显然不适合讲。但是,我们可以笼统地讲:沉与浮与材料的性质或物体的结实程度有关(木头、泡沫塑料等比较空松的物体会浮起来,而钉子、沙子等比较结实的物体会沉下去)。一些原本结实的物体如铁皮,如果做成中空的盒子,可以浮起来,这是因为它中间是空的,不那么结实了。反之,一个原本空松的物体如泡沫塑料,如果里面加一些铁钉或铁珠,也会沉下去,因为加入钉子后,泡沫塑料变得结实了,所以有可能会沉下去。

至于不浸在液体中,而是放在液体表面上的物体,则情况稍有不同。它的沉浮与物体的轻重和形状可能有一定关系,这个比较复杂。如一艘船,如果改变它的形状,则可能会改变它的体积和平均密度,从而导致原本浮起来的船会沉下去。

幼儿阶段,不要搞得太复杂。能够让幼儿感知到物体的沉浮与材料的性质和空松程度(或结实程度)有关即可。但是,不能让幼儿误以为,重的物体一定会沉下去、轻的物体一定会浮起来,这个错误不能有(一粒沙子或一颗订书钉,很轻,仍然会沉下去,一个内部有钉子的牛奶盒比较重,仍然会浮起来)。

至于沉浮和液体密度的关系,则可以放到大班,最好作为课外活动,不一定要在课堂上讲。先研究物体在水中的沉浮,然后再研究物体在不同液体中的沉浮,分开讲比较好。

案例5　大班科学活动"神奇的影子"

(江苏省丹阳市新区幼儿园　宋丽玲)

● 活动目标

1. 引导幼儿探索影子的产生条件和特点,使幼儿发现影子的产生与变化是与光源的变化有关的。

2. 培养幼儿间的协商、合作关系,鼓励幼儿记录实验结果。

3. 激发幼儿对光影科学现象的探究兴趣。

● 活动重难点

重点是引导幼儿探索影子的产生条件和特点,使幼儿发现影子的产生与变化是与光源的变化有关的,激发幼儿对光影科学现象的探究兴趣。活动难点是培养幼儿间的协商、合作关系,鼓励幼儿记录实验结果。

● 活动准备

皮影戏的视频、玩偶、灯、蜡烛、手电筒。

● 活动过程

一、感知影子的产生条件

1. 今天,老师带来了一段小朋友表演的视频,请大家欣赏一下。

2. 你知道这种表演叫什么吗? 皮影戏改编的纸影戏。

3. 想知道纸影戏是怎么演出来的吗? 我带你们去参观。

(1) 你发现了剧场里有哪些材料?(灯、幕布、唐僧纸影)

(2) 你能帮唐僧找到影子吗?

小结:打开灯,物体挡住了光,影子就出现了,没有光就没有影子。

二、探索影子的特点

1. 接下来,我们请灯跟我们玩游戏。谁愿意到灯前展示一下自己的小手?

2. 还有会变的手影吗?

3. 分组玩。

4. 交流讨论:在玩的过程中,你发现了什么?

5. 我想变一只大鹏鸟,我应该离灯远些还是近些? 师幼合作展示。

6. 小结:影子是物体挡住了光线而产生的,物体离光源越近,影子越大。

三、探究不同光源下的影子特点

1. 原来光和影子是一对好朋友,它们总想在一起玩游戏。

2. 教室里没开灯,这是什么光?

3. 生活中还有什么光能照出影子?(有火苗的蜡烛、电筒、灯)

4. 教师介绍表格,引导小组讨论填表:哪种光源照出来的光最亮? 哪种光下的影子最清晰?

5. 交流讨论。

四、结束活动

我们一起去外面和阳光玩踩影子游戏吧！

[教学反思]

本次科学活动幼儿在整个环节中的积极参与度较高,兴趣很浓。

在导入环节,很有特点的纸影戏让幼儿大开眼界,他们很高兴地说出了影子戏与电影之间的区别——黑白色的表演同样让他们激动不已。

通过参观影子乐剧场,幼儿了解到影子产生的条件必须有光源、物体遮挡和接收屏。同时,可以呈现两种物体让幼儿探究影子的产生条件,一是能遮挡光源的物体,二是透明的物体。

在探究影子的特点时,教师就没有提到过影子产生的条件,让两位幼儿示范,通过归纳,说出"影子离光源越近,就越大,相反就越小"的特点。其中,有幼儿说到影子的模糊度,这跟选择的灯光并不是平行光有关。所以要根据目标选择合适的教具器材,这非常重要。

再接下来的环节中,出示不同的光源让幼儿寻找不同物体的影子特点。用到了蜡烛,这个材料的使用存在安全隐患,可以省去不用。最后的环节可以进行拓展延伸,让幼儿感受影子与生活的息息相关。

[案例评析]

宋老师的这节课准备非常充分和精心,通过皮影戏的视频引入也独具特色。幼儿的兴趣非常浓厚,玩得非常开心。这个活动过程分为四步:第一步是让幼儿探究影子产生的条件;第二步是探究影子的大小与光源距离的关系;第三步是探究影子的清晰程度与光源本身的关系;第四步是拓展延伸,探究阳光下影子的形成规律,最后一步没有做,实际上课就是三步。每一步基本上都有小结,实验中都有分组活动和记录、猜想讨论等环节,这点很好。以六性标准来衡量,科学性方面存在一些问题,其他方面还是比较好的。

主要的问题:(1)影子的产生有三个条件:有光源、有不透明物体挡住光、有接收屏。没有光当然没有影子,但是有光也未必有影子,如果是透明物体,光可以透过就没有影子。因此,最好能比较一下透明和不透明物体后面是否有影子,以加深印象。

(2)对于普通的发散光源,影子的大小和三个因素有关:①物体本身的大小;②物体离光源的距离;③物体离接收屏幕的距离。而宋老师的小结中,只讲了一个因素,即离开光源的距离越近影子越大,显然是片面的。对于平行光源:影子的大小与物体离开光源和屏的距离都无关。

(3)关于影子的清晰度,如果是平行光源,则与它离开光源和屏幕的距离都没有关系。

如果是普通的发散光源,则比较复杂,主要与光的强弱,以及物体离开光源和接收屏幕的距离有关。通常情况下,光很强,物体离开屏幕比较近,影子比较清晰,反之,则较为模糊。上课的时候,老师安排了三种不同的光源,蜡烛、电灯泡、手电筒,它们本身的光强不同,而且手电筒的光发散程度远小于其他两种,近似平行光。加上距离可以变化,这样一来就把问题搞复杂了,变量太多,结论就会五花八门,也无法得出结论。此外,蜡烛容易引发意外事故,建议不要用。实际上,只要探究同一个灯光下影子的清晰度就可以了。

建议视具体情况分别以不同光源作为重点来研究:如果天气不好,则可以重点探究发散光源下的影子问题;手电筒光作为近似的平行光,也可以研究一下在这种光源下的影子,但不作为重点。如果是好天气,则重点研究平行光下影子的变化规律,直接到室外去,研究太阳光下的影子。

案例6　大班科学活动"吹泡泡"

（江苏省丹阳市新区幼儿园　眭红霞）

● 教学目标

1. 尝试用不同的工具吹泡泡,发现只有镂空的工具才容易吹出泡泡。

2. 懂得实验是验证猜想的方法,并学会作记录。

3. 乐意与大家交流分享,体验通过实际操作,获得知识本领的愉悦情感。

● 教学准备

1. 记录表每位幼儿一份,泡泡水每位幼儿一杯。

2. 吸管、筷子、花片、扭扭棒、笔管、肥皂水,抹布每组若干。

● 教学过程

一、"吹泡泡"场景引入

出示吹泡器。今天老师给大家带来了一样小玩具,认识吗? 你们喜欢吹泡泡吗? 你平时的吹泡器是怎样的? 其实我们生活中也藏着很多小物品、小工具可以当吹泡器,今天我们一起来玩玩,好吗?

二、出示并介绍各种工具及记录表,幼儿猜测并记录

1. 大家一起来看看,我给你们准备了什么工具?

2. 出示认识记录表(表3-1)。(重点认识猜测的图示与实验结果的图示)

表3-1 记录表

	吸管图片	筷子图片	花片图片	扭扭棒图片
?				
🖐				

3. 幼儿猜测,师生共同统计并做记录。

请个别幼儿猜测并上台记录。你为什么会这么想呢?

三、幼儿操作验证并记录

1. 小朋友的猜想都不一样,那到底对不对呢? 我们可以自己去试一试,验证一下,并在自己的记录表中记录下你的实验结果。

2. 幼儿操作尝试并记录,教师指导。

3. 比较猜测和尝试后的结果。

师:跟你的猜想结果一样吗? 实验完成的小朋友可以回座位跟你旁边的伙伴分享交流一下你的实验结果。你发现在这些工具中,哪些可以吹出泡泡呢?

师生共同验证记录在大记录表上。

4. 小结:

你发现在这些可以吹出泡泡的工具中,他们有什么共同的地方吗?

教师总结:这些可以吹出泡泡的小工具都有共同的地方,就是它们都有洞洞,这些洞洞有个名字,我们叫它"镂空"。因为它镂空,所以可以吹出泡泡来。

四、延伸活动

1. 刚才我们发现扭扭棒是不可以吹出泡泡的,但我们把它变一下形状,扭出一个"镂空",可以吗? 我们可以猜一猜、试一试。(教师同上方法猜测统计记录)

2. 那如果吹泡器的洞洞形状是其他形状的,吹出的泡泡又会是什么形状呢,我们可以再去试试。

3. 生活中还有许多东西是镂空的,可以吹泡泡呢! 我们一起去发现吧!

[教学反思]

《指南》中明确指出:"幼儿要能用多种感官动手动脑,探究问题,用适当的方式,表达交流探索的过程和结果。"因此,在活动中我鼓励并引导幼儿用眼看、耳听、脑想,用学一学、说一说、做一做等多种方式来进行吹泡泡的实验,让幼儿充分感受什么情况下能吹出泡泡,但教师的总结太过潦草,没有到位,科学素养还有待提高。

[案例评析]

吹泡泡的课比较常见,但是,眭红霞老师的这堂课还是很有特色的,有不少亮点,令人耳目一新。首先是她准备的材料很有新意,五种不同的物体:吸管、筷子、花片、扭扭棒、笔管,既是生活中常见的,又各具特色。吸管是两头有洞中间联通,筷子是两头没洞中间不通(实心的),笔管(套)是一头有洞一头没洞中间不通,这三种物体其他的老师也会用到。但是,扭扭棒(可以用细铁丝代替)和花片(可以把莲藕切成薄片代替)很特别。前者虽然也是实心的,但是可以弯曲,后者不是管子而仅仅是有许多孔的圆盘状薄片。很多人以为,只有空心的管子才能吹出泡泡,实际上,有孔的花片也能吹出。原本实心的扭扭棒是吹不出泡泡的,但是,有些幼儿可以把它弯曲后做成一个小孔,仍然可以吹出泡泡,这是一种发散思维和创新思维。

其次,眭老师设计的实验记录图表很有特色。考虑到小朋友不认识字,所以用图表示,"问号"表示猜测的结果,而"小手"表示实验的结果。猜测能吹出泡泡的可以打钩,吹不出泡泡的打叉,这样就能把猜测的结果和实验的结果进行比较。这一点值得幼师生学习。

存在的问题:在六性标准中,科学性和总结性方面还有待提高,尤其是最后没有很好总结,幼儿不知道为什么能吹出泡泡;什么样的东西能吹出泡泡。还有就是,有些幼儿用吸管吹泡泡时,两头都吹,这样肥皂水容易进入幼儿口中,不卫生,事先老师要说明一下。

如果能够做一个动画,慢镜头播放泡泡吹大的过程,则有利于幼儿了解泡泡的形成。

其实,泡泡的形成和吹气球很相似,可以先问幼儿气球是怎么吹大的。然后转入肥皂泡的问题。肥皂水能形成一层薄膜,它和气球的橡胶薄膜很相似,有一定的弹性,气流进入肥皂水的薄膜后,薄膜会像气球一样迅速膨胀,从而形成泡泡。

案例7　大班科学"乌鸦喝水"

(江苏省丹阳市新区幼儿园　许晖佳)

● 活动目标

1. 理解"乌鸦喝水"中乌鸦能喝到水的原因。

2. 通过实验,了解水位升高与实物的大小、水的多少之间的关系。

● 活动准备

1. 事先听过故事《乌鸦喝水》。

2. 每组一张记录表和两个托盘。一个托盘中放有两堆相同的石头,两杯水(其中一杯水多,一杯水少);另一个托盘中放有两杯一样多的水,两堆大小不同、数量相同的石头。

3. 水桶、砖块、石头、硬币、剪刀、塑料玩具、木块、泡沫球、橡皮球等。

● 活动过程

(一)故事导入,谈话引出

提问:还记得《乌鸦喝水》的故事吗?乌鸦最后是怎么喝到水的呢?

为什么把石头放入瓶子中乌鸦就能喝到水呢?真的是这样吗?我们一起来试试看吧。

操作:提供一个有水的杯子,请一名幼儿将石头放入杯中,观察是否真的能喝到水。

小结:原来把石头放入杯子中,石头占据了水的地方,使水面上升到瓶口,乌鸦就顺利喝到水了。

提问:那是不是有水的杯子里放入石头,乌鸦都能喝到水呢?

(二)分组实验,验证猜想

1. 出示 PPT 图片,请幼儿猜猜图片中瓶子里的水都能喝到吗?(两张图片,第一张图片中,石头大小一样,数量一样多,但是一杯水多,一杯水少;第二张图片中,水一样多,石头数量一样多,但大小不一样)

(1) 出示图片1。

提问：请小朋友们找一找这张图片上相同的地方和不同的地方。

小结：图片上两边的石头是一样的，但是杯子里的水不一样多，一杯水多，一杯水少。

(2) 出示图片2。

提问：小朋友们再找一找这张图片上相同的地方和不同的地方。

小结：图片上两杯水是一样多，但是石头不一样，一边石头大，一边石头小。

提问：如果乌鸦把石头放入上面的四个杯子中，这四个杯子里的水乌鸦都能喝到吗？

2. 幼儿自己动手做实验，验证自己的猜想，并将实验结果记录下来。提出要求：先小组讨论，选出一个小朋友做实验，一个小朋友观察，另外一个小朋友做记录。一个托盘里的瓶子是一组实验，做完一组实验并记录好之后再做另一组实验。另外，做第二组实验时还需要记录下投放石头的数量。

操作：给每组幼儿提供一张记录纸和两组实验的水和石头，幼儿操作时教师在一旁给以指导和提醒。

3. 请每组派一名幼儿根据自己小组的记录讲述实验的结果。

提问：你们通过实验发现什么了？请你把你们的实验结果告诉大家吧。

小结：通过第一组实验我们发现，如果瓶子里的水太少，石子放得再多也没有用。通过第二组实验我们发现瓶子里放大石子，小乌鸦喝到水了。因为大石头把水的地方占据了，水就漫上来了。而小石头小，占的地方少，水没有办法漫上来。

(三) 游戏：哪些材料能帮助水溢出来？

材料：装有水的水桶、大小石头、硬币、泡沫球、木块、塑料玩具等。

内容：运用乌鸦喝水的原理，通过投放各种材料，使水桶中的水溢出来。让水先溢出来的小组为胜。

提问：有哪些材料投放进去能帮助水溢出来？放哪些材料能让水更快地溢出来？

小结：生活中我们也会像小乌鸦一样碰到一些大大小小的难题，但是我们不能随意放弃，要学习小乌鸦多思考、多观察、多动手地去解决问题。

[教学反思]

本次活动中材料选择不够好，尤其是石头的选择，可以选取小一点的石头，或是大小不一的石头。还有就是沙子的吸水性，还是值得我考虑的。总之，科学的严谨性我还是考虑得不够。下次活动的时候还要多注意。

[案例评析]

乌鸦喝水是很多人熟悉的故事。许晖佳老师能够从这个故事中挖掘科学内涵，精心设计实验，把它变成一堂精彩的科学活动课，很有新意。他准备了很多材料，让幼儿动手动脑，积极参与，幼儿的兴趣非常高涨。同时也能从中获得一些知识和技能。教学过程分为三步：首先是引入课题，是否有水有石头都能喝到水？然后是分组实验，验证猜想，最后得出结论：水太少了不管放多少石头也喝不到水，水不算太少但如果石头太小了也喝不到水（石头数量一定）。最后是游戏或比赛，看看哪些材料放入水中能够让水更快溢出，这涉及沉浮的问题。这样设计活动过程是可以的。

存在的问题：(1)在实际上课的时候，许老师还准备了许多沙子，但实验时却出现了意想不到的结果，由于沙子具有较强的吸水性，结果有些组发现沙子放入水中后，水杯中的水就没有了。原本以为，沙子很小，缝隙很小，更容易把水挤出来，而石头之间的缝隙大，不容易把水挤出来。这说明在设计实验的时候要考虑周全，事先一定要做一遍。(2)实验所得出的两个结论是有前提条件的，如第一个结论：水太少了不管多少石头，都不可能喝到水。前提是：①这个石头是不规则的；如果是规则的石头，比如立方体或圆柱体形状，则完全可能喝到水；②这个石头不是非常小，因为石头不是特别小，所以会有空隙，水会留下这些空隙中而无法升高到乌鸦能喝到水的位置。如果石头非常小，变成了小石子，由于小石子之间的空隙非常小，仍然有可能把水挤上去。所以要说明一下，对一般的不规则的石头(不是非常小，是小石子)，这个结论才是正确的。

第二个结论：水不算太少，但如果石头太小了也喝不到水。其前提是：石头的数量相同而且不多(几个)。大石头一块下去就能占据很大的体积，所以水面会升高得很快，小石头一块只占有很小的体积，挤上去的水很少。数量不多的时候,当然水面上升很小。但如果数量非常多,石头非常小,完全可以把水挤上去。所以,务必要说明石头数量不多。

二、化学活动典型案例解析

案例8 中班科学"'生气'的泡腾片"

（江苏省丹阳市新区幼儿园 蔡香怡）

● 活动目标

1. 初步了解泡腾片的沸腾原理以及泡腾片在不同液体里发生的变化。

2. 培养幼儿的动手操作能力、探索能力,并乐意用语言表达出所看到的现象。

● 活动准备

1. 水、泡腾片、醋、汽水、记录表、记号笔,其他不同的液体(油、牛奶、酒)。

2.《PPAP》音乐、泡腾片视频。

● 活动过程

一、表演导入,引出泡腾片,初步了解泡腾片的沸腾原理

1. 播放音乐,师表演

师:"小朋友们,今天蔡老师给大家带来一个表演,我的表演里藏着一个秘密需要你们来找到它,你们准备好了吗?"(幼儿喊"音乐")

师表演:"我有蜂蜜,我有水,啊! 蜂蜜水;我有奶糖,我有水,啊! 奶糖水;我有白糖,我有水,啊! 白糖水;我有食盐,我有水,啊! 食盐水。"

提问:"表演到这儿,你们找到秘密了吗?"(它们在水里都会融化)

2. 出示泡腾片

(1)提问:

① 有谁认识它吗?(泡腾片)

② 泡腾片放在水里会融化吗?

(2)师将一颗泡腾片放入水中,幼儿观察其变化。

师:"你看到了什么?"(冒泡泡)(师幼合作完成记录表)

"你除了发现会冒泡泡以外,还有什么发现?"(请一位幼儿上台操作,听一听)

"为什么会冒泡泡?"(幼儿猜测)

(3)观看视频,师讲解。

小结:当把泡腾片放入水中以后,会蹦出一对好朋友,一个叫做柠檬酸,另一个叫做碳酸氢钠。它们在水里拥抱在一起就会变成二氧化碳,就是你们看到的冒泡泡现象,我们将它叫做沸腾。之所以会冒泡泡,原来是因为二氧化碳在"捣蛋"啊……小朋友们,其实二氧化碳就在我们身边,我们深吸一口气再轻轻吐出来,吐出来的气体就是二氧化碳。

二、泡腾片放入其他液体中也会沸腾吗?

师:"泡腾片放入水中会发生沸腾的现象,那放入其他液体中也会沸腾吗?"(幼儿自由回答)

1. 出示醋和汽水。

2. 师:"知道这是什么吗?"(让所有幼儿闻一闻)"泡腾片放进这两种液体里面会不会沸腾呢? 让我们一起动手试试看!"

3. 幼儿操作,教师巡视个别指导。

4. 幼儿上台分享、交流自己操作的实验现象。

5. 小结:通过刚才的实验,我们发现泡腾片放在不同的液体中都会发生沸腾的现象,那它们沸腾的现象是一样的吗?(幼儿自由回答)

三、沸腾的现象一样吗？

1. 师："蔡老师还准备了很多不一样的液体(牛奶、油、雪碧、醋、酒)，待会你可以自由选择操作，观察泡腾片沸腾的现象，然后将你看到的现象记录在记录表上。"

2. 出示记录表，介绍记录方法和要求。

3. 幼儿操作，师巡视个别指导。

4. 幼儿上台展示记录表并分享、交流自己操作的实验现象。

小结：通过小朋友们的动手操作，我们发现泡腾片在不同液体中沸腾的现象也是不一样的，有的沸腾的速度很快，有的沸腾的速度很慢，有的浮在水上面，有的消失不见了，还有的像瀑布一样喷出来了……

四、活动结束

师："今天我们用泡腾片做了一些小实验，其实泡腾片放入水里还可以用来制作美味的饮料，它能补充我们身体所需要的维生素C，帮助我们提高免疫力，它可是一个好东西哦，让我们一起去品尝一下吧。"

[教学反思]

这节活动课中幼儿经历了从猜想、实验、记录到交流的基本环节，注重了幼儿的主动参与与主动探索，让幼儿在自己动手操作实验的过程中验证自己的猜想，在操作实验的过程中获取知识和解决问题。在实验操作的部分中，幼儿参与性很高，并且观察得非常仔细，能记录所看到的现象，在分享发现的过程中，幼儿思路清晰，能用完整的话表达出自己的所见所想。

不足之处：这是一节科学领域的活动，科学原理很重要，但是我没有介绍泡腾片在水里冒泡泡的原因，就是因为"碳酸氢钠"也称"小苏打"与柠檬酸化学反应。所以，幼儿们可能还处在知识模糊的状态，我应该注意用幼儿能理解的方式来介绍该化学反应。

[案例评析]

有人认为，在幼儿园里，不适合做化学实验，其实不然。蔡香怡老师充分利用日常生活中的药片新剂型——泡腾片，上了一堂生动的化学实验课。激发了学生的兴趣，培养了学生的观察能力和语言表达能力，是一次成功的尝试。除了泡腾片之外，其他的一些材料，如水、牛奶、油、雪碧、醋、汽水、酒等，都是生活中常见的物品。

教学过程大致分为四步：首先是表演导入，观察泡腾片放入水中的情况；第二步是放入汽水和醋中的情况；第三步是放入其他更多种类不同液体中的情况。最后讲泡腾片的应用。

这样安排，循序渐进，步步深入，是可以的。但是在科学性和总结性方面存在不少问题。

主要问题：(1)实验前没有对泡腾片作适当介绍；(2)用词不当，表述不科学。盐放在水中，应该叫溶解，不能叫融化，融化或熔化是固体直接化为液体，没有其他液体存在。有大量气泡出现并不一定是沸腾，沸腾是在特定温度下，液体大量化为气体的现象。而泡腾片放入水中时只是化学反应产生二氧化碳气体，从而形成气泡，这和沸腾完全是两回事。(3)重点不突出。重点应是让幼儿搞清楚泡腾片里含有酸性和碱性两种物质，当它们溶解于水或其他液体中时，能产生化学反应，产生大量二氧化碳气体，气体在液体中会形成气泡。(4)总结不到位。实验结束后，要总结一下，到底把泡腾片放入哪些液体中能产生气泡，哪些不能产生气泡。哪些气泡很多，哪些气泡很少。如果时间允许，可以定性解释一下原因。此外，泡腾片有治疗型和保健型两大类，不是所有的泡腾片里都有维生素C，少数保健型泡腾片中添加了维生素C，所以才含有这种维生素，最后讲它的应用时要说明一下。

案例9　幼儿园中班科学教案"变色魔术师"

（江苏省丹阳市新区幼儿园　王　园）

● 设计思路

中班幼儿对调色活动很感兴趣，他们的兴趣容易停留在操作上。因此，设计不仅要为幼儿创设自由探索的机会，还应该组织幼儿讨论探索活动中遇到的各种现象，使幼儿的兴趣转移到对活动中出现的科学现象的兴趣上，从而引发进一步探索的愿望，让幼儿在主动活动中认识颜色、使用颜色，同时充分感受颜色的丰富性和色彩美。

● 活动目标

1. 激发幼儿对色彩变化的美,产生兴趣和探究的欲望。

2. 引导幼儿通过玩色,发现两种颜色混合后产生的新变化。

3. 鼓励幼儿用语言来表达自己的操作过程及结果。

● 活动准备

颜料(红、黄、蓝),勺子,透明杯子,红、黄、蓝标记,课件。

● 活动过程

一、激发幼儿对周围生活中色彩的关注,引起幼儿的兴趣

1. 今天老师给小朋友们带来了"魔法水",快来跟着老师念魔语,看看魔法水会有什么变化。(变红色、黄色、蓝色)

2. 我的魔法水请来了红色宝宝、黄色宝宝和蓝色宝宝,这三种颜色有一个好听的名字叫"三原色"(集体说一遍)。

3. 这三种颜色宝宝非常调皮,它们跑到了我的透明纸上,我要请一个小朋友来看看,透过红色的卡有什么发现。引导幼儿用不同有色卡看同色的东西颜色不变,看不同色的东西颜色会改变。

4. 提出疑问,把两幅不同色的卡合在一起,试一试,有什么发现,我们一起寻找答案。

二、情境魔术表演,激发幼儿探究的欲望

1. 刚才小朋友们有很多的猜测,今天我们的"魔法水"就来帮你一起当一回变色魔术师。

介绍魔术材料:红、黄、蓝颜料,魔术滴管、魔术杯。

小朋友仔细看清楚了,这三种颜色宝宝非常调皮,他们两种颜色宝宝在一起会变成一种新的颜色。会变成什么颜色呢?魔术师要开始变魔术啦!千万不要眨眼睛哟!我把红色和黄色放在魔术杯子里,轻轻摇晃瓶子,变变变,请幼儿观察,变成什么颜色了?让幼儿猜一猜。(橙色)

2. 让幼儿说一说还可以哪两个好朋友在一起(黄色和蓝色、红色和蓝色),这两个魔术留给小魔术师们来变了。

三、幼儿动手操作尝试,探索颜色的变化

1. 师:"你们想成为魔术师吗?你们想不想也去变一变呢?"老师为每组准备了红、黄、蓝三种颜色,每人取两种不同的颜料,放在杯子中轻轻摇晃,看看有什么变化。和身边的朋友说说自己的发现,相互间比较一下各自变出的新颜色,并记录在记录纸上。

2. 教师讲解操作时注意事项:

现在,请小朋友也来当魔术师,好不好?不过当魔术师有个小小的要求:

(1) 小心不能把颜料弄在衣服或者桌子上。

(2) 在玩的过程中要学会让一让、等一等,慢一点没关系。

(3) 在玩的过程中跟你的好朋友说一说你的发现,比较变出来的新颜色。

3. 幼儿操作,教师指导操作,并注意引导幼儿记录操作结果。

四、集中交流:我的发现

1. 幼儿向大家介绍自己在操作中的发现。刚才把两种不一样的颜色放在了一起,那谁来告诉大家你发现了什么?

2. 教师和幼儿一起验证他们的发现。

3. 探索三种颜色的变化。

红、黄、蓝三种颜色水混合在一起会变成什么颜色?教师带幼儿探索操作。(三种颜色混合在一起变成了黑色。)

4. 小结,放视频:小朋友真聪明,学会了变色魔术师的本领,老师把刚才你们在操作时的发现变成了一首好听的儿歌,名字叫《色彩谣》。

红黄两个手拉手,变出橙色画橘子;黄蓝两个手拉手,变出绿色画叶子;

红蓝两个手拉手,变成紫色画茄子;红、黄、蓝色手拉手,变出黑色画轮子。

5. 在老师的带领下念儿歌。

五、结束活动

今天我们又学会了一个新本领,暑假了在家和爸爸妈妈一起变魔术吧。

[教学反思]

活动中我按照科学探索活动的四个步骤,即"提出问题→进行猜想→操作实验→得出结论"来进行。让孩子通过实验感知三原色的变化,尝试用调色的方法使颜色发生变化,激发孩子探索的兴趣。

但在活动中还存在一些不足,如颜色的比例,不同的比例会变出不同的颜色,这就要求我在今后的工作中要更严谨,给孩子们恰如其分的指导。

[案例评析]

在美术活动中,幼儿已经初步了解了用不同颜色的颜料混合在一起,可以形成各种不同的颜色。但是,混合颜色和原色之间有什么样的关系,并不是很清楚。而且,颜料的混合变色过程比较慢,比例也不容易控制好,因此,混合色和原色之间的关系和规律不容易寻找。王园老师把颜料溶解于水中,形成不同颜色的颜料水,通过不同颜料水的混合,寻找混合色的合成规律,这种做法值得肯定。教学过程分为四步:魔术表演引入课题(问题)→教师演示实验→幼儿分组实验→交流、讨论、分享、总结。层次非常清晰。幼儿兴趣盎然。特别是最后,用歌谣来总结混合色与原色之间的关系,便于幼儿记忆,这点很好。

存在的问题:(1)分组实验中,由于幼儿没有控制好两种原色水的比例,所以出现了一些不同的结果。因此,老师一定要先说明一下,是等比例的。用滴管吸水的时候要求吸的两种原色水量基本相同。(2)当出现不同结果的时候,可以因势利导,说明出现这个结果是因为两种不同原色水的分量不同。(3)总结时,除了用歌谣之外,还可以用多媒体动画,直观形象地表示两种原色水混合之后是如何变成其他颜色的。(4)除了等比例混合之外,作为拓展延伸,可以让幼儿尝试不等比例情况下混合后的颜色会是各种各样,这样让学生知道为什么"红、黄、蓝"三色叫做三原色。(5)要说明一下,这三种原色是针对颜料水而言,不是针对光(光的三原色是红、绿、蓝)。

案例 10 大班科学活动"玩空气"
(江苏省丹阳市新区幼儿园 徐 云)

● 活动目标

1. 感知空气"没有颜色,没有味道,看不见、摸不着"的特点,知道我们周围到处都有空气。

2. 能运用多种感官动手动脑学习探索空气的简单方法;激发幼儿探索欲望,培养幼儿对科学实验的兴趣。

3. 培养幼儿关心和保护环境的意识。

● 活动准备

玻璃杯、玻璃缸、毛巾、背景音乐、袋子。

● 活动过程

(一)魔术导入

1. 教师:小朋友们好,今天老师要变个魔术,你们想不想看啊?那小眼睛可要看仔细了!

2. 教师:这是什么?(毛巾)是干的还是湿的呢?来,小朋友用手摸一摸。是什么样的毛巾啊?是块干毛巾。

3. 教师:这是什么呀?(杯子)老师现在要把毛巾放到杯子里面,然后把杯子直直地倒放在水里,你们猜一猜毛巾会不会湿?(请你说一说)

4. 教师:那我们取出来看一看,湿了没有呢?小朋友用手摸一摸,湿了没呀?(没有)咦,真奇怪,毛巾明明是放在水里的,却没有湿,是不是很神奇呢?

(二)引出空气原理

1. 教师:老师再来变一次,我们也要把毛巾放进杯子里面,这次老师是斜斜地放进水里,小朋友仔细

观察哦,看一看会发生什么现象。(气泡产生)小朋友,猜一猜毛巾有没有湿呢?(请你说说看)

2. 教师:到底毛巾湿了没有?让我们取出来看一看,我用手扭一扭,湿了没有?(湿了)为什么会湿了呢?

3. 教师:这一次啊,老师的杯子是斜斜地放进去的,斜斜地放杯子空气就从杯子里跑出来了,小朋友说一说什么跑进去了?(水)空气跑出来了,水就跑进去了,所以我们的毛巾就会湿了。而第一次没有湿,空气跑出来了没有?(没有)所以毛巾是干的。刚才老师给小朋友变了两个关于空气的小魔术,好看吗?

(三)身边捕捉空气,初步感知空气

1. 教师:那么空气它在哪里呢?它又是一种什么样的东西呢?接下来我们来做一个游戏。小朋友看,这是什么?(袋子)我要用袋子去捉空气,看看老师是从哪里捉到空气的。(用袋子从桌子底下捉了一袋)我捉了一袋空气,你们说一说我是从哪里捉到的呀?

2. 教师:老师捉了一袋子的空气,你们也想来捉捉空气吗?老师帮你们每人准备好了一个袋子,都有了吗?现在我们把袋口张开,来捉捉空气,捉好后要捏紧袋口,举起来,我看看谁捉空气又多又快?(表扬幼儿)

3. 教师:现在我们把袋口慢慢张开,用眼睛看一看空气,你能看得见里面的空气吗?(看不见)对,空气是看不见的。那么袋子里的空气有颜色吗?(空气是没有颜色的)

4. 教师:(用同样的方法来捕捉)袋口张开,用你的小鼻子闻一闻空气有没有味道呢?(对,空气是没有气味的)用你的小手伸进袋子里去摸一摸,能摸到空气吗?(空气是摸不到的)

(四)周围捕捉空气,加强对空气的认知

1. 教师:我们到别的地方去捉空气好不好?试试能不能捉到空气?(带领幼儿到各个地方捉空气,播放背景音乐)

2. 教师:好,请小朋友把袋子收回来,我请小朋友互相说一说你是从哪里捉到空气的?(你告诉旁边的小朋友在哪里捉到空气的,自由发言)

3. 教师:好了,你们刚才是不是在各个地方都捕捉到了空气啊?那么你们说空气能看得见吗?有颜色吗?有味道吗?摸得着吗?

教师总结:原来我们周围到处都有空气,空气没有颜色,没有味道,看不见也摸不着,因此,小朋友通常认为我们周围没有东西,实际上空气是的确存在的。我们用小手扇一扇空气,有什么感觉?说明空气是存在的,流动的。

(五)保护空气,争做环保小卫士

1. 教师:现在老师和小朋友来做一个实验,把你的嘴巴闭上,再把你的鼻子捂起来,我请小朋友来说说是什么感觉?是不是不舒服的感觉呢?为什么会有不舒服的感觉?

教师小结:因为我们把嘴巴闭上,把鼻子捂起来,空气就不能进入我们的嘴巴和鼻子里,我们就不能进行呼吸了。所以,我们就会感觉喘不过气来,非常难受,你们说我们人需不需要空气呀?

2. 教师:我们人需要空气,动物呢?花草树木呢?它们也需要空气,凡是有生命的地方都需要空气。如果没有空气会怎么样呢?会无法生存。

3. 教师:我们虽然离不开空气,我们需要怎样的空气呢?是干净的空气还是受到污染的空气呢?如果我们吸进了不干净而被污染的空气就会生病,对我们的身体就不好,所以小朋友们要保护好我们的空气,保护好我们的环境。垃圾能不能乱扔?能不能随地吐痰?爸爸抽烟了,我们应该怎么对他说?我们还可以怎么做呢?我们来看一看别人是怎么做的好不好?小朋友说说他们在做什么?(幼儿说一说)他们在做环保小卫士,来保护我们的环境,让我们的空气更加清新干净,我们吸入干净的空气,身体才会棒棒的。

[教学反思]

本次教学活动,我通过五个环节让幼儿一步一步地认识空气的特征、重要性及空气污染的情况和危害性。

从魔术"毛巾湿了吗"入手,激发幼儿的活动兴趣,然后让幼儿认识空气的作用,最后了解环境污染后果,让幼儿说一说我们怎么办。

不足之处是:活动环节设计还不太紧凑,没有做好分层教学,幼儿的动手和参与较少,不能发挥幼儿的主动性,探索较少。要多让孩子自己去做实验,做记录。孩子的探索欲望可能会更强,游戏参与性会更高,教学效果会更佳。

[案例评析]

徐云老师上的"玩空气"这节课,分为五个步骤:魔术表演导入,竖直插入水中,杯子里的毛巾不会湿→倾斜插入水中,杯子里的毛巾湿了→捕捉身边的空气,了解空气的特点→捕捉周围的空气,进一步认识空气→空气与生态环境和健康的关系。这一节课的亮点是把空气和环保结合起来,培养幼儿的环保意识。通过用塑料袋捕捉空气的方法,了解空气的一些特点,这是很好的。

存在的问题:(1)过程设计不太合理,上课的时候,在提问为什么杯子里的毛巾不湿的时候,多数学生很茫然,完全不知道。因此,建议适当调整一下教学过程,可以先让幼儿捂住口鼻,提问有什么感觉,引出人时刻需要呼吸空气,然后引出空气有什么特点:无色、无味、无形,看不见、摸不着。但是,用塑料袋来捕捉空气,让幼儿知道空气能占据一定的体积,还有一定的弹性,可以适当压缩,这一点非常重要,为后面的实验做好准备。然后问,塑料袋可以捕捉空气,其他东西是否也可以。可以拿一个打气筒,堵住出气口打气,感受一下打气筒里面的气体,或拿一个打针的针筒,堵住出口,体会压缩活塞时的感觉,说明铁、玻璃等容器都可以储存空气。然后再让幼儿分组实验,用餐巾纸代替毛巾,竖直插入水中时,湿不到餐巾纸,倾斜插入时,空气跑出来了,水进去了,所以餐巾纸湿了,这样幼儿的印象比较深刻。空气虽然看不见,但当它流动时候能够形成风,能感受到。

(2)时间控制不紧凑,幼儿玩捕捉空气的时间太长,没有必要。

(3)结论应当尽量由幼儿得出,而不应该由老师直接给出。

(4)没有做到收放自如,教学组织工作有待改进。什么时候幼儿做实验,什么时候停下来,什么时候讨论,都要精心准备。没有分组,容易出现无序和混乱现象。总之,应当把更多的时间用于分组实验(湿不到的餐巾纸)上,用于探究空气的特性上面,空气和环保关系的时间不宜太长,玩捕捉空气的游戏更要缩短时间。

第二节　生命科学方面典型案例解析

案例11　小班科学活动"水果品尝会"

(江苏省丹阳市新区幼儿园　严小银)

● 活动目标

1. 认识几种常见的水果,知道他们的名称,了解水果的多样性。

2. 运用多种感官感知水果的特征。

● 活动准备

1. 请幼儿每人带一个自己喜欢的水果。

2. 幼儿每人小餐盘一个、勺子一把,各种水果切片。

3. 教师活动前准备的水果拼盘12个。

● 活动过程

1. 请幼儿猜谜,引出水果话题。

教师:今天老师给小朋友说个谜语:一根藤儿弯又弯,上面满是珍珠串,有紫有绿真好看,生的酸来熟的甜。请你猜猜是什么水果。幼儿说出谜底后教师出示葡萄。激发幼儿活动的兴趣。

2. 幼儿相互交流分享带来的水果。

（1）教师：你带来的是什么水果？是什么颜色？是什么样子？像什么？引导幼儿向大家介绍自己带来的水果,鼓励幼儿尝试说出水果的名称和特征。

（2）教师：还有谁愿意介绍自己的水果？教师尽量请带不一样水果的幼儿介绍。

3. 引导幼儿观察各种水果的典型特征。

（1）教师：拿着你的水果和别人的水果比一比,看看有什么不同？鼓励幼儿看看、摸摸、讲讲认识的水果。

（2）让幼儿把水果送到水果屋里。

4. 引导幼儿观察切开的水果。

（1）教师：刚才我们认识了那么多完整的水果,现在老师把它们切开了,你还能认识它们吗？请你们看一看、说一说它们是什么水果。只能看不能用手去摸。幼儿分散,自由观察切开的水果,教师个别提问。

（2）教师说出水果名称,请幼儿指出是哪一盘水果。

5. 品尝水果。

（1）出示做好的水果拼盘。教师：小朋友真能干,水果变了样还能认出来,老师用这些切好的水果做了个拼盘。

（2）吃水果之前我们要把小手怎么样？如果水果有核应该怎么办？吐在哪里？教育幼儿讲卫生,果皮、果核不乱扔。

（3）请幼儿洗手,自由品尝水果拼盘。教师问问孩子们吃的是什么水果,是什么味道。

[教学反思]

1. 创设一个宽松的环境,让每个幼儿都有机会参与探究活动,进行尝试,感受参与的乐趣。

2. 能鼓励幼儿大胆提出问题发表自己的意见。

3. 本活动让幼儿在看、说、尝等感官形式的驱动下进行学习,而忽略闻、听这两个感官。

4. 水果是小朋友熟悉并且喜欢的食物,水果不但营养丰富,而且颜色、形状和味道等也多种多样。在本次活动我忽略了一环节,就是针对现在很多孩子不爱吃水果的情况,我应该告诉孩子们水果的营养价值,让孩子们爱上吃水果。本次活动上下来容易,但要上出亮点要好好思考一番。

[案例评析]

小班的科学活动课不太容易上好,而生物内容要上好更不容易。通常生物内容主要是野外观察或种植,需要花费比较长的时间。室内的生物内容比较难上。严小银老师的这节生物内容活动,从课题的选择上讲很好。水果是小孩子喜欢吃的,每个人带一个,这样品种很多,通过互相介绍以及运用各种感官,初步认识各种水果的一些外形特征,再通过切片,认识水果内部的一些特征,这样可以达到增长知识的目的。同时,严老师还在最后品尝完水果之后,培养幼儿讲卫生的习惯和环保意识,这也是很好的。

不足之处：（1）上课的内容没有分层,重点不够突出。最好分为两步：第一步介绍一些熟悉的水果,如苹果、香蕉、橘子、葡萄等,因为这些水果大家都吃过,不用花费太多时间详细介绍,外形特征也比较容易辨认,可以先观察实物,再利用多媒体把水果放大,让大家仔细观察它的外形特征,让幼儿用语言表达。第二步介绍很多人不认识、几乎没有吃过的水果,同样可以把实物和多媒体结合起来,让幼儿观察这些没有见过的水果的特点,然后切成薄片让大家品尝。这样才能更多了解这些不熟悉的水果的外在和内部特点。上课的时候,因为很多水果幼儿都吃过,不感兴趣,而一些没有吃过的水果反而没有吃到,令一些幼儿有些失望。不必每种水果都要品尝,很多人没有吃过的水果才需要品尝。

（2）有些幼儿不太喜欢吃水果,或盯着一种水果吃,这不好,教师要告诉幼儿吃水果的好处,各种水果营养成分不同,要多样,均衡,不偏食。

（3）要用多种感官,通过各种感觉,如视觉、听觉（敲打水果会有不同的声音）、嗅觉（闻一闻它的气味）、味觉（舌头尝一下味道）、触觉（摸一摸它的外表,了解其软硬粗细）。这样可以全面了解水果的特点。

案例12　中班科学"有趣的指纹"

（江苏省丹阳市新区幼儿园　姚莉莉）

● 活动目标

1. 培养幼儿探索自身的兴趣。
2. 培养幼儿细致的观察能力。
3. 引导幼儿知道每个人的指纹是各不相同的。

● 活动准备

1. 红色印泥若干盒；白纸、抹布若干。
2. 放大镜每人一个。

● 活动过程

1. 导入：给幼儿讲一个关于用指纹破案的故事，引起幼儿观察指纹的兴趣。

2. 基本活动：

（1）印指纹：让幼儿用手指蘸印泥将指纹印在纸上，请幼儿说说自己的发现。

（2）观察指纹：① 引导幼儿用放大镜观察自己的指纹和纸上的指纹印，说说自己的指纹是什么样的，它像什么；② 引导幼儿互相观察指纹印，说说每个人的指纹有什么不同；③ 结合多媒体介绍指纹的分类和特点。

3. 了解指纹的作用：

（1）出示较为典型的指纹印，引导幼儿观察它们的差异，找一找自己指纹的特征。告诉幼儿：每个人的指纹是各不相同的，而且指纹永远不会变，因此可以用来辨认人。

（2）演示用蘸有印泥的手指——触摸玻璃杯、笔、电话等物，请幼儿说说有什么发现。当我们的手指和物体接触时，将会留下指纹。这一点对哪方面有帮助？（警察叔叔能够利用小偷留下的指纹作为证据抓住小偷）

（3）还有什么用处？老师出示图片——有关指纹的科技产品，为幼儿讲解，开阔幼儿眼界。

（4）还有什么东西像指纹一样有一些纹理？

4. 拓展活动，进行指纹印画。

（1）引导幼儿指纹印画。

（2）展示，互评幼儿作品

[教学反思]

指纹是手的一个组成部分，设计这一节课主要是让孩子简单了解什么是指纹，掌握指纹的基本形状及特征，初步了解指纹识别技术在实际生活中的应用。培养幼儿应用观察、比较、分析等方法解决问题的能力，激发幼儿的求知欲和科学探索精神。

反思一下整节活动课，我觉得有几点需要改进：

（1）怎样印出清晰又完整的指纹。在活动中，有的幼儿印的指纹特别不清楚，有的幼儿只印出了一小部分的指纹，没有观察的意义。在活动前与活动中，教师都应该告知幼儿如何印出有效的指纹印。

（2）记录表设计得欠合理。教师提供给幼儿的是10个格子，需要幼儿将所有的指纹都印上去，这对于中班的幼儿有些难度，个别幼儿在印出两三个之后开始糊涂了，不知道到底印到哪个手指了，有的幼儿一直用一个手指头印，导致了记录表的无效。

（3）指纹在现代的科技生活中有很广泛的应用，本次活动虽然提了指纹的应用，却是泛泛而谈，没有将趣味性体现出来。

[案例评析]

姚莉莉老师的这节课，讲指纹的特征及其应用。活动过程有四步，但实际上课的时候，由于时间所限，最后一步指纹印画没有进行，实际为三步：

从指纹帮助警察破案导入→让幼儿印指纹，观察并记录指纹→指纹的作用，层次非常清楚。幼儿的积极性很高,通过放大镜观察和多媒体相结合,让幼儿了解了指纹的分类和基本特征。这一点做得非常好。如果没有多媒体,指纹的纹路是看不清的,其特征也不容易记住。从科学教育的四个目标来看,做得都不错。

存在的问题:(1)在印指纹的时候,没有事先说明应该如何蘸印泥,有些幼儿用手指尖蘸印泥,印出来的指纹不全,或者根本印不出指纹,应该是用指腹蘸。印在纸上的时候也要注意用指腹,不能用手指尖。如果幼儿蘸印泥太多或太少,或用力过大,都印不清楚。

(2)10个手指头都印的话,最好分成左手和右手两个部分,否则幼儿容易搞错。或干脆只用一只手的五个手指,这样可以节约时间,腾出更多时间来观察。手指的排序很重要,不能搞错。

(3)在介绍三种指纹:箕形纹、斗形纹、弓线纹的特征时,好像不是非常清楚。其实很简单,斗形纹也就是旋涡纹,这容易辨认。而弓线纹则像弓箭一样,左右基本上是对称的。箕形纹像簸箕似的,它不是左右对称,像一把扫帚,纹路朝向一边(左边或右边)。

此外,指纹的形状或纹路不会变,但是大小会随着幼儿成长有所变化。

案例 13　中班科学活动"蝴蝶的一生"
(江苏省丹阳市新区幼儿园　汤红霞)

● 活动由来

春夏交接之季,空气潮湿而温暖,户外的花坛里,树木下,草丛中都变成了昆虫的世界。户外活动时,孩子们围着一只黑蝴蝶欢呼雀跃,面对这一切,成人可能会不屑一顾,而孩子却用充满好奇的眼睛去观望,用充满灵性的耳朵去聆听,还会迈开那活泼的小脚去追逐。《指南》明确指出:"要充分利用自然环境和社区的教育资源,选择贴近幼儿的生活和感兴趣的事物开展活动。"为此,从幼儿生活出发,抓住幼儿的兴趣点,生成了"蝴蝶的一生"这个活动。

● 目标预设

1. 了解蝴蝶的外形特征及其变化过程。

2. 大胆运用肢体动作表现蝴蝶的生长变化过程。

● 设计思路

猜谜语引出主题,激发幼儿的兴趣——通过幻灯片欣赏,观察蝴蝶的外形特征——组织讨论、视频观察和操作活动,让幼儿了解蝴蝶的生长变化过程——用肢体动作表现生长过程,巩固幼儿经验——说说生物的生长过程。

● 活动准备

课件:幻灯片《蝴蝶》、视频《蝴蝶的一生》,蝴蝶生长过程操作图片,背景音乐。

● 活动过程

一、猜谜语,激发幼儿兴趣

教师:身穿美丽花花衣,两对翅膀真美丽;不会唱歌会跳舞,花丛当中采花粉。请你猜猜是什么?(蝴蝶)

二、幻灯片欣赏,观察蝴蝶的外形特征

1. 教师:蝴蝶飞到了我们的教室里,让我们一起来欣赏一下。

2. 教师:你看到了什么样的蝴蝶?(引导幼儿观察蝴蝶的外形特征)

三、操作游戏,探索蝴蝶的生长过程

1. 教师:这些蝴蝶真漂亮,那谁知道蝴蝶是怎么来的?(是毛毛虫变的)

2. 教师:有的小朋友说是毛毛虫(出示毛毛虫图片),毛毛虫是什么样的?(一节一节的)

3. 教师:有的小朋友说是蛹(出示蛹图片),蛹是什么样的?(螺旋形的、椭圆形的)

4. 有的小朋友说是卵(出示卵图片),卵是什么样的?(小小的、圆圆的)

5. 教师:其实蝴蝶的成长需要一个过程,今天我为每个小朋友准备了一套操作卡,请你去摆一摆,说一说蝴蝶的成长过程。

6. 教师：谁愿意来说一说你的蝴蝶是怎样生长的？（个别幼儿展示）

7. 教师：蝴蝶究竟是怎样生长的呢？让我们听听蝴蝶妈妈的介绍。（视频《蝴蝶的一生》）

8. 教师：听了蝴蝶妈妈的介绍，现在我们知道了它的生长过程。先是小小的、圆圆的卵，接着变成了毛毛虫，然后变成了蛹，最后变成了一只美丽的蝴蝶。小朋友你们摆对了吗？请你们相互检查一下，摆错的把它纠正过来。

四、角色游戏，体验蝴蝶的成长过程

1. 教师：蝴蝶妈妈生下了许多小小的、圆圆的卵，让我们变成一个个圆圆的卵。（幼儿根据教师的讲解用身体表现）

2. 教师：从卵里钻出了一只蠕动着的毛毛虫。毛毛虫吃掉了卵壳，没有吃饱，接着它吃了许多的树叶，把自己吃得肥又胖。让我睡一觉吧，毛毛虫找到一棵树枝，开始神奇的变身，把自己紧紧地包裹起来，变成了不吃也不喝的蛹。一个星期之后，就变成了一只美丽的蝴蝶便振翅飞翔啦！

五、想想说说，感知生物的生长过程

1. 幼儿分享：生活中你还知道哪些生物的生长过程？（鼓励幼儿大胆讲述自己知道的昆虫生长过程）

2. 教师小结：今天我们知道了蝴蝶、小鸟、青蛙等的生长过程。在千姿百态的世界里，还有许多秘密呢，它们就藏在我们的身边，用我们的眼睛多去看一看、找一找，用我们的耳朵去听一听，你会有不一样的发现。

[教学反思]

对于美丽的蝴蝶是怎么生长的这个话题，孩子非常感兴趣。但他们对这个概念却很模糊。通过今天这个科学活动，孩子们深刻地感知了蝴蝶的生长过程。

在整个科学活动中，我通过音乐游戏、图片展示、观看课件、操作模仿、交流分享等组织形式，环环相扣，使活动得到深化。

《指南》明确指出："幼儿要能用多种感官动手动脑，探究问题，用适当的方式，表达交流探索的过程和结果。"因此，我在活动中引导幼儿眼看、耳听、脑想，用学一学、说一说、做一做等多种方式来让孩子们始终保持浓厚的兴趣去体验探索，从而获得知识和经验，感受大自然的神奇。

[案例评析]

汤红霞老师的这节课，给我留下了深刻的印象。由于幼儿园里的条件限制，很难直接观察蝴蝶的标本，到野外去捕捉蝴蝶，然后再仔细观察，也不现实。在这种情况下，汤老师想了很多办法，采用图片和视频相结合的方法，既动手又动脑，让幼儿了解蝴蝶的外形特征和一生的生长过程，最后通过模仿蝴蝶的四个阶段进一步加深对蝴蝶的认识。动静结合，音画结合，手脑并用，是这节课最大的特点。其中的音乐《梁山伯与祝英台》与蝴蝶也有相关性。视频通过蝴蝶妈妈讲述蝴蝶的一生，从卵→幼虫→蛹→成虫（蝴蝶），动态展示了蝴蝶的变化过程，这个过程通常是看不到的。通过分组摆放四个图片，让幼儿进一步了解到蝴蝶一生的变化，这比单纯观看视频要好，能激发幼儿的兴趣。活动过程环环相扣，层层启发，符合幼儿科学教学的流程。

不足之处：(1)蝴蝶属于昆虫，昆虫纲的主要特征：身体分为头、胸、腹三部分，头部有一对触角；一对复眼和一个口器；胸部有三对足；一般有两对翅。单纯观察蝴蝶的翅膀似乎不够全面，不利于幼儿了解昆虫的基本特征。

(2) 在最后拓展延伸时，讲到小鸟和青蛙，这个不太适合。因为这节课的重点讲昆虫，所以除了讲蝴蝶之外，还可以用PPT介绍一些其他昆虫，如蚕、蝗虫、蜜蜂、蜻蜓、苍蝇、蟑螂等，它们有许多共同的特点。特别是蚕的一生，所经历的四个阶段和蝴蝶非常相似，有利于了解昆虫的特点。而青蛙是两栖类，小鸟是鸟类，它们和昆虫有很大的差异，一生的变化过程不同。

(3) 蝴蝶的一生变化，从何时开始？不同组有不同的答案，必须强调从小到大，才是"卵→幼虫→蛹→成虫"，否则因为卵是蝴蝶产下的，从成虫（蝴蝶）开始也不能算错，这是一个循环过程。

案例14 大班科学活动"有趣的动物尾巴"

（江苏省丹阳市新区幼儿园 马文娟）

● 活动目标

1. 认识一些小动物的尾巴,了解尾巴的用途。

2. 培养幼儿良好的观察能力、探究学习的能力和语言表达能力。

3. 激发幼儿探索动物尾巴的兴趣,满足其好奇心,加深幼儿爱护动物的积极情感。

● 活动准备

操作卡、各种动物图片、多媒体课件。

● 活动过程

（一）激趣导入（播放动物比尾巴的视频,轻松导入课堂）

1. 师:小朋友们,你们喜欢小动物吗?（喜欢）为什么喜欢呢?（动物是人类的朋友,所以大家喜欢）

2. 播放动物比尾巴视频,让幼儿初步感知动物尾巴的形状。

3. 刚刚小动物们在比什么?（比尾巴）今天我们就来学习动物的尾巴。

（二）展开学习动物尾巴的形状

1. 认识松鼠的尾巴（课件出示松鼠的尾巴）

（1）这是什么? 这是谁的尾巴?（松鼠的尾巴）

（2）它的尾巴是什么样子的呢?

生:像一把伞。

（3）松鼠的尾巴有什么作用呢?（冬天可以当被子）方法同上依次认识猴子、鸡、兔子、孔雀的尾巴。

2. 问答游戏巩固动物的尾巴样子。

师:谁的尾巴长?（猴子）;谁的尾巴短?（兔子）;谁的尾巴像把伞?（松鼠）;谁的尾巴弯?（公鸡）;谁的尾巴最漂亮?（孔雀）

（1）小结:我们认识了这么多小动物的尾巴,他们有的长,有的短,有的粗,有的细,还有的弯,各有各的用处。

（2）连一连,尾巴匹配。

（三）拓展延伸

认识更多的动物尾巴。过渡语:小朋友还想知道更多的小动物的尾巴像什么样子吗? 有什么作用吗? 课件依次出示燕子、鱼、牛、小壁虎、袋鼠的尾巴,引导幼儿了解这些小动物的特点和作用。

（四）完成表格

1. 教师出示表格,进行讲解。

2. 幼儿操作。

3. 幼儿介绍自己的作品。

[教师反思]

通过这次教学活动,我事先查阅了一些关于动物尾巴的知识,科学活动比较严谨,容不得半点马虎。我选择了生活中比较常见的动物来进行讲解,孩子比较感兴趣。在完成表格时,对幼儿的绘画能力要求比较高,导致一部分绘画能力较弱的孩子有难度,我还需要对表格进行调整。可以把动物进行分类,分为水生、陆生和飞行类,在此基础上教师小结出动物尾巴的通用功能。

[案例评析]

马文娟老师的这节课,主要让幼儿了解不同动物的尾巴有何特点,了解尾巴的功能。通过多媒体课件和幼儿画尾巴的操作,加深印象。采用儿歌的形式来记忆动物尾巴的特征,这很好。流程符合规范,幼儿兴趣盎然。

不足之处：在介绍动物尾巴功能的时候，没有分类，最后没有很好地总结。幼儿不太清楚动物的尾巴到底有哪些功能。建议分为三大类：水生动物，其尾巴主要是作为前进的动力；飞行动物：尾巴主要用来改变方向；陆生动物，比较复杂，尾巴功能比较多，主要有：平衡作用与驱赶苍蝇蚊子等（如马、牛等），作为攻击武器（老虎等），求生（壁虎等），其他（如求偶等）。有时，动物的尾巴有好几种功能。例如，响尾蛇的尾巴除了作为捕捉其他小动物的工具，还能感知红外线，或把自己的身体悬挂于树枝上。

第三节　生态与环境方面典型案例解析

案例 15　小班科学"下雨了"

● 活动目标

1. 通过观察下雨时的现象，了解雨和雨水的特征。

2. 能用语言表达下雨前后自然界的某些变化。

3. 关注天气的变化，激发探索气象的兴趣。

● 活动准备

选择即将下雨的时间，带好雨具。

● 活动过程

1. 组织幼儿在室外观察下雨前的天空。

(1) 教师：现在的天空是什么样子的？

(2) 教师：听听风声是怎样的？ 看看乌云怎样了？ 你还看见了什么？（如蜻蜓低飞、蚂蚁搬家）你知道天空要怎样了？ 下雨了，我们怎么办？ 在哪里躲雨？

2. 组织幼儿观察雨落下时的情景。

(1) 教师：雨从哪里来？ 雨点落下来时是什么样子的？

(2) 教师：小小雨下在哪些地方，变成什么样子了？（如地上湿了，雨水从屋顶上流下）和天晴时有什么不一样？

3. 引导幼儿聆听雨点落在地上的声音。

(1) 教师：下雨时，你听到了什么？

(2) 教师：大雨是什么声音？ 小雨是什么声音？ 鼓励幼儿学一学大雨"哗啦哗啦"、小雨"滴答滴答"的声音。

4. 带领幼儿穿上雨衣到雨地里走一走。

(1) 教师：请你用小手接一接，接到了什么？

(2) 教师：看看天空是什么样子？ 小草小花怎么样了？

5. 雨停后引导幼儿观察雨后的情景。

(1) 教师：现在的天空怎么样了？ 地上有没有变化？

(2) 组织幼儿到户外场地感受一下雨前雨后有什么不同。如下雨后比下雨前凉快了，地上的尘土没有了，空气清新了。

● 要点提示

近距离地直接和雨接触，可使幼儿获得丰富的体验。教师可用个别询问的方式启发幼儿发现和表达自己的体验和观察结果，让幼儿在玩乐中有所收获。

[案例评析]

这是一节室外活动课，老师带领幼儿观察下雨前、下雨中、下雨后的天气和周围物体或动植物的变化。通过多种感觉器官来感受下雨前后及下雨时的情景。用眼睛看，用耳朵听，用手摸，这对于提高幼儿的观察能力是有很大帮助的。

几点建议：(1)做好组织管理工作,分组做好记录。一个班级二三十个人,如果不分组,就会很混乱;没有记录,单纯观察,很容易忘记,对增加幼儿的知识不利。观察的对象主要包括:天上(乌云等),地上(地面上的一些物体如土壤和屋顶、动物和植物),空中(如风的大小和方向,雨的大小和方向,冷热程度),等等。事先要精心设计一个表格让幼儿记录,如水平方向分为天上、地上、空中三部分,竖直方向分为下雨前、下雨时、下雨后三部分。用一些幼儿能够识别的图形来表示。

(2)单纯用手去接雨水,不如让幼儿带一些杯子去接,这样可以大致了解一下雨的大小。

(3)除了用眼睛看,耳朵听,用手摸之外,也可以用鼻子闻一下空气的味道和清新程度。

案例16　中班科学活动"玩沙"

● 活动目标

1. 感知沙的特性,尝试用湿沙进行造型活动。

2. 体验玩沙的乐趣,萌发对周围自然物的关注。

● 活动准备

1. 每组一盆沙、小桶、铲子、印模、沙漏、小筐等玩沙的工具。

2. 实验所用材料:水、玻璃杯、小棒、盐。

● 活动过程

1. 引导幼儿玩沙,感知沙的基本特性。

(1)每个幼儿在自己组的盆里抓一把沙,看一看、摸一摸、捏一捏,感知沙子的特性。

(2)尝试用沙漏或者小筐感知沙子能流动。

2. 观察实验:沙不溶于水。

教师在两杯水中分别放入沙子和盐,用小棒搅拌,引导幼儿观察两个杯子中各有什么变化。沙子沉在杯底,盐在水中融化了,沙子是不溶于水的。

3. 感知、比较干沙与湿沙的不同。

(1)观察干沙与湿沙的不同。(干沙颜色浅,很松散,不易成型;湿沙颜色深,有黏性,可以塑形)

(2)请幼儿分别用干沙和湿沙做圆球,感知干沙和湿沙的不同。

4. 沙子造型活动。

(1)教师:沙子可以做圆球,堆成一座山,挖个洞。小朋友,你也用工具试一试吧。教师鼓励幼儿用沙子进行各种造型活动。

(2)欣赏各组的沙子造型作品。

5. 了解沙子的作用。

教师:想一想、说一说,沙子在生活中有什么用?

● 要点提示

在活动之前,教师要进行玩沙的安全和自我保护教育,特别强调不要把沙子弄到自己和别人的眼睛里、身上,鼓励幼儿用沙子建造各种物体。

[案例评析]

玩沙这节课,主要讲三个方面:一是让幼儿感知沙子颗粒的粗细和质感等,二是了解沙子的物理性质,如它的湿度与颜色的关系、干湿度与成型难易的关系、在其他物体中顺滑性等。其中,沙子不能溶解于水而盐能溶解于水,以及湿沙成型游戏是重点。三是讲它的应用。这种通过各种感官来感知沙子的性质,以及通过造型活动来激发学生的兴趣,是值得肯定的。

几点建议:(1)沙子是固体,所有的固体本身不具有流动性,只有液体和气体才具有流动性,当然如果固体颗粒很小,可以漂浮在液体或气体中,随它们一起流动。沙子可以在漏沙壶中或箩筐中漏下来,这不能说它具有流动性。颗粒小的东西都能从大的空洞中漏下来,把它叫顺滑性更好一些。因为颗粒小,表面比较圆滑,所以摩擦力很小,所以能够很顺利地从漏沙壶中漏下来。

（2）可以用PPT适当介绍一下沙子的形成过程。岩石风化后，分崩离析，在风力或水流的运输携带下，顺流而下，当风速或流速减小时，在入海口或浅滩聚集，沉积形成沙滩。在河岸边的为河沙，海岸边的为海沙。

（3）沙子的应用可以拓宽一下。结合漏沙壶可以讲一下古代用沙漏计时，看看完全漏下来要多少时间。把沙子堆积成山，把小物体从山上滑下来，看看滑动的时间（干的和湿的比较一下）。也可在沙子上写字或画画等，可以节约一些纸张。

沙子的用途很广泛：它除了用于建筑、修路、过滤、养殖、美化外，还是制造玻璃的主要材料（沙子的主要成分为二氧化硅）。在体育运动上除了沙池外，还可做练拳的沙袋。此外，防洪时也可用作沙包。沙有河沙和海沙等几种，海沙由于盐分较多，对建筑用的混凝土质量有一定影响，河沙比较好。

案例 17 大班科学"地球的故事"

（江苏省丹阳市新区幼儿园　刘宇杰）

● 活动目的

1. 初步认识地球，简单了解其形成原因和运转的知识。

2. 感受地球的美丽，明白地球是人类赖以生存的家园。

3. 培养幼儿的环保意识，激发幼儿爱科学的情感。

● 活动准备

地球仪、手电筒、相关视频。

● 活动过程

1. 猜谜语引出课题：不用发动日夜转，春夏秋冬按时换，一日行程八万里，满载人类千千万。

2. 地球的形成。师：我们都住在地球上，你们知道地球是怎样形成的吗？（幼儿自由讲述）

师：究竟地球是怎样形成的呢，让我们一起走进科学世界，来了解一下。

（观看视频《地球的形成》）

师：地球的形成可真是一个漫长而又艰难的过程呀。

（教师用咸鸭蛋演示地球的组成，认识地核、地幔、地壳）

3. 地球上住着谁。

师：地球这么大，我们怎样才能清楚地看到地球呢？人们根据地球的样子做了个模型，叫地球仪（出示地球仪）。请你们在地球仪上找找我们中国。

师：你还知道哪些国家的名字呢？你也可以找一找。

（小朋友在地球仪上找出中国和其他所知国家的地理位置图）

小结：全世界的人都生活在地球上，地球是我们共同的家。

4. 地球的转动。

你们知道为什么会有白天和黑夜之分吗？（幼儿自由讲述）

（两人一组运用地球仪和手电筒进行实验操作）

小结：地球圆圆的，在不停地转动，自转的同时还绕着太阳转，因为地球很大，所以感觉不到它的转动。四季的交替，昼夜的出现就是转动的结果。

（观看视频《地球的转动及四季的交替》）

5. 地球的保护。

师：人们为了保护地球，规定每年的 4 月 22 日为地球日，让全世界的人们一起行动来保护我们的地球。那你有什么话想对地球妈妈说？你想怎样保护地球妈妈？我们小朋友先一起讨论交流，再一起把你想说的、想做的给画下来。

（幼儿自由记录绘画，随机播放美丽地球的视频）

[教学反思]

爱护地球也就是爱护我们的家园,但幼儿年龄小,如果只是以说教的形式向幼儿传授相关的知识,可能无法激起幼儿保护地球的情感。

第一次教学活动中,教师对教学目标设定不明确,内容选择较难,对地球的形成和公转自转的原理,幼儿不能很好地理解。在活动过程中,没能有效地利用地球仪,让幼儿通过观察地球仪,感知地球的美丽与神秘,从而明白地球的相关知识。在实验操作中,用手电筒照射地球仪,感知白天黑夜这一环节,教师处理得也不科学,导致此环节无意义。造成活动没有达到预想的效果的原因,在于教师对幼儿科学目标的设定,与内容、重难点的把握不准确有关。

第二次教学活动中,教师把目标设定和内容选择作了很大的改动,从幼儿生活经验及理解能力出发,运用实物、视频、课件等让幼儿从各个角度了解地球。用幼儿喜爱的猜谜引出,幼儿在理解谜面的同时对地球的特征有初步的感知。视频中的内容丰富,形象直观,促使幼儿从视觉、听觉等不同角度形象地感知地球知识。同时,也让幼儿深刻地感受到保护地球的重要性。环节设计合理,问题的设计由浅入深,最后环节以地球妈妈为什么病了展开,让幼儿自主地思考、讨论、搜寻答案。在这一环节中幼儿合作意识有很好的体现,整个活动课堂气氛十分活跃,幼儿参与积极性高,整个环节由易到难,层层深入,达到了较好的效果。

[案例评析]

刘宇杰的这节"地球的故事",准备非常充分而精心,视频材料中有不少动画,幼儿比较喜欢。通过视频的观看,初步了解了地球的形成和四季的形成。通过鸭蛋的解剖来模拟地球的内部结构,初步了解地球的构造。通过对地球仪的观察了解各国在地球仪上图形和位置,通过手电筒照射地球仪,模拟白天和晚上的形成。活动的内容非常丰富,调动了幼儿的积极性。

不足之处:(1)教学内容有点多,幼儿实际操作和交流的时间必然减少,重点就不够突出。这节课涉及的知识点非常多:地球的形成、地球的内部构造、地球的自转和公转、地球和太阳的关系以及四季的形成;地轴、赤道等概念;地图上的国家位置和图形特点;环境保护等。一节课的内容不宜太多。地球的形成可以不讲,如果一定要讲,只需要讲一下太阳和地球都是在自身引力作用下由气体边旋转边收缩而形成的。视频中涉及太多的专业知识和词汇,幼儿不太容易理解。类似地,关于四季的形成,视频材料也太复杂,建议不讲,如果一定要讲,要重新设计教学过程。幼儿阶段,对几个物体之间的复杂关系难以理解。科学教育的四项原则中,内容恰当非常重要。

(2)一节课的重点通常只能有一个,不能太多。建议这节课以观察地球仪为重点,分组记录观察的结果,顺便介绍地球仪上的地轴、赤道、陆地、海洋;了解地球上有几大洲,几大洋,主要的大国在哪里,中国地图的形状等。然后介绍一下环保方面的知识。当然,如果时间允许,也可以用手电筒模拟白天和黑夜的形成。

第四节　科技产品与小·制作典型案例解析

案例18　现代科技"荧光笔与紫外线"

● 活动目标

1. 知道有些材料只有在紫外线的照射下才会显现出来。

2. 让幼儿运动起来,参与到游戏中。

● 活动准备

1. 材料准备:荧光笔、紫外线灯、魔幻彩蛋以及拼图。

2. 搭建活动场景:分组,每组一份拼图,用荧光笔在每片拼图上做上标记,背面标上组号,每组再准备一些无效拼图,并将拼图全都打乱放在教室各处。

● 活动过程

1. 教师布置任务：

(1) 在教室各处找到自己小组的拼图。

(2) 找到拼图后到教师处进行验证，检验是否为有效的拼图。

(3) 拼图找齐后进行拼图，完成任务。

2. 幼儿进行拼图游戏，比一比哪组完成得最快。

● 教师指导建议

1. 游戏中注意幼儿安全。

2. 拼图可以自制，选择幼儿的画作进行拼图。

● 制作科学小知识

荧光笔内含有荧光物质，荧光物质受到紫外线的照射会发光。

图 3-1 "荧光笔与紫外线"实验图

[案例评析]

这节课，通过拼图游戏，让幼儿了解荧光笔和紫外线的性质特点。极大地激发了幼儿的兴趣，动手又动脑，这点很好。

不足之处：重点不够突出。这节课的重点应当放在荧光物质和紫外线的特点上。拼图游戏仅仅是一种手段，而不是目的，更不是重点。建议采用课件和实验相结合的方法，让幼儿亲自感受荧光物质在普通光照射下不发光、不显现，而在紫外线照射下，能发光或显现。

此外，可以适当介绍一下它的应用。例如，给每个组发一张一百元或者五十元的人民币，在紫外线照射下，里面原本看不出的字能够显现出来，这就是防伪作用。结束后回收交给老师。当然，如果紫外线灯数量少，或为安全起见，老师演示一下也可以。

案例 19　大班科学活动"房子里的高科技"

● 活动目标

1. 通过活动认识一些生活中的高科技产品，知道它们的特别功能。

2. 通过自主设计的游戏活动，激发科学想象力和创新能力。

3. 激发对高科技产品的关注兴趣和从小爱科学的热情。

● 活动准备

1. 可视门铃图片、指纹锁。

2. 小兔家房间图。

● 活动过程

一、设置情景，引发幼儿对高科技产品的关注

1. 出示一张可视门铃的图片。

提问：这是什么？它和我们家里平常的门铃有什么不一样？人们怎么会想到要发明这样的门铃？

2. 出示一张指纹锁。

提问：这又是什么？怎么这个锁没有插钥匙的锁孔？你知道它有什么特别的地方？为什么要利用指纹锁？

（它不用钥匙，很方便，而且提高了安全性）

二、通过故事情景，引发幼儿对日常生活中问题的想象和思考

1. 出示一张简陋的房间图。

提问：小兔搬新房子了，看，这是小兔家的房子，这个房子里有什么？（桌、椅等家具）

小兔在新房子里生活，很多地方都不方便，小朋友，你们有什么好办法帮助他？

2. 教师讲解情景，感知日常生活中的难题。

（1）洗碗太累了，先要用洗洁精，然后再冲洗，再消毒，真麻烦。

（2）家里的脏衣服真多，小兔每天都要洗衣服真累。

（3）电脑太大占地方怎么办？能一直带在身边吗？

（4）上班回来好累呀，真想一到家，就能马上洗个热水澡，怎么办？

（5）夏天房子里太热，冬天太冷，怎么办？

3. 请小朋友想办法，帮小兔解决生活中的困难。

三、阅读幼儿用书，感知各种各样的家用电器

1. 看图认识各种高科技家电产品，说出它们的名称和用途。

2. 小结：高科技产品给我们的生活带来了很多的方便和快捷，每一种产品都有自己特殊的功能。我们小朋友好好学习，长大了也要发明许多高科技产品，给我们带来更多的快乐，好吗？

● 延伸活动

调查：我家的高科技产品。

[案例评析]

"房子里的高科技"这节课，分为三步：首先是介绍两种不太常见的高科技产品——可视门铃和指纹锁，来激发幼儿的兴趣；其次是通过故事情景，引发幼儿思考并解决日常生活中的一些问题；最后是通过阅读幼儿图书，了解各种家用电器。这样的安排能够培养幼儿的观察能力、想象力和语言表达能力，值得借鉴。

几点建议：（1）在信息时代，多媒体已经广泛应用于教学和科研，如果仅仅出示一些图片，效果一般。如果能找一些视频材料或课件，让幼儿观看可视门铃和指纹锁的操作过程，直观具体，效果会更好。单纯看图片，幼儿不知道究竟如何操作，对高科技产品的神奇之处也没有很深的感受。

（2）科学课不是语言课或艺术课，文学艺术可以夸张，可以拟人化，甚至可以把无生命的东西比如太阳、月亮等也看作人，但科学课不行。科学活动课强调科学。在科学课里，不宜采用拟人化的手段，"拟人"和科学探究的目的是背道而驰的。因此，第二步设计小兔子搬新家的故事不太好，不如直接讲"小明"或者"小张"搬了新家，然后引出同样的问题，这样比较好。科学的启蒙教育，其最重要的一点就是要让幼儿明白：科学重证据，重事实。

此外，各种家用电器的名称和用途，也可以采用多媒体来呈现，这样可以让幼儿看得更清楚。

案例 20 大班科学活动"快乐不倒翁"

● 活动目标

1. 了解、感知不倒翁不倒的秘密，激发探索兴趣。

2. 学习根据自己了解的原理，动手制作不倒翁。

3. 在实践活动中培养幼儿观察比较，动手操作及发现问题的能力。

● 活动重点和难点

重点：了解、感知不倒翁不倒的秘密，激发探索兴趣。难点：学习根据自己了解的原理，动手制作不倒翁,在实践活动中培养幼儿观察比较,动手操作及发现问题的能力。

● 活动准备

不倒翁数个,木板、锥体等物体若干。

● 活动过程

一、出示不倒翁,引发幼儿的好奇心、兴趣

教师:这是什么?(不倒翁)你知道它的名字是怎么得来的吗?

教师小结:因为不倒翁放好后,怎么摇动都不会倒下来!

二、幼儿观察不倒翁,找出它不倒的原因

1. 教师摇动不倒翁,幼儿观察。

教师:请你再次观察一下不倒翁,找找它为什么能摇摆却不倒的原因。不倒翁为什么怎么推它也不倒下?

2. 幼儿分组,带着问题去操作、探索和发现不倒翁不倒的原因。教师巡回观察。

3. 集体活动环节,了解不倒翁的外形特征。

教师:它的底部是什么样子?它的顶部是什么样子?它的上端和下端在操作过程中你发现了什么?

教师:不倒翁为什么不倒?

教师小结:不倒翁不倒的原因:(1)它的身体上重下轻,底部有一块较重的铁块;(2)底面面积较大并且圆滑,向一边倾斜时,重力的作用使它摇摆起来。

三、探索重心、物体底面面积的大小与稳定性之间的简单道理

(1)幼儿分组操作木板、锥体,让操作物体站立。(2)过程中,教师和幼儿共同用不同的方法让物体站立,寻找发现物体稳定性与物体的什么特征有关系。锥体为什么锥部在下时,它站立不起来?(3)操作不倒翁,让它左右大摇大摆,发现重心与重力作用之间的简单的关系。

教师小结:通过木板的站立的不同方式,发现底面面积越大,物体越稳定。通过操作不倒翁,当不倒翁倒向左边时,重心和重力作用线在接触点的右边,反之相同。不倒翁倾斜的程度越大,重力产生的作用就越大,摆动就越大。

四、幼儿边玩不倒翁边念儿歌边动作结束

教师:老师还编了一首好听的儿歌:不倒翁,真好玩,样子长得也独特;头儿小来,脚儿大,头儿轻来,脚儿重;左推它不倒,右摇它不倒;倾斜得越大,摆动得越大;往左倒,重心和重力作用线(接触点)在右边;往右倒,重心和重力作用线(接触点)在左边;摇摇摇,摆摆摆,不倒翁是我的好玩伴。

[案例评析]

这节课的目标有三个,包含了教育的三维目标:知识与技能、过程与方法、情感与态度;有兴趣和能力的培养,有原理的探究和动手制作,应该说比较好。实际的活动中有四个步骤:引入课题→探究不倒翁不倒的原因→研究稳定程度与哪些因素有关→儿歌结束。活动过程没有制作不倒翁,说明教学目标和实际的教学内容不太吻合。

这节课的优点,通过实验得出稳定程度与哪些因素有关,通过观察探究不倒翁不倒的原因,这些都很好。但是,这节课存在许多严重的科学性错误。

存在的问题:(1)实验的次序颠倒。研究影响物体的稳定程度这个实验,应当放在探究不倒翁不倒的原因之前。(2)目标和内容不吻合,动手制作不倒翁是这节课的重点,但是,实际活动中没有。(3)科学性错误很多。如第二部分,教师小结不倒翁不倒的原因时说:①它的身体上重下轻,底部有一块较重的铁块。应该是上轻下重,这可能是笔误。②底面面积较大并且圆滑,向一边倾斜时,重力的作用使它摇摆起来。

这个说法大错。不倒翁的下部是一个半球形或类似半球形的物体,它和桌面只有一个接触点,接触面积近似为零,不是面积很大而是面积小到极点。此外,光滑与否和不倒翁不会倒没有任何关系,即使粗糙也没有关系。

第三部分,老师在小结物体的稳定程度与哪些因素有关时不完整,物体的稳度与重心和支撑面有关,重心越低,支撑面越大越稳定(接触面和支撑面不同,桌子的实际接触面很小但是支撑面很大,仍然可以很稳定,讲支撑面比较科学)。还有"反之相同",这样讲也不好,应该说:向右偏,重力作用线在接触点的左边。

最后的儿歌小结部分,应改成"头儿小来脚儿尖"而不是脚儿大。往左倒,重心和重力作用线(接触点)在右边;往右倒,重心和重力作用线(接触点)在左边,这个说法是错误的。应该改成:往左倒,重心和重力作用线在接触点的右边,往右倒,重心和重力作用线在接触点的左边。

事实上,不倒翁不倒的原因可以用四个字来概括,即"升高一点"。"升高"即偏离后重心升高(重力的作用总是要使物体的重心下降到最低的位置,即原来的平衡位置,所以它必然能使不倒翁自动回摆),"一点"即它和桌面只有一个接触点(这样它可以向任何方向随意摆动)。

不倒翁因为和桌面的接触面积近似为零,所以它极不稳定,但是,因为它的重心很低,偏离后重心总是升高,所以它总能自动回复原状,所以它又极其稳定,因此,它是最不稳定和最稳定的矛盾统一体。

附1　制作不倒翁小鸟

不倒翁小鸟制作材料:鸡蛋、毛线、双面胶、沙子、剪刀、假眼睛、彩纸、彩笔。

步骤:

第一步,把一只鸡蛋顶部磕一个小洞,小心地掏出里面的蛋清、蛋黄。

第二步,往空蛋壳里装入适量的沙子,约占鸡蛋体积的1/3。

图3-2　第一步

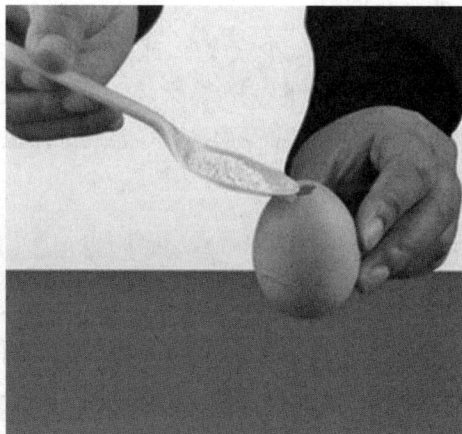

图3-3　第二步

第三步,用双面胶在蛋壳上缠两圈,别忘了把小洞堵住。

第四步,来一圈一圈缠毛线吧。

第五步,在彩纸上画出小鸟翅膀和嘴巴的图案,用剪刀剪下来。

第六步,给这只小鸟贴上眼睛、嘴巴和翅膀。小鸟不倒翁就做好啦!

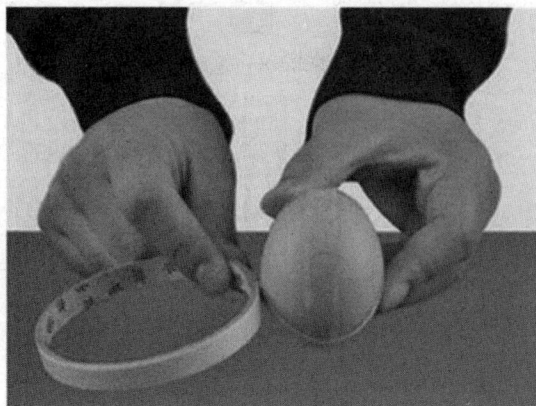

图3-4　第三步

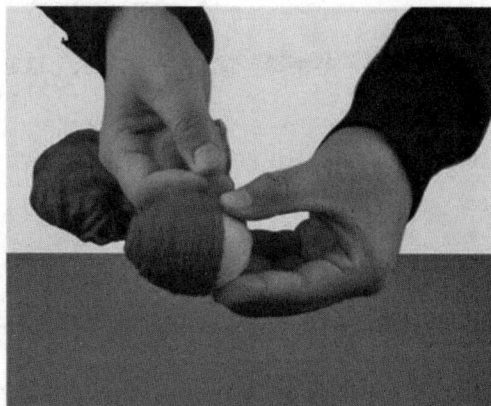

图3-5　第四步

图3-6 第五步

图3-7 第六步

不倒翁制作的通用步骤和注意事项：

步骤：

1. 选择合适的外壳并且适当清理。

2. 选择合适的填充物注入外壳的内部并内外粘牢,注意注入的量一般不高于外壳的1/3,且要对称,先少后多。

3. 选择合适的装饰材料在外壳的上部进行装饰、美化。

失败的可能原因：

1. 注入的填充物太少或太多,或装饰物体太高太重,导致重心很高,重心不够低;容易倾倒。注意填充物太多、太少都会导致重心升高,太轻了重心就无法降低,从而导致失败。

2. 注入的重物或装饰物不对称,导致身体歪斜。

附2 平衡的种类

平衡有三种：稳定平衡、不稳定平衡、随遇平衡。偏离后重心升高,为稳定平衡;偏离后重心下降,为不稳定平衡;偏离后重心不变,为随遇平衡。每一种平衡又有两种情况：一种是物体本身没有一点是固定的,整个物体都可以移动。第二种是物体上有一点是固定的(这一点叫做支点),其重心也有三种变化情况(偏离后升高、降低和不变)。不倒翁属于稳定平衡。

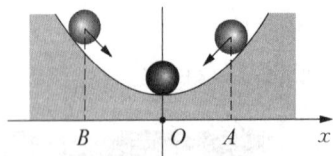

图3-8 偏离后重心升高,为稳定平衡

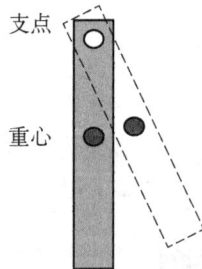

图3-9 稳定平衡

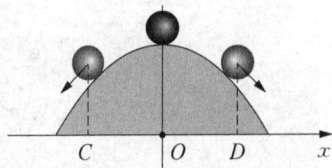

图3-10 偏离后重心下降,为不稳定平衡

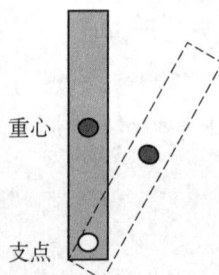

图3-11 不稳定平衡

图 3-12　偏离后重心不变,为随遇平衡　　　　图 3-13　随遇平衡

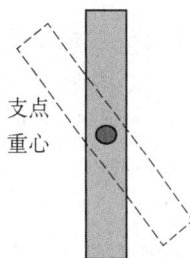

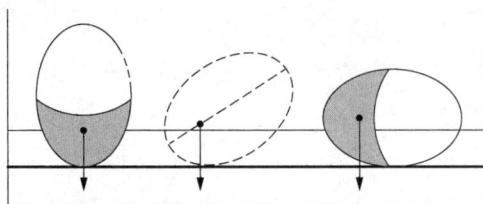

图 3-14　不倒翁偏离后重心升高,所以为稳定平衡。

思考题

1. 从附录二中挑选一个你喜欢的案例,或者从网上下载一个幼儿科学教育活动案例,对它进行评析。评析时可以参考科学教育的四项原则、五项十字教学、六性评价标准进行,也可以直接指出它的优点和缺点。

2. 从 20 个典型案例中,挑选一个你喜欢的案例,并根据执教者的反思和专家的评析,对原来的教案进行必要的修改,修改处用红色字体表示(教案必须完整)。必要时,可以在后面做一个案例修改的说明(为什么要这么改)。

3. 从附录三中挑选一个你喜欢的小实验,或者从其他书上摘录或网上下载一个你喜欢的幼儿科学小实验,以它为基础,按照典型案例或附录二中的优秀教案的流程或格式,自己撰写一个幼儿科学活动教案(注意教案中一定要有互动环节,不能纯粹是实验过程)。

阅读材料3

数学和自然科学的异同

一、数学概论

1. **数学的研究对象**

有关数学的研究对象,一些《幼儿科学教育》教材中是这样讲的:"数学是研究现实世界的空间形式和数量关系的一门科学。"有些数学教科书或百科全书也是这样讲的,这种说法是不妥的。事实上,数学不仅研究现实世界中存在的事物,也研究现实世界中不存在的事物,比如 n 维($n>3$)空间中的椭球体等。

德国数学家希尔伯特认为"数学的研究对象只是符号以及跟它们的实际意义不相关的运算法则",此话有一定的道理,当然也不是完全正确。

从最一般的角度来看,正如希尔伯特所说,数学研究的是一些抽象的概念(可用一些语词或符号来表示)以及它们的相互关系和运算法则。抽象概念大体上可以分为两类:一类是定性的概念,比如"空集""无穷大"等等,我们没有必要或没有办法对它们进行量度。如你不能问,"空集""无穷大"到底有多大?这些抽象的概念既不是数,也不是量,也没有什么形,只能笼统地称之为"定性概念"。

另一类为可以进行比较或量度的"定量概念"，也就是大家熟知的"数、量、形"。数决定事物的多少，量决定事物的大小（范围），形决定事物的结构。如说有一筐苹果，首先要问：有几只？其次要问：每个有多大？再次要问：它是什么形状？

由此可见，数学是研究数、量、形、定性概念及其相互关系和运算法则的科学。这句话包含三层含义，也是数学的三大任务：一是研究"数、量、形、定性概念"的性质特点；二是研究它们的相互关系；三是研究它们的运算法则。图3-15中有六条线，表示数学研究的四个对象之间的六种关系，其中大家熟知的是数和形的关系，而数和量的关系更为密切，很多人干脆把它们合起来称之为"数量"。实际上，数和量还是有区别的。

除了这六种关系之外，还有四种自身的关系，即定性概念和概念之间、量和量之间、数和数之间、形和形之间的关系。这样总共就有十种关系。

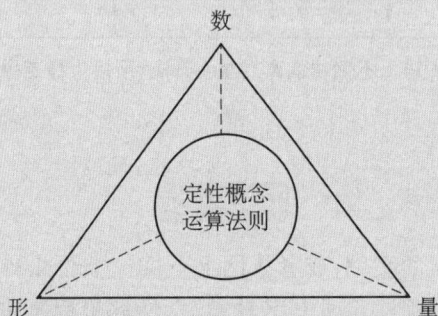

图3-15　数学的研究对象

数学的核心任务是制定运算法则（如代数中的四则运算法则）。注意，关系和法则不完全相同，"A在B的上方"，这是一种关系而不是法则。"法则"本身既不是"数"，又不是"量"，也无"形"（和定性概念相似），但它在数学中处于中心地位，起着统帅作用。正因为如此，才把它和定性概念一起放在三角形的中心位置。

2. 数学研究对象的具体含义

（1）数

什么叫"数"，这个问题看似简单，回答起来并不容易。迄今为止，并没有统一的答案。我们可以简单地回答："数是用来表示事物属性的一串抽象符号。"数有两个最基本的特性：抽象意义上的绝对确定性和具体意义上的完全不确定性。

比如说1，在数学或抽象意义上，它是绝对确定的，1就是1，2就是2，它们是绝对不同的。但在具体的意义上，1可以代表完全不同的东西。它可以表示一只苹果，也可以表示一个人或一个地球。"1"所表示的事物，其大小形状和内涵可以完全不同，但有一个共同点，即它们都是"自然的、独立的、有机的整体"。比如说一条鱼，一台电视机，一颗恒星，它们都有这样的特性：把鱼分成两半，鱼就会死；把一台电视机劈成两半，它就不能工作了；把恒星分成两半，恒星就不再稳定地发光发热了。总之，一旦失去了"自然的、独立的、有机整体"这个特性，也就不再是"1"了。

数和数字是不同的，十进制中，数字只有十个：0、1、2、3、4、5、6、7、8、9，但数有无穷多个。比如359，它是由三个数字3、5、9组成的一个三位数。二进制中数字只有两个：0、1，数有无穷多个。100在十进制中表示一百，在二进制中表示四。因此，我们说数不过是一串（有意义的）抽象符号而已（因为它能表示事物的属性，所以有意义）。

数有超复数（复数概念的推广）→复数（二维平面上的一点）→虚数、实数（一维坐标轴上的一点）→有理数（两个整数之比）、无理数（非整数之比）→分数、整数→正整数、零、负整数，等等。代数，特别是数论，主要研究数的性质和数与数之间的关系。

（2）量

什么叫"量"？量是事物的一种属性或特征的确定性量度。"量"和"数"看起来似乎相反，它有两个基本特性：具体意义上的绝对确定性和表示方法（或抽象意义）上的多样性（不确定性）。简单地说，确定和可量度就是"量"的两个基本特性。有人说，"数"是随意的、主观的，"量"是确定的，客观的，此话有些道理，但不准确。

衡量一个人的指标有身高、体重等，这些都是"量"，力学中有三个最重要的物理量：长度（空间）、时间（间隔）、质量（物质），它们表示事物的三个最重要的属性或状态特征。对于一个确定的物体而言，它的体积、质量都是确定的，不以人的意志为转移，但用什么样的一串符号（数）来表示，却是可以人为选择的（带有一定的主观性）。

比如你的身高，不论你量度还是不量度，也不论你用什么样的符号（数）来表示，它总是确定的（在一个确定的时刻）。我们可以用 177.8（cm）来表示，也可以用 1.778（m）来表示，也可以用 70（英寸）来表示（1 英寸＝2.54 cm）。这就是"量"同而"数"不同的例子。"数"同而"量"不同的例子更多，一只苹果，可以大，可以小，它们的体积和质量等"量"可以完全不同。但是，一旦我们统一了量度的方法和单位，数和量也就获得了统一，它们之间可以建立起一一对应的关系。比如我们选定厘米作为单位来量度人的身高，那么某人的身高是 170 cm，还是 160 cm，还是其他值，是完全确定的，不以人的意志为转移。

有"数"无"量"是空洞的（或者说是抽象的，我们不知道这个数究竟表示什么），有"量"无"数"是模糊的（某人的身高不去量度，没有数据，很难和其他人进行比较，也不知道自己的身高如何随着年龄的增长而变化）。有"数"有"量"才是清晰而实在的。

研究量与量之间的关系，也就是所谓的"函数"，通常用 $y = f(x)$ 表示，其中的 x 为自变量，y 为因变量。

量的分类：从变化与否来分，可以分为常量和变量。从形式和遵循的规则来分可以分为：标量、矢量、张量和非张量。像体积、质量等物理量，可以用一个数来表示，这些量叫做标量（满足代数法则：$1+1=2$），而像力、速度等量，要用一组数（三个数）来表示，它们既有大小又有方向，满足平行四边形法则，叫做矢量。像"应力"这样的物理量，要用三组数（每组三个数），总共有 $3×3＝9$ 个数来表示，我们把它叫做张量（它满足所谓的张量运算法则），它可以排成三行三列，成为 9 个数的阵列（方阵）。高阶高维张量有很多"数"。

张量、矢量和标量的关系，有点像复数、实数和整数的关系一样。矢量可以看作特殊的张量（一阶张量），标量可以看做特殊的矢量（矢量在某个轴上的投影长度）。正像实数是特殊的复数，整数是特殊的实数一样。但是，因为张量、矢量和标量的运算规则不同，所以一般我们仍然把它们区分开来。正如不能把复数、实数和整数划等号一样。

非张量即不是张量，它不满足张量的运算法则，而满足其他的运算法则。比如 m 行 n 列的矩阵（$m \neq n$），它也可以表示事物的某个属性，也可以说是一个"量"。

既然"量"是确定性的量度，那么，总是可以用一些数组或有一定结构，满足特定运算法则的数的集合来表示，因此，数和量是外表和内涵的关系。"数"是"量"的"外衣"，"量"是"数"的实体。

（3）形

形即形状，在几何学的四个基本概念"点、线、面、体"中，除了"点"没有形状之外，其他都有。各种不同的物体有不同的外形，各种平面图形（三角形、长方形、梯形等）也有自己的形状，各种曲线形状也不同。形的概念最初来源于物体的外形，但数学上可以把它推广到 n 维空间（$n > 3$），比如 n 维空间的球或椭球等等，这是数学的伟大之处，它源于现实而又能够超越现实。但是，这种超越是一种合理的、符合逻辑的推广，与艺术的基本准则"源于生活而又高于生活"有所不同。艺术中的"高于生活"可以随意想象，而数学中的"超越现实"却并不能随意想象，它必须符合人类的逻辑。

（4）定性概念和运算规则

从广义上讲，数、量、形也是概念，因此，说数学是研究概念的科学，这也没有错。爱因斯坦曾经说过"科学，从某种意义上讲，是一种概念游戏"，此话有一定道理。

既然是"概念游戏"，那么，首先要引入一些概念。数学中有一部分内容，如数理逻辑，是研究这种抽象的定性概念的一些性质和规律。当然，更多的是研究定量概念。如研究"数"的代数，研究"形"的几何，研究"量"（和量之间关系）的"函数"等。有了概念之后，研究它们的相互关系，并制定一些游戏规则（运算法则）就显得十分重要。

要注意的是，定性概念和运算规则虽然本身不是"数、量、形"，但是它们之间不等于没有关系，事实上，它们和"数、量、形"关系密切，在数学中起着统帅作用。

3. 数学的基本特点

在前面的阅读材料中，介绍了科学的四个基本特性（实证性、客观真理性、逻辑的严密性和理论的系统性、不断发展性和应用的广泛性），这主要是针对自然科学而言的。数学和自然科学有一些不同，后面的两个特性是完全一致的，而前两个特性是不同的。它的四个特性分别是：（1）概念的抽象性；（2）概念和规则的超现实性（合理创造性）；（3）逻辑的严密性和理论的系统性；（4）不断发展性和应用的广泛性。

二、数学和自然科学的区别

根据数学和自然科学的四个基本特点，就可以知道它们的区别。数学是抽象的，而自然科学是实在的，数学可以超越现实而自然科学不能超越现实，只能理解现实（世界）。

某种意义上，数学和艺术更为相似，它们都可以创造或超越，但数学的创造或超越必须是合理的，而艺术的创造和超越可以是自由的（相当程度上是不受限制的）。

数学的出发点和检验标准不同于自然科学。数学的出发点是抽象的概念和公理，最后的归宿点（检验标准）是逻辑上的严密性和合理性。数学上的许多结论，比如 n 维空间（$n > 3$）球体的体积公式，是无法用实践来检验的，只能用逻辑上的严密和合理性来检验。而自然科学的出发点是实验，最后的归宿点（检验标准）仍然是实验。自然科学具有实证性和客观真理性（与人的意志无关），而数学并不完全具有这样的特性（部分数学的结论是可以用实验来检验的）。

三、自然科学和数学的相似性

自然科学研究时间、空间、物质（能量）、运动这四者之间的相互关系。其两大支柱：相对论和量子力学，分别从连续的观点和分裂（连续中的分裂）的观点来研究这四者。狭义相对论偏重于研究时间—空间的关系；广义相对论则侧重于研究物质和时空的关系，而量子力学则偏重于研究物质和运动的关系。比较一下"数学的研究对象"图和"自然科学的研究对象"图（图 3-16），发现它们很相似。

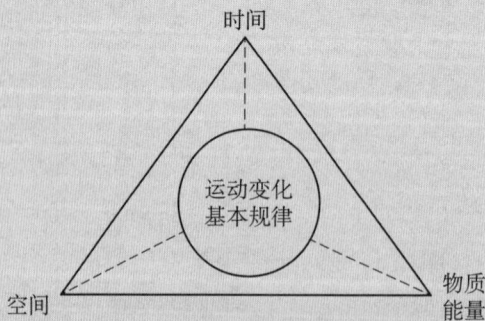

图 3-16　自然科学的研究对象

第四章

其他形式的幼儿科学教育活动

第一节　科学区域教育活动

　　幼儿的科学是一种亲身经历体验、自主探究发现的科学,集体科学教育活动是幼儿园科学教育的一部分,科学区域活动在幼儿一日活动中具有天时地利人和的特点,是幼儿科学教育不可忽视的重要组成部分。对科学区域的分类,有人按照幼儿班级活动的内容分成自然角、科学角与科学发现室、种植饲养角;也有人根据功能和规模的不同分成自然角、科学角及科学发现室;有人根据科学活动的相关性分成科学发现区、自然角和种植园。有人根据科学区域活动的场所,把幼儿园内的科学区域教育活动分成两种类型:一种是以班级为单位设立的科学区域教育活动,如自然角科学区域活动、科学区角教育活动;另一种是幼儿园全园共享型的科学区域教育活动,如幼儿园科学探究发现室教育活动、幼儿园种植与饲养教育活动、幼儿园气象角观察测量科学教育活动等。

　　本节主要介绍在幼儿园班级中典型、经常开展科学教育活动的自然角和科学活动区这两种科学区域教育活动。

一、自然角科学教育活动[①]

（一）自然角科学教育活动概述

　　自然角是在活动室内向阳的角落、廊沿,安放一张桌子或设置一个分层木架,将一些适于在室内生长和照料的动植物,或收集来的非生物,有秩序地布置在上面的场所。自然角是大自然的一个缩影,可以使幼儿了解自然世界,建立对自然的兴趣,培养幼儿的观察能力和科学的学习态度。

　　自然角是幼儿学科学的一种重要而特殊的场所。它具有如下功能:

1. 自然角是幼儿认识自然界的一个窗口

　　自然角中摆放的物品,可以集中再现自然界中的某一类事物,如鱼缸、水草、美丽的小鱼,或各种各样的种子、树叶、粮食;也可以是孩子们收集来的各种"宝贝",如一只贝壳或卵石,或是种植孩子们喜欢的花草、蔬菜和奇异的植物,或是自然角图片及点评,它能给活动室带来大自然的气息,使孩子们感受到大自然的生机和活力,了解自然界的奥秘。

---

① 夏力. 学前儿童科学教育活动指导. 第 2 版. 上海: 复旦大学出版社,2012.

有人认为，自然角和种植园的核心价值是让幼儿了解和认识生物的基本特征。主要包括生命的多样性、生命体的特征、生命体的周期性以及生物间的相互依存及其对环境的依存。

2. 自然角能使幼儿萌发探究的欲望

幼儿在自然角中，不像在集体教学活动中那样要在教师的统一计划和指导下进行，他们随时都有观察、触摸和探索各种物品的机会，而且还可以对自然界中的对象进行长期系统的观察。因此，自然角这一富有教育意义的环境为幼儿提供了观察自然、认识自然与亲近实践的广阔空间，能使幼儿萌发探究欲望，增强探究精神，提高探究能力。

3. 自然角能增强幼儿对周围事物的责任感

幼儿每天和自然角中的物品相处，并且可以自由地接触和观察这些物品，在潜移默化中，幼儿会把自然角中种植的植物、饲养的小动物看成自己不可缺少的小伙伴，从而倍加关注和照顾，它们每一个细小的变化都会引起幼儿的注意，从而培养幼儿对事物的观察力和关爱自然、保护自然与生命的责任感。

（二）自然角科学教育活动的设计

1. 自然角的内容要具有丰富性

自然角中应设置丰富多样的内容，从而为幼儿在活动室内营造出"自然美景"。一般来讲，应安排如下基本内容：

（1）动物

自然角的动物应选择个体小、管理方便、无危险、便于喂养、幼儿感兴趣而且便于幼儿观察的种类。最好随季节的变化经常更换种类，使幼儿能够接触到更多的小动物。

例如，可以是美丽的热带鱼类，可爱的小乌龟，漂亮的小鸟，外形特征变化明显的小蝌蚪，也可以是小泥鳅、小蚯蚓、小蚂蚁、小蜗牛、春蚕等小动物。

（2）植物

自然角种植的植物应该是既可以美化环境，陶冶情操，又是幼儿十分喜爱的种类，自然角放置的植物以适宜盆栽的品种为主，不宜过分高大，宜选颜色鲜艳美观、生命力顽强，具有较高观赏价值的常见植物，而且应该无毒、无刺，不会对幼儿产生不良影响。

一般常用的植物品种有以下几类：

常见的供观花的植物，如石竹、金盏菊、一串红、菊花、水仙、风信子等。

常见的供观叶的植物，如滴水观音、吊兰、文竹、含羞草、天门冬、紫背兰等。

常见的供观果的植物，如金橘、石榴、佛手、盆栽葡萄等。

除盆栽植物外，还可以选择各种各样的种子、水果。幼儿自己用废弃的盒子，种植的花生、豆芽、萝卜、青菜、葱、蒜等都可以放置在自然角中。

（3）非生物及工具

自然界中除了有生命活力的生物，还有许许多多的非生物和生物标本之类的东西，它们共同构成了美丽的大自然。所以作为"大自然缩影"的自然角内还可以适当放置一些非生物，如泥土、沙、石头、贝壳等，也可以放一些植物的种子、各种动植物的标本等。此外，还应提供一些可以供幼儿在自然角内进行观察和劳动的工具，如放大镜、小水杯、小水壶、扫帚、簸箕、抹布等，便于幼儿对自然角进行观察、管理与清洁。

（4）学习档案

教师还应该为每组幼儿准备一本"学习档案"，挂在自然角内便于幼儿取放的地方，以帮助幼儿用自己的方式进行记录和探索思考他们在自然角中获得的知识经验，如采用图画、符号等记录方式。

记录的内容包括观察到的自然现象和动植物生长过程等。如四季更替、天气变化、小草发芽、小花开放、蔬菜丰收等自然界现象，并记下日期。如此便形成了形象生动的图画记录，如"小蝌蚪变青蛙的过程""蒜苗的生长过程""三月份天气变化情况"等。

学习档案可以帮助幼儿学习记录、统计的方法，以培养其责任感和毅力，还能激励幼儿思考自己的学习，使其在事物变化现象与个人知识经验之间建立强有力的联系。

(5) 自然角活动安排

自然角是科学区域活动的一种常见形式,应充分利用其经常性与便利性的特点,发挥非正规科学教育的作用,这就需要宏观上合理的规划和设计各学期各年龄段自然角的科学教育活动。微观上,针对自然角开展的具体的科学教育活动,教师需要预先设计活动名称、活动目标、材料准备、操作要求、活动过程规划、提问、探索、分享与交流等一系列过程。同时,在自然角中可以采用卡片标记问题或流程的方式引导幼儿自主进行深入探索。

2. 自然角中物品的种类要体现儿童的年龄特征

小班幼儿观察力较弱,应以观察具有明显特征的物体为主。例如:

动物可提供兔子、乌龟、大蜗牛、鱼等特征明显的动物;体大且色彩鲜艳的蝴蝶、蜻蜓等标本。

水果可以提供生活中常见的苹果、梨、香蕉等水果。

植物可以提供金橘、含羞草等极富特点的植物。

中班幼儿观察力和思维能力都有所提高,在尽可能保证物品完整性的同时,可提供一些外观上具有相似之处的物品,并注意其多样性的特点,以发展幼儿的求异思维和比较能力。

例如,可提供金鱼、鲫鱼、草鱼等多种不同特征的鱼供幼儿比较异同,以发展幼儿的观察、对比和辨别能力。

大班幼儿好奇心强、求知欲旺盛、独立活动能力强,可以提供能引起他们深入研究或细致观察的物品。

例如,引导大班幼儿观察常青树或落叶树,深入探究其生长条件和特性;饲养小蝌蚪、蚕、蚯蚓等小动物,对小蝌蚪变青蛙的过程进行长期观察与记录;发现蚕宝宝吃了什么颜色的食物,身体会变成哪种颜色;了解蚯蚓身体的再生功能等。

3. 自然角的变化要体现季节性

自然角是大自然的一个"微缩"景观,必须适应和反映季节变化。教师应针对幼儿发展的实际,结合四季的变化,精心制定自然角科学教育计划,发动幼儿及家长认真选择自然物品、根据季节相对集中的布置一些内容,让幼儿获得丰富多样的科学经验、深入的科学探究机会,以发展孩子的科学兴趣。

例如,春天是生机勃勃的季节,教师、幼儿、家长可以共同为幼儿投放各种各样的鲜花;还可以与孩子一起播下种子,观察种子的发芽和生长过程;可以饲养可爱的小蝌蚪,引导孩子观察小蝌蚪变青蛙的过程。

秋天是硕果累累的季节,教师、幼儿、家长可以共同投放各种植物的果实,如石榴、柑橘、柿子、梨、苹果等应季水果,供幼儿观察、比较与探索。

总之,幼儿园自然角不能放任自流,仅当成美化环境的一个部分。自然角的设计要考虑内容的丰富性,符合幼儿的认知水平,激发幼儿的探索兴趣,特别要遵循季节变化的规律,同时还要与教育活动相配合,与集体科学教育活动形成有机的联系。在创设自然角的时候,教师应征求和听取幼儿的意见和建议,充分考虑幼儿的兴趣爱好。在开展自然角科学教育活动中,应遵循科学教育活动设计的一般规律与要求,进行活动整个过程的设计,以达成自然角可持续教育活动的目标。

(三) 自然角科学活动案例、计划及相关链接[①]

1. 自然角活动实例

(1) 种子发芽探索活动

在比较温暖的天气(15～25℃),取大豆种子浸泡在水中至膨胀,分别放在三个不同的容器中,其中:①将一组大豆种子放在盘中,上面盖上棉花或吸水纸,保持湿润;②取较深的容器放满水,将第二组大豆种子浸泡在水中;③将第三组种子放在干燥的容器中。这三个容器,让幼儿每天观察并记录,最后的结果是只有第一个容器中的种子能发芽。实验结果说明,要使种子发芽必须同时满足三个条件:适宜的温度、足够的水分、充足的空气。第二组种子因缺少空气不能发芽,第三组种子因缺少水分不能发芽。

---

① 郦燕君. 学前儿童科学教育. 第2版. 北京: 高等教育出版社,2014.

（2）制作昆虫标本

将捕捉到的死去的昆虫用大头针钉在泡沫塑料板上制成标本，或固定在纸盒上撒些樟脑粉末，然后用塑料膜封上口，制成昆虫标本盒。将制成的各种昆虫标本摆放在自然角，写上标本名称，再将介绍昆虫的图片、图书收集在一起，供幼儿观察对比认识各种昆虫的特征，也可以结合教学活动，让幼儿学会区分害虫和益虫，并知道保护益虫的知识。

2. 中班(上)自然角科学教育活动计划

本自然角活动与集体科学活动进行统整，与幼儿园主题墙、自然角墙饰整合，全方位立体式创建自然角科学教育活动，使这些活动相互关联、相互补充，逐步深化儿童的科学关键经验。具体安排如表4-1。

表4-1　中班(上)自然角科学教育活动计划案例

月份	科学活动	墙饰设计	自然角展示材料	自然角活动
9月	认识牵牛花 认识葡萄 认识丝瓜 吹泡泡	会爬的叶子 （幼儿贴画、牵牛花、葡萄、丝瓜）	牵牛花 葡萄藤 丝瓜与丝瓜筋	记录牵牛花的生长 记录品尝葡萄的味觉 丝瓜筋造型
10月	好玩的沙 土壤里有什么 认识花生 观察蚂蚁	沙子的用处 （图片、建筑物、沙坑）	各种颜色的沙 各种土壤 花生 蚂蚁	沙子游戏 观察土壤、蚂蚁的实验
11月	认识石榴 各种各样的石头 认识柿子 各种各样的梨	果实的世界 （图片）	石榴 雨花石 柿子 梨	观察石榴 比较各种梨的不同形状
12月	梧桐雨泡桐 认识菊花 种蚕豆 斜坡的作用	树叶的变化 （树叶拼贴画）	菊花 蚕豆种子	观察菊花 测量豆苗生长

3. 开花植物的叶子原来有这么多种

一天上午，中班的气氛热烈，老师与幼儿正在讨论怎样重新摆放自然角的植物，有的幼儿说："把开花的和不开花的分开摆放。"有些幼儿提议："把高的和矮的分开摆。"还有的提议："按大叶子和小叶子分开摆。"也有人说："按叶子的形状摆放最好。"经过充分讨论与协商，大家一致同意先按叶子形状进行分类。

只见有的幼儿搬圆形叶子的花，有的挑长形叶子的花，还有的搬着花不知摆在哪里。"老师，这盆花的叶子边上有许多一样的缺口，摆在哪儿呢？""我这盆花的叶子上有大豁口和小豁口，咱俩的先放在一起吧！"经过一次次的分析和讨论，最终把花叶子分成圆形、长形、锯齿花边和其他四大类。幼儿还发现圆形叶子中，有大圆、小圆，有厚、有薄；长形叶子中有的宽、有的窄，有的是绿色的、有的是红色的。经过仔细比较，幼儿发现每种花的植物叶子都不一样，他们惊叹道："开花植物的叶子原来有这么多种啊！"这是他们原来从来没有注意到的。通过这次偶发的自然角科学教育活动，就地取材，激发了幼儿进行观察、分类与思考的潜能。

二、"科学活动区"科学教育活动

（一）"科学活动区"科学教育活动概述

幼儿园的科学活动区按用途、场地及管理归属等的不同，可分为班级的科学活动区和全园共用的科学活动区。

班级科学活动区是指在班级的活动室内,划出一定的区域和角落,利用柜子、桌子等构成活动场地,向幼儿提供操作或制作材料的环境,让幼儿在其中进行操作、实验、探索等活动。班级科学活动区为幼儿提供了丰富的物质材料,能保证幼儿自由地、独立地选择各种材料进行操作活动,使幼儿有更多的亲身体验的机会。

全园共用的科学活动区,是指幼儿园专门为幼儿进行科学探究而建立的活动场所。它为培养幼儿科学兴趣和创新精神开辟了更广阔的空间。目前许多幼儿园都建有全园共用的专门的科学活动区,被称为"科学探索室"或"科学发现室"。

科学活动区是幼儿园开展非指导性学习活动的场所。在这类科学活动中,教师为幼儿提供各种科学活动的设备和丰富多样的结构性材料,幼儿可以根据自己的兴趣和意愿来选择活动内容,决定活动时间,并用自己的方法进行真正自主的科学探究活动。在科学活动区中,活动的形式由幼儿自己决定,可独自探索,可与小伙伴共同探索。在这种宽松、和谐的心理氛围中,幼儿的个性、合作精神和交往能力都将得到发展,所以科学活动区的科学教育活动对幼儿的科学学习具有特殊的作用。

(1)幼儿自主发起、自主进行

活动区域的活动主要是幼儿自己的活动、自己的游戏,不像某些活动那样明显地感受教育教学的因素,更不像主题活动和学科活动那样是教师设计和组织的。

活动区的活动也被称为自选活动,是幼儿自主发现、自主选择的活动,幼儿无须调动就有着"原始"的兴趣,幼儿的活动和学习会更加积极主动。

(2)能满足不同幼儿的兴趣、需要和水平

科学活动区是满足幼儿不同兴趣需要的理想场所。幼儿可以根据自己的兴趣和需要选择材料和操作方式,根据自己的经验和水平选择适合自己的科学学习进程。

(3)幼儿的交往更加活跃

科学活动区的活动多为小组活动,因此幼儿有更多的机会与同伴自由交往,为幼儿的社会性发展提供了极好的机会,可以发展幼儿的语言和交往能力。

(4)幼儿的操作机会更多

幼儿阶段的年龄特点注定幼儿更多通过操作来学习。活动区的教育价值主要是附着在区内的操作材料、情境及相应的活动之中,材料、情境和活动承载着教育功能,幼儿通过直接参与各种活动而获得多种直接经验。可以说,活动区的材料和活动形式非常符合幼儿阶段的学习特点,通过材料的操作,幼儿更容易获得内化的科学知识经验。

(二)科学活动区科学教育活动的设计

1. 科学活动区材料的类别

科学活动区中投放的材料应有助于幼儿接触科学技术成果,让幼儿初步了解一些自然科学现象和现代科技产品,激发幼儿动脑思考、动手操作,提升幼儿的科学素养。科学活动区投放的材料一般可以分成以下四类:

(1)观察阅读类

此类内容通过观察阅读的方式呈现。主要适用于那些无法提供实物让幼儿操作和实验,但对幼儿而言又是必要的科学经验。有以下几种:

① 模型:如地球仪、地图拼图、火箭模型、卫星模型。

② 挂图:如"神舟号"飞船、磁悬浮列车、美丽的四季景色、迷人的海底世界等。

③ 图书及音像资料:如《蓝猫淘气3000问》、科学知识类丛书《小雨滴去旅行》等。

(2)科学玩具类

① 购买的蕴含一定科学原理的成品玩具:如电动玩具、声控玩具、遥控玩具、磁性玩具等。

② 利用废旧物品自制的玩具：自制天平、自制小水车、自制摩天轮等。

（3）操作实验类

这类材料可供幼儿观察、实验、操作和探索，是幼儿最喜欢的一类材料，种类十分丰富，根据其所涉及的领域不同，可以划分为十类。

① 光：让幼儿了解光的反射和折射等作用的材料，如平面镜、凹面镜、放大镜、显微镜、三棱镜、万花筒、潜望镜等。

② 热：让幼儿感知发热材料或导热材料，如蜡烛、酒精灯、小铁棒、小勺等。

③ 电：让幼儿探索电路和各种用电器的材料，如电池、电线、小灯泡、小电珠、小电扇、小马达；以及涉及静电现象的一些材料，如毛皮、玻璃棒、丝绸、纸屑等。

④ 磁：让幼儿了解磁铁的相互吸引、相互排斥现象的材料，以及由磁力产生的悬浮和摇摆等现象的材料，如磁铁、铁钉、曲别针、磁飞镖、钓鱼等。

⑤ 声：让幼儿体验发声、传声、声控等作用的材料如风铃、音叉、传声筒、声控小鸟、声控娃娃等。

⑥ 力：让幼儿体验重力、弹力、浮力、惯性、力的传动作用等材料，如沙漏、液压计时器、斜坡、可滚动的各种物体、惯性船、惯性坦克等。

⑦ 空气：让幼儿了解空气的作用和风的形成及作用的材料，如气球、风筝、小风车等。

⑧ 水：了解水的特性、水的三态变化等现象的材料，如小杯子、底部有孔的容器、冻冰块的器皿、酒精灯等。

⑨ 化学：体验能否溶解的材料，如糖、盐、果珍、土、沙子、石头、水等；体验材料之间因相互作用或化学反应而产生变化的材料，如简单去锈、巧去墨迹、醋泡软蛋壳、醋泡软鱼刺等。

⑩ 天文和地理：观察星空、气候变化等现象并做记录的材料，如天文望远镜、观察记录册等。

（4）制作创造类

这类材料是幼儿进行科技小制作所必需的材料。用于各种制作创造活动必备通用的材料主要有：

安全护目镜；

工作裙或罩衣；

放大器械，如放大镜、手持透镜、三脚架；

取材料的工具，如勺子、滴管和镊子；

盛材料的容器，如碗、瓶子、杯子；

用来分类结合储存的容器，如纸质餐盘、鸡蛋盒、有盖子的塑料小瓶；

用来测量的非标准化工具，如天平、计数器、自制折尺等；

清洁工具，如抹布、海绵、纸巾、扫帚和垃圾桶等；

用来做标记或画图表的纸张等。

2. 科学活动区材料投放的原则

皮亚杰提出："儿童的智慧源于操作。"儿童是在对材料的操作、摆弄的过程中观察科学现象中的某种关系，是在材料的相互作用中了解事物的特性，并建构知识经验的。所以，在科学活动区的创设中，材料的提供与投放非常重要，应遵循以下原则：

（1）材料的丰富多样性

丰富多样的材料是幼儿自主探索学习的基础，是幼儿获得丰富科学经验的物质保证。例如，在探究"沉浮"的活动中，教师可以为幼儿在科学活动区提供铁块、木头、石头、泡沫塑料、胶泥、牙膏皮等材料，可以让幼儿了解什么是物体的沉与浮，又可以探究怎样使沉下去的物体浮上来，这样丰富多样的材料可以满足幼儿的不同需要。

（2）材料的新颖趣味性

新颖有趣的材料能够激发幼儿主动探究的愿望，他们能够在操作中感受材料的动感变化，会觉得有趣。例如，涉及孩子观看的动画片中的人物和物品的名称和类型，能够很好激发幼儿的学习与探索的兴趣。再例如,遥控飞机、智能机器人,这些最新颖的当代科技产品,能很好地激发幼儿科学探索的兴趣,教师可以及时地在科学活动区中进行更新和及时投放。

（3）材料的层次性

在科学活动区,教师应允许幼儿个体在操作同一份材料时所表现出来的速度、精确度差异,允许先操作完成的幼儿尝试进行更深层次的探索,这就要求为幼儿提供有层次的材料。

材料的层次性是指要为幼儿提供符合不同层次需要的材料,以便于不同水平的幼儿按照自己的需要进行选择。

例如,在"小灯泡亮起来"这项科学活动中的一组材料中,教师提供的层次性材料分别是这样的:第一层次材料,电线、电池、小灯泡。幼儿只需要用电线将电池的正负两极同时连接在灯泡上,小灯泡就亮了。第二层次材料,电线、灯泡、有绝缘皮的电池。幼儿发现两头有绝缘皮的电池无论如何也不能使小灯泡发光,必须去掉绝缘皮。第三层次材料,电线、小灯泡、电池、金属垫片、木质或塑料垫片。幼儿探究发现,在电池两端垫上金属片,一样可以使小灯泡发光,但如果垫上木片、塑料片等却不能让小灯泡发光。由此可见,这三个层次的操作材料难度是依次加大,幼儿可以根据自己的现有水平,在多层次的操作材料中,选择适合自己的层次进行操作,促进幼儿科学素养的不断发展。

（4）材料的结构性

所谓有结构的材料,是指材料在被使用时能揭示自然现象间的某种关系,或者说在材料投放时要将科学的原理蕴含在材料和对材料的探索之中。例如,教师为幼儿提供有关磁力的材料,如磁铁、铁片、木片、塑料、纸张、回形针等,幼儿通过操作活动,可以发现其中所蕴含的多种科学关系:磁铁能吸住铁片、回形针等,却不能吸住木片、塑料、纸张;磁铁能在不接触到铁片和回形针的情况下使它们运动;两块磁铁同极相斥、异极相吸等关系。这组材料就是具有低结构化的材料,幼儿通过操作与探索,能自主发现其中蕴含的科学现象和关系,获得初步的科学关键经验。

3. 科学活动区教育活动设计的原则

无论是活动室内科学活动区还是幼儿园全园共有的科学发现室,在设计科学教育活动的过程中具有十分相似的特点与要求。

（1）整体布置科学活动区

科学活动区应该整体上考虑活动区的布置。布局应该合理,充分利用室内空间,使每个幼儿便于操作与探究,不受外界干扰;根据材料的性质考虑材料摆放的位置。例如,在化学类材料中提供的糖、盐、果珍等物品应放在避光处。

（2）动静分区。如图书区可以和安静的桌面操作区临近安排,而不要和比较热闹的操作实验区靠近。

（3）同类材料就近摆放。这样便于幼儿有目的地选择材料,认识材料之间的关系。

（4）树立安全意识。要避免"死角",确保科学探索发现的每个角落都在教师的视野范围内,以免幼儿在活动中出现紧急情况或发生意外而教师不知晓。投放的材料应该无毒无害,避免尖锐的物品,防止幼儿意外事故的发生。

（5）整体规划科学教育活动

科学活动区活动的设计应该与学年学期幼儿科学教育活动一起进行整体设计,编写活动计划、活动方案、活动材料投放方案、活动材料管理与更新方案、活动材料的回收与整理方案等。尤其是对科学活动区活动方案的编写应该成为一项显性与常规的科学教育计划,这样可以增强科学活动区教育活动的目的性、规范性、可预期性。

（6）幼儿自主操作与教师有效指导相结合

科学活动区的科学教育活动主要是教师与幼儿共同创设,幼儿自主操作与探索发现,容易流于形式与肤浅。需要教师及时关注,与幼儿互动。例如,可以关注幼儿操作的积极性、规范性,关注幼儿探索活动的问题与探究技能,教师及时组织幼儿之间进行合作、讨论与交流,也可以将幼儿在科学活动区生成的科学问题开展成科学集体教学活动,以解疑、解惑,促进幼儿科学探索兴趣与能力的发展。

（三）科学活动区教师与幼儿的角色及活动实例

1. 教师与幼儿在科学活动区的角色

表4-2　教师与幼儿在科学活动区的角色

在自由发现中教师的角色和作用	在自由发现中幼儿的角色和作用
* 鼓励幼儿独立探索和实验 * 创造一种有益于学习的氛围 * 引入新的想法、材料和程序 * 鼓励调查研究和创造、规范和促进幼儿调查、提问和解决问题的过程 * 保证安全地操作 * 提供充足的学习材料、信息和空间 * 支持具有发展性的适宜活动 * 评估和评价幼儿的学习	* 乐于并能独立地在发现中进行活动 * 懂得他们能够把握自己的活动 * 对发现有积极的感受 * 能与其他幼儿合作 * 收集数据和记录活动 * 对材料和想法展开探究 * 认识到答案不是简单的对和错，而是调查研究的结果 * 交流他们获得的经验

2. 科学活动区活动实例

小班：小班幼儿思维具体形象，往往只看事物的直观现象，注意力容易分散。小班幼儿的科学活动区教育活动应尽量选取材料简单、容易操作、现象单一的科学活动。例如：

* 吹出的泡泡都是圆的吗？
* 谁会滚？
* 变色
* 水变红了
* 风娃娃

中班：中班幼儿对周围的生活更熟悉了，他们会积极主动地运用感官去了解事物的现象，探究和发现周围事物之间的关系和变化规律。中班幼儿具有一定的观察判断能力，但思维仍具体形象。中班幼儿的科学活动区教育活动应是现象对比明显、有显著差异的多种材料的探究活动的科学活动，让幼儿观察、猜想和验证自己的猜测。例如：

* 颜色变变变
* 奇妙的磁铁
* 谁站得稳？

大班：大班幼儿对周围世界有着积极的求知欲和探究能力与态度，他们喜欢各种各样的问题，对各种现象的起源和机械运动的原理产生兴趣，渴望得到科学的答案。大班幼儿的科学活动区教育活动内容的选择上则应让幼儿运用多种材料并尝试改变材料原有的特性而进行探究活动，创设一定的挑战性的活动，激发幼儿科学探究的兴趣。例如：

* 拆装圆珠笔
* 巧运水
* 探索弹簧玩具

思考与练习

1. 幼儿园自然角有什么价值？
2. 设计幼儿园自然角应关注哪些方面？
3. 幼儿园科学活动区有什么价值？
4. 设计幼儿园科学活动区应关注什么？

第二节　科学游戏教育活动

　　游戏是幼儿最喜爱的活动形式,是幼儿探究、认识世界,促进身心全面发展的重要手段和基本活动,是幼儿身心发展的客观需要。《纲要》指出:"幼儿园教育应尊重幼儿的人格和权利,尊重幼儿身心发展的规律和学习的特点,以游戏为基本活动,保教并重,关注个别差异,促进每个幼儿富有个性地发展。"

　　游戏是幼儿喜欢玩的一种活动。幼儿游戏是适合幼儿年龄特点的一种有目的、有意识的,通过模仿和想象,反映周围现实生活的一种独特的集体活动。

　　幼儿科学游戏也属于幼儿游戏的范畴。20世纪美国著名科学家、教育家谢尔曼将科学视为一种有规则的游戏,并认为这种游戏应遵循一系列的规则。谢尔曼还认为,人们应该而且能够将科学方法用于人类生活,变成好玩的游戏,在日常生活中和孩子一起进行科学游戏。

一、幼儿科学游戏教育活动的概述

（一）幼儿科学游戏教育活动的含义

1. 什么是幼儿科学游戏教育活动

　　幼儿科学游戏教育活动是指在教师有目的、有计划的指导下,运用自然物质材料和有关的图片、玩具(或科技玩具)等物品,进行带有游戏性质的操作活动,让幼儿获取有关科学学习经验的游戏活动,是对幼儿进行科学教育的一种教育活动。

　　幼儿通过观察、操作、猜想、验证,在游戏的过程中接受科学教育,形成他们对周围事物和现象积极探索的浓厚兴趣,丰富知识和提高能力。幼儿的科学游戏借助于自然界的物质材料,包括水、石、砂、土、竹、木、树叶、贝壳以及科技产品、玩具、图片等物,把科学的道理寓于游戏之中,通过幼儿参与有一定规则的、有趣的玩耍、操作活动,达到某一科学教育的目的,促进幼儿的发展,它是进行科学启蒙教育的一种有效方法。

　　幼儿进行科学游戏是体脑的共同活动,既有趣、轻松、愉快,又减轻了智力负担,有利于身心健康和智力的发展。可促进幼儿下列方面的发展:

　　促进幼儿动作技能和身体素质的发展;促进幼儿探索能力的发展;促进幼儿想象力和创造力的发展;促进幼儿语言的发展;促进幼儿交往能力的发展;促进幼儿情感发展等。

　　幼儿科学游戏活动的进程和任务的完成,要求幼儿必须按照科学游戏规则进行,有利于提高幼儿的控制能力,养成遵守规则的习惯,提高与同伴的合作能力等。

2. 幼儿科学游戏教育活动与科学探究活动的比较[①]

　　科学游戏教育活动与科学探究活动是幼儿科学教育活动的不同方式,有联系也有区别。两者可以相互转化。其区别如表4-3。

表4-3　幼儿科学探索活动与幼儿科学游戏教育活动的区别

	幼儿科学探索活动	幼儿科学游戏教育活动
学习动机	为"解决问题"而探索,一般带有明确的问题、任务或目的	因为"好玩"而游戏,一般没有要解决的问题或要完成的任务

---

① 邱淑慧. 学前幼儿科学教育活动与指导[M]. 北京:教育科学出版社,2012.

	幼儿科学探索活动	幼儿科学游戏教育活动
学习特点	主客体的相互作用以"顺应"为主,即努力改变自身已有的认知结构或行为,以适应外部环境	主客体的相互作用以"同化"为主,即将外部环境的信息同化到自身已有的认知结构或行为模式中
学习行为	幼儿操作以尝试性操作为主,旨在探索科学现象或解决问题	幼儿操作以重复性操作为主,旨在重复游戏中所伴随的科学现象
学习结果	通常是获得(相对自身的)新发现、获得知识和技能	通常是巩固对已有科学现象和知识的认识

（二）幼儿科学游戏教育活动的分类

幼儿科学游戏有多种类型,根据游戏的内容及活动方式,大致分为以下几类:

1. 感官游戏活动

这类游戏主要是让幼儿运用感觉器官,感知辨别自然物体的属性和功能。我们知道,幼儿运用各种感觉器官进行观察或感知世界,是其认识周围世界的重要手段。而感官游戏可以让幼儿在愉悦的情景中发展其"综合感知能力",帮助幼儿学习运用自己的感觉器官来认识物体,体验物体的特性。

依据参与感知的不同感官,感知游戏包括视觉游戏、听觉游戏、嗅觉游戏、触摸觉游戏等。感知游戏需要在一种心平气和的心境下进行,否则,会因心浮气躁影响感知的效果。这种游戏通常在小班进行,如"黑箱"(或"摸箱")游戏就是一种训练触摸觉的游戏,而"气味瓶"游戏则可以训练幼儿的嗅觉。

2. 操作游戏活动

这类游戏是指通过给幼儿提供操作玩具或实物材料,让幼儿在自由的操作过程中(有时也要借助于一定的操作规则),获得有关科学经验的游戏。常见的操作游戏有:

（1）分类游戏:就是根据不同物体具有的某些相似点进行分类的游戏。如提供各种颜色、大小、图案、形状等不同的花片积木,即可引导幼儿根据一个相似点(如颜色或形状)或者同时具备两个相似点(如颜色和形状都相似)让幼儿进行分类。

（2）配对游戏:根据物体与物体之间的相同关系、相关关系、从属关系进行匹配的游戏。3 岁左右的幼儿对身边常见的物体有了一定的认识,对于物品间相互的关系也就有了初步的了解,可以玩玩配对游戏,但需要与实际生活中随处可见的物品联系,如图片、积木、水果等,通过配对游戏有助于幼儿从形象思维向逻辑思维发展。

（3）排列游戏:根据物体某些性质的变化规律进行有序的排列游戏。如以各种自然材料(如树叶、石子、贝壳、松果等),按照各种物体的外形、大小、颜色、长短、轻重等有顺序地进行排列。

3. 情景性游戏活动

情景性游戏是教师根据一定的意图,随机或创设特定的情景,让幼儿观察、思考,从中发现事物之间的联系,让幼儿运用已有的知识经验反映、再现或表演他们对事物的认识,或运用已有知识经验处理特定情景下遇到的问题。

例如,"堆雪人"就是一个更多地带有表演性或表现性的游戏。在优美的音乐背景下,一名幼儿扮演堆雪人者,另一名幼儿扮演被堆的"雪人"。前者可以任意地塑造雪人的造型,而后者则要与他配合,扮演出雪人的各种姿态来。接着,太阳出来了,"雪人"在太阳的温暖中逐渐"融化",这时,幼儿可以用各种创造性的方式来表现融化的过程,甚至到最后,变成了地上的一摊"水"。在这个游戏中,幼儿不仅可以再现和雪有关的科学经历,而且可以获得无穷的乐趣。

4. 运动性游戏活动

运动性游戏是寓科学教育于体育活动中的游戏。这类游戏适宜在室外进行,活动量较大,如捉影子、吹泡泡、玩水、玩沙、堆雪人、玩跷跷板、放风筝、玩风车、打电话等。通过这类游戏,亲身感受并进一步理解事物的特性,加深对事物及科学现象所产生的因果关系的理解。运动性游戏充分满足幼儿好活动的特点,激发幼儿的学习热情,发展幼儿活泼开朗的个性。

例如,在"玩风车"的游戏中,幼儿可以在无拘无束的奔跑中感受到空气的流动和风的产生。而在"捉影子"游戏中,幼儿也更能深刻体验到自己的影子无时无刻不在变化,感受自己的身体运动和影子的大小、方向改变的关系。

5. 竞赛游戏活动

竞赛游戏是以发展幼儿思维敏捷性和灵活性为特点,以竞赛判别输赢的游戏。竞赛游戏适合在中、大班开展,满足中、大班幼儿日益增长的求知欲和好胜的心理。竞赛游戏的内容也比较丰富。

例如,棋类游戏就是一种幼儿喜欢的竞赛游戏。幼儿的棋类竞赛,一般都借助跳棋、转盘棋的基本走棋规则,然后融入科学方面的有关知识概念设计而成。棋类竞赛有利于培养幼儿分析、判断能力,在竞争比输赢的气氛中,幼儿的思维会更加积极活跃。

其他还有运用图片进行的接龙游戏,即在图片的两端各画一种图形,要求幼儿将相关内容的图片接在一起,可以根据动物吃食与相应动植物连接,或根据季节变化与相应生长的植物、花卉相连接等;还有拼图游戏,即将物体的整体结构分画成若干小图片,要求幼儿把部分拼成整体,再把整体拆成部分,培养幼儿的综合能力。

(三) 幼儿科学游戏教育活动的价值

幼儿科学游戏除了有一般游戏的娱乐作用及科学教育的作用外,还有下列两方面的价值:

1. 科学游戏能促使幼儿形成良好的学习行为

(1)科学游戏让幼儿成为活动的主人,在自由的心态中学习科学。由于游戏是一种建立在内在动机基础上的活动,而游戏的过程也具有高度的内部控制特征,这就在最大程度上保证了幼儿学习的自主性。另外,很多科学游戏属于规则游戏,游戏时幼儿要接受规则的约束,否则,就要被其他游戏者所排斥。这种情况下,尽管幼儿的"自由"受到一定限制,但却换取了幼儿更多的游戏权利,因此,游戏中的规则更能发展幼儿的自主性。

(2)科学游戏让幼儿在玩中学,在愉悦的心态中学习科学。心情愉悦是游戏的一个重要因素。幼儿投身于科学游戏中的最主要动因就是"好玩",或是新颖的游戏材料吸引了幼儿的好奇,或是游戏中伴有的现象引起了幼儿的兴趣……这样,幼儿在愉悦的心态中学习科学,不仅能开发幼儿的智力潜能,而且能观察到一些正常教学中观察不到的科学现象,获得在正常教学中不可能得到的情感和体验。

(3)科学游戏让幼儿保持必要的"张力",在轻松的心态中学科学。游戏属于同化性的行为。幼儿的行为通常表现为重复性操作和摆弄,这对于成人没什么意义,但对于幼儿来说是一种必要的练习,因为这种重复能使幼儿从中积累科学经验。而且,幼儿的重复操作也并不完全是简单的重复,因为同化中必定包含着一定程度的"顺应"。就是说,幼儿在游戏中,并不是一味在"玩",重复中也包含着一些尝试性操作,甚至还会孕育出探索性的行为。

2. 科学游戏能促进幼儿的身心发展

(1)可促进幼儿动作技能和身体素质的发展

游戏是幼儿活动的一种形式,这种活动是幼儿自如地、无拘无束地根据自己的需要不断变换的活动。不管哪些部位的运动,都满足了幼儿发展的需要。如折纸、捏泥、插塑、穿珠、夹玻璃球等对手部小肌肉群发展、训练、手眼协调十分有益;追逐、爬行、攀登、走平衡木、跳绳等游戏可训练臂部和腿部的配合协调。为幼儿提供各种各样的游戏材料,幼儿可以根据自己的需要,选择游戏内容,开展动作练习和身体素质的练习。

(2)可促进幼儿探索性的发展

游戏可以满足幼儿的好奇心和兴趣,这种好奇心和兴趣常常在游戏中发展成为求知、探索的需要。如游戏"玩磁铁",教师可提供各种形状的磁铁、铁、大头针、曲别针、发夹、纽扣、纸片等等,引导幼儿以游戏的形式玩,看谁的发现最多。通过玩游戏,孩子们会发现各种各样有趣的问题:有的东西能被磁铁吸住,有的不能;磁铁隔着纸也能吸住大头针、曲别针;磁铁不同的部位吸曲别针的量不同;两块磁铁有时吸在一起,有时相互排斥……这些有趣的现象促使幼儿反复操作。通过教师启发与讲解，幼儿不仅能获得有关的粗浅知识，而且引起对科学的兴趣，进而促进探索性的发展。

（3）可促进幼儿想象力和创造力的发展

游戏是幼儿在虚构中对现实生活实行创造性反映的过程。随着游戏情节的发展变化，幼儿想象也张开了翅膀。游戏内容越丰富，想象就越活跃。如"七巧板拼图"，准备一些基本图形的卡片，启发幼儿发挥想象力，用卡片拼出物体形状，拼出的种类越多越好，如船、汽车、兔子、狗、鱼、房子等。幼儿通过自由想象，组成自己喜爱的物体，使幼儿的创造力在充满自由和幻想的世界里体现出来。在创造过程中获得心理上的满足，对创造产生浓厚的兴趣，从而又促进了创造力的发展。

（4）可促进幼儿语言的发展

幼儿的语言能力是在运用的过程中发展起来的。游戏特别是角色游戏正是为幼儿创设了一个使他们想说、敢说、喜欢说、有机会说并能得到积极应答的环境。有的幼儿胆小懦弱，语言能力较差，引导他们参加角色游戏，当汽车售票员、交通监督员、老师、妈妈（爸爸）等角色，启发他们在扮演角色中积极使用语言与人交往。

（5）利用游戏促进幼儿社会性的发展

游戏是幼儿社会交往的重要途径。幼儿通过游戏进行交往活动，使幼儿逐步了解了同伴，学会与同伴合作、互助、交换、轮流、平等竞争，并逐步形成了分享、谦让等行为。特别在角色游戏中，不管哪一种社会角色都有相应的角色行为。如果幼儿扮演司机，执行交通规则就是司机的行为规则。通过游戏，幼儿懂得了各种角色之间的关系，懂得了社会生活中人人都有义务、责任和权利，逐步摆脱自我中心而获得群体意识和合作精神。同时在游戏中，幼儿也逐渐认识了自己所在集体，知道了自己和集体的关系，能逐步履行集体活动赋予自己的职责。

（6）可促进幼儿情感发展

游戏是幼儿积极、愉快参与的活动，是一种无拘无束的、有兴趣的活动。游戏时，幼儿没有外来的心理压力，可以通过各种方式表达自己情感，在轻松愉快的氛围中，通过自己的努力获得成功的喜悦，从而使他们乐观、自信。活泼开朗的性格就产生于这种积极情感体验的多次积累中。因此，既满足了自主性的需要，又放松了情绪，有利于身心健康地发展。

可见，游戏是由幼儿的内在需要引发的愉快的活动，是幼儿体验快乐、寻求满足、获得身心发展的重要途径，对幼儿具有特殊的价值。游戏不仅给予幼儿动作技能，而且在培养幼儿良好的探索行为习惯、想象力、创造力、人际交往能力等方面也有着十分重要的作用。

二、幼儿科学游戏教育活动的设计与指导

（一）幼儿科学游戏教育活动的设计

1. 幼儿科学游戏活动的设计原则

（1）游戏的科学性

教师在选择和编制游戏时，首先要考虑游戏的科学性，即保证游戏中蕴含的科学知识内容准确、难度适中，符合科学教育的目的要求和幼儿学习的可能性。如果为游戏而游戏，缺少科学性，也就失去了科学游戏的意义。同时，也要考虑到科学经验与概念应该隐含在游戏的材料和游戏的规则中，而不能变成生硬的说教。如在"数气泡"游戏中，要求幼儿通过自己的操作知道杯子里面有空气。做法：教师引导幼儿将小手帕塞进水杯的底部（不能掉下来），将杯口朝下盖住水面垂直地朝下按，让幼儿体会到很吃力，并引导幼儿观察杯子内水面的位置。过一会儿，让幼儿竖直地拿起小水杯，抽出手帕，让幼儿观察：手帕一点儿也没有湿。问：水为什么不能跑到杯子里浸湿手帕？再让幼儿将杯口稍稍倾斜一点插入水面，只看到杯口处有泡泡"噗噗噗"往上冒，让幼儿一个一个模仿着做，其他幼儿一边观察，一边数泡泡的个数，谁的泡泡冒得最多为优胜。教师在示范时应指导幼儿：杯口应逐渐倾斜，让泡泡一个一个产生。在这个游戏中，就隐含了

"空气无处不在"的知识,但又不是通过直接的说教告诉幼儿。幼儿在一种愉快的情景中学习掌握了科学知识。

（2）游戏的趣味性

趣味性是游戏的生命,好玩的游戏就连成人也会为之吸引。而如果游戏的内容和过程既不生动,又不有趣,没有一定的难度,不需要付出智力代价,对幼儿缺乏吸引力,那就削弱了游戏的价值。因此,设计幼儿科学游戏,要注意结合幼儿的兴趣特点。幼儿的兴趣表现在哪里呢？第一是带有神秘色彩的游戏（如摸一摸、猜一猜之类的游戏）,如"数气泡"游戏中,塞手帕的杯子压入水中,杯子里的手帕为什么没有湿？能很快将好奇的孩子吸引到游戏中来。第二是具有自己动手操作的游戏（如操作类游戏）,能满足幼儿好探索的需要。第三是可用自己喜欢表现的方式来反映对事物的认识的游戏（如运动性游戏、情景游戏）,是最能让幼儿获得成功或成就感的游戏。第四是带有竞赛和富有挑战性问题的游戏（如竞赛游戏和智力游戏）。对中、大班幼儿来说,具有挡不住的诱惑力。因此,在设计游戏时,应尽可能多地融进幼儿感兴趣的成分。让幼儿在游戏的快乐中,体会到学习的愉悦。

（3）游戏的活动性

幼儿喜欢摆弄、好活动,游戏的结构应是幼儿的活动探索过程。幼儿在游戏中,既有外部的操作感知和身体运动,以满足幼儿活动的需要,又有内部的智力活动,要求幼儿努力进行思考,两者的有机结合,既符合幼儿的年龄特点,又能达到科学游戏的目的。幼儿在游戏中既玩得愉快,又获得了知识经验,也发展了智力。

2. 幼儿科学游戏的设计的三要素

（1）游戏中隐含的科学知识与技能

幼儿科学游戏中必须隐含一定的科学知识,幼儿在游戏中可能获得什么样的科学知识或概念,一般不主张在设计游戏时确定游戏目标,但教师应明确每个游戏中所隐含的科学概念。如在"太阳、地球和月亮的关系"的游戏中所隐含的科学知识：地球是围绕太阳运转的,月亮是围绕地球运转的。

（2）游戏材料

开展好游戏首先离不开物质环境的提供和游戏材料的准备,材料最好是教师自制或教师与幼儿共同完成,特别是用废旧物资进行自制,自制的游戏材料不仅能体现教师的设计意图,也能培养孩子手脑并用的能力。

科学玩具作为诱饵或科学游戏的物质基础,不仅可以使游戏更有趣,而且能够开发幼儿的智力,使幼儿在玩中学、玩中思。幼儿科学玩具种类繁多,主要可以分成以下几类：

① 发条玩具。用手或钥匙转动发条的轴,使发条卷紧,在发条放松的过程中,使玩具动起来,如发条小鸭、发条青蛙、发条小飞机等。

② 拖拉玩具。依靠自己的手拉动绳索而使玩具的轮子向前滚动,如会叫的小鸭、小拖车等。

③ 惯性玩具。用手推动玩具,使玩具向前移动,如惯性小汽车等。

④ 电动玩具。依靠电池的电力作为动力,使玩具自行运动,同时有些玩具可以发出声音,有些玩具可以发出光,如电动小汽车、翻跟头的小熊、音乐盒、电光冲锋枪、小火车等。

⑤ 遥控玩具。依靠电池的电力作为动力,玩具上有一根天线,拨动开关,依靠幼儿手中的遥控器控制和指挥玩具运行,如遥控小汽车、遥控小火车、遥控飞机等。

⑥ 电子玩具。借助电子技术的玩具,如电子玩具机器人、智能机器人等。

（3）游戏规则

游戏设计的一个重要方面就是要详细说明怎么玩,以及适合什么年龄对象的幼儿玩,适合几个人玩等等。要达到游戏的目的,交代游戏规则很重要。幼儿若不遵守规则,游戏的效果就不能达到了。

以下为举例：

科学游戏教育活动名称：踩影子

适用班龄：大班

游戏准备：有阳光的室外安全场地

参加人数：20 人

游戏规则：请幼儿自选 2 人一组，双方约定：不仅要尽量多地踩到对方的影子，而且还要尽量避免对方踩到自己的影子，以先踩到对方影子 5 次来判断输赢。

评析：踩影子科学游戏活动是运动性游戏的一种，此类游戏适宜在室外进行，活动量大，通过这类游戏，幼儿可以亲身感受并进一步理解影子的特性，加深对影子所产生的因果关系的理解。同时在运动中，幼儿的好活动的特性得到充分满足，激发了幼儿学习的热情，发展了幼儿活泼开朗的个性。

3. 设计幼儿科学游戏教育活动应注意的问题

幼儿科学游戏的形式应是多种多样的，教师在选择或设计科学游戏时应考虑的问题：

(1) 科学游戏的目标要有层次性和隐含性

科学游戏的目标要有层次性，这样才能充分发挥各种认知水平层次幼儿的积极性和主动性。同时，目标的实现要隐含在活动内容的选择、活动材料投放、活动过程指导与评价之中。如"太阳、地球和月亮的关系"游戏，此游戏要体现两个层次的目标：一是知道太阳、地球和月亮有一定的关系；二是知道它们的关系是：地球是围绕太阳运转的，月亮是围绕地球运转的。在游戏中，这两个目标由浅入深，循序渐进，由感性到理性，充分调动了幼儿学习的积极性。

(2) 科学游戏的内容要有趣味性和可操作性

科学的抽象性、严密性会在一定程度上影响幼儿的求知欲，因此科学游戏内容的选择必须符合幼儿的认知特点，选择合适的内容才能充分调动幼儿的积极性，使幼儿在游戏中充分发挥主体性。首先，选择幼儿感兴趣的材料，才能激发幼儿好奇心，使幼儿迷上科学。其次，选择操作性强的内容。游戏的趣味性的强弱与可操作性的强弱有关。操作性强的游戏，趣味性也强，容易调动幼儿学习的积极性。

(3) 科学游戏的过程要有情景性和灵活性

幼儿在科学游戏中，各种潜能能否得到充分发挥，不仅要看幼儿是否能获得一定的知识，更重要的是要看幼儿是否能积极参与游戏过程，是不是肯动脑筋思考，是否在原有的水平上有所发展。为此，科学游戏的过程必须要有具体情景性和灵活性，这样才能充分体现幼儿的自主探索，让幼儿在游戏中积极参与、大胆尝试。首先，要创设游戏的情景，投放充足的游戏材料。这样幼儿动手操作机会多、选择性强、涉及面广，幼儿兴趣就更高。其次，在游戏过程中让幼儿自主选择、自主观察、自主动手、自由表达，体现出高度的灵活性。

(4) 科学游戏的形式要有活动性和广泛参与性

幼儿科学游戏应是幼儿的活动探索过程，应既有外部的操作感知和身体的运动，以满足幼儿活动的需要，又有内部的智力活动，要求幼儿努力思考，两者的有机结合，既符合幼儿的年龄特点，又能达到科学游戏的目的。同时，要保证每个幼儿都能参与游戏，使每个幼儿成为游戏的主体，使幼儿在与物质材料相互作用的过程中学科学。

（二）幼儿科学游戏教育活动的指导

对于集体性的科学游戏活动，教师可以按以下步骤组织实施：

1. 集中幼儿的注意力，调动幼儿参与游戏的热情

如以充满激情的语调告诉幼儿："下面即将玩一个十分有趣的游戏，谁能听见我宣布的游戏名称，谁就可以参加这个游戏。"这样，幼儿会立刻安静下来，以期盼的心理来接受游戏。

2. 帮助幼儿理解游戏的规则

根据需要，可示范玩一次或做一点热身活动，待幼儿完全理解了游戏的规则要求后即可正式开始。

3. 正式组织游戏活动

此时一方面要关注游戏的进展，同时还要关注幼儿在游戏中的反应，必要时可对个别幼儿提供一些帮助，如提示下一步可进行的操作。为给游戏助兴，教师也可介入游戏之中以推动游戏的发展，但应注意的是，不要身陷其中，自己玩得乐不可支，却忘记了组织引导的责任。

4. 做好游戏的评价工作

在游戏结束时，可组织幼儿交流一下游戏中自己的所见所想以及自己的发现和内心的感受等。要为

每一个幼儿在游戏中的出色表现喝彩,如果是团队集体游戏,还应感谢大家为成功开展游戏所付出的努力。

需要说明的是,幼儿科学游戏除了集体组织的游戏活动外,也可在幼儿园日常生活中分散成小组或让幼儿个别独自进行。

由此可见,幼儿科学游戏不仅渗透着科学知识、教育意义,还具有好玩及神奇的趣味性,是幼儿科学教育中不可或缺的一种重要途径。

三、幼儿科学游戏教育活动实例分析与拓展

1. 科学游戏实例:打电话传口令　(中、大班)①

目的:

(1)通过该游戏,让幼儿对声音传播的现象感兴趣,并激发探究欲望。

(2)通过游戏锻炼幼儿准确听清与复述简短语言的能力,建立不仅空气能传声、固体(棉线)也能传声的概念。

准备:冰淇淋塑料小杯若干只,剪成约2米长一段的棉线(装订线最好)若干根,火柴一盒。

玩法:教师事先在每只冰淇淋塑料小杯的底部中心钻一小孔,让幼儿将棉线穿过小孔,用火柴梗将线的一端扣住。同样,再将一只塑料小杯固定在线的另一端,两只塑料小杯组成一对电话。分别由两位幼儿合作完成这对电话的安装。让幼儿用一对电话将细线绷紧,互相通话,感受细线传声的乐趣。

再将幼儿分成四组,将座位在操场上排成四路纵队,纵队之间相隔约1米。每路纵队前后两位幼儿之间的距离与电话棉线的长度相当。一、三纵队比赛通话,二、四纵队负责监听与裁判,赛毕再互换。比赛通话的两列纵队分别用"电话"从前到后拉起来。教师分别向两队前排的第一位幼儿耳语传达一句简短的语句,让他们用各自的"电话"传给后一位幼儿,就像接力比赛一样,将教师传达的"口令"一个接一个地向后传,直到最后一个幼儿将听到的话向全体幼儿及教师大声讲出来,让教师判定。

规则:参赛的第一位幼儿必须等教师喊"开始"后,才能将"电话"放在嘴边开始讲话。传话的声音不能太大,若声音被旁边监听的幼儿听到,监听的幼儿可立即喊出传话的内容,该组的通话即被判为失败。以传话的速度快且准确无误的小组为优胜。

2. 谢尔曼科学游戏论的基本观点

(1)科学是一种有规则的游戏。科学家们所公认的、并不断努力奋斗的几个重要的规则是:

诚实;不可作弊;不随便相信别人的话——亲自操作,看看是怎么回事;根据过去的发现来改进科学游戏;尽量寻找"合乎自然"的解答;争辩必须要有依据;科学是没有秘密的;科学家们都勇于认错。

(2)把科学方法用于人类生活,变成好玩的游戏:

使科学成为生活的一部分;每个孩子都是科学家;教孩子做科学式思考;帮助幼儿选择一门适合的学科深入研究;把科学变成好玩的游戏;在日常生活中也可以做实验;幼儿进行可续探究和实验所需要的材料和工具。

思考与练习

1. 幼儿进行科学游戏教育活动有何价值?

2. 实施幼儿科学游戏教育活动时应关注什么?

3. 设计幼儿科学游戏教育活动时应注意哪些问题?

---

① http：//jspx2.fjtu.com.cn/course1/tj1/ckwx/book6/book6_6.htm.

第三节 家庭与社区科学教育活动

《纲要》指出："幼儿园应与家庭、社区密切合作，与小学相互衔接，综合利用各种教育资源，共同为幼儿的发展创造良好的条件。"家庭是幼儿出生后生活的第一场所，是生活时间最长的场所，是接受科学教育的有力的教育场所。父母是孩子们的重要教育者。幼儿在入园前的三年内已经从家庭中获得了大量的科学经验。在入园之后，还会不断从家长这里接受科学教育。布朗芬·布伦纳的生态学理论认为，社区与幼儿园、家庭关系最为密切。社区文化、社区性格、社区交往、社区教育对青少年儿童的影响巨大。幼儿园、家庭、社区在现代幼儿园科学教育中，都发挥着各自独特的教育作用，共同构成学校教育、家庭教育与社会教育的教育统一体。

近百年来，中外不少著名教育家，如蒙台梭利、苏霍姆林斯基、布鲁姆、陈鹤琴等都明确倡导家园合作的重要性。许多当代学前儿童科学教育的实践已经充分证明了家园共育在幼儿发展中重要而关键的价值。

一、家庭科学教育活动

（一）家庭科学教育活动概述

1. 家庭与家庭科学教育的概念

家庭是社会的细胞，是由具有婚姻关系、血缘关系或收养关系的人所组成的社会生活的基本单位。家庭具有抚养赡养功能、教育功能及情感交往功能。

所谓幼儿家庭科学教育是指在家庭生活中，父母或其他年长者在家庭中自觉地、有意识地对幼儿实施的科学教育和影响。幼儿家庭科学教育的内涵包括：第一，幼儿家庭科学教育的教育者主要是父母、祖父母等年长者。第二，受教育者是婴幼儿，包括0～3岁的婴儿，3～6岁的幼儿。第三，幼儿家庭科学教育是自觉的有意识的实施过程。家长通过言传的方式进行科学教育，即讲道理、提要求、提问题启发引导孩子如何做、如何想。家长通过身教的方式进行科学教育，即家长通过身体力行、示范为孩子做出榜样，增强科学教育的效果。家长创设良好的家庭科学环境，家长尽量为幼儿营造一个较好的科学学习的环境，充分发挥家庭教育环境的潜移默化的效果。

2. 家庭科学教育的特点

（1）潜移默化

家庭中的科学教育与幼儿园的科学教育最大的不同之处在于，幼儿园科学教育是在一定时间内的有目的、有计划地给幼儿进行正规的科学教育，而家庭科学教育则是寓科学教育于家庭生活之中，带着浓厚的生活气息，既是家庭生活的一部分，又是幼儿科学教育生动具体的内容与过程。这样就使家庭科学教育具有潜移默化的特性。幼儿在家庭中所受到的科学教育不是专门化的，而是与生活实际相联系，家庭中的科学教育具有的内容与家庭日常生活紧密联系，反映了家庭生活的各个方面。

例如，每天清晨，父母帮助孩子起床穿衣，为了衣着适当，家长一般都要为孩子观察一下天气的阴晴、冷暖，或者听一下天气预报，其中既有家庭生活的内容（起床、穿衣），又有科学教育的内容（天气、温度），两者自然而然地结合在一起。家长经常这样观察天气、收听天气预报，如再加以适当引导，孩子就能逐渐地关心气象变化，并对气温、天气产生兴趣。这比在幼儿园中，教师组织幼儿观察气象、认识温度计、做气象记录等更为自然。

（2）随机灵活

由于家庭科学教育的内容与家庭生活紧密联系，而且家庭科学教育的教师就是家长，家庭科学教育没有一定的计划、目的和要求,不受地点和时间限制,往往是由孩子的兴趣、需要或家庭生活环境、时间的不同所诱发。

幼儿科学教育活动可以在家庭生活的每一个地方、每一个时间进行。例如,可以在厨房、盥洗室、庭院、卧室、书房等地方进行;也可以在公共汽车、火车等不同地点进行;还可以在早晨、中午、晚上或进餐、游戏、劳动、睡前等时间进行。具有极大的随意性和灵活性。

幼儿与家长在逛市场的过程中,认识了很多鱼、虾、鸡、鸭等动物,以及各种蔬菜、水果和一些花卉。买菜洗菜是家庭生活必不可少的部分,而孩子观察买菜洗菜,既是生活又是幼儿生动的学科学的过程。如今天买了鱼,就观察鱼,如买了鸭就观察鸭,有很大的灵活性和随机性。观察的愿望产生于幼儿内部,观察对象也充分呈现在幼儿面前,便于幼儿主动、细心观察。

3. 家庭科学教育的意义

孩子进了幼儿园,父母往往会觉得轻松很多,认为教育任务就应由幼儿园的教师完成。特别是对于幼儿的科学教育,家长一方面会觉得科学教育的重要和必要,另一方面又会感到工作忙、家务多,特别是对科学教育的内容不熟悉,因而忽视了家庭科学教育的特殊作用。家庭科学教育的意义主要表现在以下几个方面:

(1)家庭是幼儿最早的科学教育环境

幼儿科学教育的内容,来自周围环境中常见的物体与现象。幼儿自出生后,就生活在家庭这一具体的科学教育环境之中,他们与家庭、与周围自然环境发生着密切联系。他们呼吸着周围新鲜的空气;凝视着来自外界的各种光线和物体;倾听着不同物体发出的种种声响;品尝着各种食品的味道;嗅闻着许多物体发出的气味;触摸着物体的不同形状、质地并了解物质的不同特性,等等。这些物质世界的感觉经验都在家庭生活中开始获取,并逐步在幼儿的大脑里建构起有关自然科学的最初步的认知结构。

(2)父母是幼儿最好的科学启蒙老师

父母是幼儿最初的科学启蒙老师,父母与幼儿的关系是连续的、长期的、稳定的,乃至终生都受到父母的影响和教育。父母对幼儿的影响远远超过别人。许多研究表明,家长积极的态度和鼓励是促进儿童对数学和科学感兴趣的重要因素。而且,很多学生童年期对科学的兴趣与他们高中时代的科学成绩有密切关系。

家庭及家长在幼儿科学学习中的角色和作用包括:鼓励幼儿进行探索;向幼儿示范可以怎样提问、怎样解决问题;在幼儿没有进行活动之前不对有关问题做出解答;乐于与幼儿一起进行科学活动;自由地与幼儿教师交流,向他们提问或必要时寻求更多信息;倾听幼儿说话以及为他们提供信息;愿意分享与科学发现有关的家庭资源(可参考章末费曼的故事)。

(3)家庭参与幼儿科学教育能够提高家长的教育能力

家长参与幼儿园科学教育有助于发挥家长自身拥有的丰富科学知识,增强自信心,提高他们在幼儿科学教育中的参与水平。积极引导家长参与幼儿的科学探索活动,会使家长拥有正确的幼儿科学启蒙教育的目标意识,提高自身素质。在幼儿园利用家庭资源进行科学教育的活动中,家长会对幼儿科学教育的价值、目标、内容和方法获得更深入的理解,从而提高自身的科学教育能力,成为幼儿探索世界的好伙伴,也有利于幼儿园对家庭资源的充分利用。

(4)家庭和幼儿园的科学教育紧密联系、相互补充

幼儿在幼儿园接受正规的科学教育时,都以在家庭中已经获得的科学经验为基础,来吸收新的有关信息,进行同化或顺应。在原先所接触的物质世界中的各种自然现象和物体的基础上,建立新的科学认知结构。

例如,3岁幼儿在观察认识水果时,会主动地联系在家庭中获得的有关经验:我吃过橘子,剥开来是一瓣一瓣的,吃起来有点甜,又有点酸。又如,当老师提问葱有什么用时,幼儿举出许多葱的吃法,而这些又都是他们在家里经历过的,所以幼儿在家庭中获得的科学经验,很自然地成为他们在幼儿园学习科学知识的基础。

与此同时,有人也把幼儿园中获得的新经验、科学小实验、种植技能,在家庭成员的鼓励和支持下,自

如地得到运用和练习。例如,在幼儿园进行磁铁能吸铁的探索活动之后,回到家里,幼儿能用磁铁去吸一些物品,如门把手、窗框、爸爸的眼镜、床架、台灯等,来证明哪些物品是铁做的,哪些物品不是铁做的。幼儿把幼儿园所学的科学概念带回家中,使其内涵不断丰富,外延不断扩展。

(二) 幼儿家庭科学教育活动的方法

幼儿家庭科学教育的方法是家长对幼儿实施科学教育时所采用的具体措施、手段和各种方式的总和。一般来说,幼儿家庭教育的方法有游戏娱乐法、兴趣诱导法、榜样示范法、奖励激励法、环境熏陶法、说理教育法等。幼儿家庭科学教育除了采用家庭教育的一般方法之外,还应该特别注意以下方面的问题及具体的处理方法。

1. 正确对待幼儿的好奇好问

有专家曾对一个幼儿在一年中所提出的 4 043 个问题作了分析,这些问题涉及面广,其中涉及科学内容占 73.5%,具体如表 4 - 4。

表 4 - 4　一个幼儿在一年中所提出的问题的统计与分析

类别	问题数(个)	百分比(%)
动物	462	11.4
植物	97	2.4
微生物	20	0.4
生物进化	45	1.1
人的身体	264	6.5
宇宙	126	3.1
气象	61	1.5
地理	128	3.2
物理化学现象	62	1.5
周围人的活动	392	9.7
自己的活动	330	8.2
日用品	372	9.2
食品	121	3
交通	241	6
建筑	148	3.7
家庭	104	2.6
合计	2 973	73.5

也有学者将自然科学常见的问题分成理论性问题和操作性问题两大类,解答这两类问题需要的努力或操作方式不同。

理论性问题,如"为什么现在世界上没有恐龙"的问题,这类问题常常以"为什么"开头。解答这种问题需要高度的理论来解答,或者它的答案相当复杂,孩子无法真正理解。这类问题的答案一般只能用阅读或请教专家来解决。

操作性问题,如"如果把纸放到水里,会发生什么事情",这类问题常常以"会怎样""要怎样"的方式出现。解答这类操作性问题可以通过幼儿或家长亲自通过观察实验等操作活动找出答案。幼儿在操作过程中,不仅形成科学经验,熟练掌握各种科学技能,也可以培养他们的科学情感和态度。

对于幼儿在家庭中提出的科学问题,家长应始终坚持鼓励、支持的态度,具体做法上可以采用以下方法:(1)直接回答;(2)引导思考;(3)指导阅读;(4)启发联想;(5)留下期待。

2. 引导幼儿观察周围事物

幼儿科学教育的内容涉及面广,上至天文,下至地理,涉及物产、风土人情、人类知识等多学科知识,这些知识内容渗透在具体生活中。幼儿是否善于观察生活,善于猜测思考,是幼儿科学教育成功与否的关键之一。

家长可以在任何时间、任何场合,以简短的语言、有趣的问题启发、引导幼儿观察。例如,吃的食物,穿的衣服,家中的电器、家具,大自然的日月星辰、山水景色、树木花卉,洗衣机如何洗净衣服,微波炉的功能等,都可以引导幼儿仔细观察。

3. 鼓励幼儿的科学探索活动

家长可以采用以下方式鼓励幼儿的科学探索活动:关心幼儿的探索活动;为幼儿的探索活动提供必要的物质条件;父母参与幼儿的探索活动。

4. 配合幼儿园的科学教育活动

家庭和幼儿园之间的科学教育是紧密联系、互为补充的。幼儿园的科学教育活动,如能取得家庭的密切配合,就可以提升科学教育的效果,丰富发展科学教育的内容。家庭科学教育与幼儿园科学教育相配合可以采用以下一些方法:

(1)启发幼儿叙述幼儿园科学教育的内容;(2)向幼儿园反映孩子在家庭中学习科学的情况;(3)支持幼儿为幼儿园科学教育提供材料。

5. 利用多种途径引导幼儿学科学

利用各种传播媒介引导幼儿学习科学。如通过网络、电视、图画书等媒体学科学;利用参观、旅游等途径引导幼儿学科学。

6. 学习不被幼儿园重视的科学知识经验

每个家庭有不同的文化背景,每位家长也有不同的知识和职业,所有的父母都懂得很多知识,这些知识未必是学校能学习的知识。鼓励家长发挥聪明才智,把这些独特的家庭知识传授给幼儿。例如,懂机械修理的家长懂得某些物质的属性,懂得有关平衡、机械和电的知识;农村的家长,拥有关于植物、季节、气象及其工具等方面丰富的知识。让孩子有更多机会向父母学习简单又丰富的科学知识。

(三)幼儿园与家庭的科学教育互动形式

1. 科学活动家长会

科学活动家长会的主要内容有三个方面。其一,通过会议,使家长理解幼儿科学教育的价值,支持与积极参与幼儿的科学教育活动。其二,向家长介绍幼儿园的科学教育计划和安排,包括幼儿园开展过的科学活动、近期将开展的活动、后续将开展的活动。让家长明确自己需要完成的任务和要求,需要对幼儿的科学教育提供哪些帮助、支持,在什么时间需要配合完成。其三,向家长推荐一些适合在家庭中开展的科学探索活动,让家庭中每个成员都能参与到幼儿科学探索的活动中。促进幼儿科学素养的提高,促进亲子关系的和谐发展。

2. 家园科学联系册

家园联系册是幼儿园最常见的一种家庭与幼儿园书面沟通的方式。可以在常用的家园联系册中单列一个小栏目,可以向家长及时提供支持和帮助,可以沟通与交流幼儿园近期开展的科学探索活动。家园科学联系册可以包含科学探索活动的名称、目标、材料、过程、成果、活动要求等内容。

3. 家长科学志愿者

家长们具有不同的科学知识背景,在幼儿园教师的引领下,有些家长可以充当科学嘉宾、科学教师、科学助手等角色,他们与幼儿一起分享他们的科学知识、科学技能、个人经验、对科学探索的热情,丰富幼儿的科学学习内容,营造更好的学习环境。

二、利用社区资源进行科学教育活动

幼儿科学教育需要孩子们在社会、自然中自由探究和主动发现。因此，应该充分利用各种自然和社会资源，充分发挥资源的教育价值，成为幼儿科学教育的重要补充。

（一）社区资源在幼儿科学教育中的作用

世界卫生组织于1974年共同界定(适用于社区卫生作用的)社区的定义为：社区是指一固定的地理区域范围内的社会团体，其成员有着共同的兴趣，彼此认识且互相来往，行使社会功能，制定社会规范，形成特有的价值体系和社会福利事业，每个成员均由家庭、近邻、社区而融入更大的社区。

我国社会学家费孝通认为，社区是若干社会群体(家族、氏族)或社会组织(机关、团体)聚集在某一地域里，形成的在生活上互相关联的大集体。

社区教育是社区组织或社会工作者在社区范围内，依托社区力量，利用社区资源，针对社区全体居民进行的以增进公民素质、提升生活质量、促进社区发展和进步，建立平等、正义、互相关怀的社会为宗旨的社会教育。幼儿园社区科学教育包括幼儿园对社区的科学教育和利用社区资源对幼儿进行的科学教育两个方面，均属于社会教育的范畴。利用社区资源进行幼儿园科学教育的作用主要如下：

1. 利用社区资源进行幼儿园科学教育，是家庭、幼儿园科学教育的重要补充

（1）利用社区的物力资源，拓展幼儿科学教育的内容

例如，农村的幼儿园可以利用田野、山川、河塘、树林、风云、雨雪、鸟兽、虫鱼等大自然及地方风土人情来丰富幼儿科学教育的内容，城市的幼儿园可以利用图书馆、科技馆、体育馆等为幼儿提供丰富的科学探索学习的内容。

（2）利用自然资源，丰富幼儿科学教育的活动材料与活动形式

例如，农村幼儿园中，成人看来无用的竹竿、高粱秆、玉米秆在幼儿的手中便成了"宝贝"，放在胯下是马，挥在手上就成鞭，扛在肩上就是枪了。例如，安吉幼儿园利用山区的竹子、农产品，开发出幼儿科学活动的多种教具和学具。

（3）利用人力资源，提供幼儿科学教育的有力保障

幼儿园的家长，多是社区的居民和工作人员，聘请社区中有各种职业专长者、科技馆、博物馆等工作人员指导孩子进行各种科学活动。在农村，有的家长是农民，秋天收获玉米的时候，请他们选些色白皮薄的上好玉米皮，撕开后可以做成幼儿园的编织材料。

2. 幼儿在社区小社会中亲身感受、体验，获得广泛的科学感性经验

社区就是一个小社会，通过社区中的一些事物，向孩子展示世界的奇妙。可以充分利用周边的各种场馆、店铺等多种资源，让孩子尽情体验。社区当地生长的动植物等也可以用作幼儿的活动材料，这是幼儿园教学的生动教材。各地的历史文化，特别是乡土民俗、节会等是具有地方特色的文化传统，是无形的人文资源。很多富有乡土气息的儿歌、歌谣、游戏、民间玩具等，具有重要的教育价值，均可以用于幼儿科学教育。

3. 促进儿童社会交往能力的发展

社区资源是共享的，孩子们来自不同文化背景的家庭，不同的幼儿园，甚至不同的国家。他们的年龄、性别、个性、发展水平都有所不同，在社区环境中，他们共同观察、共同操作、相互协作、相互交流，对幼儿社会交往能力的发展是十分有利的。

（二）各类社区资源及科学教育的价值

每一类社区教育资源都具有自己独特的核心价值，都具有促进儿童认知、能力技能与情感态度全面发展的价值。表4-5是对这些社区教育资源的教育价值的分析对比。

表4-5 各类社区资源的科学教育价值

价值分析 资源种类	核心价值	认知价值	能力技能价值	情感态度价值
社区自然物质资源	激发幼儿对自然界的兴趣,培养他们的探索能力,初步的环保意识与环保能力	认识社区中的自然事物,认识周围的自然生活环境,以及环境与人们生活的关系	引导幼儿对身边常见自然事物和现象的特点、变化规律产生兴趣和探究欲望,培养幼儿科学探索的能力	丰富幼儿的感性经验和审美情趣,培养他们热爱自己家乡的美好情感以及保护环境的初步意识
社区社会物质资源	帮助幼儿初步了解周围社会的常用设施与机构的功能、作用和使用方法,了解基本的社会行为规则	认识周围的常见设施,了解它们的作用、功能和使用方法。了解基本的社会行为规则,知道爱护公物	帮助幼儿学习利用某些生活文化服务设施的初步技能	养成对他人、社会亲近合作的态度。培养儿童爱护公物与公共环境的初步意识,培养幼儿对中国传统文化的热爱
社区人力资源	引导幼儿了解周围人们的劳动,培养幼儿与他人交往的技能,培养幼儿对劳动者的热爱和对劳动成果的尊重	引导幼儿认识周围人们的劳动,知道尊重他人的劳动,并懂得基本的礼貌习惯	培养幼儿与教师以及亲人以外的他人交往的技能、相处的能力	培养幼儿对劳动者的热爱和对劳动成果的尊重情感,帮助幼儿形成尊重他人、与他人亲近合作的态度

（三）利用社区资源开展科学教育活动的途径

幼儿园、家庭与社区协作实施科学教育的途径主要有三种:

1. 参观游览

参观游览也是一种教育方式,这一观点为越来越多幼儿教师和家长所接受。结合幼儿园教育内容,教师可有选择性地利用社区资源,如公园、动物园、博物馆、图书馆、美术馆、城市特色建筑等资源进行科学教育活动。

2. 操作活动

自己动手,完成力所能及的生活自理事务,帮助父母从事适当的家务劳动。

3. 社区联谊

幼儿园要发挥自身作为专门教育机构的优势,向社区孩子辐射科学教育,这是"幼儿园社区化"的表现。如节假日向社区开放幼儿园资源,供社区儿童使用幼儿园设施,为社区儿童提供科学教育指导等。幼儿园孩子的父母一般都是社区工作人员。邀请他们作为班级"嘉宾"或当"教师",开展特定的科学教育活动。

（四）合理利用社区资源,开展幼儿园科学教育活动的建议

幼儿园利用社区资源进行科学教育可以从两个方面整体解决。一方面,幼儿园应增强主动获取社区资源的意识;注重分析各类社区资源的特点;充分利用"请进来"这一形式,开展科学教育;探索利用社区资源开展"走出去"科学教育活动的策略。另一方面,社区应加大对社区资源的统筹管理;提升社区资源服务幼儿园的意识和功能;开展社区机构与幼儿教育机构的合作研究。具体如下:

1. 幼儿园方面

（1）增强主动获取社区资源的意识

幼儿园自身应提高对社区资源信息的敏感度。随着社会公共事业的发展,以及科学教育的逐步普及,已有丰富的社区资源可为幼儿园所用。幼儿园应该主动收集这类信息,并且根据自身特点和条件对这类信息进行系统管理和维护,从而方便教师对各类社区资源的了解,并充分加以利用。部分幼儿园开始尝试

通过专业的教育咨询机构来代为联系社区资源和组织活动。这一做法可以扩展幼儿园利用社区资源的范围,减轻幼儿园组织活动的工作。但仍有许多问题需要进一步探索,如费用、责任范围、活动效果等。

(2) 注重分析各类社区资源的特点

社区资源的种类繁多,幼儿园可资利用的社区资源中的物质资源包括自然环境资源、设施资源(如专业科技场馆、社会公共设施、行政机构、公司企业等)。这些资源有着不同的特性,教师在利用时应该了解幼儿园获取该类资源的难易程度和有效方式。例如,居委会作为一种独特的资源,因行政原因与幼儿园有着特殊的关系。它不仅是幼儿园可资利用的资源,也是沟通幼儿园与其他资源的一个桥梁,同时居委会也往往希望得到幼儿园的帮助开展一些工作和活动。那么如何构建幼儿园和居委会之间双赢关系,以达到资源的最佳利用,需要在实践中展开进一步探索。

(3) 充分利用"请进来"的形式开展科学教育

幼儿园组织外出活动受到诸多因素的制约,相比而言,请进来的活动相对容易组织和实施。但由于幼儿园对社区物质资源、人力资源缺乏深入的了解,即便教师有时希望将相关资源请进幼儿园,往往因为缺乏信息来源和沟通渠道而放弃。调查发现,目前政府大力开展的科学普及活动,已经初步建设了一批科学普及志愿者队伍。这支队伍包括各行各业的专家和科技工作者,他们拥有的专业知识和工具能够为幼儿科学教育活动的开展提供有力支持。幼儿园应该通过相关部门,将这些丰富的资源为我所用。社区中可资利用的人力资源往往与一定的物质资源联系在一起,通过对人力资源的开发和利用,幼儿园还可以将丰富的社区物质资源请进幼儿园,一方面可以解决部分幼儿园外出活动的困难,另一方面可以提升幼儿园利用社区资源进行科学教育的能力。

(4) 探索利用社区资源开展"走出去"科学教育活动的策略

利用社区资源进行科学教育,尤其是通过外出参观开展科学教育,与幼儿园内的教学活动有着很大差别。教师往往缺乏这方面的经验,致使活动难以收到良好的效果。

2. 社区方面

(1) 加大对社区资源的统筹管理

例如,上海市科学技术协会和下属的区县相关机构等部门,对可资利用的科技场馆以及科普教育基地的具体信息如名称、地址、服务内容、电话、开放时间等进行定期整理与更新。这些丰富的资源不仅在本部门相关媒介如部门刊物和网站上进行宣传,也扩大到公众层面的传播和推广。北京市已推出"北京地区博物馆通票"年票,涵盖了北京市大大小小博物馆的基本信息,为公众参观游览博物馆提供了便利和实惠。上海工业旅游年票则提供了包括上海工业企业、江浙工业企业、工业博物馆等数百家面向公众开放的各种社区资源的信息及优惠政策。这种对资源的统合既方便了公众获取社区资源,又提供了实实在在的优惠。今后应进一步加大开发和宣传力度,让更多的公众包括幼儿园在内,了解并享受到这类信息。

(2) 提升社区资源服务幼儿园的意识和功能

由于发展水平的特点,幼儿获得科学经验和感受科学魅力的方式与成人有很大不同。幼儿需要在亲身体验、动手操作和与他人的互动中进行科学学习。在社区资源的建设和服务上,需要更多考虑幼儿的年龄特征和行为特点,以发挥社区资源对幼儿科学教育的重大价值。

(3) 开展社区机构与教育机构的合作研究

综合提升社区资源的教育价值,仅仅依靠幼儿园或是社区单方面的努力是不够的。目前上海市动物园已经与诸多中小学签订了合作协议,通过各种活动的开展,将学校的学习与社区资源中的学习结合起来。在与学校共同设计活动、开展活动和总结经验的过程中,动物园可以了解外界的反馈与评价,获得优化自身建设的意见。但目前尚未发现幼儿园与社区机构开展相关的合作研究,多数幼儿园对社区资源的利用停留在"来了就走了"的阶段,社区机构也无从获得相关的反馈和建议。社区资源是一种动态资源,其存在的方式和人们的需求、使用,都处在不断变化之中。教育研究者和教育机构共同开展研究,不仅可以提升幼儿园利用社区资源进行科学教育的水平,而且研究过程对参与者来讲是极好的反思、证明与改进的机会。合作研究可以达到幼儿园和社区的双赢,进而有助于实现提高幼儿科学教育素养,乃至全民科学素养的最终目标。

三、家庭与社区科学教育活动案例分析

1. 幼儿家庭科学教育活动举例

家庭科学教育活动：巧喝酸奶（3～6岁）

活动目标：让幼儿知道堵住吸管的一端，由于管内空气的压力会使吸管不容易折弯，用尖头部分刺破塑料膜更容易（压强大），丰富幼儿的科学经验，激发幼儿对科学的兴趣。

活动准备：吸管一根、塑料杯密封酸奶一杯。

活动过程：

（1）导入。利用吃早点时间，引出问题："要用吸管喝到杯子里的酸奶，怎样才能顺利刺破杯上的塑料膜呢？"

（2）激发幼儿尝试解决。幼儿可能会用力戳，可能会把吸管戳折，家长可以引导幼儿尝试用手指堵住吸管平头的一端，并用尖头的一端迅速向塑料膜戳去。

（3）说说感受，加深体验。让幼儿说一说，怎样刺破塑料膜更容易。进而加深幼儿对活动、现象、原因的猜想及探索体验。

2. 磁铁单元家庭联系活动

本活动是幼儿园磁铁单元主题活动与幼儿家庭科学教育活动的相互配合，以主题活动为载体，根据活动的进程和内容，具体明确对家长进行科学教育活动的要求与指导，从而使幼儿、家长、教师共同合作，促进幼儿科学知识与技能的发展。

表4-6 磁铁单元科学教育活动家园联系册

	活动过程：
磁铁单元家庭联系活动1： 与"你能让磁力停止吗"配套使用 活动材料： 磁铁 回形针	您和孩子要探究在家里能找到多少磁力可以通过的东西。 1. 让孩子向您演示在幼儿园是如何测试材料的。（拿着磁铁放在材料和纸板的一面，在另一面放一个回形针，看磁铁能不能通过这种材料把回形针吸住） 2. 现在，在家里测试一些材料。你们可以用布、塑料、包装纸、玻璃或一扇门测试一下。 3. 如果您愿意，请把您和孩子的发现写上三言两语，寄给我们。
磁铁单元家庭联系活动2： 与"跳跃的磁铁"配套使用 活动材料： 两块环形磁铁 塑料吸管	活动过程： 1. 让孩子给您演示我们在幼儿园是怎样让磁铁弹跳的。 2. 现在，把一块磁铁放在吸管上，让孩子放上第二块磁铁，发生什么事情了？孩子每天都能找到让磁铁弹跳的办法吗？ 3. 如果您愿意，记录下孩子让磁铁弹跳的"法则"。孩子可以把它和工具一起带到幼儿园。
磁铁单元家庭联系活动3： 与"能还是不能：磁铁知道"配套使用 活动材料： 磁铁	活动过程： 1. 在家里到处走走。在每个房间，都让孩子预测什么东西能被磁铁吸引。在孩子确认的时候把这些东西列成一张表格。请不要对孩子预测的对与错作任何评论。 2. 现在在房间里进行第二次"旅行"。让孩子用磁铁检验预测。 3. 如果愿意，您和孩子可以把预测和答案表寄给我们。
磁铁单元家庭联系活动4： 与"冰箱趣事"配套使用 活动材料： 磁铁 纸	活动过程： 1. 让孩子把一张纸吸在冰箱上。 2. 用更多张纸尝试。问孩子：磁铁能吸住几张纸？ 3. 如果您的家里还有其他磁铁，您或许想测试这些磁铁，并把它们与孩子从幼儿园拿回家的磁铁进行比较。

3. 英国幼儿园里的"父母屋"

英国的大多数幼儿园都有一个叫作"父母屋"的房间，是专门留给家长使用的。在这里，父母可以和教师对幼儿教育中的一些热点问题进行交流、讨论，也可以就幼儿园的一些情况表达自己的意见。有些面积不大的幼儿园则在走廊或教室划出一定空间作为家长活动角。父母屋或家长活动角通常放有家长必读的书籍、孩子的作品展示以及幼儿园的公告牌等。家长可以在这里与其他家长交谈、召开家长会议。在幼儿园建立父母屋，为家长提供一个能够集会、交流的场所，表明了幼儿园对家长参与的欢迎态度，家长也因而更愿意参与幼儿园的教育工作。

4. 社区科学教育活动案例①

亲临体验　品味书香——嘉兴市第一幼儿园中班参观图书馆活动

2015 年 11 月 19 日上午，一向安静的图书馆变得热闹起来，原来是嘉兴市第一幼儿园中班的孩子来嘉兴市图书馆进行参观。他们两两手牵手排着整齐的队伍，在馆内工作人员的带领下兴致勃勃地开始了此次参观活动。

孩子们一走进图书馆，映入眼帘的便是那整齐的书架、丰富的图书、漂亮的阅览室……这里的一切都深深吸引了他们。走进图书馆少儿服务区——亲子阅读天地，里面摆放着各种各样的图书，孩子们爱不释手，挑选了自己喜欢的书籍，沉浸在书的海洋里，工作人员热情地给孩子们演示了如何使用 3D 立体书、歌德少儿学习机以及一些爸爸妈妈给孩子自制的电子书等等，还向孩子们讲解借书、阅览等方面的业务知识，耐心细致解答孩子们提出的有关问题。接着工作人员又带领孩子们有序地参观了成人阅览室、视障阅览室、公共电子阅览室、古籍收藏室等地方。特别是在多媒体阅览室，孩子们仿佛走入了新奇的电子世界，一系列新奇的科技产品，如"电子报纸""3D 电影""3D 打印机"等，让孩子们着迷。

通过此次参观活动，孩子们了解到图书馆的基本情况，知道了图书馆里的藏书丰富而全面。而且能亲身感受到图书馆的安静和浓浓的读书氛围，对孩子们来说这次参观活动意义非凡，既开阔了幼儿的视野，又提高了幼儿的阅读兴趣，为幼儿心灵深处播下了一颗求知、乐学的种子。

5. 物理学家费曼讲述童年父亲对他的教育故事②

理查德·费曼是继爱因斯坦后又一个伟大的物理学家，而他之所以能成为一名天才，则源于父亲的启蒙教育独辟蹊径。费曼的父亲对妻子说："如果生个男孩子，他准能当个科学家。"为了确保自己的预言实现，他尽了最大的努力。因为费曼的父亲一直想成为一个物理学家，自己实现不了的愿望，他付诸给了儿子费曼，并非常用心地去开启费曼的智慧。

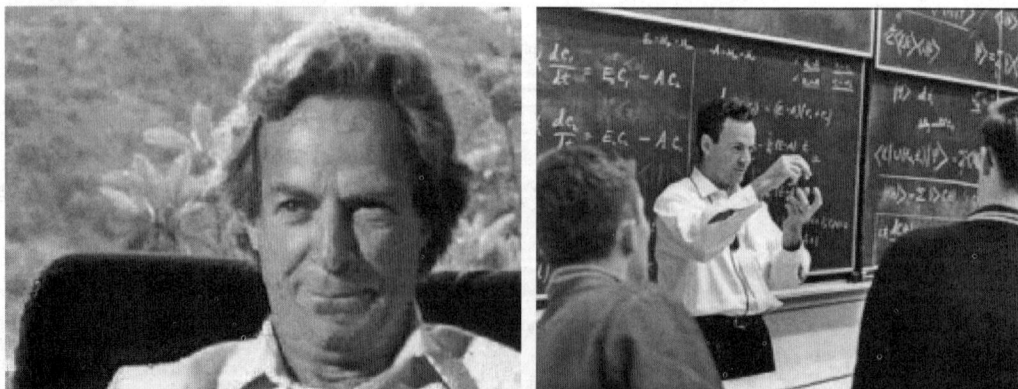

图 4-1　物理学家费曼

---

① http：//jxdyyey.igrow.cn/subject/412072.
② http：//www.sohu.com/a/154994471_342666　2017-07-06，有删改。

费曼提出了费曼图、费曼规则和重整化的计算方法,这些是研究量子电动力学和粒子物理学的重要工具。代表作品有《费曼物理学讲义》《物理之美》等。1986年费曼受委托调查"挑战者"号航天飞机失事事件,在国会用一杯冰水和一只橡皮环证明出事原因。费曼在自传《你管别人怎么想?》中回忆父亲对他的教育:

故事1:当我还坐在婴儿椅上的时候,父亲有一天带回家一堆小瓷片,就是那种装修浴室用的各种颜色的玩艺儿。我父亲把它们叠垒起来,弄成像多米诺骨牌似的,然后我推动一边,它们就全倒了。

过了一会儿,我又帮着把小瓷片重新堆起来。这次我们变出了些复杂点儿的花样:两白一蓝,两白一蓝……我母亲忍不住对父亲说:"唉,你让小家伙随便玩不就是了?"可父亲回答道:"这不行。我正教他什么是序列,并告诉他这是多么有趣呢! 这是数学的第一步。"我父亲就是这样,在我还很小的时候就教我认识世界和它的奇妙。

故事2:我家有一套《大英百科全书》,父亲常让我坐在他的膝上,给我念里边的章节。比如有一次念到恐龙,书里说:"恐龙的身高有25英尺,头有6英尺宽。"父亲停顿了念书,对我说:"唔,让我们想一下这是什么意思。这也就是说,要是恐龙站在门前的院子里,那么它的身高足以使它的脑袋凑着咱们这两层楼的窗户,可它的脑袋却伸不进窗户,因为它比窗户还宽呢!"就是这样,他总是把所教的概念变成可触可摸,有实际意义的东西。

我想象居然有这么大的动物,而且居然都由于无人知晓的原因而灭绝了,觉得兴奋新奇极了,一点也不害怕会有恐龙从窗外扎进头来。我从父亲那儿学会了"翻译"——学到的任何东西,我都要琢磨出它们究竟在讲什么,实际意义是什么。

故事3:那时我们常去卡次基山,那是纽约市的人们伏天避暑消夏的去处。孩子的父亲们工作日都在纽约干活,周末才回家。我父亲常在周末带我去卡次基山,在漫步于丛林的时候给我讲好多关于树林里动植物的新鲜事儿。

"看见那鸟儿了么?"我父亲说道,"那是只斯氏鸣禽。"(我那时就猜出其实他并不知道这鸟的学名。)他接着说:"在意大利,人们把它叫做'查图拉波替达',葡萄牙人叫它'彭达皮达',中国人叫它'春兰鹑',日本人叫它'卡塔诺·特克达'。你可以知道所有的语言是怎么叫这种鸟的,可是终了还是一点也不懂得它。你仅仅是知道了世界不同地区的人怎么称呼这只鸟罢了。我们还是来仔细瞧瞧它在做什么吧——那才是真正重要的。"

我于是很早就学会了"知道一个东西的名字"和"真正懂得一个东西"的区别。

他又接着说:"瞧,那鸟儿总是在啄它的羽毛,看见了吗? 它一边走一边在啄自己的羽毛。""是,"我说。

他问:"它为什么要这样做呢?"我说:"大概是它飞翔的时候弄乱了羽毛,所以要啄着把羽毛再梳理整齐吧。"

"唔,"他说,"如果是那样,那么在刚飞完时,它们应该很勤快地啄,而过了一会儿后,就该缓下来了——你明白我的意思吗?""明白。"

他说:"那让我们来观察一下,它们是不是在刚飞完时啄的次数多得多。"不难发现,鸟儿们在刚飞完和过了一会儿之后啄的次数差不多。我说:"得啦,我想不出来。你说道理在哪儿?"

"因为有虱子在作怪,"他说,"虱子在吃羽毛上的蛋白质。虱子的腿上又分泌蜡,蜡又有螨来吃,螨吃了不消化,就拉出来黏黏的像糖一样的东西,细菌于是又在这上头生长。"

最后他说:"你看,只要哪儿有食物,哪儿就会有某种生物以之为生。"现在,我知道鸟腿上未必有虱子,虱子腿上也未必有螨。

他的故事在细节上未必对,但是在原则上是正确的。

故事4:我父亲培养了我留意观察的习惯。一天,我在玩马车玩具。在马车的车斗里有一个小球。当我拉动马车的时候,我注意到了小球的运动方式。我找到父亲,说:"嘿,爸,我观察到了一个现象。当我拉动马车的时候,小球往后走;当马车在走,而我把它停住的时候,小球往前滚。这是为什么呢?"

"这,谁都不知道。"他说,"一个普遍的公理是运动的物体总是趋于保持运动,静止的东西总是趋于保持静止,除非你去推它。这种趋势就是惯性。但是,还没有人知道为什么是这样。"你瞧,这是很深入的理解，他并不只是给我一个名词。

他接着说："如果从边上看，小车的后板擦着小球，摩擦开始的时候，小球相对于地面来说其实还是往前挪了一点，而不是向后走。"

我跑回去把球又放在车上，从边上观察。果然，父亲没错——车往前拉的时候，球相对于地面确实是向前挪了一点。

我父亲就是这样教育我的。他用许多这样的实例来讨论，没有任何压力，只是兴趣盎然地讨论。它在一生中一直激励我，使我对所有的科学领域着迷，我只是碰巧在物理学中建树多一些罢了。

思考与练习

1. 幼儿园家庭科学教育活动有什么价值？
2. 幼儿园社区科学教育活动应如何开展？

附1 美国幼儿园教师运用社区资源优化教育活动的观察[①]

美国幼儿园教师利用了哪些社区资源开展活动？他们是如何利用这些社区资源优化活动的？研究者应邀前往美国对这些问题进行研究：2008年7月—2009年5月，随机进入当地21所幼儿园，对教师利用社区教育资源开展的活动作了29次现场观察。现将观察结果和思考综述如下。

一、美国的做法

（一）走出去，运用社区场馆资源，丰富教育活动

1. 到草坪花园里去开展发现季节活动

幼儿园大班1位教师带领8名儿童走出教室，来到园后门外边的草坪上，指导儿童观察花草树木的颜色和形状、用图案和符号在画板上记录，回到教室后分享。

2. 到公园游戏场地去开展自由运动

H学校学前班3位教师带领10名儿童走出校门，来到马路对面C公园儿童游戏场地上玩耍：滑滑梯、荡秋千、玩沙、爬树等。

3. 到向日葵地里去开展热爱劳动活动

幼儿园大班3位教师带领13名儿童走出园门，来到马路对面的向日葵地里，向儿童说明向日葵的特点和习性，示范如何连根将其拔出、去掉其根上的泥土、摘下其花盘；引导儿童自由收获向日葵，装进塑料袋里；教师背着大塑料袋，带领儿童回到中心，用这些材料开展美工活动，装扮活动室。

4. 到图书馆儿童部去开展愉快学习活动

幼儿园大班1位教师带着5名儿童，走到马路斜对面的UF图书馆儿童部，在游戏区里嬉戏，到多功能活动室去听馆员讲故事，大家一起唱歌、打击乐器。

5. 到大学校园里去开展游览观赏活动

幼儿园托班2位教师分别推着1辆儿童车，来到一个大学活动中心前的米字形大草坪上游览。

（二）请进来，运用社区人力资源，深化教育活动

1. 邀请家长来观看、组织儿童的日常活动

幼儿园大班教师安排两位家长在班级做志愿者：把桌子擦干净，为每个儿童摆好早点和餐巾纸；为儿童摆放画纸和涂料，帮他们把画夹在画架上；观察儿童的桌面游戏、角色游戏和积木游戏，和他们一起玩；当儿童准备到室外去时，帮他们穿好衣服；到室外去和教师一起观看儿童的游戏。教师感谢家长给儿童带来了点心，奉献了时间；家长离园。

---

① 李生兰.美国幼儿园教师运用社区资源优化教育活动的观察研究[J].上海教育科研.2010(6).

2. 欢迎居民来参与、指导儿童的特殊活动

二、总结与反思

美国幼儿教师充分利用社区教育资源优化园内外活动的做法与特点引发了研究者的一些思考：

（一）重视开放性

美国教师把社区资源广泛用于加强幼儿园的教育之中，使幼儿园与社区能经常进行沟通和互动，形成了真正的伙伴关系。这启发我们要认识到社区和幼儿园一样，在儿童的成长过程中具有独特的作用，幼儿园要实行对外开放，而不能把儿童的学习和生活禁锢在幼儿园的小天地里。

（二）注意可行性

美国许多社会场所都具有公益性、服务性，公园、大学都是无围墙的，图书馆、农场都是免费对外开放的，也消除了参观者的"门卫"和"门票"之忧。这启发我们要全面了解社区，以充分利用蕴藏在社区各种场馆中的价廉物美的资源，因地制宜地开展各项活动。

（三）提高综合性

美国教师组织的外出参观游览活动不是孤立的园外活动，而是园内活动的有序延伸和补充，是综合教育的一个重要组成部分。这启发我们要把社区的优质资源加以整合，全盘纳入幼儿园的教育之中，综合起来加以运用。

（四）体现广泛性

美国教师鼓励家长、大学师生、消防队员、音乐家、房管员和牧师等社区人士参与幼儿园的教育，志愿为儿童的成长贡献自己的聪明才智，既发展了儿童的社会性，也培养了儿童的个性。这启发我们要大力开拓志愿者市场，广泛利用社区的人力资源。

（五）做到规范性

美国教师在带领儿童外出活动时，能严格控制师幼比率，随身携带急救包，提高了儿童外出活动的安全系数；在组织儿童外出活动后，能及时给儿童提供复习巩固的机会，帮助儿童把新旧知识联结起来，提高了儿童学习的效率。这启发我们要把"以儿童为本"放在首位，注重细节，既要时刻绷紧"确保儿童安全"这根神经，更要全面体现"真让儿童受益"这种成效。

附2　江苏省丹阳市新区幼儿园科学区域活动5例

科学区域活动1：玩中学，学中玩

幼儿天生好奇，他们总是喜欢探索世界的每一个"奇妙"，每当发现"神奇"，他们总是那么的开心。以下幼儿科学小实验来源于幼儿生活，我们为孩子们提供了动手探索的材料和方法，每一个实验都是那么的有趣、好玩。

实验一："会跑的"图案

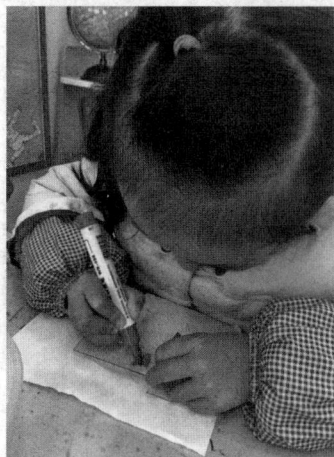

1. 在玻璃片上画上我最爱的五角星　　2. 将玻璃片缓缓放入水中，慢慢地、慢慢地……　　3. 五角星居然从玻璃片上跑下来啦

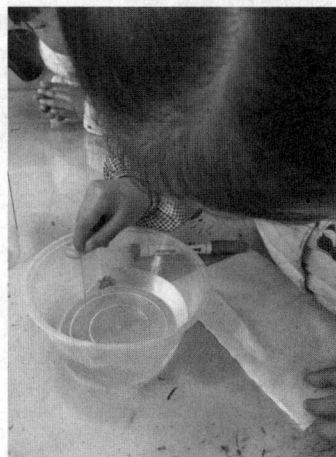

实验二：熄灭的蜡烛

1. 小小蜡烛立水中,燃烧着……

2. 用玻璃杯罩起来,试试看!

3. 蜡烛熄灭了?!

实验三：花开啦！

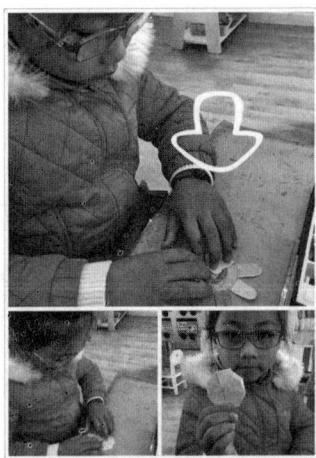

剪一剪

折一折

纸花开啦！

科学区域活动 2: 观察竹子的生长过程

1. 幼儿发现竹林里面长出了竹笋

2. 幼儿仔细观察小竹笋

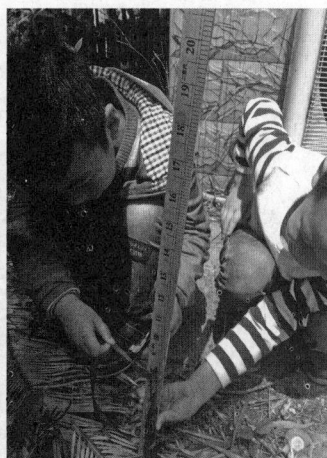

3. 幼儿测量小竹笋的生长高度

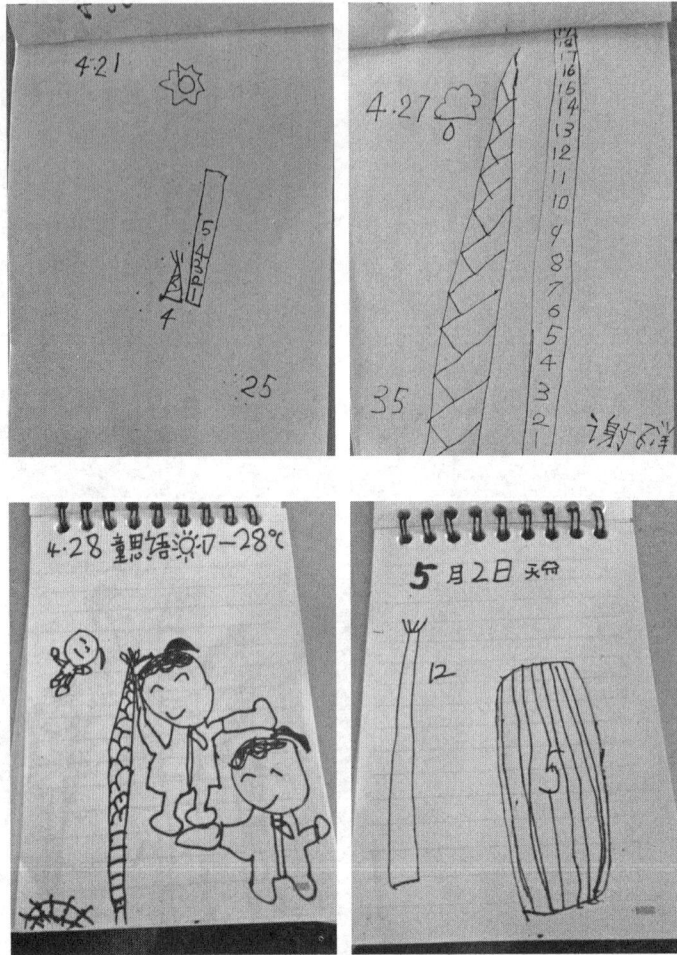

4. 幼儿在观察中的记录

科学区域活动 3： 奇妙的沉浮

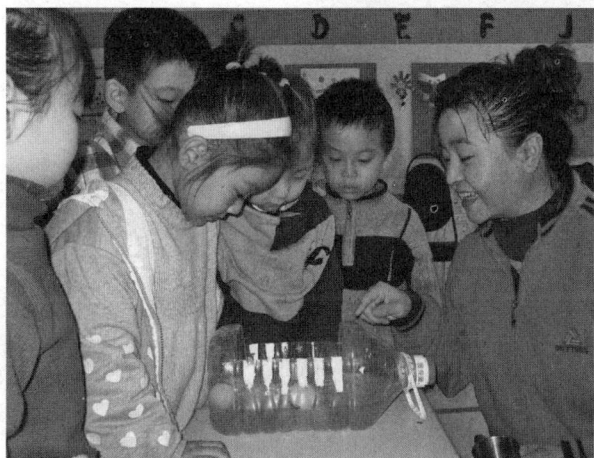

想办法让沉的东西浮上来,让浮在水面上的积木沉下去

科学区域活动 4：电路小实验

材料准备：各种型号不一的电池、小灯泡一个。

实验操作：

（1）让幼儿观察电池的外形特征,按照型号、功能给电池分类或排队。

（2）引导幼儿选择合适的电池,按照正确的方法装入线板内,使小灯泡亮起来。

指导建议：

指导小班幼儿在玩电动玩具的过程中了解电池的作用。

在认识电池的基础上,指导中、大班幼儿给玩具安装电池,引导幼儿观察电池的"＋""－"两极,进行正确安装。

提醒幼儿将废旧电池回收到指定位置。

拓展与替代：

指导幼儿在日常生活中和父母一起寻找家里需要使用电池的物品,如手机、手电筒、钟表等,并尝试拆装电池。

科学区域活动 5： 魔法色彩区角活动

1. 按一定的浓度加糖调色

2. 按顺序用滴管分层次滴颜色

3. 观察滴管中的颜色

4. 成功调出彩色的彩虹

第五章

幼儿科学教育的统整、资源和评价

第一节　幼儿科学教育的统整

《纲要》提出，"各领域的内容相互渗透，从不同的角度促进幼儿情感、态度、能力、知识、技能等方面的发展"；无独有偶，《指南》也明确提出，要注意"儿童的发展是一个整体，要注重领域之间、目标之间的相互渗透和整合，促进幼儿身心全面协调发展，而不应片面追求某一方面或几方面的发展"。因此，在实施幼儿科学教育时，不仅要关注幼儿科学教育自身，而应该加强不同领域之间的联系、渗透和整合，从而使科学教育与其他各领域教育有机联系，发挥它们的整合功能，对幼儿施加整体影响，促进幼儿全面和谐发展。

所谓"统整"，其核心内涵是要素之间建立合理的联系。统整课程是一种采用各种有机整体的形式，使学校的教育教学中分化了的各要素及其各成分之间形成有机联系的课程形态，旨在改善现有课程因学科分化而产生的隔离，以及与现实生活相脱离的现象，使学生获得完整的经验。[1] 实际上，幼儿园课程的整合思想早就有所论述。20 世纪 20 年代末，陈鹤琴先生提出了"五指活动"思想，他把幼儿园课程内容划分为健康活动、社会活动、科学活动、艺术活动、文学活动等五项，但认为这五种活动是一个整体，如人的手指与手掌，手指只是手掌的一部分，其骨肉相连、血脉相通。后来由于受苏联"分科教学"思想的影响，幼儿园分科教学的倾向明显。到 20 世纪 80 年代，经过不断实践和反思，越来越多的教师和专家认识到应该将统整作为一种教育理念和活动方式运用于幼儿园课程改革实践，为幼儿提供整合的课程，这些课程对幼儿的学习与发展具有重要意义。

一、幼儿科学教育课程统整的理论基础

任何一种教育思想也都有其相应的理论基础，幼儿科学教育课程统整的理论基础主要有两方面。

（一）儿童生活的世界原本就是一个整体

《纲要》提出，"科学教育应密切联系幼儿的实际生活进行"。生活从某种程度上说是以问题为中心的。问题本身并不确定属于哪个学科，只是在解决问题的过程中，会从某个学科角度出发，借助于某个学科的概念或思维方式。但这种回答未必是全面的、完整的。生活中的问题往往需要全面的、综合的、整体的、丰富多样的回答，因为生活本身就是丰富的，是一个整体。如"扎染"活动中，既可以从科学角度

---

[1] 李子健，等. 中国大陆幼儿园统整课程的理念与设计. 西南师范大学学报，2005(1).

进行解释，它属于"毛细现象"；也可以从艺术角度去认识这种现象，但几种解释或说明都是指向一种现象①。

依据《纲要》和《指南》精神，幼儿科学教育要紧密联系幼儿的实际生活。幼儿科学教育的内容基本来自于幼儿生活中熟悉的事物，他们探究的问题也基本来自于现实生活。因此，教师就应该从生活的逻辑，即从整体的角度把握科学问题，而非学科逻辑处理幼儿科学教育问题。

（二）幼儿眼中的世界是一个整体

在幼儿的眼中，生活也好，世界也好，它们都是整体的，他们不会把自己的生活和生活的世界人为地分为不同的领域，或零散的一个个独立的知识点或面。比如，幼儿在观赏一只美丽的蝴蝶时，在幼儿的眼中，它就是自己喜欢的一个小动物，没有任何一个幼儿观赏蝴蝶时，会按照学科领域来划分为"科学"的蝴蝶、"语言"的蝴蝶或是"艺术"的蝴蝶，分割开来进行观赏。

（三）培养具有完整意义的人的需要

从本质上讲，人是一个智力与人格和谐发展的有机整体。幼儿的学习与发展是整体的，任何片面割裂的教育要求只能导致幼儿的畸形发展。再加上幼儿正处在发展的特殊阶段，其心理发展水平决定了他们对事物的理解是粗浅的、表面的，他们的概括能力较弱，对其进行教育一般不宜太过于分化。

基于以上这些原因，我们要树立一种统整的教育理念，将幼儿完整的生活要素整合于各领域内的教育活动，并将它们有机联系起来，促进幼儿完整健康和谐的发展。

二、幼儿科学教育的渗透与整合

幼儿科学教育的统整主要途径有三种：学科层面的渗透与整合、主题层面的渗透与整合以及一日生活中的渗透与整合。

（一）学科层面的渗透与整合

学科层面的渗透与整合主要指在某一学科性的教育活动中渗透其他学科的教育内容和目标。它的特点是保持了某一学科自身体系的完整性，同时又兼顾了相关学科或领域内容的教育。其形式又可分为两种类型：一种是在科学教育活动中渗透其他学科内容的教育；另一种是在其他学科教育活动中渗透科学教育的内容。

1. 在科学教育中渗透其他学科教育

这种教育整合是在保证科学教育目标和内容完成的前提下，同时兼顾其他学科教育目标的达成。在科学教育中渗透音乐、美术等艺术教育内容，不仅可以丰富科学教育活动的形式，使幼儿产生愉悦的积极情绪，而且还能使幼儿在科学探究的同时感受美、体验美，获得美的享受，甚至为创造美打下基础。科学教育中渗透语言教育的内容，鼓励幼儿把活动中的观察发现、心里的真实想法、探究中的做法都用自己生动形象的语言表达出来，不仅可以使教师了解幼儿在探究过程中的思维发展水平，而且还能在与同伴、老师的交流中碰撞出思维的火花，促进其智力的发展，丰富和发展幼儿的语言表达能力。所以，加强学科教育中的渗透具有多方面的作用。如在"美丽的蝴蝶"探究活动中，教师呈现各种蝴蝶引导幼儿进行观察，一方面，激发了探究的兴趣，培养了幼儿的观察能力，感受了蝴蝶的多样性，另一方面也让幼儿体验到蝴蝶真美，产生了想画蝴蝶的愿望；通过"蝴蝶是怎样产生的"这一问题的探究和讨论，一方面让幼儿了解了蝴蝶的变迁过程，另一方面通过这一问题的相互探讨，幼儿之间产生了互动合作，促进了幼儿社会性的发展。在交流的过程中，同伴之间不断地体验到思维的碰撞，促进了幼儿思维能力的不断发展和语言表达能力的发展。

---

① 扎染，中国传统的手工染色技术之一，分为扎结和染色两部分。它有一百多种变化技法，各有特色。

2. 其他学科教育中渗透科学教育的内容

幼儿科学教育可以以专门的、直接的、显性方式进行。但"科学无处不在",科学教育也可以渗透在语言、艺术、社会、健康等其他领域活动中,使幼儿以一种较为隐性的方式学习科学、体验科学。如在"数玉米"的数学教育活动中,其主要教学目标是感知玉米的排列方式,学习做标记的方法,以及准确计数。在活动最后,教师可以引导幼儿观察记录的玉米列数,发现玉米列数都是双数的规律。在这个教学环节中,尽管不需教师给幼儿解释为什么,但引导幼儿发现这个科学现象则体现了渗透和整合的教育理念,将科学教育自然地融入到数学教育活动之中。通过引导幼儿观察、探究并发现这一规律,有助于幼儿形成对周围事物的观察兴趣、探究的欲望,获得科学经验,而这些都是幼儿科学教育的重要目标。

例如,体育课上让幼儿玩气球,有各种各样的玩法,这里涉及许多的科学问题:如为什么气球会自动往下掉落? 把许多气球平放在地上,很多幼儿躺在上面,气球为什么不会破裂? 用一根手指和一只手向上顶气球,有什么不同吗? 此外,可以用不同颜色的气球组成一个美丽的图案,也可以把气球作为一个道具来跳舞。这节课,把体育、科学和艺术融为一体,是真正意义上的整合和渗透。

(二) 主题层面的渗透与整合

主题层面的渗透与整合是围绕某个特定的问题或任务,不以某一学科为主,而是跨越学科或领域的界限,把不同学科或领域的教育内容有机联系起来,充分利用各类资源,以主题或项目加以整合,形成一个较为完整的教育活动。根据活动中教师预设成分或教育内容生成性的高低,其表现形式主要有主题活动和项目活动。主题活动中,教师的预设成分更多,而项目活动中生成性成分更多。

1. 主题活动

主题活动是指在一段时间内,教师围绕某一个主题组织一系列的教育活动。这类活动完全淡化了学科之间的界限,将与某一主题有关的教育内容有机融合,形成一个个既独立又有联系的具体活动,幼儿通过参加这些活动,获得与主题有关的较为完整的知识经验。

(1) 主题活动的特点

主题活动是在一段相对集中的时间进行的,有利于幼儿在这段时间内集中学习和思考与主题有关的学习内容,从而提高学习效果。学习内容往往选自幼儿的实际生活,从他们感兴趣的和关注的问题出发,有利于激发幼儿学习积极性。主题活动完全打破了学科界限,把与某一主题有关的教育内容有机融合在一起,加强了各领域之间的联系,有利于发挥教育的整体性效应,促进幼儿的整体性发展。

(2) 主题活动中整合的要素

① 教育内容的整合。从主题活动的定义可以看出,主题活动完全淡化了学科之间的界限,而是把与某一主题有关的教育内容有机联系。也许单个活动内容是学科性,但都是与某个主题有联系,并形成一个有机整体的。

② 实施途径的整合。在主题活动中,既可以通过集体性教学活动来实施,也可以通过其他活动,如区域活动、一日生活乃至幼儿的日常生活来进行。因此,在形式上,既可以是全班性的集体活动,也可以是小组活动或个别活动。究竟采用哪种途径实施主题活动,教师要根据具体活动的目标、内容、幼儿的实际情况等因素综合考量,在实施主题活动前就应该有所规划。

③ 家、园、社区等各方教育资源的整合。在传统观点看来,幼儿科学教育是幼儿园的事情,由幼儿教师根据幼儿实际情况选择合适的活动内容来完成。但从现代教育理念出发,这样的观点显然是不科学的。除了幼儿园,家庭、社区也是幼儿生活和成长的重要场所,它们对幼儿的影响是非常重要的,它们也是对幼儿进行科学教育的不可或缺的教育资源。因此,在主题活动实施过程中,教师要与家长建立联系,获得家长的支持,如协助收集各种教育材料,与幼儿一起探究,也可以请家长到幼儿园做与主题有关的讲座。充分利用社区物质资源和人力资源,服务于主题活动。

2. 项目活动

项目活动是指幼儿在教师的支持、帮助和引导下,围绕大家都感兴趣的某个"话题"或"问题"进行深入探究,在合作探究的过程中获得知识、理解意义、增强能力。项目活动起源于20世纪初的美国,后来随着意大利瑞吉欧课程在世界范围的传播，我国幼教工作者对它也有了一定的认识，并在实践中不断尝试和借鉴。

（1）项目活动的主要特点

项目活动与主题活动有许多相似性。如淡化了学科界限，强调资源的整合，以完整的学习促进幼儿的整体的发展；以幼儿的兴趣为出发点；强调活动的生活化等。

但项目活动与主题活动最大的区别是项目活动具有典型的生成性的特点，也就是项目活动不是由教师单方面预先设计的，而是教师与幼儿共同提出和建构的。而且，在实施过程中，教学计划可以根据幼儿的情况随时发生变化。除此之外，项目活动强调问题解决，幼儿在解决实际问题的过程中进行真实的、有意义的学习。

（2）项目活动的基本步骤

完整的项目活动包含三个环节：

① 酝酿话题，准备活动。在这一环节，教师与幼儿一起对幼儿感兴趣的问题进行讨论，分析筛选出项目活动的话题。确定话题时需综合考虑一些因素，如该话题是否符合幼儿兴趣，是否适合幼儿的身心发展水平，是否具有教育价值，是否能产生有意义的学习活动以及是否具备开展活动的条件等。话题确定后，教师要组织幼儿讨论在活动中可能出现的问题，将这些问题形成主题网呈现出来。同时，做一些其他相关的准备工作。

② 进行活动，充分探究。这一环节是项目活动的核心。幼儿通过实地参观访问，收集和研究实际事物，查阅资料，请教专家，来发现规律，探究事实的真相，并用自己的方式表达出来。

③ 总结分享。这个环节主要给幼儿回顾和反思整个活动的机会，通过回顾和反思，帮助幼儿回忆、梳理和评价过去的活动，相互交流和展示探究成果。

附 STEM 和 STEAM 教育简介

一、STEM 教育的含义

STEM 是 Science（科学）、Technology（技术）、Engineering（工程）、Mathematics（数学）四个英文单词首字母的缩写，表示高质量的科学、技术、工程和数学整合式或渗透式教育。它起源于美国，目前已经成为国际上比较新颖而流行的一种教学模式，对学生未来的成功至关重要。

二、STEM 教育的基本特点

1. 贴近学生生活

整合的 STEM 教育是使学习变得更贴近学生的一种教育。美国国家科学委员会（简称 NSB）在《满足美国科学、技术、工程和数学教育系统的关键需求的国家行动计划》文件中，阐述了关注教师有效地进行STEM 教育需要具备哪些特点的重要性。NSB 在该文中强调，应该由高素质和高校教师来教 STEM 课程。他们呼吁国家在吸引并留住合格的有责任心的教师候选人上投入更多的注意力。

2. 以学生为中心

研究表明，使用一个跨学科或综合课程，能为学习者提供更多相关联而少分散的机会。此外，这是一种以学生为中心的教学方法，它能够提高高层次思维和解决问题的能力，并能改善记忆，使学生成为更好的问题解决者、创新者、发明家，提高独立的逻辑思维能力和技术素养。

3. 激发学习兴趣，提高科技素养

整合的 STEM 教育对学生的态度和兴趣以及他们的学习动机和成就有积极影响，提高了数学和科学方面的学习成绩和成就，提高了工程意识，理解并能够进行工程设计，提高了科技素养。

整合数学和科学教学的研究为整合 STEM 教育提供了一个良好的基础。整合的科学和数学的成功与否，在很大程度上取决于教师对主题的理解。许多教师在自己的学科内容知识上存在漏洞，影响了整合的效果。

三、实施 STEM 教育的方法

科学和数学整合式教育的有效实施,提供了有效实施 STEM 整合的切入点,一些学者列出十个最佳方法:

(1) 使用教具、动手学习;(2)合作学习;(3)讨论和调查;(4)质疑和猜测;(5)使用合理性的思考;(6)撰写反思和解决问题;(7)用一个方法解决问题;(8)集成技术;(9)老师作为主持人;(10)评估作为教学的一部分。

此外,专注于联系、陈述和错误概念,也可以增加教师的教育学知识。使用整合的 STEM 方法的好处是:许多实践可以让自己自然地融入到活动中。活动也让老师把重点放在大概念上,这些大概念在学科之间可以起到联系和桥梁的作用。

四、教师在实施 STEM 教育时的注意点和作用

1. 注意事项

(1) 教学应建立在学生已有的知识上;(2) 围绕大思想、大概念或主题组织知识进行教学;(3) 增加学生概念和流程之间相互关系的知识;(4) 明白知识是视情况而变化的;(5) 通过社会演讲保持知识的先进性;(6) 明白知识是长时间经过社会建构的。

2. 教师在 STEM 整合中的作用

老师对教学的成功起着极其重要的作用,内容知识和高质量的教学发挥了很大的作用。许多研究指出,教师的自我效能感将影响合作学习的效果。

五、美国关于 STEM 教育的政策及 STEM 内涵的发展

1. 近年来美国在 STEM 教育方面的相关政策(文件)

2010 年:

(1)《准备与激励:为美国的未来实施 K～12 年级 STEM 教育》;

(2)《美国竞争法》第五编:《科学、技术、工程和数学支持计划》。

2011 年:

(1)《构建科学、技术、工程和数学教育议程:更新的州级行动》;

(2)《联邦科学、技术、工程和数学教育图景》。

2012 年:《致力于超越:再培养百万名 STEM 领域大学毕业生》。

2013 年:《联邦科学、技术、工程和数学教育五年战略规划》。

2014 年:《K～12 年级 STEM 整合教育:现状、前景和研究议程》。

2015 年:《2015 年 STEM 教育法案》。

2. STEM 内涵的发展

2015 年,经时任美国总统奥巴马签署,美国《2015 年 STEM 教育法案》正式生效。根据该法,虽然 STEM 教育的英文拼写不作改变,但明确将计算机科学(computer science)列入 STEM 教育类别。该法生效后,联邦政府机构对 STEM 教育的定义将更加正式和规范地纳入计算机科学学科,使该学科作为 STEM 教育的一类,被纳入国家科学基金、美国联邦能源部等机构的资助范围。

此外,该法要求在国家科学基金会的奖学金项目中增加对数学、科学教师的培训及研究支持,并加强对社会机构开展 STEM 教育的研究,进一步探索如何加强校外 STEM 教学。这将有利于鼓励博物馆、科普中心等机构提供更多非正式的科学教育项目。

该法案第二条中,对 STEM 教育做了一个全新的定义:为了在国家科学基金会、能源部、美国宇航局、国家海洋大气管理局、国家标准与技术研究院、国家环保局推进 STEM 教育活动,"STEM 教育"包括了科学、技术、工程、数学以及计算机科学等学科教育,在"STEM 教育"的基础上,进一步发展成为更全面的"STEAM 教育"。

(三)STEAM 与中国教育的改革

2016 年,我国教育部出台的《教育信息化"十三五"规划》明确指出有效利用信息技术推进"众创空间"

建设,探索 STEM 教育、创客教育等新教育模式,使学生具有较强的信息意识与创新意识,养成数字化学习习惯,具备重视信息安全、遵守信息社会伦理道德与法律法规的素养。在国家教育政策的倡导和引领下,我国开展了大量的 STEM 教育的探索,北、上、广、深等一线城市的学校已经开设了 STEM 课程。2014 年,上海首次引进 STEM 课程,并作为上海教育综合改革试点项目,成立了上海市史坦默国际科学教育研究中心。由该中心研发的中小学 STEM+ 课程,已在部分试点中小学、幼儿园推进实施。在幼儿园的实践层面,幼儿园 STEM 教育、基于 STEM 教育的幼儿园科学教育,幼儿园 STEM 教育和创客教育相结合的形式正在涌现并且逐渐发展。

第二节　幼儿科学教育的资源

　　教育资源亦称教育条件,通常指为保证教育活动正常进行而使用的人力、财力、物力的总和。任何教育活动都要求以一定的资源条件为前提。幼儿科学教育也不例外。可以这么说,凡是有助于幼儿达到学习目标的一切人、财、物均能成为幼儿科学教育的资源,如进行幼儿科学教育活动所需的各种教玩具、各种工作材料、教育资料以及幼儿生活中可供科学教育利用的各种自然环境和社会环境等。

　　从实践中看,可用于幼儿科学教育的资源是相当丰富的,主要分为以下几种类型:第一,教玩具类,主要包括实物、模型、标本、挂图及各类操作材料。第二,媒体资源类,如图文并茂地介绍各类动植物知识、传统的科学故事的各类书籍,以及承载各类影视资源的现代媒体。第三,自然资源,如动植物资源和水、空气等非生物资源。第四,社会资源,如动物园、天文台等社会物力资源,家长人力资源及社会人力资源等。当然,幼儿园自身的场地内也包含许多的科学教育资源可以挖掘。

　　下面以幼儿园科学区域为重点来介绍幼儿园科学教育的资源。

一、科学发现区

　　科学发现区是班级活动区的一个重要组成部分。一般是指在班级的某个部位,用一些桌椅、软垫等形成一个便于活动的区域,并在该区域内为幼儿提供用于科学探索、科学操作或科学制作材料的环境。科学发现区是幼儿自由发现和自主支配活动的场所,应提供各种丰富的材料。一般来说,班级的大小决定着科学发现区的规模和容量。

（一）科学发现区环境的创设

　　相对于集体性教学活动而言,科学发现区是幼儿进行自主科学探究的活动场所,在这里,幼儿有充分的机会接触、摆弄和探索各种科学材料,自由、独立地进行各种科学观察、科学实验、科学游戏以及科学小制作等活动,同时,在这里幼儿之间也有了更充分的交流和互动。而要真正发挥科学发现区的功能,首先必须十分注重科学发现区环境的创设,以引发幼儿科学探究的兴趣和动机,激励幼儿科学探索的热情。科学发现区的环境包括良好的心理环境和丰富的物质环境。

1. 创设民主、自由、安全的心理环境

　　在幼儿的心目中,教师处于绝对权威的地位,其一言一行都会对幼儿产生影响。但如果使用不当,比如给幼儿过多的引导或太多的限制,幼儿遇到问题首先想到的就是希望按照老师的要求去想、去做,最终会阻碍幼儿的自主性和创造性的发挥,相反如果不给幼儿太多束缚,他们就能大胆地去尝试和创造。教师始终牢记科学发现区是属于所有儿童的。

　　教师的鼓励和支持应该贯穿在幼儿科学学习的始终。当幼儿刚刚对某个事物产生兴趣时,教师的鼓励可能会促成幼儿的一次有意义的探索活动;但幼儿在探索中遇到问题时,教师的鼓励能够使幼儿的探索行为深入下去;当幼儿经过探索有了新的发现后,教师的鼓励则能够使幼儿产生自信,更积极地面对以后

的探索活动。

当幼儿在探索中出现错误时,教师要准确看待幼儿及其错误。由于年龄和知识经验的影响,幼儿在观察中存在局限,思维不够完善,推理中存在逻辑问题,解释不符合事实,这些都是有可能发生的正常现象。但不管怎样,这些都是幼儿自己的观察、思考、探索的结果,他们也都很希望得到教师的肯定和赞许。而且科学研究的过程就是不断尝试错误、直到找到准确答案的过程。因此,当幼儿在探索中遇到失败和挫折时,教师应该带着一种尊重、理解、宽容、支持、鼓励的态度,让幼儿感受到在科学发现区的活动是自由的、安全的,可以大胆地去尝试。

2. 创设丰富的、多元的、开放的、安全的物质环境

在科学区域活动中,幼儿主要通过材料之间相互作用获得发展。一个精心设计和安排的科学发现区,将有助于引发幼儿成功地进行科学观察和探究活动。也可以说,科学发现区良好的物质环境是幼儿科学探究和科学发现必不可少的环境和条件。

科学发现区的活动与集体性教学活动的一个重要区别是,教师走到了幼儿背后,幼儿主要通过操作材料,在与环境的相互作用中得到提升和发展。因此,教师要为幼儿创设丰富的、多元的环境。在这个环境中,每个幼儿都可以根据自己的兴趣、爱好自由地选择活动的内容,幼儿可以按照自己的认知速度进行学习。

科学发现区应该是安静的。科学发现区不同于其他的学习区域,它既有幼儿个体的独立探索,又有同伴间的合作探究,但都需要思考的过程,所以区域的选择上要相对安静,避免产生相互干扰。

(二) 科学发现区材料的投放要求

在科学发现区的活动中,幼儿成了真正意义上的学习主体。幼儿主要与材料发生相互作用,在对材料的操作、摆弄、探究过程中获得科学经验,建构自己的科学认知结构。区域中的材料是幼儿进行科学探究活动的工具和载体,它在幼儿和科学知识之间架起了桥梁。因此,材料投放得是否合理就显得非常重要了。

实践证明,要真正发挥材料在幼儿科学学习中的作用,教师在材料投放时需注意以下几点:

1. 目的性

尽管科学发现区活动的目的性没有集体性教学活动那么明确,但并不表明科学发现区的活动是没有目的的。相反,在材料投放环节就应该考虑其目的性。材料投放要蕴含一定的教育目标,这种目标可以是幼儿通过对材料的操作,激发他们的学习兴趣和欲望,也可以是引发幼儿认知上的冲突产生疑问。总之,材料投放时必须考虑投放的目的。

当然,在科学区域活动中,投放材料的目的性应该是开放的。也就是一种材料并不只是为一个目标服务,一种材料可以为达成多个目标服务,充分发挥每一种材料的作用。这也有利于每个幼儿都能按照自己的方式操作、改变、组合材料,并产生不同的发现,激发幼儿主动探究的乐趣。

2. 丰富性

在科学发现区,丰富多样的材料是幼儿自主学习的基础,也是幼儿获得丰富科学经验的物质保证。这里的多样性不仅指丰富多彩的探究内容,还包括即使是同一内容中,也要兼顾到所投材料的多样性,以便让幼儿获得丰富的科学经验。如在磁铁材料投放中,可以投放磁铁和其他各种物质,让幼儿体验只有磁铁能吸铁;其次,在磁铁中,投放磁铁棒、U 形磁铁等各式磁铁,让幼儿在玩的过程中体验磁铁的两极性、相吸相斥的特性。还可以通过带磁铁的玩具体验磁铁的各种特性。

丰富性还包括为幼儿提供合适数量的材料,以满足幼儿活动需要。所谓"合适"不是指越多越好,也不是指保证每人一份,而是以不影响幼儿的探索活动为依据,有时过多反而会影响幼儿对材料的探究兴趣。

3. 层次性

幼儿发展的个别差异是客观存在的,因此,教师在材料投放时,要考虑投放不同层次的材料,以满足不同层次儿童的需要。同时,同一个幼儿通过操作不同层次的材料,逐步获得更高的科学认识和科学探究能力。如同样是"不倒翁"的材料,教师在选择和投放材料时,既可以只考虑让幼儿玩和发现的层面,从市场

上买个现成的不倒翁；也可以考虑让幼儿进行进一步的探究，允许幼儿拆开来，再装起来，在拆装的过程中探究不倒翁的奥秘；也可以在幼儿理解了不倒翁的原理后，让幼儿尝试用其他材料自制不倒翁，培养其动手操作的兴趣和能力。

4. 结构性

结构性是指材料在被使用时能揭示自然现象间的某种关系。例如，教师在"磁铁的奥秘"教学中为幼儿提供的各类材料：各种形状的磁铁、铁片、回形针、塑料、纸片、木片等，幼儿可以通过自己的操作，就可以发现磁铁能吸住铁片和回形针，其他材料不行；隔着纸片仍能吸住铁片和回形针；磁铁两极同极相斥，异极相吸。这种有结构的材料能引导幼儿的学习和探索的方向。就材料本身而言，高结构材料可能会蕴含更为丰富的科学原理，但这种材料会限制幼儿的操作方式。科学发现区的材料应该含有一定数量的低结构材料。这种材料更容易引发幼儿的兴趣，产生创造性想法和做法的可能性更大。

5. 安全性

由于幼儿自我保护的意识较为淡薄，因此，教师在选择材料时要考虑材料的安全性，尽量不要选择对幼儿安全构成威胁的材料。首先要保证幼儿在使用这些材料时是安全的。其次，场地不能过于拥挤，幼儿有足够操作空间，探索过程中是安全的。

（三）科学发现区可以提供的资源

班级的科学发现区相对于科学发现室而言，空间上往往是有限的，所以在资源和材料上应该是精选的、有代表性的。一般来说，科学发现区应该包括以下一些基本材料：

（1）放大器械或稳定器材，如各种透镜、三脚架等。

（2）磁性材料，如各种形状、大小的磁铁以及指南针等。

（3）力学材料，如斜面板和可滚动的物体、天平等。

（4）安全护目镜。

（5）绘画时用的工作服或罩衣。

（6）勺子、滴管、镊子等取材工具。

（7）碗、瓶子、小桶、杯子等容器。

（8）用来分类和储存的容器，如纸质餐盘、鸡蛋盒、透明塑料小瓶等。

（9）用来分类和混合物品的纸板或塑料餐盘。

（10）用来测量的非标准化工具，如计数器等。

（11）用于记录的纸张、铅笔、录音设备。

（12）科学读物。

（13）清洁工具，如水桶、抹布、扫把、垃圾桶等。

二、自然角和种植园地

自然角是在各自教室创设的供幼儿观察和研究动植物的重要场所。一般设置在教室的一角或阳台里。有条件的幼儿园可以设置种植园地。在自然角或种植园地里，可以按照各年龄段幼儿科学教育的要求和内容、各年龄段幼儿的心理发展水平，摆放或种植花草、瓜果，可以种植植物的根、茎、叶，也可以种植整株植物，还可饲养方便在室内生存和照料的各种小动物。

（一）自然角和种植园地的作用

自然角和种植园地的主要作用体现在：

1. 帮助幼儿了解和认识生物的基本特征

生物的基本特征包括生物的外部特征、生命周期、生长的条件以及生物的多样性和生物之间的相互联系。我们生存的地球上有很多种生物，每种生物都有其自身的特点，了解这些生物的基本特点是幼儿科学学习的一个基本组成部分。每一种生物也都有各自需要的生长条件,如阳光、水分、土壤、空气等;每一生物都有其生长发育的周期,从出生、成长、衰老直到死亡;每一生物都不是独立存在的,其与周围环境中的其他生物之间相互联系。通过这些内容的观察或探究,帮助幼儿了解周围的自然环境,丰富对大自然的感性认识,获得关于大自然的初步经验。

2. 激发幼儿的探究欲望,产生对大自然的热爱之情

自然角和种植园地的活动中充满着各种科学探究的机会,幼儿在这里可以进行预测、观察、实验、记录以及相互之间的沟通交流,从中体验科学探究的各种过程,享受探究带来的快乐,从而激发他们的探究欲望。在探究中了解大自然的神奇和奥秘,产生对周围自然的热爱之情。

3. 掌握最基本的种植和饲养的基本方法

自然角和种植园地为幼儿种植各种植物和饲养小动物提供了场所。幼儿在观察、种植植物和饲养小动物的过程中,了解了各种动植物的生存条件、生长过程,掌握了种植和饲养的一些基本方法。

(二) 创设自然角和种植园地的基本要求

到目前为止,人类认识的地球上的生物有 200 万种左右,各地区生物的差异也很大,加上幼儿年龄不同,幼儿科学教育的要求也存在差异等,所以自然角和种植园地的设置需要注意一些基本要求。其具体要求主要包括以下几点:

1. 环境上易于动植物生长,空间上易于幼儿进行活动

自然角和种植园地应该设置在阳光充足的地方,以便于动植物的生长发育。同时,在空间的安排上要便于幼儿活动,不要过于拥挤,摆放高度要有利于幼儿进行观察和操作,方便幼儿进行适当的记录。

2. 选择容易存活和生长的、美观的、不同种类的动植物

动植物的存活和生长都需要不同的条件,但有的相对易于存活,有的所需条件相对苛刻,由于精力等方面的限制,幼儿园自然角和种植园地提倡选择容易存活和生长的动植物。尽量选择美观的动植物,一来幼儿喜欢,容易引起探究的兴趣,二来也可以利用它们来美化班级,使幼儿园的环境更加美观、立体和生动。呈现不同种类的动植物有利于幼儿认识动植物的多样性,如可以让幼儿根据叶子形状不同,对自然角或种植园地的植物进行归类摆放,然后观察、比较各种植物之间的叶子的相同和不同之处。

3. 根据季节和年龄阶段选择不同的动植物

动植物的生长有很强的季节性。自然角和种植园地要根据季节变化不断更新内容。例如,春天是万物复苏的季节,可以在自然角插上几株迎春花、刚发芽的柳枝、栽种春天才会开花的各式植物,让幼儿充分体验春天的感受;到野外的池塘里捞上一些小蝌蚪带回自然角,让幼儿进行观察和了解。冬天可以插上几株腊梅,让大家体验冬天的气息。

由于年龄和认知发展水平的差异,幼儿科学教育对不同年龄段幼儿的教育目标和要求也存在差异。例如,《指南》科学探究子领域的目标 2"具有初步的探究能力"中,3~4 岁的要求之一是"对感兴趣的事物能仔细观察,发现其明显特征";4~5 岁对应的是"能对事物或现象进行观察比较,发现其相同与不同";5~6 岁则对应的是"能通过观察、比较与分析,发现并描述不同种类物体的特征或某个事物前后的变化"。从中可以看出,同一目标,对不同年龄段幼儿的具体要求是有差异的,自然角和种植园地在选择和使用各类动植物资源时要考虑幼儿科学教育目标的差异。

4. 提供用具,并对自然角和种植园地进行合理管理

种植和饲养均需要一定的用具,因此,在自然角和种植园地要为幼儿提供相应的工具,如种植所需要的各种大小的容器、箱子、小铲子、小锄头、小筐等。合理分配各个班级、小组、个人参与管理的时间,保证每个幼儿都能参与到自然角和种植园地的开发与管理中来。

三、科学发现室

随着幼儿园教育条件的改善,很多幼儿园相继建立了科学发现室。尽管名称有所不同,但就其功能而

言,都是开展非指导性的区角学习活动的重要场所,专门供幼儿进行自由的科学探索、科学发现和操作。

（一）科学发现室的特点

1. 空间更大,材料更新、更丰富

科学发现室面积一般在30～60平方米,在采用整体设计的基础上,强调以科学探索主题为单位。相对于科学发现区而言,空间更大了,可以同时容纳更多的幼儿进行科学探索活动,可以放置更多的活动材料,包括一些在发现区无法摆放的材料。当一组幼儿在里面活动时,他们可以有充分的选择余地,玩到自己想玩的材料。这样就能够充分保证每个幼儿都有操作科学材料的时间和机会。由于面积较大,当出现新的科学学习材料时,可以随时进行充实。

2. 营造了更浓厚的科学氛围

班级设置的科学发现区只是众多活动区的一个,幼儿往往不会突出对它的关注。但科学发现室是一个专门设置、相对固定的、对全幼儿园开放的区域,它营造了更为浓厚的学习科学的氛围,幼儿更容易被这种氛围所吸引,激发产生探究的兴趣和欲望。同时这一全园性的区域对幼儿来说还具有一种神秘感,这种神秘感也有助于幼儿进行科学探究。

3. 更适合幼儿的个别差异

科学发现室中的材料一般不按照年龄阶段加以区分,而是混合地提供给幼儿,不同年龄段的幼儿都可以到科学发现室进行操作和探究活动。活动中可以允许每个幼儿根据自己的兴趣和爱好,按照自己的发展水平选择活动的材料,自己决定活动的时间,并用自己的方法进行充分的、自主的科学观察、科学操作和发现。这样就在更大意义上适应了每个幼儿的个别差异。

（二）创设科学发现室的基本要求

科学发现室作用的发挥有赖于其良好环境的创设,如果环境创设合理、空间布置得当,就能更好地激发幼儿的探究兴趣,使幼儿不受外界干扰,能更好地投入到探究活动中来。

环境创设、空间布置中应该注意以下基本要求:

1. 适当区分动静区

科学发现室的活动也可以分为"安静型"和"运动型"。教师在进行环境创设时,在空间上要把"安静型"和"运动型"的活动适当加以区分,提倡将安静的桌面操作区和科学图书区放在一起,避免与容易发出噪音的"运动型"活动产生相互干扰。

2. 材料分类摆放

科学发现室在空间布置上往往是以不同的探究主题进行安排的,因此要求把同类材料摆放在一起,如有关力学材料放在一起,光学材料放置在一起。这样有利于幼儿发现材料之间的相互关系,有利于选择同样材料的幼儿在操作过程中的相互交流和合作,也有利于培养幼儿的分类意识。

3. 综合考虑各种操作空间,保证活动顺利进行

不同的探索活动需要不同的活动空间,如有些活动需要在大片的地面进行,有些活动需要在桌面进行,需要从整体上考虑活动空间的安排,以保证探索活动能顺利进行。

4. 就近安排需要光源和水源的材料

有的科学探索活动需要用到水,这种材料应该安排在水源附近;有的光学材料需要光源才能开展探索活动,那么就要尽可能放在光源附近;有的生物正常生长需要阳光,则需要将它们摆放在有自然光源的地方。

5. 空间安排上,还需要注意适当将室内和室外有机结合

比如,活动确实需要用到更大空间,或对发现室其他活动可能造成较大影响的,则可以把这类材料放在靠门的位置,必要的时候可以让此类活动在室外进行。条件允许,在发现室内留有一定的存储空间,存放使用频率不高的材料。

（三）科学发现室的材料投放

前面在谈及科学发现区的材料投放要求时,认为材料投放要考虑其目的性、丰富性、层次性、结构性以及安全性。科学发现室的材料投放也需要注意上述特性。除此之外,由于科学发现室中教师的指导更少、材料更多,为了引起幼儿兴趣,操作活动顺利进行,教师在投放材料时还要考虑新颖有趣,操作简便易行,材料具有较强的可探索性。

实践中,科学发现室可以投放的材料有很多,主要包括以下五大类:

1. 科学探索类材料

（1）声学材料:主要让幼儿体验发声、传声、声控等。如风铃、音叉、编钟等发声材料;电话、传声筒等传声材料;声控小鸟、声控娃娃等声控玩具。

（2）光学材料:主要让幼儿了解光的直射、反射、折射等物理现象。可以提供各种透镜（如凹透镜、凸透镜）、平面镜、凹面镜、凸面镜、三棱镜、多棱镜、万花筒、颜料和调色盘,可以叠加颜色的彩色塑料片等。

（3）热能与传热材料:主要让幼儿感知热能,如酒精灯、蜡烛、小铁棒等。

（4）电能材料:主要让幼儿感知电的产生、传导和利用。如塑料棒、玻璃棒、丝绸、皮毛等感知电的产生;电池、电线、小灯泡等材料体验电的传输;手电筒、电动玩具体验电的利用。

（5）力学材料:主要让幼儿体验各种力,如重力、浮力、弹力等。重力材料有斜面板、可滚动的物体、沙漏等;浮力材料有各种容器、水、可沉浮的材料等;弹力材料有弹力球、弹簧秤、橡皮筋等。

（6）磁性材料:主要让幼儿了解磁铁的特性。有各种形状和大小的磁铁,如条形磁铁、圆形磁铁、马蹄形磁铁、环形磁铁等;铁质金属材料和非铁质材料、指南针、钓鱼盘等。

（7）化学材料:主要包括让幼儿体验能否溶解的现象。材料有糖、盐、沙子、水等。

（8）空气材料:主要让幼儿了解风的形成及作用。材料有风筝、风车、塑料袋、气球等。

2. 科技制作类材料

（1）进行某一小制作需要的特定材料,如小风车、不倒翁等所需材料。

（2）各种操作工具:

① 剪子、锤子、钳子、钉子等;

② 温度计、尺子等测量工具;

③ 纸张、铅笔、胶水、纸杯、废旧纸盒、塑料瓶子;

④ 工作裙或罩衣;

⑤ 安全护目镜;

⑥ 抹布等清洁工具。

3. 供观察的材料

（1）各种标本,如鸟类、昆虫等生物标本。

（2）生活中收集的各种物品,如各种种子、树叶、贝壳等。

（3）活体生物,如小蝌蚪、鱼类、水培植物等。

4. 科学阅读类材料

（1）科学图书及影像资料,如关于科学家的故事书、科学发现等影像资料。

（2）各类挂图,如人体结构图等。

（3）各类模型,如地球仪、地图拼盘、人脑结构等。

另外,还有各种辅助设备,如桌椅、地面铺设设备、水池等。

以上所列材料为建设科学发现室时参考使用的材料,每个幼儿园都可以根据本园的具体情况有选择地使用。随着社会和科技的不断发展,科学材料可以适当增加。总之,幼儿园科学教育资源是相当丰富的,教师在日常生活中要善于挖掘这些资源,并做好教育计划,将这些资源为我所用。

第三节　幼儿科学教育的评价

教育评价是教育活动必不可少的一个环节，幼儿科学教育也需要进行合理的评价。通过对幼儿科学教育合理的评价，可以达到以评促学、以评促教的目的，全面提高幼儿科学教育的质量，并最终顺利实现幼儿科学教育的目标。

一、幼儿科学教育评价的内涵

（一）教育评价的内涵

评价是在特定信息的基础上，对事物某种属性所做的价值判断。教育评价是指按照一定的评价标准，对教育活动目标、内容、过程、结果以及教师和学生等评价对象作出价值衡量和判断的过程。由此可以看出，教育评价不是指一个简单的测验、一次简单的测试，它所包含的内容极为丰富，它要求评价者树立正确的教育评价观，掌握科学的评价方法。

（二）幼儿科学教育评价的内涵

幼儿科学教育是教育的一部分，因此，其评价的程序和方法与教育评价具有相似之处，即它是按照一定的评价标准，采用科学的评价技术和方法，对幼儿科学教育活动的目标、内容、过程、结果以及教师和幼儿等评价对象进行测定，分析其实现程度，并最终做出价值判断的过程。例如，可以把幼儿科学教育目标与结果进行比较，分析其达成情况和原因，以便为后续的幼儿科学教育实践提供可借鉴的方法。可以观察幼儿在活动、游戏中的表现，评价分析其学习与发展情况。

随着幼儿科学教育的不断发展，幼儿科学教育评价已经不仅关注教育结果，更关注教育的过程；评价主体越来越多元化，不仅教师评价幼儿，评价主体还包括幼儿、家长、社会等多方面；评价的内容越来越全面、客观。

二、幼儿科学教育评价的意义

幼儿科学教育评价的目的不在于评价本身，而在于评价活动能引起评价对象产生重要的影响和变化。如有助于幼儿的科学学习，也有助于教师改进教学等。幼儿科学教育评价的作用具体体现在以下几个方面。

（一）诊断功能

为了保证幼儿科学教育活动能顺利、有效地开展，并取得预期效果，教师往往在教育活动开始之前就需要对幼儿已有的知识经验等进行诊断性评价，根据评价的结果来制定或调整教育活动的内容、方法和手段等。因此，诊断性的评价一般发生在正式的教育活动之前或最初阶段。也可以称为摸底性或调查性评价。

（二）反馈调节功能

幼儿科学教育的反馈调节功能主要体现在教学过程中对教学效果的评价上。教师为了了解教学效果，需要在教学过程中对幼儿的学习情况、自己的教学状况进行随时的评价。通过评价及时获得教育过程中的相关信息，并以此为依据及时调整自己的教育活动，确保教育活动达到预期结果，实现教育目标。另一方面,教育评价也会对幼儿产生影响。幼儿了解了自己的学习情况后,也会对自己的学习形成一定的调节作用。

（三）鉴别功能

在教育过程结束之后,一方面,要依据一定的标准,对这一教育过程取得的教育成果或不足进行价值判断,区分和评定出一定的等级。另一方面,要对幼儿的学习与发展状况进行评价。幼儿的个别差异是客观存在的,通过客观评价,能更好地了解幼儿学习与发展上的个别差异,为因材施教提供依据。

（四）激励功能

教师总是期望获得好的教学效果,幼儿也希望在学习中有好的表现。评价的结果无论是积极的还是消极的,都会激发教师产生改进教学的强烈动机,推动教师更努力地完善以后的教学工作。评价结果对幼儿激励功能则更为明显和直接。教师的评价会直接影响幼儿后续的学习动机和学习行为,尤其是积极的、正面的评价,往往会推动幼儿对学习产生更大的兴趣和更持久的动力。

三、树立合理的幼儿科学教育评价观念

科学、合理的幼儿科学教育评价观念直接影响教师的评价行为,继而影响日常教育中的整个教育行为,最终对教师和幼儿都产生影响。譬如,如果教师以掌握知识多少为标准对幼儿进行评价,将可能影响幼儿理解和体验科学探究的本质,影响幼儿科学探究能力的获得和对科学探究的热情。所以,树立科学合理的评价观念就显得非常重要。

（一）评价应以促进幼儿的发展为根本目的

发展是贯穿人的一生的命题。幼儿正处于人生的上升阶段,其发展速度很快,可塑性极强,因此,教师应该用发展的眼光看待幼儿。通过教育评价是要了解、判断幼儿当前的发展水平,并为进一步引导和促进幼儿的发展提供依据,而不是用来判断幼儿智商的高低,给幼儿贴上"好、中、差"的标签。

就幼儿而言,每个幼儿都有自己的特点,他们发展的起点、发展的速度与进程、发展最终能达到的最高水平以及发展的优势领域都有很大的差异,而且年龄越小差异越大。教师要尊重幼儿在这些方面存在的客观差异,尽可能少做横向比较,多做纵向比较,更多地看到每个幼儿在自己原有水平上的发展和进步。

（二）强调过程性评价在幼儿发展上的重要性

《纲要》提出,幼儿发展评价要"在日常生活与教育教学过程中采用自然的方法进行,平时观察到的具有典型意义的行为表现和积累的作品,是评价的重要依据"。这就要求教师平时加强对学习过程中的幼儿进行观察,注重对幼儿进行过程性评价。长期以来,教师往往比较注重在学期初为了了解幼儿的基础水平而进行的诊断性评价,和在学期末为了了解幼儿本学期发展水平所进行的总结性评价。而对于幼儿在科学探究方面的发展过程了解较少,对于幼儿在每次探究活动中有哪些新的发现,这种发现对幼儿有哪些影响,通过这次探究幼儿获得了什么发展等问题重视不够。所以,教师应该重视过程性评价,注重平时在幼儿的生活和学习的实际情境中对幼儿学习行为的观察,把平时观察到的内容作为评价的重要依据,把评价渗透到整个教育过程中。

过程性评价对教师也是非常重要的,能帮助教师及时发现教育过程中存在的问题和不足,及时改进,以确保幼儿科学教育的质量。

（三）评价主体多元化

事实上,由于价值观的不同,教师、幼儿、家长乃至社会成员对同一件事往往会有不同的评价,所以只

有通过不同评价主体的共同参与、合作交流,评价才更为客观和全面。在幼儿科学教育实践中,教育评价往往以教师为绝对主体,所以难免会有偏颇。

把幼儿纳入评价主体中来对于促进幼儿的发展是非常重要的。一方面通过自我评价的过程体验,可以培养幼儿的自我评价能力,逐步认清自己的学习目的,养成自我反思的学习习惯;另一方面,通过幼儿的自我评价,可以全面评价自己的学习状况,有哪些优点,有哪些不足,从而促进自己更好地计划下一步的学习。所以教师要注意倾听幼儿观点,在评价中把幼儿的评价作为重要指标,使评价更客观、全面,同时也更好地促进幼儿学习习惯和学习品质的发展。

四、幼儿科学教育评价的内容

对幼儿科学教育进行评价,既要评价幼儿通过科学教育获得了怎样的发展,又要评价教师的教育组织策略是否科学、合理、有效。所以,幼儿科学教育评价的内容主要包括幼儿发展评价和教师组织策略评价两方面。

(一) 幼儿发展评价的内容

对幼儿通过科学学习取得的发展进行评价应该考虑其与幼儿科学教育目标的一致性。因此,对应于幼儿科学教育目标,幼儿发展评价主要包括科学情感和态度、科学方法和技能以及科学知识与经验三个方面。

1. 科学精神与态度

(1) 明显的探究兴趣

① 有自己真正感兴趣的事物;

② 对于不知道的事情,想通过自己的动手探究来搞清楚;

③ 不断探究未被指定的东西(室内外、园内外,如家庭、公共场所等)。

(2) 创造精神

① 创造新活动(新的玩法,新的内容);

② 为探究解决问题,表现出某种首创精神(如以不同寻常的和建设性的方式使用设备、材料,建议或尝试新的实验);

③ 根据观察和探究,描述和形成新的结论。

(3) 乐于思考

① 不断思考揣摩;

② 当其他幼儿已经报告了自己的结果时,还能专心探究,推迟作出判断;

③ 能反思,将新的发现与预想的结果比较。

(4) 求实与批判精神

① 使用证据作为结论和解释的理由,不为权威的想法所左右;

② 敢于依据证据改变自己的想法;

③ 指出实验和操作中矛盾的地方;

④ 为达到深入理解的目的,敢向一般的观点和解释提出反问。

(5) 吸收精神

① 认可、倾听同伴的不同想法;

② 接纳和吸收同伴的合理意见,修正或完善自己的想法和做法;

③ 能尝试使用别人的想法和做法解决问题(按自己的想法完成后,试试同伴的想法和做法);

④ 在必要时能寻求帮助。

(6) 坚持性

① 不怕明显的失败而不断尝试;

② 尽管别人早已做完,仍坚持做完整个活动或操作;

③ 对自己感兴趣的东西能坚持很长时间(几天、几星期、几个月)。

(7) 独立性

① 有自己的看法;

② 自己能做的事情尽量自己探索,适当地拒绝帮助。

2. 科学方法和能力(水平由低到高)

(1) 好奇心、发现问题和提出问题的能力

① 用行动表现出好奇心和疑问;

② 能提出有关的问题;

③ 能进行有关的猜想和预言。

(2) 对材料的操作、工具的使用情况

(下面的第一、第二种表现属于不太好的表现,第三到第五种表现是比较好的。)

① 探究和操作材料与使用工具时犹豫不决;

② 探究和操作材料与使用工具的方法有限,有很大的试误性;

③ 能用比较适宜于解决问题或发现关系的方式操作材料和使用工具;

④ 能寻找独特的方法去发现各种关系;

⑤ 能寻求教师没有提供的材料和工具。

(3) 探究的倾向性和深度

(下面的第一、第二种表现属于不太好的表现,第三到第五种表现是比较好的。)

① 稍微操作几下就完了,或根本没操作起来;

② 探究一阵材料又去搞别的了;

③ 能保持平稳的探究进程;

④ 能热切而专注地深入探究材料;

⑤ 对感兴趣的活动能提出下一个活动的建议,连续不断地深入探究。

(4) 记录和统计有关的信息

① 用简单的图画记录自己观察和探究事物;

② 能用图画的方法记录事物的特征和变化过程;

③ 能用简单的图表(符号、表格、图表、曲线)收集和记录有关的信息,即汇集数据;

④ 能用简单的计算、图表等方式对观察和探究的结果做简单的统计整理;

⑤ 能使用自己的记录和统计来说明结果,形成解释。

(5) 发现关系的能力

① 发现某个物体的特征;

② 发现差别明显的两个物体的不同点;

③ 发现相近物体的共同点;

④ 依据一定的标准,对物体进行比较和分类;

⑤ 发现事物间的因果关系。

(6) 表达与交流

① 叙述自己所做、所发现、所想的事情,并与预先的猜想相比较;

② 敢于报告自己的做法、发现和想法;

③ 能清楚地表达自己的观察和发现;

④ 能清楚地表达自己的观察与操作所发现的关系;

⑤ 能清楚地说明自己的观察和操作的程序与相应的发现;

⑥ 能有条理地描述事物间的相互作用及关系;

⑦ 能对他人的发言做出自己的反应(不是附和老师的话),提出新问题、新想法。

3. 科学知识与经验

科学知识与经验可根据不同的探究主题和内容中的关键经验和核心概念来确定。一般可以从以下四方面进行评价：

（1）与生命科学有关的具体经验或初级意义的科学概念；

（2）与物质科学有关的具体经验或初级意义的科学概念；

（3）与地球和空间科学有关的具体经验或初级意义的科学概念；

（4）与幼儿生活有关的科技产品及其对人类影响的具体经验。

（二）教师的教育组织策略评价的内容

幼儿科学教育评价的另一个重要方面是对教师的教育组织策略进行评价。教师的教育组织策略是否科学、合理直接影响到幼儿科学教育的效果。该项内容评价的主体包括领导、同行、教师本人乃至家长。其中，应提倡以经常性的教师自评和教师间的互评为主、检查性的他评为辅的做法。这样做有助于教师将教育评价作为研讨、反思和改进自身教育观念和行为的工具，而不是监督工具，有助于形成教师自我发展和共同提高的工作氛围。

教师的教育组织策略评价的内容主要包括以下五点：

1. 教育目标具有科学性

（1）教育目标应体现我国的教育方针和教育目的，符合幼儿教育总目标以及各年龄阶段的教育目标。

（2）教育目标应符合幼儿的年龄特点和已有的认知发展水平。

（3）教育目标应能着眼于幼儿的终身学习和终身发展。

（4）教育目标应包含情感与态度、方法与能力和知识与经验三个维度，以便促进幼儿的全面发展。

2. 教育内容具有意义性

（1）符合幼儿的兴趣和需要，幼儿有内在的动机和兴趣

① 在幼儿的兴趣点上生成的；

② 或已有效激发或转化成了幼儿的兴趣。

（2）体现和能够实现具有发展性的教育目标

① 与幼儿的已有经验相关联；

② 有幼儿经过努力可能达到的新目标、新经验。

3. 物质环境和材料具有启发性

（1）材料能引发幼儿探究；

（2）材料物化着教育目标；

（3）材料有益于幼儿自己发现关系和获得有关经验。

4. 教育过程具有探索性

（1）有效地引发幼儿的好奇心和疑问。

（2）有效、充分地使幼儿调动已有经验教训猜想、预测。

（3）接纳所有幼儿的想法。

（4）鼓励每一个幼儿按照自己的想法做，通过操作验证自己的想法。

（5）鼓励、引导幼儿反思并依据事实作出解释。

（6）鼓励、引导幼儿将新的发现和解释与预想相比较，进行交流。

5. 教育结果具有经验性

（1）经验和结论建立在幼儿充分操作和体验的基础上。

（2）结论是在幼儿经验和观点基础上的概括，与幼儿的概念和思维水平相适宜。

（3）为幼儿提供不断运用已获得的经验的情境和条件。

6. 教育价值具有可持续性和多项性

（1）注重长远教育目标和价值，注意抓住时机实现多种教育价值。

① 乐学的态度；

② 科学的精神和品质；

③ 合作、接纳的态度；

④ 解决问题的能力；

⑤ 良好的生活习惯和能力；

⑥ 语言表达和交流能力等。

（2）注重促进每一个幼儿在原有基础上的发展。

① 接纳幼儿不同的发展进程和速度，给每个幼儿充分的适宜的探究时间；

② 接纳幼儿不同的最终发展水平；

③ 给予幼儿富有启发性的并能促进幼儿成功的指导。

五、幼儿科学教育评价的方法

为了保证教育评价的客观性和科学性，就必须借助于科学的评价方法。实践中，幼儿科学教育评价的方法有很多种，本书主要介绍其中常用的方法：行为观察法、作品分析法、问卷调查、访谈法等。

（一）行为观察法

行为观察法是指在自然状态下，对被评价者的行为进行现场观察，并对观察结果进行客观分析，最终做出某种评价的方法。行为观察法要求在幼儿的自然状态下进行观察，否则可能观察到的就是不真实的情况，最终分析出来的结果就很可能是不可靠的。同时要求观察者在事件现场即时记录幼儿行为的发生过程，行为发生的时间、次数、性质等要力求客观、真实、详尽，避免主观臆断。

在具体实践中，行为观察法可以通过以下几种方式进行：

1. 行为核对法

行为核对法就是在观察之前，依据评价的内容制定一份行为核对表，将要观察的行为内容详细列在表中；实际观察中，观察者对照行为核对表将观察到的行为在相应的条目上作标记，最终依据记录结果对幼儿进行客观评价。

例如，运用行为观察法评价幼儿在科技制作活动中的表现，教师可以观察大班幼儿在制作不倒翁中的行为表现，评价幼儿的操作能力和对操作活动的兴趣。

表 5-1　行为核对表

	不感兴趣	在其他幼儿影响下稍有兴趣	兴趣较浓	不能完成	在教师帮助下完成	独立完成
A						
B						
C						

行为核对的观察法的优点是对观察者的要求不是很高，只要按照观察的内容进行记录即可，实施起来方便易行。缺点是观察之前需要制定一份具有较高信度和效度的行为核对表。核对表中的行为必须能反映想要评价的内容，而且具有较高的代表性。

2. 事件记录分析法

事件记录分析法是指观察者对幼儿在自然状态下的某种特定行为或事件的完整过程进行详细记录，并根据记录内容进行客观分析，最终做出中肯评价的方式。

事件记录分析法的优点是教师可以随时观察记录幼儿在日常生活中的行为表现，从而能获得较为生动、具体、详尽的第一手资料，使最终评价也更为完整、全面。不足之处就是对观察者的要求较高，要求观察者善于观察,并能及时作出详细、完整的记录。

（二）作品分析法

通过对幼儿的各种作品,如绘画、泥塑、自编故事、小制作等,分析幼儿科学素养的发展水平的一种方法。

作品分析法的优点是幼儿资料收集比较方便;幼儿作品是幼儿发展水平的最真实的体现,因此,具有较强的客观性。但作品分析法也有其缺点:幼儿的发展情况怎么样,需要对幼儿作品准确分析才能得出,而这需要教师有较强的专业水准;其次,幼儿作品往往更多地反映教学的影响,而不能反映幼儿稳定的发展水平,因此,不能系统、完整地了解幼儿的科学素养发展水平。

（三）访谈法

访谈法是指评价者通过口头方式,直接和访谈对象进行面对面的交谈来获取评价资料的一种方法。对于幼儿来说,访谈能让他们感到轻松,从而可以表露出比较真实的想法、做法。

访谈的形式多样。以评价需要采用小组访谈或个别访谈,也可以采用封闭式访谈(问题答案是限定的)或开放式访谈。

访谈法的优点是简单易行,适用范围比较广泛;获取的资料较为生动、具体、富有个性。其缺点是对访谈者的要求较高,要求访谈者对访谈内容非常熟悉,具有较高的语言表达能力和明锐的观察力,善于调节访谈的氛围;访谈所花的时间较多,费时费力;访谈所获取的资料难以标准化。

要想通过访谈法收集到客观真实的评价资料,在使用访谈法时需注意:

(1)访谈前,要把将要访谈的内容作出详细规划,先谈什么,再谈什么,主要问题有哪些等。

(2)问题表达要清晰,不能引起歧义。

(3)访谈中问题数量要合理,不能太多,避免提出与评价内容无关的问题。

(4)通常先提出一般性问题,逐层深入。

(5)访谈时态度要亲切,让幼儿感受到轻松愉快,这样才能表露出最真实的想法。

（四）问卷调查法

问卷调查法是指根据调查需要,将要调查的内容列成问题提供给被调查者,让其回答,根据回答对被评价者作出分析和评价的一种方法。实践中,调查对象更多的是教师和家长。当然,幼儿也可以作为调查对象,但由于年龄和知识经验的限制,对幼儿的调查尽量避免文字,通常用图画的方式进行。

问卷调查法的优点是能在较短的时间内获得大量的反馈信息;调查的数据便于进行量化和统计分析。它的缺点是缺少与被调查者面对面的沟通,获得的信息不够深入、细致;如被调查者不是很配合,获得数据往往缺乏真实性。

要通过问卷调查法获取真实可靠的评价资料,在进行问卷设计和调查时应尽可能严格,具体注意以下事项:

(1)打消被调查者的顾虑,使其能积极主动配合,以便获取最真实的资料。为此,在前言中应该说明此调查仅做研究之用或改进教学之用等。

(2)调查内容要能完整反映调查的需要。问题不能过多,也不能少。过多容易引起被调查者的反感,过少往往不能完整反映调查的需要。

(3)所提问题意思要明确,不能引起歧义。

(4)问题的类型要合理,通常以封闭式问题居多,便于结果处理。但要注意也需编入适量半封闭半开放式问题和开放式问题。

(5)问题的选项要考虑周全,联系实际,尽可能穷尽所有可能的情况。

(6)问题排列顺序通常按照先易后难的顺序,被调查者感兴趣的问题放前面,较为敏感的问题放后面。

(7)如果调查对象是幼儿,调查问卷应尽量避免文字,而采用图画的方式;调查中,在幼儿真正理解后再让幼儿作答。

附1 幼儿科学活动评价实例①

1. 观察法

这是我们在科学活动时对评价幼儿活动情况的最常用的方法。例如,幼儿在做"纸花绽放"的实验的时候,教师通过观察发现幼儿不成功的原因:有的是将纸花放反了,有的是没有轻轻放平。教师针对观察到的情况进行个别指导,幼儿就能很好进行实验,实验也成功了。

2. 作品分析法

例如,大四班进行测量活动时,要求幼儿将自己的测量情况用图画、数字记录下来,教师发现一个幼儿的记录单上画了一把尺子,尺子上还标明了许多数字,但数字的排列是无序的。于是,教师进行分析,幼儿记录单上出现的情况反映出两种可能:一是幼儿对尺子这种工具不够熟悉,尤其是对尺子上的刻度不清楚;二是幼儿本身对自然数列掌握不清楚。基于这种分析,教师可在下面的活动中安排适宜的材料或活动内容,来帮助幼儿解决出现的问题。

在对小班幼儿进行观察记录时,由于幼儿的想法和内心活动都是通过动作来反映的,所以对幼儿的作品或拍摄幼儿行为的相片进行分析,就更能形象地说明幼儿发展的情况。

3. 谈话法

谈话法是通过与幼儿面对面的交谈收集评价信息的方法。教师在幼儿进行科学实验的时候和幼儿进行对话,了解幼儿的想法和做法,及时进行引导和点拨。例如,在进行"沉与浮"实验的时候,教师和幼儿的谈话:

师:"除了刚才吹气改变体积的方法,小朋友,你还有什么办法可以让沉的东西浮起来吗?"幼1:"我想可以加点水。"幼2:"把东西弄小一点"……

师:"其实还有很多办法呢,瞧,老师还带来了盐水。"(教师示范操作,激起幼儿探索的兴趣)师:"这是一瓶纯净水,这是一瓶盐水,老师这儿有一瓶沙子,我请小朋友来把这瓶沙子先放在纯净水中,我们看看会有什么变化?"(沉入水中)师:"现在,请小朋友往纯净水中加盐水,仔细看好,有变化吗?"(浮起来了)

4. 问卷调查法

问卷调查法是由评价者根据评价目的,向被调查对象发放问卷调查表,广泛收集幼儿发展信息的一种方法。例如,中班幼儿在进行科学活动"我爱小动物"后,发放调查表,让幼儿进行自己喜爱的动物的调查,教师以此了解并促进幼儿对动物的认识和爱护意识。

5. 档案评估法

档案评估法是一种综合性的评价方法,它融过程与结果为一体,兼容了多种具体评价方法,如观察记录法、谈话法、作品分析法等。我园的幼儿成长档案里的大部分内容都是幼儿活动的实际成品,它代表了每个幼儿努力的程度与有形的成就,呈现出一段幼儿学习的历史。

教师可以将幼儿在科学实验时的照片、实验记录、与教师的对话等记录进幼儿的"成长档案",就可以看出幼儿在一段时间内科学素养的发展水平了。

附2 如何精简评价内容?

作为幼师生来说,了解各种各样的幼儿科学教育的评价方法和评价内容是需要的。本节介绍了好几种评价方法,而在评价内容方面则更多。如在评价学生的学习方面,围绕教育的三维目标,列出了56条标准,而在评价教师的教学策略方面,则列出了29条标准。其实,在实际的操作过程中,按照这几十条标准一一去评价学生和教师有较大的难度。

评价幼儿的学习情况用精简的"三性六项(要求)"也是可以的。

---

① 实例均来自江苏省丹阳市新区幼儿园。

三性即"全程性、全面性、鼓励性"。全程性，也就是从学期初到学期末全程观察幼儿的表现。全面性（或多元性）即从各个方面来考察幼儿的表现。如有些教师特别喜欢那些活泼的、好表现、好发言的幼儿，而对那些性格比较内向、喜欢安静的幼儿另眼相看，这是一种主观臆断式的评价，对幼儿是不利的。鼓励性，即评价幼儿以鼓励为主，不论实验操作情况如何，要多鼓励，但鼓励不等于幼儿有了错误也不指出，那样就变成纵容而不是鼓励了。及时指出幼儿的问题或不足，并帮助其改正，这才是真正的鼓励。这三性是评价幼儿的三个原则。下面讲讲评价幼儿的六项基本要求（标准）（适合于科学活动课）：

（1）实验（动手）；（2）细心（细致）；（3）独立（勇气）；（4）语言（表达）；（5）规则（意识）；（6）合作（分享）。下面做一个简要说明。

第一条，实验（动手）。幼儿科学教育是以探究为核心，以实验为重点的教育活动。幼儿的动手操作能力或实验能力是考察的首要项目。幼儿是否每次都能很好、很迅速地完成实验，还是经常都不能按时完成实验，教师心中应该有数。

第二条，细心（细致）。这是科学研究最宝贵的品质、最重要的习惯之一。幼儿在实验过程中观察得是否仔细，记录是否准确无误，做事情是否认真细致，这很重要。科学研究，说到底就是能发现前人从未发现过的东西，科学家就是那些能发现常人发现不了的东西的一类人，而要做到这一点，细心和耐心必不可少。哈勃因为细心，发现了星系的系统性红移现象和哈勃定律；彭齐亚斯和威尔逊因为细心发现了微波背景辐射，为大爆炸宇宙模型提供了强有力的支持，从而获得了诺贝尔奖。达尔文的进化论也是细致观察生物的结果。爱因斯坦说，他之所以能创立相对论，就是因为别人都懂什么是时间和空间，而他不懂，于是就深入细致地去研究，研究的结果就是他比任何人都更懂时间和空间，相对论由此而生。耐心细致或细心观察绝不仅仅在科学领域十分重要，在其他领域也非常重要，比如破案、文学创作、美术等。

第三条，独立（勇气）。这也非常重要，有些幼儿在做实验的时候，喜欢随大流，看别人的结果是什么，自己也是什么，这不行。从小养成独立思考、独立判断的习惯非常重要。而且要有勇气把自己的观点和结果说出来。

第四条，语言（表达）。观察或实验的结果，能用清晰的语言表达出来，积极参与问题的讨论，这也是科学教育的基本要求之一。

第五条，规则（意识）。科学的本质就是寻找规律，或大自然的运行法则或规则。此外，生活中也要遵循许多规则，如交通规则等。实验的时候也有规则，幼儿要能听并且按照要求去做，做到动静自如，该做实验的时候做实验，该停止的时候停止。有些幼儿只顾玩耍，不听教师的要求，导致课堂秩序非常混乱，影响了整个教学进程。因此，遵守规则的情况也是衡量幼儿参加科学教育活动情况的一个指标。

第六条，合作（分享）。能否和同伴进行很好合作，是否乐于帮助别人，完成实验或其他科学活动，是很重要的一个指标。现在处于大科学时代，其最重要的特点之一就是集体合作研究，如人造卫星、宇宙飞船、航空母舰等的制造，都是成千上万人集体合作研究的产物。即使在其他领域，集体合作意识也很重要。

根据上面讲的这六项标准来考察幼儿的学习情况，基本上就能对幼儿做出比较客观的评价。而对教师来说，考察教学情况的好坏，按照第七章讲的六性标准（条理性、重点性、实践性、互动性、科学性和总结性）和幼儿的学习状况来评价也是可行的。因此，在操作层面，评价的内容可以适当粗一些，简单一些。

思考题

1. 为什么要进行幼儿园科学教育的统整？

2. 举例说明开展项目活动的基本步骤？

3. 幼儿科学教育资源主要有哪些？

4. 科学发现区材料投放时要注意哪些问题？

5. 创设自然角和种植园地时有哪些要求？

6. 幼儿科学教育中，教师应该树立怎样的科学教育评价观念？

7. 举例说明幼儿科学教育常见的评价方法。

阅读材料

探究和探索、观察和实验的区别

1. 探究和探索的区别

广义的"探索"包含了一切尝试了解(对他个人而言)未知事物的活动,从这个角度讲,探究属于探索的一个部分。探索并不限定于科学领域,而探究主要针对科学。但是,真正意义上的"科学探索"和探究还是有很大区别的。这里重点谈谈狭义的"科学探索"或"科学研究"和探究的区别(幼儿所谓的探索其实也就是探究)。

科学探索是有目的、有计划、有步骤、创造性的科学研究活动,而探究仅仅是一种学习方式,两者有两个根本性的区别。

首先,是目的不同。探究仅仅是体验一下科学实践活动的过程,主要是为了验证自己的一些猜想或发现一些现象,属于验证和"再发现"的范畴。他们所谓的"发现",并非真正意义上的"新发现",而只是"再发现",他们观察到的现象,也并非真正的"新现象"而是"老现象",探究的目的不是为了创造知识和产品而是为了获取知识和技能。而探索则不同,其目的是为了发现新现象、新原理和新规律,创造新的理论和产品。简而言之,探索发现未知的(现象和规律),探究掌握已知的(知识和技能)。

其次,是研究的形式不同。与探究相比,探索强调科学研究活动,而探究强调科学实践活动。要知道,不是所有的实践活动都是研究,如参观一个科技馆,制作一个不倒翁,就谈不上真正的科学研究。反之,也不是所有的科学研究都是实践活动(狭义的"实践活动"不包含纯粹的抽象思维,主要是指一些直观、形象、具体的观察或操作过程),科学研究包括理论研究和实验研究两大类,理论研究更多借助于纯粹的抽象思维,它和具体的实践活动是有区别的。总之,探究是体验式的具体的科学实践活动,而探索则是创造性的(理论与实践)研究活动,探索是为了发现真理,探究只是为了体验发现真相的过程。

2. 观察和实验的区别

假如你到河边去散步,看到一只乌龟在爬行,然后你停下脚步,仔细观察它爬行时的特点,这叫随机观察或自然观察。然后你把它抓回来,放在一只玻璃缸里,放上一些食物,任其自然,隔几天去看看它,这仍然是观察。有一天,你突发奇想,想搞清楚乌龟到底喜欢吃什么,在什么温度时,它最活跃,什么温度时开始冬眠(不吃不喝),多少摄氏度的时候,它会死(太高了会热死,太低了会冻死),然后你不停地变换食物,不停地改变温度,连续观察了很多天,最终得出了一个结论,这个过程叫做实验。

由此可见,观察和实验的根本区别在于:观察通常不改变对象所处的环境条件,而实验必须在人为设定的环境条件下,观察研究对象的变化情况。我们常说,天文学是观察的科学,这是因为天体在天上,没有办法改变它所处的环境条件,只能观察它在自然条件下的运行规律。传统生物学是以观察为主的科学(现代的分子和量子生物学是以实验为主的科学),这是因为,传统生物学在研究的时候通常不改变生物生长所处的环境。

观察一般可以分为随机观察和科学观察两大类,前者没有明确的目的,后者有。如雨过天晴,偶然间抬头看到天上有一道彩虹,低头看到水池中的荷叶上有滚动的水珠,那就是随机观察。捡了好多树叶,然后回来用放大镜仔细观察它的结构,它的叶脉有什么特点,有什么作用,这叫科学观察。

第六章

幼儿科学实验与制作

第一节　物理与化学实验

一、幼儿物理实验（7个）①

1. 粘到勺子上（静电）（小班）

（1）材料准备：塑料托盘、泡沫颗粒、小勺子、无纺布。

（2）实验步骤：

① 将泡沫颗粒放在托盘中。

② 用小勺子的背面去触碰泡沫颗粒，观察有什么反应。

③ 将小勺子在无纺布上摩擦。

④ 再将小勺子放到培养皿中的泡沫颗粒上，观察现象。

（3）实验原理：

勺子经过摩擦产生静电，当它靠近泡沫颗粒时，泡沫颗粒靠近勺子的一端会产生异种电荷，远端产生同种电荷，而电的性质是同性相斥，异性相吸，并且距离越近，力越大，异种电荷之间的距离比同种电荷距离近，所以吸引力大于排斥力，导致泡沫颗粒会吸附到勺子上。

（4）扩展延伸：

静电，就是一种不流动的电荷（流动的电荷就形成了电流）。当电荷聚集在某个物体上或表面时就形成了静电。动

图6-1　"粘到勺子上"实验图

电也即是流动的电荷，即电流。静电的产生有两种方式：摩擦起电和感应起电。只有绝缘体，如玻璃棒、丝绸、橡胶、毛皮、毛线、化纤、塑料纸等才用于摩擦起电，感应起电用导体。梳子梳头的时候头发会飘起来，裤子吸在腿上，都是摩擦起电的现象。静电积聚较多时，对宝宝、孕妇有一定的危害，有时候还会导致火花放电。通常采用接地和加湿来防止静电。静电的应用非常广泛，如静电复印、印花、除尘、植绒等。在淡化海水、喷洒农药、人工降雨、低温冷冻等许多方面也开始大显身手。

设计实验的时候可以让幼儿探究哪些物体可以产生静电，哪些不能产生，能够吸引哪些，不能吸引哪

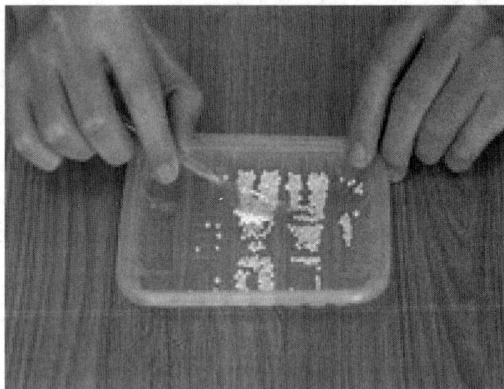

---

① 小班1个实验，中班2个实验，大班4个实验。

些。同时采用多媒体介绍天上的静电产生的火花——雷电,生活中的静电现象及其危害和应用。单纯做这一个实验,内容太少,兴趣不会太大。

2. 让桥更坚固(承受力)(中班)

(1) 材料准备:纸杯、橡皮泥、纸。

(2) 实验步骤:

① 把两个纸杯倒扣在桌面上,并保持一定的距离。

② 把纸放在两个纸杯上。

③ 把橡皮泥放在纸上,观察是否压弯。

④ 把纸折成瓦楞状,重新放置在纸杯上面。

⑤ 把橡皮泥放在纸上,观察是否压弯。

(3) 实验原理:

瓦楞纸因为横截面增大,等效的受力面积增大,所以抗压能力增强。注意折纸的方向,要向一个方向折,这样才会形成瓦楞的形状。

图6-2　"让桥更坚固"实验图

3. 会唱的杯子(声音的产生)(中班)

(1) 材料准备:纸杯、曲别针、牙签、棉线。

(2) 实验步骤:

① 用牙签把纸杯底部扎一个圆孔。

② 把棉线从底部外侧穿过圆孔。

③ 在纸杯内侧的棉线一端系好曲别针。

④ 把线从纸杯外部拉直。

⑤ 手指沾少量的水,用拇指和食指握住线,以滑动方式拉棉线。

⑥ 听杯子发出的声音。

(3) 实验原理:

图6-3　"会唱的杯子"实验图

手指在棉线上滑动时会产生振动发出声音,纸杯起到共鸣箱的作用,使声音更响。这和用手指在二胡的弦上滑动时产生的声音相似。注意:不要扎到手,孔不要扎太大。

(4) 拓展延伸:

声音是由振动而产生的,需要由介质(固体、液体、气体都可以)来传递。声音的三要素:音调(由频率决定)、响度(由振幅决定)、音品或音色(由材质决定)。人的耳朵只能听到 $20\sim20\,000$ Hz(赫兹)的声波,大于20 000 Hz为超声波,它在医学如B超,军事方面如声呐有广泛的应用。低于 20 Hz 的为次声波,很强的次声波对人体有危害。蝙蝠、海豚、鲸鱼等能利用超声波来定位,而大象和鳄鱼等能够发出并接收次声波。图 6-4 是杯子中装有不同量的水或酒,敲击后会发出不同的声音。这是因为空气柱的长度不同,声调不同。

图6-4　酒杯乐器

4. 电灯亮了(电学)(大班)

(1) 材料准备:电池、插座、电灯泡、灯泡插座、泡沫板、双面胶条。

(2) 实验步骤:

① 把电池插座上电线裸露出铜丝的部分穿过灯泡插座两边的小孔。

② 把铜丝弄弯,钩在小孔上,再用透明胶固定。

③ 用双面胶把电池插座盒、灯泡插座分别固定在泡沫板的

图6-5　"电灯亮了"实验图

两端。

④ 把电灯泡插进灯泡插座里,拧紧。

⑤ 把电池插在电池插座上。

（3）实验原理

接通后电池中的电流过小灯泡,里面的灯丝受热后就能发光。电可以做很多工作。我们日常生活中离不开电,冰箱、空调、照明灯都需要电才能工作。注意:如果电线裸露部分太少,老师可以帮助,把电线裸露部分增加长度。可以用电烙铁烫一下即可剥皮。特别注意电池正负极不可直接接触。

5. 小猫钓鱼(磁铁)(大班)

（1）材料准备:各种小物品(回形针、牙签一截、吸管、大头针),条形磁铁、棉线、木棍、小鱼图纸、塑料托盘、双面胶条,小猫图片。

（2）实验步骤:

① 在小鱼图片的背面分别粘上各种小物品。

② 将棉线的一端在磁铁中间系牢。

③ 线的另一端在木棍上系牢。

④ 把小猫图片粘在木棍的系线端。

⑤ 随意散放粘好的小鱼图片,用木棍鱼杆提起磁铁。做磁铁钓鱼的游戏。

图6-6 "小猫钓鱼"实验图

（3）实验原理:

磁铁能产生磁场,具有吸引铁磁性物质的特性,曲别针和大头针都是铁磁性物体,所以会钓上来,而吸管和牙签不是铁磁性物质,所以钓不上来。具体设计实验时可以参考典型案例"好玩的磁铁",可以适当增加一些其他实验。

（4）拓展延伸:

磁铁是指可以产生磁场的物体或材质,传统上可分为"永久性磁铁"与"非永久性磁铁"。永久性磁铁可以是天然产物,又称天然磁石,也可以由人工制造(最强的磁铁是钕铁硼磁铁)。而非永久性磁铁,一旦外磁场失去后则会失去磁性(软磁材料,如铁芯、电磁铁等)。大多数磁性材料可以沿同一方向充磁至饱和,这一方向叫做"磁化方向"。

注意事项:① 强力磁铁不要接近电子器材,接近的话会影响电子设备及控制回路而影响使用。

② 磁铁不要存放在潮湿的环境中,以免其氧化,导致外观、物理特性及磁性能发生变化。

③ 对金属物体有敏感反应的人若接近磁体,会造成皮肤粗糙、泛红。若出现上述反应,请不要接触强力磁铁。

④ 不要将磁铁接近硬盘驱动器、信用卡、借记卡等。若将磁铁接近磁性记录器等器件,会影响甚至破坏记录数据。

⑤ 要始终十分小心,因为磁铁会自己吸附到一起,可能会夹伤手指。

⑥ 磁铁应远离心脏起搏器。

磁性材料的应用:

磁铁只能吸引磁性材料(铁、钴、镍及其合金),不能吸引非铁磁材料(铁、钴、镍之外的绝大部分金属和非金属)。磁性材料的用途非常广泛,比如:

① 指南北;② 吸引磁性小物体、磁性黑板;③ 电磁铁可以做电磁继电器;④ 电动机(通电导线在磁场中受力旋转);⑤ 发电机(切割磁感线会产生电流);⑥ 信鸽利用头部的"小磁针"来导航;⑦ 医学上利用核磁共振可以诊断人体异常组织,判断疾病,这就是我们比较熟悉的核磁共振成像技术;⑧ 利用地磁的变化可以用来勘探矿床;⑨ 军事上可以制作磁性水雷和地雷;⑩ 磁性涂料可以减少雷达反射,使飞机隐形;⑪ 电磁炮和导弹。

6. 飞起来了(空气动力学)(大班)

（1）材料准备:彩色纸条、吸管、胶条。

（2）实验步骤：

① 用透明胶带分别把纸条粘成两个圆环。

② 用透明胶带将小圆环固定在吸管的前端。

③ 用透明胶带把大圆环固定在吸管的后端。

④ 试着把小圆环放在前面放飞（斜向上扔），也可以把大圆环放在前面放飞。

（3）实验原理：

由于穿过圆环上边的空气速度快，下边的速度慢，因而会产生向上的推力，这个圆环结构就会在空中飞行较长的距离，固定翼飞机也是利用类似的原理。

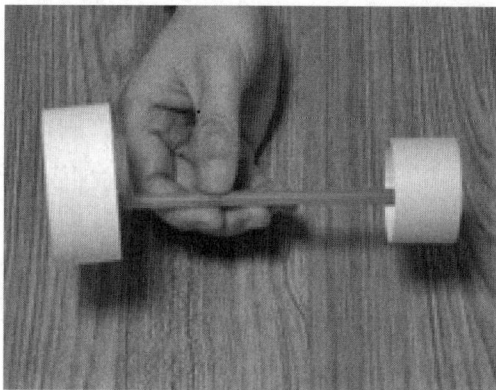

图6-7　"飞起来了"实验图

说明：小的圆环放在前面比较稳定，大的放在前面不稳定。

（4）拓展延伸：

能流动的物体如气体、液体等叫做流体。流体的流速大，压强小；反之，流速小，则压强大。以下为此规律的一些现象和应用。

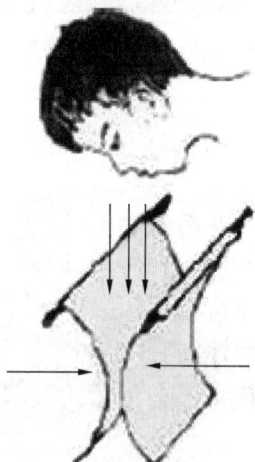

图6-8　从两张纸中吹气

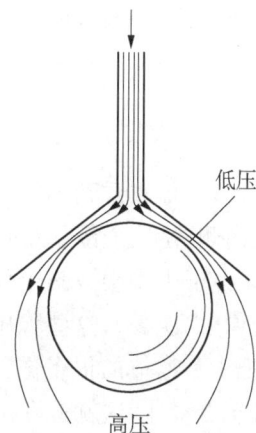

图6-9　吹不掉的乒乓球

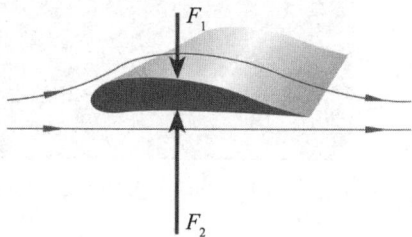

图6-10　飞机机翼横截面图

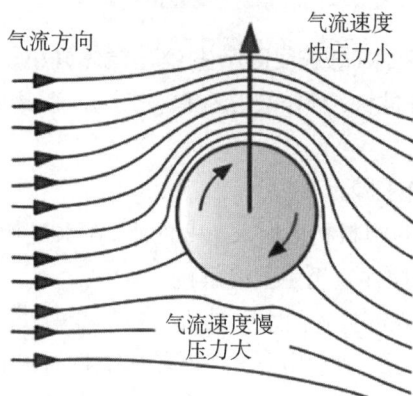

图6-11　发排球时的上手漂球

从两张纸中吹气，因为中间气流速度大，所以压强小，而外边是一个大气压，比较大，所以水平方向会产生向内的压力，导致两张纸吸到一起。吹不掉的乒乓球之所以吹不掉，是因为乒乓球上边气流速度大，压强小，而下面气体基本静止，仍然是一个大气压，所以产生向上的托力，球不掉下来。我们看飞机机翼的横截面图（图6-10），气流同时分开又同时合拢，时间相同，但上面是曲线，下面是直线，上面路程长，下面短，所以上面速度大，压强小，下面速度小，压强大，同样由于压强差产生向上的升力，这就是飞机上升的动力。飞机上升绝对不是靠空气的浮力。我们看发排球时的上手漂球，发球的时候作用力不是直接对准球心而是在球心的下方一点,这样一来,排球就会一边向左上方运动,一边顺时针旋转,气流就会从左上向右下迎着排球而来,排球上面的气流速度方向向右,球上端的速度也向右,排球会带动气体向右运动,这样一来,气流的速度会加大。而球的下面则相反,气流速度向右,而球的速度向左,方向相反,阻碍气流的流动,导致实际的气流速度减小,这样,下端压强大于上端压强,所以排球会上漂(高于原来的抛物线轨迹)。

除此之外,喷雾器也是利用类似的原理制造的。

7. 神奇万花筒(光学,反射)(大班)①

(1) 材料准备:镜纸、万花筒贴纸、玻璃球。

(2)实验步骤:

① 把镜纸背面的不干胶揭掉。

② 在不干胶的一面,靠近最窄折痕处,贴上贴纸。

③ 按照折痕把镜纸折好后,把保护膜揭掉。

④ 按照折痕把镜纸粘牢固。

⑤ 用万花筒观察玻璃球或其他小物品。

说明:镜纸实际上就是一面涂反光性能很强的金属做成的硬纸,比较容易折叠成横截面为等边三角形的三角棱柱。也可用三个长条形的镜子来做,但这样做很麻烦,而且有一定的危险,玻璃非常锋利,容易伤到幼儿的手指,注意反光的一面在内侧。

图 6-12 "神奇万花筒"实验图

(3) 实验原理:

由于光线的多次反射,导致看到的物体非常多,也就产生了万花筒的效果。中空的三角棱柱内侧,是三个镜子互成 60°角构成的一个等边三角形,任意一个物体,在这三个镜子中都会成三个像(一次像),而每个像又可以在其他两个镜子中再次成像(二次像),这些像中像还可以再次成像(三次像),经过多次成像,就可以把一个物体的很多像(理论上可以有无数个像),一朵花就变成了一万朵花甚至更多花,这就是万花筒的由来。

图 6-13 万花筒

二、幼儿化学实验(3个)②

8. 冒泡的水(酸碱反应产生 CO_2 气体)(小班)

(1) 准备材料:柠檬酸(或白醋)、小苏打、透明塑料杯、扁吸管。

(2) 实验步骤:

① 在透明塑料杯里加入 1/2 的水,在水里加入一些苏打粉,用扁吸管搅拌直至完全溶解。

② 在加入苏打粉的水中加入一些柠檬酸。

③ 观察现象,在水中会出现很多泡泡,同时水的温度会降低。

图 6-14 "冒泡的水"实验图

(3) 实验原理:

柠檬酸(酸性物质)和小苏打(碳酸氢钠,碱性物质)发生化学反应,产生二氧化碳,二氧化碳从水中冒出,就会产生气泡。

(4) 拓展延伸:类似实验——气球鼓起来。

材料准备:塑料瓶、柠檬酸、小苏打、气球。

---

① 万花筒的景象彩图请到复旦学前云平台(www.fudanxueqian.com)上下载。

② 小班、中班、大班各一个实验(续前)。

实验步骤:(1)往塑料瓶里倒入约 1/2 的水。(2)在瓶中加入一半小苏打粉。轻轻摇动,溶解。(3)沿着气球口部倒入一半柠檬酸粉。(4)把装有柠檬酸粉的气球套在瓶口,并注意套紧。(5)把气球竖起来,气球中的柠檬酸粉倒入瓶子中,观察气球变化。

实验原理:小苏打和柠檬酸发生化学反应生成二氧化碳气体,该气体量足够大,充满气球时,气球就会鼓起来。

图 6-15 "气球鼓起来"实验图

9. 五角硬币金灿灿(中班)

试一试:(教师先拿出一枚黑黑的硬币)小朋友们,你们来帮老师看看这是多少钱的硬币?(五毛钱的硬币)谁有好办法能够把它擦亮?孙悟空告诉我用醋泡一泡它,再擦一擦,硬币就会变亮,让我们一起来试一试吧!

(1)实验准备:一枚旧的黑黑的五角硬币,一个纸杯,一瓶白醋。

(2)实验过程:

第一步:将硬币放入纸杯中,加入醋使其没过硬币。

第二步:片刻后将硬币取出,用纸巾擦干硬币。

(3)实验现象:会发现硬币变得金灿灿的。

注意:加入的醋一定要没过硬币。小心不要将醋溅出或弄到手上。

(4)探索空间:黑黑的硬币怎么会变得金灿灿的呢?

(5)实验延伸:大家可以将黑黑的一元硬币放在醋里面,看看它可以变新发亮吗?

(6)科学宝典:

五角硬币之所以发黑,是因为硬币表面的镀铜在空气中被氧化,形成黑色的氧化铜。醋中所含的醋酸,可以与氧化铜发生反应除去氧化铜,这样五角硬币就会变亮了。

图 6-16 五角硬币对照图[①]

(7)知识拓展:各种硬币的清洗方法。

① 金币的清洗方法:金币实际上是不需要清洗的。万一弄脏的话,只需将其放在温肥皂水中清洗干净,然后用清水冲洗,放在两块柔软的布中吸干水分即可。在任何情况下都不允许有摩擦动作,不管是清洗时,还是在吸干水分时,甚至连软布都会在抛光的币面上留下细小的划痕。

② 银币的清洗方法:清洗银币的方法首先取决于银币的氧化程度及其成色。在高含银量的银合金表面生成的氧化物与在低含银量的银合金表面生成的氧化物具有不同的特点。

如果高含银量的硬币长期放置在地下,或者遭受到其他不利因素的影响,在其表面会生成很厚的一层氧化物,这时应将硬币在氨水溶液中浸泡 1 小时(成分:水 90% 和浓氨水 10%)。如果没有氨水溶液,也可以调制碳酸钠溶液(将 30 克食用纯碱溶解于 100 克水中)代替。将硬币置于溶液中几个小时,直至氧化物完全溶解。

---

① 五角硬币对照图彩图请到复旦学前云平台上下载(www.fudanxueqian.com)。

如果高含银量的银币只是受到轻微氧化，那么最好用氨水溶液加碳酸钠溶液和牙膏调制成糊状来清洗。这种糊状物用手摸起来应该柔软并且没有细小的硬颗粒。方法是用手指或者用柔软的刷子将其轻轻涂在硬币表面，待氧化物溶解后，用清水冲洗干净即可。

以铜作为中间合金的低含银量银币在严重氧化时会变成绿色。清洗这种硬币，最好用5％的稀硫酸溶液清洗。当绿锈层溶解并退去后，再采用清洗高含银量银币的方法进行清洗。但如果银币表面的氧化物很均匀，就可不必清洗掉。

③ 黄铜币的清洗方法：时间长了，常常会在铜币的表面留下一层氧化物，这层氧化物根据其产生的环境和年代而表现为棕褐色、深绿色或黑色。如果氧化物均匀而金属未受到锈蚀，那么最好不要清洗。因为均匀的氧化层使铜币具有与其发行年代相称的外表，而且还能使铜币不易再受锈蚀。对于具有均匀氧化层的铜币唯一可做的事就是：在温热的肥皂水中洗净油脂和汗渍。在清洗时不要用力擦洗，以免损坏氧化层。

清洗已氧化的硬币最好使用反应缓慢的溶液（如5％的稀硫酸溶液），它能逐渐洗掉因锈蚀而损坏的硬币表层，并使其完好部分不受损伤。硬币在溶液中浸泡的时间长短主要取决于硬币的表面状态，即氧化程度。氧化层越暗越厚，浸泡的时间就应越长。氧化严重的硬币可以在溶液中浸泡几个昼夜，氧化轻微的硬币则只需浸几个小时。在浸泡过程中还可以用软布在温热的水流中清洗已溶解的氧化物，以便溶液能更好地作用于新暴露出的锈蚀层。清洗时应该记住：要戴上橡胶手套，用镊子夹住硬币在溶液中清洗。

经过清洗以后，硬币的品质能得以提高，但对于清洗后暴露出来的腐蚀凹坑和擦痕应有所心理准备。只有在有了经验以后，才可以作出决定：硬币是否值得清洗、清洗是否会损坏硬币、硬币清洗以后是否会连同氧化物一起将硬币图案的细微部位也洗掉等。

当然，用白醋浸泡也可以去除黑色的氧化物。

④ 铝币的清洗方法：不能用酸清理硬币上的污垢，醋里有醋酸，可以用来除铜锈，但除铝污不行。铝与酸发生化学反应。一般清理方法涂上牙膏轻轻擦一下即可。

10. 找回失去的图画（大班）

试一试：

提前一天让小朋友每人用毛笔蘸取淀粉水溶液画一幅简笔画或写一幅字。每个小朋友都有一幅作品，现在怎么看不到了呢？不过老师有办法看到每个小朋友的画和字，你们信不信呢？

（1）实验准备：

一支毛笔，一张过滤纸，淀粉、水、碘液若干，一个烧杯，一把小喷壶，一根玻璃棒等。

（2）实验过程：

第一步：舀一匙淀粉放入烧杯中，放入少量的水，使玻璃棒搅拌均匀，制成淀粉溶液。

第二步：用毛笔蘸取上述淀粉溶液在滤纸上作画。

第三步：做好的画晾干观察。

第四步：往已经干了的滤纸上喷洒碘液，观察。

（3）现象：用淀粉做好的画晾干后画面消失，而喷碘液后会出现蓝紫色的画。

注意：为保证实验成功，制作淀粉溶液时可以使用温水。此外，可以用筷子代替玻璃棒，用塑料透明杯代替烧杯，碘液千万不要弄到手上和皮肤上。

（4）探索空间：为什么消失了的画面在喷上碘液后会出现紫色的画？

（5）实验延伸：回家在爸爸妈妈的帮助下用大米粥制作一幅画，看看这幅画晾干后什么样，如果喷上碘液又会是什么样。（米中有淀粉）

（6）科学宝典：淀粉遇碘会变成蓝色。

（7）知识拓展：淀粉遇碘变蓝的原因。

这主要取决于淀粉本身的结构。淀粉是白色无定形粉末，由直链淀粉（占10％～30％）和支链淀粉（占70％～90％）组成。直链淀粉能溶于热水而不呈糊状，支链淀粉不溶于水，热水与之作用则膨胀而成糊状。

其中溶于水中的直链淀粉，呈弯曲形式，并借分子内氢键卷曲成螺旋状。这时加入碘液，其中碘分子便钻入螺旋当中空隙，并借助范得华力与直链淀粉联系在一起，从而形成配合物。这种配合物能比较均匀地吸收除蓝光以外的其他可见光（波长范围为400～750纳米），从而使淀粉变为深蓝色。简单一点，就是碘和淀粉混合后，能吸收除了蓝光之外的其他所有光，因为只反射蓝光，所以看起来是蓝色的。

第二节　生命科学实验[①]

11. 蜜蜂的眼睛(动物)(小班)

(1) 材料准备：复眼模板、双面胶条、可弯吸管。

(2) 实验步骤：

① 在复眼模版的上方,把双面胶条粘好。②把可弯吸管的短的一端粘在复眼模版上,并适当调整吸管长端的方向。③通过复眼模版的玻璃,观察各种物品,并注意成像方式。

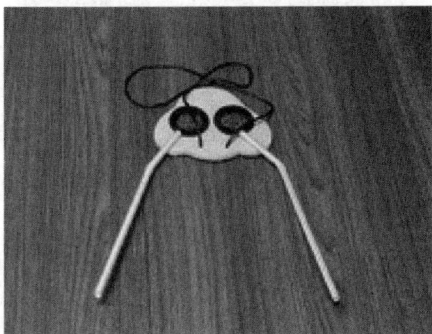
图 6-17　蜜蜂眼睛模型

图 6-18　蜜蜂

图 6-19　蜜蜂眼睛特写

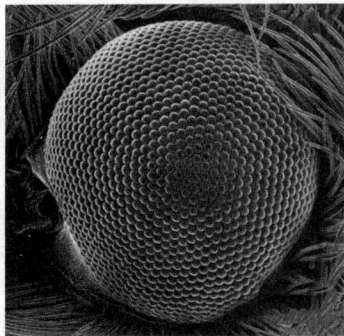
图 6-20　蜜蜂眼睛特写

(3) 知识拓展：蜜蜂眼睛的相关知识。

蜜蜂除一对复眼外还有三个单眼,与两复眼形成三角排列,来感受光度变化、光源方向,构成粗略图像。一只蜜蜂的眼睛约由 5 000 个小眼组成,每一个小眼都有一套集光系统和感光系统。集光系统都可以形成一个像,而只有与小眼轴线平行的光线才能达到视觉柱。也就是说,每个视觉柱只能接受物体的一个光点,众多被感受的光点形成了"镶嵌图像",正如许多明暗不同的光点组成电视荧光屏上的图像一样。小眼数目越多,小眼面积越小,感受的光点越密,图像则越清晰。

复眼摄像机和照相机正是利用仿生学的原理制作的,它由 180 个独立的微小成像单元组成,就像昆虫复眼由众多小眼组成一样。每个成像单元顶部的镜头就像小眼睛的角膜,而镜头的基部恰似小眼睛的视锥细胞。研究人员组装这种人工复眼的方法也十分奇特(像早餐摊上炸麻球),先将众多成像单元用网状材料固定在一个圆形的平面上。后者由橡胶材料制成,就像可充气的气球,能轻松地膨胀,将诸多小单元均匀地分布在半球体上。这种半球体摄像机拍摄的图像边缘不失真,视野能达到160°左右。由于每个镜头的焦距都短,即使拍摄对象离得近或远,摄像机聚焦都不会太差。

---

① 生物部分实验有 4 个,小班 1 个,中班 1 个,大班 2 个(续前)。

不过新型摄像机也继承了"昆虫老师"的毛病，就是分辨率不高，眼神差点劲。它的每个小眼在图片上只创建一个像素。包括火蚁和蠹虫在内的许多昆虫，就是仅靠其 180 个小眼满世界飞翔闯荡的。相比之下，哺乳动物的眼睛，以及仿照它们而研制的相机，分辨率就高了。

12. 蚕的一生(动物)(中班)

(1) 材料准备：蚕的图片，蚕的一生流程图，双面胶条。

(2) 实验步骤：

① 说一说你所知道的蚕。

② 通过蚕的图片，认识蚕的各个阶段。

③ 把蚕的图片粘贴在相应的位置上。

注意：蚕各阶段对应正确后，再粘贴。

另外，要强调从小到大，按照次序排列。必要时，可以借助多媒体观看蚕的一生的生长发育的过程。

(3) 知识拓展：蚕的一生。

蚕的一生经过蚕卵—蚁蚕—蚕宝宝—蚕茧—蚕蛾，共 40 多天的时间。刚从卵中孵化出来的蚕宝宝黑黑的像蚂蚁，我们称为蚁蚕，身上长满细毛，约两天后毛即不明显了。蚕蚁出壳后约 40 分钟即有食欲，这时就要开始喂养过程了。蚕宝宝以桑叶为生，不断吃桑叶后身体变成白色，一段时间后它便开始脱皮。脱皮时约有一天的时间，如睡眠般地不吃也不动，这叫休眠。经过一次脱皮后，就是二龄幼虫。它脱一次皮就算增加一岁，共要脱皮四次，成为五龄幼虫才开始吐丝结茧。"五岁"幼虫需二天二夜的时间，才能结成一个茧，做茧的丝竟然可以抽到长达 1.5 千米长！并在茧中进行最后一次脱皮，成为蛹。约十天后，羽化成为蚕蛾，破茧而出。出茧后，雌蛾尾部发出一种气味引诱雄蛾来交尾，交尾后雄蛾即死亡，雌蛾约花一个晚上可产下约 500 个卵，然后死亡。

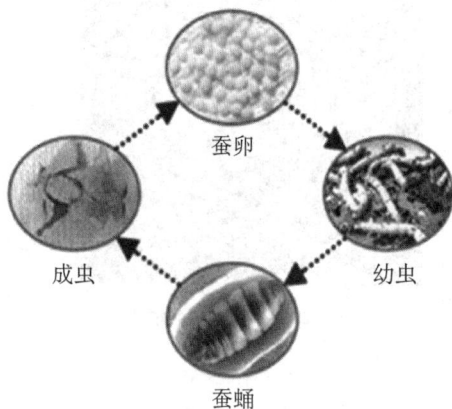

图 6-21 蚕的一生

图 6-22 蚕的一生

13. 留住叶子的美丽(标本制作)(大班)

试一试：小朋友们有谁观察到秋天的树有什么变化？今天让我们一起来留住叶子的美丽吧。

(1) 实验准备：

① 标本夹、吸水纸、绳、废旧的厚书。

② 课前采集的各种叶子和矮小的整株植物。

③ 做好的叶画，还有自制的叶子封塑书签。

(2) 实验过程：

第一步：老师介绍制作叶画的工具名称。

师：小朋友们，我们想要留住叶子的美丽，就必须用到这些工具，一起来认识一下：标本夹、吸水纸(可以用旧报纸代替)、线绳。

第二步：老师带领幼儿一起做叶子的标本，鼓励小朋友互相合作。叶画的制作步骤如图 6-23 所示：

把标本夹的一半平放在桌上,铺上一层吸水纸

将采来的叶了平放在吸水纸上,注意要平展

再铺上一层吸水纸

将选出的叶子和矮小的整株植物都放好,再把另一半标本夹放上

把标本夹绑好

图6-23　叶画的制作步骤

图中分为五个步骤,分别是:

把标本夹的一半平放在桌上,铺上一层吸水纸;将采来的叶子平放在吸水纸上,注意要平展;再铺上一层吸水纸;将选出的叶子和矮小的整株植物都放好,再把另一半标本夹放上;把标本夹绑好。

第三步:学习标本夹的管理。

标本夹放在通风处,每天要打开更换吸水纸,以及整理叶片的形状。

第四步:学习其他简单的压制方法,如书夹法。

师:小朋友们,我们可以把随手采到的或捡到的美丽叶子夹到厚厚的书里,记得每天换换叶子在书里的位置,这样我们就会积累越来越多的叶子。

第五步:介绍做好的叶子标本的用途,展示做好的叶画、书签等,激发小朋友的创作欲望。

(3)总结:

师:小朋友们,你们现在知道该怎样留住叶子的美丽了吧,我们一起管理标本夹里的叶子,然后一起创作美丽的叶画吧。

(4)探索空间:鼓励幼儿和家长一起探索用身边的材料制作标本夹。

(5)活动延伸:和爸爸妈妈一起采集不同形状不同颜色的叶子,制作更多的标本夹。

(6)科学宝典:

被子植物腊叶标本的制作过程如下:

① 修整。把采来的标本洗净,去掉残破的叶子,并且适当地梳掉一些过密的枝条和过繁的花叶。

② 压榨。在压榨板上铺上吸水性强的纸数张,将夹着植物标本的对折的吸水纸放在里面。接着把对折纸打开,矫正标本花和叶的位置。当植物在对折吸水纸上摆好后,将对折纸合起,上面放几层吸水纸,就可以再放另一份植物了。

这样一层层地加上去,最后,再把另一块压榨板放上,旋紧螺丝或压上其他重物。此外,应该注意勤换吸水纸。

③ 上台纸、贴标签。把已经干燥的标本放在台子上,摆好位置,尽量做到美观。用线或纸条将标本牢固地缝在台纸上。透明胶带时间稍久即失去黏性而开胶,故不宜采用。每件腊叶标本必须附有标签。标签是标本的科学证明,要按野外记录逐项填写清楚,通常贴在台纸的右下角。

④ 最后将一张跟台纸同样大小的油光纸贴在台纸上,油光纸盖住标本以保护标本。

14. 蚯蚓的采集和饲养(大班)

试一试:

　　小朋友们,现在我来描述一种小动物,你们认真听,猜一猜是什么。这种小动物生活在土壤里,身子圆圆的,软软的,长长的,摸上去凉凉的,庄稼宝宝都喜欢它,农民伯伯叫它松土小卫士,你们猜到了吗? 对,是蚯蚓宝宝,因为蚯蚓宝宝生活在土壤里面,我们平时看不到,但如果我们自己来饲养它们,就可以观察到它们的生活了。小朋友们,你们想不想学会怎样养蚯蚓宝宝呀? 今天我们就来学会怎样养蚯蚓宝宝。

　　(1) 实验目标:了解蚯蚓的采集,学会蚯蚓的饲养方法。

　　(2) 准备材料:

　　① 培养蚯蚓的简单装置,如木箱、鱼缸或花盆、土壤、枯叶、泡过的茶叶、煮熟的土豆等,湿布。

　　② 图片:蚯蚓的生活图片。

　　③ 蚯蚓采集和饲养的影像。

　　(3) 实验过程:

　　第一步:出示蚯蚓图片,了解蚯蚓的形态和蚯蚓的采集方法。

　　师:小朋友们,图片上的小动物就是蚯蚓宝宝,你们认识吗?

　　师:我们都认识蚯蚓宝宝。你们知道如何采集蚯蚓吗? 蚯蚓的生活环境很广泛,在田间、草丛、路旁、庭院等地方的土壤里都可能有蚯蚓。采集蚯蚓最好在夏季的大雨过后,到池塘、河渠边的湿土里或肥沃的菜田里挖掘。下面看看我们让蚯蚓宝宝生活在哪里?

　　第二步:了解饲养蚯蚓的装置,学会饲养蚯蚓的方法。

　　师:小朋友,饲养蚯蚓的容器有很多,在我们的身边就能找到,看看老师讲台上摆的都是什么?

　　师:现在我们就一起看看怎么样来养蚯蚓宝宝。

　　我们先在容器里面装上潮湿、松软、肥沃的泥土,再把采集到的蚯蚓放在土上,然后将容器放置在阴暗、通风的地方。小朋友,如果要保持蚯蚓宝宝生活环境的湿润,应该怎么办呢? 我们还可以在容器上盖一块湿布,以防水分蒸发太快。蚯蚓宝宝吃什么? 小朋友们看看图片上有没有他们的食物?

　　师:对,蚯蚓宝宝愿意吃腐烂的树叶,还有泡过的茶叶、煮熟的土豆都可以喂它们。蚯蚓宝宝吃的是不是很简单呀?

　　师:现在我们知道怎么去饲养蚯蚓宝宝了吧?

　　师:那我们一起看如何饲养蚯蚓宝宝的视频好不好?

　　第三步:播放蚯蚓采集和饲养的视频。

　　第四步:总结。

　　师:小朋友们,我们今天知道了怎么饲养蚯蚓宝宝。现在我们一起把蚯蚓宝宝放到给它们准备的新家,放在我们的教室里,小朋友每天都可以观察,小朋友每天发现了什么就告诉老师和小朋友们,好不好?

第三节　生态与环境实验[①]

图 6-24　人造雪花

15. 神奇的雪花(中班)

　　(1) 材料准备:人造雪粉、塑料板、搅拌棒。

　　(2) 实验步骤:

　　① 在塑料杯中倒入半袋人造雪粉,并观察人造雪粉。

　　② 往杯子里倒适量的水。

　　③ 观察塑料杯中人造雪粉的变化(等待 30 秒即形成人造雪花)。

　　④ 感知人造雪的质感,观察人造雪。

---

① 中班1个,大班2个,共3个实验(续前)。

（3）实验原理：

人造雪花应用于很多场合，是一种化学物质。

遇水后发生变化而产生。注意严禁入口。必要时，可以结合课件观看下雪时的场景。冬天下雪时，可以直接到野外玩雪。

图6-25　树上的雪花

图6-26　六边形对称的雪花

（4）拓展延伸：六边形的雪花。

雪花形成的时候，大气里水气是饱和的，温度则在0摄氏度以下。微细的冰晶会渐渐围绕着凝结核，然后，冰晶连结在一起而雪花亦随之诞生，这过程被称为"结晶"。在结晶过程中，水分子会以它们的基本排列方式从液态变成固态。由于冰晶的基本模式是六角棱体，大部分冰晶的雏形都是六角形的。当更多的水分子与冰晶结合后，他们会由第一个六角形开始保持冰晶的形状继续向外生长。

从微观角度讲，当液态的水分子被冷却至凝固点，水分子会互相碰撞，形成固态冰晶，然后它们会利用氢键结合在一起。若分子与分子之间结合，便会更稳定。相对来说，最稳定的排列方式是以六角形状把六个水分子黏在一起，这也是为什么大部分冰晶是六角形的。

虽然大部分冰晶形成时有着六边对称的特性，但是它们会因应温度的改变而成很多不同形状的变化。典型的六角形的扁平片状雪花会在－15摄氏度左右时形成。当温度上升至－5摄氏度，无论针状、柱状抑或一些不能估计的形状的雪花便会产生。由于高度越高，温度越冷，因此六角柱状的雪花通常会在高云形成。较低的云层通常会形成六角平面的片状雪花，而不同形状的结晶会在低云中产生。

雪具有一定的保温杀菌作用，除了能够净化空气，还能起到吸收噪音的作用，这是因为雪花内部有很多空隙。下雪后感觉很安静就是这个道理，这也是"瑞雪兆丰年"的由来。

16. 土壤里面有什么？（大班）

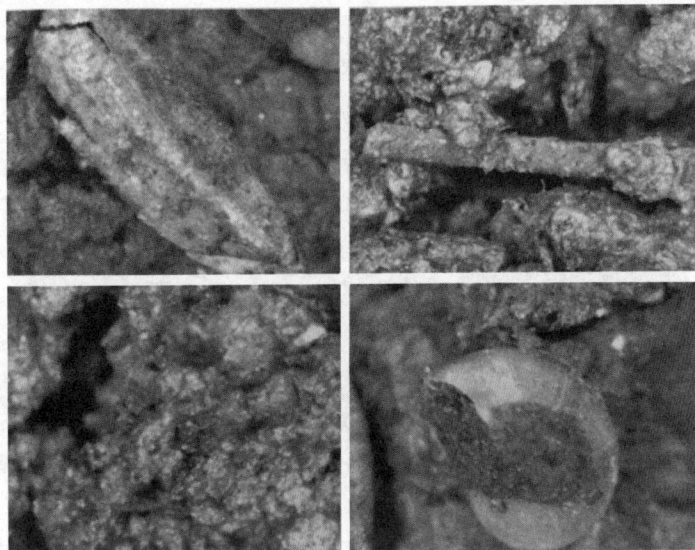

图6-27　土壤

（1）材料准备：电子互动墙、新采集的土壤、手持数码显微镜以及各种土壤的图片。

（2）实验步骤：

① 让小朋友说说什么是土壤，鼓励小朋友说出自己的理解。

② 让小朋友用手持数码显微镜观察新采集的土壤，说说土壤里面的物体的具体名称。

③ 教师拿出电子互动墙，向幼儿科普土壤的分类，并利用录音向幼儿科普不同土壤分别适合哪些植物生长。

（3）实验目的：

观察土壤里面有什么，知道土壤是混合物。初步了解土壤对人类的重要性。

（4）知识拓展：土壤的成分。

土壤是指地球表面的一层疏松的物质，由各种颗粒状矿物质、有机物质、水分、空气、微生物等组成，能生长植物。土壤由岩石风化而成的矿物质，动植物与微生物残体腐解产生的有机质，土壤生物（固相物质）以及水分（液相物质），空气（气相物质），氧化的腐殖质等组成。

固体物质包括土壤矿物质、有机质和微生物通过光照抑菌灭菌后得到的养料等。液体物质主要指土壤水分。气体是存在于土壤孔隙中的空气。土壤中这三类物质构成了一个矛盾的统一体。它们互相联系、互相制约，为作物提供必需的生活条件，是土壤肥力的物质基础。

土壤中的主要元素：氧、硅、铝、铁、钙、镁、钛、钾、磷、硫等。其质地类型有：壤土、砂土、黏土三种。根据其颜色和特性，我国土壤类型有很多种，如砖红壤、赤红壤、红壤和黄壤、黄棕壤、棕壤、暗棕壤、寒棕壤、坚土、褐土、黑钙土、栗钙土、棕钙土、黑垆土、荒漠土、高山草甸土、高山漠土等。

图6-28 脏水过滤后变清水

17. 脏水变清了（过滤）（大班）

（1）材料准备：守恒量具、水净化套件、干净的水以及混有餐杂物的水、过滤的材料（石头、沙子、棉花、活性炭等）。

（2）实验步骤：

① 欣赏清澈干净的小河。

② 出示浑浊难闻的小河水。

③ 幼儿选择水净化套件进行水的净化。

④ 幼儿描述实验的结果，对比不同的过滤材料的净化效果。

⑤ 教师解释水净化的原理。

（3）实验原理：

活性炭在活化过程中晶格间生成的空隙形成各种形状和大小的微细孔，构成巨大的吸附表面积，因而具有很强的物理吸附能力，能去除水中的余氯、胶体微粒、有机物、微生物等，常用来对水进行脱色、除味。

（4）知识拓展：全球水资源。

地球表面约有70%以上为水所覆盖，其余约占地球表面30%的陆地也有水的存在。地球表面、岩石圈内、大气层中和生物体内所有各种形态的水，包括海洋水、冰川水、湖泊水、沼泽水、河流水、地下水、土壤水、大气水和生物水，在全球形成了一个完整的水系，这就是水圈。水圈内全部水体的总储量约为 1.386×10^{18} m³。

其中，海洋储量 1.338×10^{18} m³，占全球总储量的96.5%。其他各种水体储量只占3.5%，地表水和地下水各占1/2左右。地球上含盐量不超过1 g/L（克/升）的淡水仅占总水量的2.5%，即 3.5×10^{16} m³。其中有68.7%被固定在两极冰盖和高山冰川中，有30.9%蓄存在地下含水层和永久冻土层，而湖泊、河流、土壤中所容纳的淡水只占0.32%，即约为 1×10^{14} m³，还不到全球水总储量的万分之一。通常所说的水资源主要指这部分可供使用的、逐年可以恢复更新的淡水资源。可见地球上的淡水资源并不丰富。目前共有2.32亿人口所在的26个国家被列为缺水国家。

第四节　　科技产品与小·制作①

18. 自制美味汽水(化学)

很多小朋友都爱喝汽水,不妨亲自动手做一瓶汽水,一定会给你带来不一样的惊喜。

(1) 自制美味汽水必备材料:

白糖 20 克、小苏打 10 克、柠檬酸 10 克、饮料瓶 1 个、白开水。

(2) 自制美味汽水实验步骤:②

第一步:往空饮料瓶里放入两勺白糖(可依据个人口味添加)。

第二步:接着放入一勺小苏打。

第三步:倒入多半瓶凉白开水。

第四步:加入一勺柠檬酸。

第五步:迅速拧紧瓶盖,不让里面的气体跑出来。

第六步:多摇晃几下,放置 20 分钟后就可以饮用了。

第一步:加白糖

第二步:加小苏打

第三步:加凉开水

第四步:加柠檬酸

---

① 化学 1 个,生物 1 个,生态 1 个,共 3 个(续前)。

② 制作步骤彩图请到复旦学前云平台(www.fudanxueqian.com)上下载。

第五步：拧紧瓶盖　　　　　　　　　第六步：摇晃并放置20分钟

图6-29　自制美味汽水步骤

（3）制作原理：

小苏打和柠檬酸反应生成二氧化碳。汽水中含有的二氧化碳可以帮助人体排出热量，因此喝汽水能解暑消渴。

图6-30　制作叶脉小书签第一二步

19. 制作叶脉小书签(生物)

叶脉书签制作方法：

（1）工具与材料：烧杯、三脚架、石棉网、酒精灯、火柴、天平、旧牙刷、镊子、水彩颜料、彩色丝线、氢氧化钠、3％双氧水、桂花树叶。

（2）制作过程：

第一步：把约90毫升水倒入烧杯，在水中加入10克氢氧化钠，把烧杯搁在石棉网上，用酒精灯加热，煮沸溶液。

第二步：把树叶浸没在溶液中，继续加热15分钟左右，用镊子轻轻搅动，使叶肉分离，腐蚀均匀。

第三步：当叶片变色、叶肉酥烂时，用镊子取出叶片，放在盛有清水的玻璃杯内。

第四步：从清水里取出叶片，放在玻璃上，旧牙刷在流水中轻轻地刷叶片的正面和背面，刷去叶片的柔软部分，露出白色的叶脉。把叶脉片浸入3％的双氧水中24小时，使它们变成纯白色，再取出叶片，用清水洗净，沥去水滴。

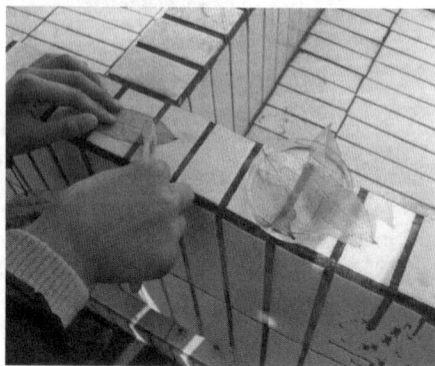
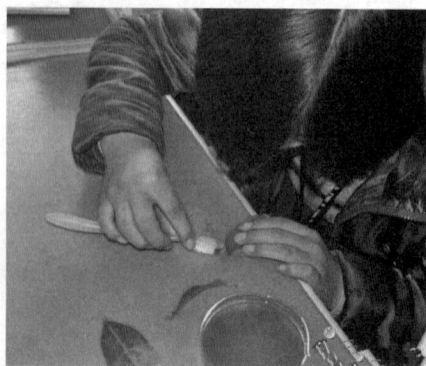

第三步　　　　　　　　　　　　　　　第四步

图6-31　制作叶脉小书签第三四步

第五步：叶脉片放在旧书或旧报纸里压干。

第六步：取出压平的叶脉片，待叶脉干透后，用毛笔在叶脉两面涂上水彩颜料，稍干后再压平。

第五步　　　　　　　　　　　　　第六步

图 6-32　制作叶脉小书签第五六步

20. 制作生态瓶（生态环境）

（1）材料准备：

2 L 容量以上透明塑料瓶、剪刀、胶水、新鲜土壤、pH 试纸、氢氧化钙固体（熟石灰）、细沙石、石块。

（2）方法/步骤：

首先，要了解生态系统的构成：生产者（绿色植物）、消费者（动物）、分解者（微生物）、非生物的物质与能量（阳光、空气、水等），生态系统具有一定的自动调节能力，生物种类越多，食物网越复杂，则生态系统越稳定。所以，在制作时一定要增加生物的多样性，引入尽可能多种类的生物。

具体操作步骤：先将大容量的透明塑料瓶晒一段时间，以除去异味，再用剪刀在顶部刺几个洞，以保证通风良好，先在底部铺上一层石块（石块大小不要超过 3 立方厘米，一层即可），之后再铺上 3～5 厘米厚的泥沙，用少量水湿润，此时在瓶子底部再刺几个洞，保证积水能从这里流出。之后在泥沙上面铺上约 5 厘米厚的土壤。

用 pH 试纸测出土壤的 pH，再对比比色卡读出酸碱度，若发现过酸（即 pH 过小），则用适量氢氧化钙进行酸碱中和，至弱酸性即可，注意不能使用氢氧化钠，要严格控制加入的熟石灰的量以避免过量。

在公园中捕捉蚂蚁、蚯蚓、瓢虫等昆虫和软体动物，将它们小心翼翼地放入瓶子中，注意在捕捉过程中不要伤害到它们。之后可以在生态瓶中种植一些绿色植物，包括豆科植物（以便进行生物固氮），同时要将生态瓶置于光照充足的地方使植物更好地进行光合作用。

在生态瓶中加入适量的腐叶，让它们发酵分解产生微生物，从而为植物提供无机盐，生态瓶尽量不要放在室内，以免招来蚊虫，同时又可以更好地模拟大自然的环境，如果有条件可以施适量的肥料。

当发现生态瓶已无法维持时（植物大片死亡，昆虫数量急剧下降），请将活着的生物放生。有兴趣的可以记录下实验数据。

生态瓶终究无法完全还原大自然，它的自动调节能力毕竟有限，不可能永久维持，如果失败也是正常的。

（3）注意事项：

请不要将塑料瓶丢弃在大自然中（塑料难以被自然降解）；

请不要恶意伤害生物；

请不要将新物种放生到自然中破坏自然平衡；

请不要将含有化学物质的、已被污染的土壤随意丢弃。

图6-33　美丽的大自然①

图6-34　生态瓶

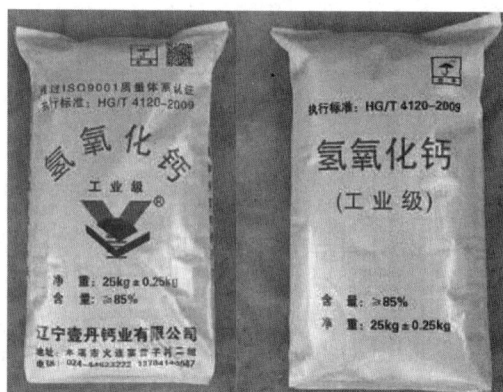

图6-35　氢氧化钙(熟石灰)

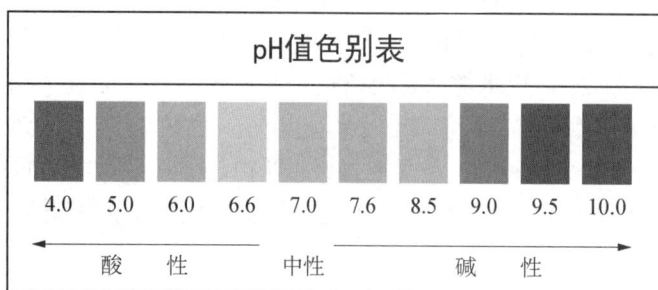

图6-36　PH值色别表②

图6-37　各种昆虫和软体动物

图6-38　良好的生态系统③

①②③ 相应彩图请到复旦学前云平台(www.fudanxueqian.com)上下载。

附1　幼儿科学实验的记录方式

幼儿在进行科学实验的时候,除了进行仔细的观察,有效及时记录自己的观察现象和结果也很重要。在平时的科学实验中,幼儿一般采用以下几种方式进行科学实验的记录:图画记录、符号记录、简单的数字和文字记录、表格记录、照片记录。

1. 图画记录

这种记录方式在大、中、小班的幼儿中都会采用。幼儿将自己观察到的实验现象用自己画画的方式进行记录。

例如,在植物观察区,幼儿用自己的图画记录下植物的生长过程;在动物饲养区,幼儿观察小蝌蚪的生长过程,并用图画进行记录:

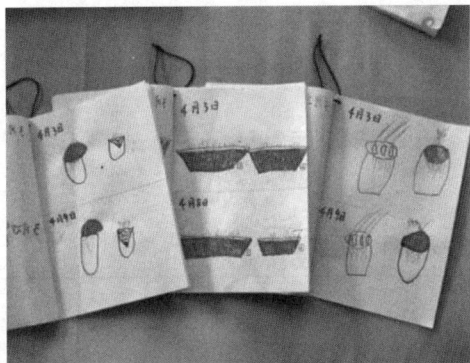

图6-39　幼儿用图画记录小蝌蚪的生长过程

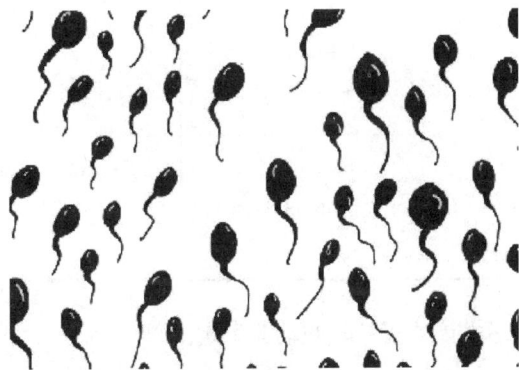

图6-40　小蝌蚪图画

还如,"各种材料中哪些东西能够吹出泡泡"记录表:

表6-1　图画记录示例

材料 \ 结果	吸管	筷子	花片	扭扭棒
猜想结果 ❓	◯		◯	
观察或实验结果 👀	◯		◯	◯

说明:实验材料直接用图片表示,教师事先最好在网上下载与实物一致的图片。实验前的猜想用问号表示,观察或实验结果用眼睛示意图表示。吹泡泡的实验中,猜测能吹出泡泡的可以用圆表示,吹不出的什么也没有。表6-1中,只有最后一个扭扭棒猜想的结果和实验的结果不一样,其他都相同。实验材料用手画图比较方便,但不太正规,规范图比较正规一些。

2. 符号记录

这种记录方式也是平时常用的一种记录方式如用√、×或↑、↓等符号来进行记录。例如,幼儿在进行"区分生熟鸡蛋"的实验时，用符号记录自己观察到的现象：

表6-2　符号记录示例

方法	生鸡蛋	熟鸡蛋
（旋转）⟳	×	✓
（晃动）✋	✓	×
（放到水里）🥤		

在进行"沉与浮"实验时的幼儿记录实例：

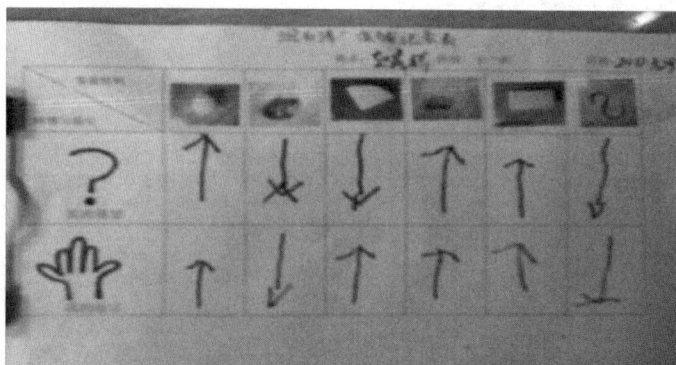

图6-41　"沉与浮"实验时幼儿记录实例

3. 简单的数字和文字记录

例如，幼儿在观察天气的变化，用简单的数字和文字进行气温的变化记录：

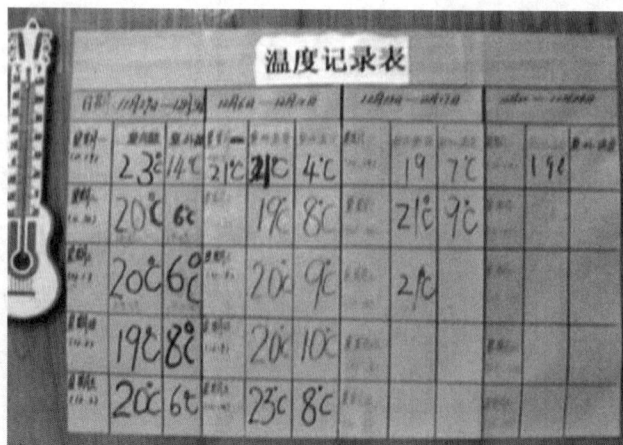

图6-42　幼儿在观察天气的变化时的记录实例

4. 表格记录

幼儿在进行科学实验的时候,教师会有意识、有目的地设计一些表格,辅助幼儿进行观察、记录。例如,在植物区角中,教师设计了以表 6-3,里面有观察的时间、天气、植物的生长高度、有没有洒水等情况的记录。这对幼儿观察记录有一定的指导作用。

表 6-3　表格记录示例

时间	姓名	天气
浇水了吗	除草了吗	测量一下植物的高度
写下生长情况		

5. 照片记录

这种记录方式,一般不太采用,只有在小班或是一些特殊的情况下会偶尔使用。

图 6-43　照片记录示例

附2　幼师学生分组科学实验报告单

表 6-4　幼师学生分组科学实验报告单

学校	班级	小组成员(姓名、学号)	实验时间

学校	班级	小组成员(姓名、学号)	实验时间
实验 名称			
实验 目的			
实验 器材			
实验过程 或步骤			
实验现象 或结果			

注：小组长可以打一个五角星，记录员可以打一个三角形，或采用其他符号标注。

思考题

1. 参阅第二章"幼儿科学教育的方法"中关于实验部分的一些内容，或上网查阅一些资料，说明幼儿科学实验和一般科学实验有什么不同和相同之处。

2. 幼儿认识的字很少，因此，幼儿科学实验的记录方式与成年人完全不同。说出两种最重要的记录方式，并根据所做的实验，各举一例说明采用幼儿的记录方式，是如何记录的。

3. 选择书上的 20 个实验或附录三中的 20 个实验中的一个，或网上下载一个幼儿科学小实验，对它进行简要的评析，指出它的优点和不足之处，并提出适当的改进方案。

4. 利用生活中常见的材料，尝试独立设计一个幼儿科学小实验，或制作一个小玩具(写明制作步骤)。必须说明它的工作原理，要求图文并茂。如果有困难的话，可以对网上或书本上的实验做大幅度的改造，使之成为一个新的实验(注明原实验的出处)。

5. 你在解释幼儿科学实验现象时感到困难的是什么？在理、化、生、天文、地理等学科知识中，最缺乏的是哪些学科的知识？具体说明一下。

五层科学素养观

一、传统的科学素养观

哈佛大学前校长柯南特1952年在《科学中的普通教育》一书中首先提出"科学素养"一词,但是,真正把科学素养引入基础教育的是斯坦福大学教授赫德。关于什么是科学素养,可谓是"仁者见仁,智者见智"。科学素养的定义有数十种之多,下面介绍几种最具代表性的定义。

1. 国外的两种权威定义

国际科学素养中心主任米勒认为,科学素养有三个方面:科学概念的理解;科学过程和方法;科学技术与社会的关系。

国际学生科学素养测试大纲认为,所谓科学素养,一是科学的基本观念(生命与保健科学、地球与环境科学、技术中的科学);二是科学实践的过程(获取证据,解释证据并在证据的基础上进行科学活动);三是科学场景(日常生活中的科学问题)。

2. 国内的两种权威定义

1988年,华东师范大学钟启泉教授在他的《现代教育论发展》一书中提出了科学素养的定义:概念性知识(科学知识);科学的理智(科学的方法论);科学的伦理;科学与人文、社会和技术的关系。

《2001—2005中国青少年科技普及活动指导纲要》中指出科学素养包括:科学态度、知识、技能、方法、能力、行为、习惯等。

目前,幼儿科学教育界通常把教育的三维目标作为科学素养的定义,即知识与技能,过程与方法,情感、态度。

上述各种定义的缺点是忽视了个性品质的培养,而个性品质在科学研究中起着至关重要的作用。我们在前人的基础上,提出"五层科学素养观"。这也是第一章所提出的"教育的五个目标"。

二、五层科学素养观——科学素养"金字塔"

如图6-44所示,科学素养包括五个层面即:实践经验、知识技能、思想方法、个性品质、精神情感。从下到上,要求越来越高,难度越来越大。其中有一半是以往所提出的(即知识技能、方法、情感)。

还有一半是以往所忽视的,即实践经验、个性品质、精神情感。其中,特别强调个性品质的重要性。

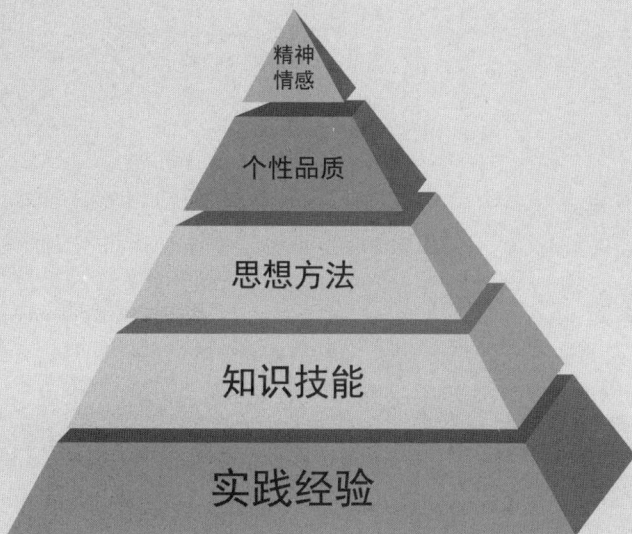

图6-44　科学素养金字塔①

① 相关彩图请到复旦学前云平台(www.fudanxueqian.com)上下载。

性格决定命运，习惯决定成败，态度决定一切。良好的习惯，特别是独立思考的习惯和雷厉风行的习惯，对于一个人的成长非常重要。而"身心健康、诚实守信、文明礼貌、耐心细心、坚强意志、顽强毅力"这些可贵的品质，对于任何人从事任何事，都是必不可少的，在科学中作用更突出。

从无数的事例中得出的结论是：大多数中国学生，在知识和技能方面掌握得不错，在情感和态度方面（好奇心和兴趣等）也还可以，在方法的掌握方面做得一般（部分优秀学生做得很好）。最欠缺的是三个方面：实践经验、个性品质、精神情感。

五年医学本科毕业生不如一个农村的赤脚医生，四年无线电专业的本科生不会修理收音机，师范院校的学生不会备课，这样的事例数不胜数，司空见惯。实践经验的缺乏，是中国教育最大的问题之一。近年来，随着教育改革的深入，这一问题有所改善，但仍然不能说从根本上解决了问题。而独立思考、意志和毅力、耐心和细心等方面没有给予足够的重视。人云亦云，意志薄弱等现象仍然存在。

而在思想和精神方面，欠缺程度最高。有知识的人很多，有思想的人很少，有批判精神和创新精神的人则更少。

因此，在科学素养方面，批判精神和创新精神是最重要的，比起教育的三维目标（知识与技能、过程与方法、情感态度价值观）来更重要。当然，科学素养的五个层面是一个有机整体，其他四个层面也很重要，不能完全忽视，不能顾此失彼。

第七章

幼儿科学教育实施的基本要求

第一节 评价课堂教学的六个标准

要学会唱歌,首先要学会欣赏。也就是说,必须知道怎样唱是好的,怎样唱是不好的。如果连起码的鉴赏能力都没有,想唱好歌是不可能的。教学是一门艺术,与唱歌有一些相似之处。要想上好课,首先必须知道:什么样的课是一堂好课,什么样的课不是好课。也就是说,必须知道一堂好课的标准。

听课,就涉及如何评课的问题。很多幼儿园制定了非常详细的评课标准,这些标准大大小小有数十条之多,不能说它没有道理,但太详细了就会让人无所适从。事实上,不论是上课者还是评课者,都不可能严格按照这么多条标准去做。下面我们将删繁就简,给出"好课"的六条基本标准。

一、六性(或六度)标准

六性(或六度)标准是:(1)条理清楚(清晰度好);(2)重点突出(精度高,能精准把握教学重点);(3)实践性强("动作"度大,这里的"动"表示"动手做"的意思,"作"表示"合作"的意思);(4)互动性好(发散度高,即思维的发散程度或活跃程度好);(5)科学准确(准度或密度高,这里的"准"指准确,"密"表示严密,即没有科学性错误);(6)总结到位(概括度好,能高度精炼地概括教学内容)。

简单地说,六性标准是:条理性、重点性、实践性、互动性、科学性、总结性,也可用所谓的"六度"标准来衡量:清晰度、精准度、动作度、发散度、严密度、概括度。

在幼儿科学教育中,幼儿教师最常出现的问题是:科学性和总结性做得不太好。通常,他们在实践性和互动性方面做得很好,能够让每个学生充分动手和互动,气氛也很活跃。但是,由于幼儿教师自身的科学素养问题,科学原理方面根本不讲,或讲错了,没有总结、不会总结、总结不到位的现象也时有发生。这导致经常出现"上课热热闹闹,下课啥都不知道,形式生动活泼,内容空洞无物"现象。在条理性和重点性方面也做得一般,当然这和总结不到位有关。总结得好,条理才会更加清晰,重点才会更加突出,幼儿才会觉得学有所获,它能起到画龙点睛的作用。

而幼师生和刚入职的幼儿教师,在六个方面都存在问题。当然,条理不清,重点不明最为突出。此外,在"层层启发,环环相扣,详略得当,难易适中"方面也存在不少问题。因为只有做到这些,才能真正做到条理清晰,重点突出。

上面的六性或六度标准,主要是针对教师而言,并且比较笼统。下面的六个标准,主要针对教学过程,相对具体一些,而且适用的范围更加广泛一些。

二、教学与科研活动的"万能六面体"

如图 7-1 所示，一个立方体，有六个面，这六个面分别是：What（是什么）、Why（为什么）、hoW（怎么做）、Examples（实例）、Practice（实践）、Summarize（总结），简称 3W+EPS。

例如，在幼儿科学活动"陀螺的奥秘"中，首先要让幼儿明白什么样的东西叫做"陀螺"（陀螺的基本特征：上重下轻，基本对称，和桌面只有一个接触点，有些陀螺有轴，而有些没有）；其次，要知道陀螺为什么旋转时不会倒（转动的物体有保持旋转状态不变的性质或能力，这就是所谓的"转动惯性"；但在幼儿园，可以不讲惯性一词，仅仅告诉幼儿转动物体有保持状态不变的性质即可）。最后，要让幼儿知道如何制作一个简易的陀螺。这就是"3W"。

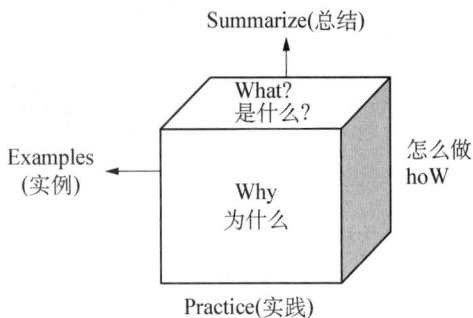

图 7-1 万能六面体

此外，还要有足够的时间让幼儿亲自实践（实验、观察记录等），并通过讨论，得出结论，老师要有总结。当然，也可以举一些例子来说明陀螺的应用。这就是 EPS。

六性（度）标准和万能六面体，都是讲课应当怎么上，只是侧重点有所不同。前者主要侧重于教师的素质，是对教师的基本要求，后者则侧重于教学过程或流程，即具体应当怎么做。它们互为表里，相辅相成，前者是指导性的，后者是操作性的。

第二节 教学展示与课件制作中的常见问题

"幼儿科学教育"是一门实践性很强的课程，前面的各章都是告诉应当怎么做，不应该怎么做。但究竟怎么做，一定要亲自实践才行。在选好课题，做好实验并收集好资料之后，必须认真写好教案。然后，在此基础上制作好 PPT，进行说课、模拟上课或到幼儿园正式上课。

由于幼儿园的数量有限，且见实习通常是由学校统一安排的，幼师生不可能随时去幼儿园上课。即使是见实习期间，正式上课的幼师生也是少数。在这种情况下，说课和模拟上课就显得尤为重要，它是提高幼师生教学能力和实践能力的好办法。而一个班通常有 40～50 名幼师生，一次模拟上课至少也要花 20 分钟左右的时间，一节课（45 分钟）通常只能有两个人上课，绝大多数幼师生仍然没有锻炼的机会。更何况，模拟上课时，因为教学的对象不是幼儿而是幼师生，不论是实验还是互动，和真正的上课仍然有很大差异，效果也会受到一定的影响。

为了让更多的学生有上台锻炼的机会，模拟上课只能作为点缀，更多的学生是进行说课。说课的时间一般为 5～10 分钟，平均大概 8 分钟左右。两节课可以有 12 个人进行说课比赛。

一、课前的准备工作

1. 实验设计及过程记录

幼儿园的科学活动课通常以实验为核心，以多媒体为（辅助）手段，以互动讨论为抓手，启发引导幼儿得出结论。实验设计、问题设计（更准确一点是过程设计）、PPT 制作，是教学设计或撰写教案的三个最重要的内容。其中，实验设计尤为重要，关系到一节课的成败。

例如，"绽放的纸花"这节课，如果仅仅让幼儿观察一下纸花在水中绽放的过程，那就显得过于简单了，也难以激发幼儿的兴趣。有老师在设计这节课的时候分为四步：第一步是教会幼儿如何把纸花折叠成花苞(培养幼儿的动手能力);第二步是让学生观察花苞在水中绽放的过程,并引导幼儿讨论绽放的原因(培养幼儿的观察能力,猜想和发散思维能力),初步了解纸张吸收水分后导致内部纸纤维软化,从而绽放的过程;第三步是观察两种不同纸张做成的花苞在水中绽放的过程,让幼儿了解到不同的纸张,其纤维的疏密程度和材料的性质不同,吸水快慢不同,导致纸花绽放的速度不同;第四步是准备了更多不同种类的纸张做成的花苞,让幼儿来观察,并用比赛的形式看它们绽放的快慢情况。因此,这节课的实验准备是很充分的。

实际上课时,主要做了两次实验(即第二步和第三步),第一步教师简单示范一下,幼儿很快就学会了折叠纸花。第四步因为时间有限而没有做。但是,准备充分一点是必要的。

这个实验分步进行,分组实验,分层讨论,由易到难,循序渐进,符合科学活动的基本原则。有规则(讲解),有(实验)记录,有(猜想)讨论,有反复(实验)(因为一个幼儿把纸花苞方向放反了,导致实验结果和其他组不同,重新正确放置后得出相同的结论)。因此,这节课的教学过程是完整而清晰的,有许多值得幼师生借鉴的地方。

但是,说课和正式上课并不完全相同。最大的区别在于,说课不需要当场进行分组实验,互动讨论也不要太多,其他方面基本相同。实验一般在课前进行,因此一定要做好记录,静态的过程可以用手机拍照,动态过程(如纸花绽放的过程)最好拍摄视频。

实验设计时,主要考虑以下几个问题:

(1) 分几次进行(几个小实验)?

(2) 是分组实验还是独立实验? 分几组?

(3) 需要准备哪些实验材料和记录纸?(一般用图画形式,打√、打×等)

(4) 实验步骤或规则、实验记录方式、实验注意事项的讲解。

例如,在用吸管吹肥皂泡的时候,有些幼儿这头吹一下,那头再吹一下,这样不卫生,肥皂水容易进入口中。放置纸花的时候,要正面(花瓣折叠起来的一面)朝上。

(5) 实验结果汇报,实验原理的猜想和讨论;最后的总结拓展等。

2. 网上收集资料(教案、图片、PPT 和视频)

实验过程中,尽管学生把实验的每个重要环节或重点过程都拍摄下来了,但仅有这些照片或视频资料还远远不够,必须到网上收集一些好的资料,包括教案、图片、PPT 和视频,为下一步撰写教案或制作 PPT做好准备。

3. 撰写教案

任何学习总是从模仿开始的,看葫芦→依葫芦画瓢→独自画瓢→画出新的东西,这是学习的四部曲,写教案也是如此。首先,可以看看别人是怎么写的,本书的典型案例分析和附录中有很多优秀教案可以参考。其次,是根据已有实验,参照教案的一般撰写流程写好教案。对于幼师生来说,一般只需要做到两步。第三步"独自画瓢"即完全独立写教案和第四步"画出新东西",即写出独特的新颖的教案,主要针对有一定经验的幼儿教师。

科学活动课的教案大致包含以下几个部分:

(1)教学(活动)目标;(2)教学的重点和难点;(3)活动准备;(4)活动过程(课题引入—猜想假设—实验探究—互动讨论—总结反思—拓展延伸),有时要播放一些视频材料。

4. PPT 制作

说课用 PPT 和上课用 PPT 是不同的,如果说正式上课时,PPT 仅仅是作为一种辅助手段,可有可无的话,那么,说课时 PPT 则是一种必不可少的重要手段。PPT 的好坏直接影响到说课的质量。与上课不同,说课的时候,必须把教案上的大部分内容,如教学目标、重点难点、活动过程等全部制作成 PPT(正式上课的时候大部分都不需要)。只有这样,才能让其他人知道教师的教学意图和教学过程。

5. 模拟说课

在正式说课之前,要进行模拟说课,这非常重要。因为很多幼师生从来没有上过讲台,对电脑和翻页器等设备的使用也不熟悉,经常会出现说话结巴、内容不熟悉、表达不流畅等问题。由于电脑软件问题,经常出现视频或动画放不出来的问题。事先说一次或几次就能及时发现问题并解决问题,正式说课时就不会太紧张。

二、PPT制作中的常见问题

PPT在说课活动中起着至关重要的作用,能反映说课者整个教学思路和教学过程,所以必须十分重视。下面是说课中PPT制作出现的一些常见问题。

1. 流程不合要求,条理不清,重点不明

这是很多幼师最常出现的问题。按理说,制作PPT必须在教案的基础上进行。但是,有一些幼师生事先没有认真地写好教案,直接就把实验时拍摄的几张照片和说明书上的实验步骤拼凑一下,说课的时候照着屏幕读一下就完事了。他们不知道说课应该说些什么,或知道了也不按照要求去说。正规的说课大致包含以下六个方面:

(1)教材;(2)活动目标(教学目的);(3)教学的重点和难点;(4)准备工作;(5)教法与学法;(6)教学过程(或活动过程)。

但是,幼师生说课不是真正去参加说课比赛,其目的是上台锻炼,所以教材和教法、学法等都可以不说。这样就可以简化成四步:(1)教学目的(活动目标);(2)教学的重点和难点;(3)活动准备;(4)活动过程(它包含课题引入—猜想假设—实验探究——互动讨论—总结反思—拓展延伸等六个环节)。这其实也是目前许多幼儿教师备课的内容。其中,活动过程当然是重中之重。注意,活动过程的第一环节"引入"的方式可以多种多样,如问题引入、故事引入、诗歌引入等。第二环节"猜想假设"比较简单。第三个环节"实验探究",是说课和制作PPT的重点,需要说清楚材料准备、实验步骤、注意事项、实验记录方式等。第四个环节"互动讨论",主要是实验结果的分享、现象的解释或实验原理的讨论等。第五个环节"总结反思"(幼儿或教师总结、反思),要精炼、概括、到位。第六个环节"拓展延伸",可以视具体情况,不一定非要讲。

2. 对比度太差,字体字号不合适

制作PPT之前,应该观赏一些以往幼师生制作的或网上下载的PPT,从中发现一些问题或优点。但是,实际制作的时候,因为有些人是第一次制作,没有经验,最常出现的的问题就是字号太小,或者深色的背景上写黑色的字体,对比度太差,完全看不清楚。

如图7-2所示,深色的背景上写黑色的字体,字号太小,看不清楚。字号最好40号以上。

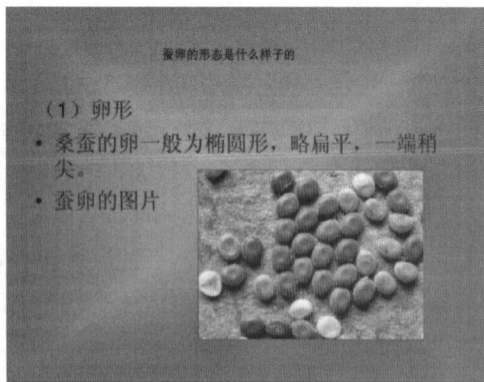

图7-2 深色背景黑色字(不好)

图7-3 图和文字混杂(不好)

3. 图和文字混杂在一起,眼花缭乱

如图7-3所示,图和文字混杂在一起,字又多又小,字和图都看不清。这种情况要避免出现。图文并茂的PPT页面见图7-9。

4. 纯文字

如图7-4所示,PPT中几乎没有图片,纯粹文字,这个在说课中要尽量避免出现。因为要考虑到这是幼儿科学教育,大多数幼儿不认知字。即使要讲实验步骤,也必须配以图片。

实验步骤:

1. 用圆规在厚纸板上画一个圆，然后用剪刀剪下这个圆。

2. 用铅笔把圆纸板 分成七等分。

3. 用彩色铅笔在圆纸板的七等份中分别涂上红橙黄绿蓝靛紫七种颜色。

4. 把笔芯从圆心穿过，做成一个陀螺。

5. 旋转陀螺，会发现彩色的陀螺变成了白色。

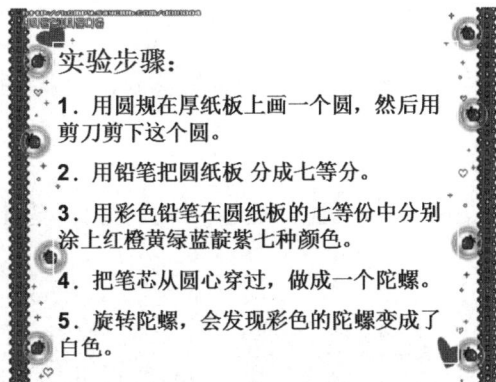

图7-4 纯文字(不好)

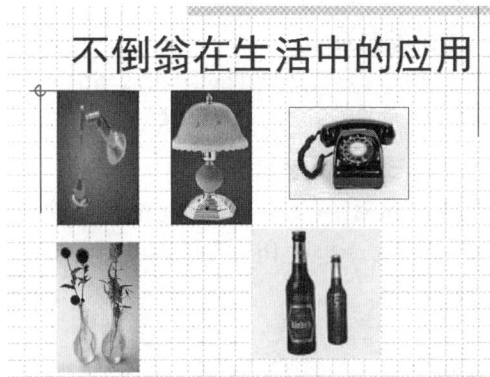

图7-5 科学性错误

5. PPT 制作中出现严重的科学性错误

如图7-5所示，在讲了不倒翁的制作方法后，有些幼师生设计了拓展延伸，讲一些不倒翁在日常生活中的应用。图中有四个例子，一个是台灯(两种)，一个是电话机，一个是花瓶，一个是酒瓶。这四个都不是不倒翁，都会倒，和不倒翁没有任何关系。它们只是利用了物体的稳定程度与重心和支撑面大小的关系这个规律。重心低，接触面(或支撑面积)大，稳定程度大，所以不容易倾倒，但倾斜程度太大时，它们仍然会倒，所以不是不倒翁。不倒翁是稳定平衡，而图中的四种物体都不是稳定平衡。

6. 内容不符合幼儿的认知特点

如图7-6所示，为不同月相的月亮出没时刻表。一方面，这个表是纯文字，幼儿看不懂；另一方面，这个内容太复杂，不适合作为幼儿科学的教学内容，而适合于小学(最好是高年级)学生的探究内容。

在幼儿科学教育中，有四项原则，其中一条就是内容要恰当，这个内容显然超出了多数幼儿的认知能力。

月相	同太阳出没比较	月出	月没	夜晚见月情形	出现日期[农历]
新月	同升同落	清晨	黄昏	彻夜不见	初一
上弦月	迟升后落	正午	半夜	上半夜见于西天，月面朝西	初七、初八
下弦月	早升先落	半夜	正午	下半夜见于东天，月面朝东	二十二、二十三
满月	此起彼落	黄昏	清晨	通宵可见	十五、十六

图7-6 内容不符合幼儿认知特点

图7-7 首页上没有姓名

7. 文件名或首页上没有班级、姓名、学号

实验和PPT是要求每个幼师生都做的，但由于一些幼师生是第一次制作，不知道制作的一些规则。如在PPT的首页上没有班级、姓名、学号，或者即使有的话字实在太小，也看不清，文件上也没有姓名。这给老师带来了无穷的烦恼，不知道这是谁做的，老师也无法评价。简单明了的PPT首页见图7-8。

8. 完全抄袭网上的PPT

制作PPT必须要以做过的实验为基础，做了哪些实验，过程有没有拍摄下来，这个在PPT中必须要有所体现。有些幼师生为了省事，直接从网上下载PPT交给老师，这个显然不行。即使这个PPT非常好，评分也会非常低甚至不及格。

9. 实验过程太简单

PPT制作中，要求把实验步骤和过程详细呈现出来，最好动静结合，既有静态的图片，又有一些视频，这样比较丰富。当然有些内容不适合拍摄视频的就不用拍了。实验过程太简单，过程不清楚，或实验没有记录,这也是经常出现的问题。

10. 完全没有互动

PPT 制作中,要有适量的问题和适当的互动。但由于时间限制,互动的时间不宜太长。一般是提一到两个简单的问题,完全一讲到底不太好。

11. 没有总结和拓展延伸

总结能起到画龙点睛的作用,也能使条理更清晰,重点更突出,让师生知道这节课究竟讲了些什么,有什么收获,但很多学生在 PPT 制作中都没有很好总结。

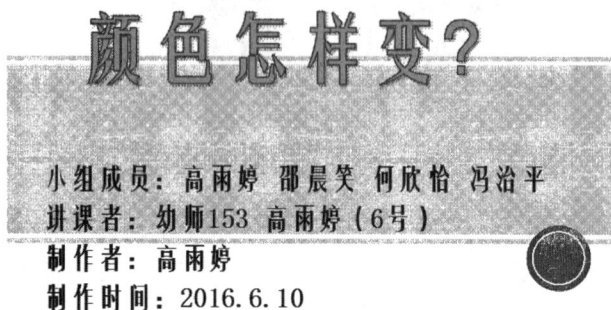

图 7-8　简单明了的 PPT 首页

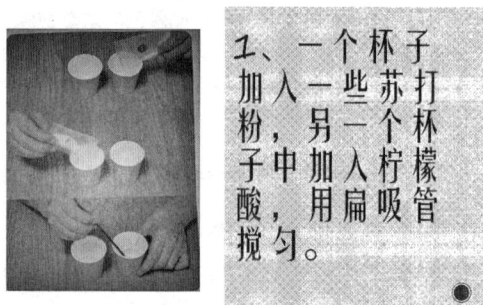

图 7-9　图文并茂的 PPT 页面

三、说课中的常见问题

一个组通常由 4 个成员组成,选出一个语言表达比较好的人上台说课。说课的 PPT 最好是自己制作的,这样内容比较熟悉。但是,有些组可能出现 PPT 制作精良的人表达能力不强,而表达能力强的人 PPT 制作不太好。教师原则上应允许幼师生采取互补的方法,把最好的 PPT 给表达能力最好的人说课。打分的时候,一个组四个人的分数是一样的,这样做主要目的是促进学生团结协作、互相帮助。即使采用这一方法,第一次上讲台时,有些幼师生仍然会出现各种问题。主要的问题是神态过于紧张,表达不流畅等。

少数学生会:手发抖,腿发软,头发晕,心发慌,嘴发硬(说话结结巴巴),眼盯屏(眼睛老是盯着电脑屏幕或投影屏幕),念稿子(有一些人纯粹照着稿子读),乱发问(问的问题让人摸不着头脑,根本无法回答),太简单(要求至少 6 分钟的说课只说了 3 分钟),超时(有些人说的时间太长,十几分钟,影响其他组),音太低(音量太低,听不清楚),不儿化(完全成人的语气,不够亲切)。

四、说课点评标准

每个学生说课之后,教师要作简短的点评,点评的时候可以采用上课的"六性"标准来进行评价。但是,考虑到上课和说课毕竟有所不同。所以,评价的标准也有所不同。评价说课的标准大致有以下几个方面:

(1) 说课的内容是否完整,包括四个方面:活动目标、教学重点难点、活动准备、活动过程(六个环节)。

(2) 实验过程是否清晰? 设计是否合理,有新意?

(3) PPT 制作是否精良? 是否出现各种不应该出现的问题?

(4) 语言表达和神态情况怎么样? 包括:语言表达是否流畅? 有没有照着稿子念? 神态是否自然? 有没有老是盯住电脑或投影屏幕?(要求至少 2/3 的时间看"幼儿"而不是看屏幕)是否有一定的互动?

思考与练习

1. 评课的"六性"或"六度"标准是什么? 你认为自己在这六个方面最缺乏的是哪些? 有什么改进的

措施?

2."万能六面体"的内涵是什么?通过一个具体的事例,比如写教案或上幼儿科学活动课、写论文或其他事情,说明"万能六面体"对做好事情的指导作用。

3.PPT制作中常见的问题有哪些?你以前最常犯的错误或最忽视的事情有哪些?

4.说课活动中要注意哪些问题?你觉得自己最常出现的问题有哪些?有什么改进的措施?

阅读材料

教师的三重境界和阅读的四个层次

一、教师的三重境界

教师都听说过"授之以鱼不如授之以渔"这句话,它的原意是直接给人鱼,不如教给他捕鱼的方法,实际的含义是教给学生知识不如教给他获取知识的方法。这是讲方法的重要性。

一个教师,如果能够把书本上的知识很好地教给学生,让学生掌握,那么,他是一个合格的教师。如果在讲授知识的同时,教给学生获取知识的方法,那么,他是一个优秀的教师。但是,教师的境界不止这两重。

你教给一个人捕鱼的方法,这当然很好。问题是,如果他周围没有河也没有鱼,那么,捕鱼的方法再好也无济于事。因此,一个真正的教师,不仅要教会学生"喝水吃鱼""找水捕鱼"(的方法),更重要的是要让他能做到"造水养鱼"。授之以鱼不如授之以渔,授之以渔不如授之以雨。什么意思呢?这里的"鱼"表示知识或技能,"渔"表示获取知识的方法,"雨"表示创造新知识的精神。能"呼风唤雨",当然就能集雨成河,有了河,再放些鱼苗,自然就会有大鱼。此时,捕鱼方法才有用武之地。

从喝水吃鱼→找水捕鱼→造水养鱼;从知识→方法→精神;教师的教学从讲解灌输→启发引导→培育熏陶;教师自身从合格教师→优秀教师→专家型教师,这是教师的三重境界。

二、阅读的四个层次

读书是一种良好的习惯,在知识爆炸的信息时代,即使是教授、博士,仍然要不断地学习,不停地读书,否则就会落伍,不能做到与时俱进。终身学习是这个时代对每个有上进心的人的基本要求,作为人类灵魂工程师的教师,就更应如此。但是,书怎么读,是有讲究的。下面以表格的形式列出了阅读的四个层次。

表7-1 阅读的四个层次

第一层次	第二层次	第三层闪	第四层次
粗读(或浏览)	精读(或细读)	深读(研读)	悟读
读懂(了解)	读通(理解)	读会(掌握并应用)	读破(超越)
广泛阅读,增长知识	总结概括,提炼精华	触类旁通,举一反三	除旧迎新,超越创新
＋	－	×	÷

简要说明:读书的最高境界是"悟","悟"出了书上所有的一切,也"悟"出书上所没有的一些(新东西),因此叫"悟读"。读而不思等于零,思而不悟似浮云,只有"悟"出的才是自己的。佛教讲"悟"出真谛,科学讲"悟"出真理,这都是讲"悟"的重要性。

四则运算符号"＋"表示读书的最初阶段,是不断增长知识、由薄到厚的过程。"－"表示读完了一本书之后,要认真反思,好好总结,用最少的字来概括,这是由厚到薄的过程。

"×"表示倍乘,也表示能用最少的几个定律、定理或核心思想和方法,去解决无数实际问题,即所谓的"触类旁通,举一反三",这是第二次的由薄到厚的过程。"÷"表示"去其糟粕,取其精华,除旧迎新,超越创新"(除法本身表示"分"的意思,也有减少的意思)。

如一本《红楼梦》读完之后，可以用二十个字来概括："相爱不相合，红楼梦一场，社会面面观，芸芸众生相"。而一本《西游记》则可以用十六个字来概括："师徒四人、西天取经，历经磨难，终得真经"。这两本名著有"异曲同工之妙，殊途同归之果"（前者讲因贪情而生悲，因生悲而遁空；后者讲因"迷惑"而遇难，因遇难而"识真"，进而悟"空"成佛）。

附录一

理化生等各科基础知识精要

第一部分 物理基础知识精要

一、物理学概论

1. 物理学的研究对象

物理学是研究自然界一切物体(小至电子,大至宇宙)最基本、最普遍规律的一门学科,通俗的说法:物理乃"万物之理"。

2. 物理学的基本特点

物理学以实验为基础,以推理为核心,以哲学为指导、以美学为指引,以探求自然界最基本规律及其应用为目标。

它具有研究对象上的广泛性和基本性。所谓广泛性,即它所研究的对象涵盖了宇宙间的一切物体。所谓基本性,即它只研究最基本的规律,那些比较复杂的事物及其变化规律则留给化学家和生物学家去研究,由于这一点,物理学为自然科学的基础,它的许多观念、思想、方法及其基本规律在其他学科中有广泛的应用。

它具有原理上的简单性和内容上的丰富性(能根据少数几条简单原理导出非常丰富的内容和诸多结论)。

它具有理论体系上的严密性和普遍的应用价值(严密、定量、系统是物理学的最基本特征,其基本原理和方法可以普遍应用于化学、生物学、地球物理学和天文学)。

3. 物理学的分类

在中学层次,按照所研究的现象来分,物理学大致可以分为:力学、声学、电磁学、光学、热学、原子物理和核物理等六门学科。

按照所研究的对象的尺度大小来分,大致可以分为(尺度由小到大):统一场论→粒子物理学→原子分子物理→宏观物理(牛顿力学等)→地球物理→宇宙学。

二、物理学各分支学科的核心内容

下面以列表的形式把各分支学科的核心内容罗列一下,力求简明扼要,突出重点。

表1　力学核心内容一览

分支	基本概念及其字母	核心内容(定律、定理、公式)	备注
运动学(研究物体运动变化的规律)	位移 x;时间 t;初速度 v_0 末速度 v_t,加速度 a	$v = v_0 + at$ $x = v_0 t + \dfrac{1}{2}at^2$ $v^2 - v_0^2 = 2ax$	此公式适用于匀变速直线运动(相同时间速度变化相同的运动)。一般是已知三个量,求其他两个量

分支	基本概念及其字母	核心内容（定律、定理、公式）	备注
静力学（研究物体的平衡问题）	平衡的种类 (1) 稳定平衡：偏离后重心升高；(2) 不稳定平衡：偏离后重心下降；(3) 随遇平衡：偏离后重心不变 稳度：稳定程度	平衡的条件 (1) 合力等于零 $$F_合 = \sum_{i=1}^{i=n} F_i = 0$$ (2) 合力矩等于零 $$M_合 = \sum_{i=1}^{i=n} M_i = 0$$	力矩等于力和力臂的乘积。力臂为力的作用线到转轴的距离。合力为零，则物体匀速平动或静止，合力矩为零，物体匀速转动或静止。稳度与重心高低和支撑面大小有关
动力学（研究运动和力的关系），与天体力学	力 F：物体之间的相互作用。 质量 m：含有物质的多少，惯性大小的量度 重量或重力 $G = mg$，$g \approx 9.8 \text{ m/s}^2$ 力的合成与分解法则：平行四边形法则。标量：只有大小没有方向的量，满足代数法则 矢量：既有大小又有方向的量，满足平行四边形法则 力学中三种性质的力：重力、弹力和摩擦力 飞机上升靠举力非浮力	牛顿第一定律（惯性定律）；牛顿第二定律：合力＝质量×加速度，即：$F_合 = ma$ 牛顿第三定律：作用力和反作用力等值反向 万有引力定律： $$F = G\frac{m_1 m_2}{r^2}$$ 向心力公式： $$F = mv^2/r$$ 力学中有三个重要的守恒定律即能量、动量和角动量守恒定律 流体的流速大，压强小	加速度 a 表示一秒内速度改变的量 万有引力定律中的 $G = 6.67 \times 10^{-11} \text{ N} \cdot \text{m}^2/\text{kg}^2$ 为引力常量，不是重力 m_1，m_2 为两个物体的质量，r 为两个物体中心之间的距离 能量：物质运动以及在空间分布的量度 动量：质量和速度的乘积 角动量：与物体的质量、速度大小、它到轴之间的距离以及速度的方向有关 初中的阿基米德浮力定律非常重要

表 2　电磁学核心内容

分支	基本概念及其字母	核心内容（定律、定理、公式）	备注
静电学（研究静止电荷的产生、利弊及其相互作用规律）	电荷 Q 或 q：物质的一种属性，能吸引轻小物体。 电场强度 E：表示电荷产生的电场的强弱的一个量 $E = F/q$，F 为电场力 电容器：能储存电荷的容器，两个导体之间夹一个绝缘体。两个导体相对面积越大，绝缘层越薄，容量越大	库仑定律： $$F = KQ_1Q_2/r_1^2$$ 电容器的容量公式： $$C = Q/U$$ 此式中的 Q 为一个极板的电量，U 为两个极板之间的电压 C 为电容量，单位：法拉（F），微法（μF）	Q_1，Q_2 为真空中两个点电荷的电量，r 为两个电荷之间的距离。库仑力也叫静电力，满足同性相斥，异性相吸规律 静电对孕妇和婴儿的危害较大。但应用广泛，如静电复印等
动电（电流）（研究电流的产生、利弊及其变化规律）	电源 ε：产生持续电压的装置，有直流和交流两种 电阻 R：表示物体对电流的阻碍作用的大小 电流：电荷的定向移动，通常有交直流两种 电流强度 I：每秒通过横截面的电量，定义 $I = q/t$ 电压 U 为物体两端的电势差	部分电路欧姆定律： $$I = U/R$$ 焦耳定律： $$Q_{热量} = I^2Rt$$ 热量的单位为卡或焦耳 1 卡＝4.18 焦耳（J），$Q_{热量}$ 为电流通过导体产生的热量。t 为时间	串联电路：电流相等，总电压为分电压之和，总电阻为分电阻之和。并联电路：电压相等，总电流为分电流之和，总电阻倒数为分电阻倒数之和。人体安全电压为 36 V，持续接触安全电压为 24 V，安全电流强度为 10 mA

分支	基本概念及其字母	核心内容(定律、定理、公式)	备注
磁学(研究磁场的产生、利弊、对电流的作用,磁性材料)	磁场:磁铁或电流周围的一种特殊物质,对其他磁性材料或电流有作用力。一切磁场都由电流产生 磁感应强度:表示磁场强弱的一个量,定义 $B=F/IL_{\perp}$。F 为安培力,$L_{\perp}$ 为垂直于磁场方向的导线长度,I 为电流。B 的单位为特斯拉(T) 材料有铁磁和非铁磁,软磁和硬磁之分	安培力:磁场对通电导线的作用力,大小 $F=BIL_{\perp}$。注意导线与磁场平行时不受力 洛伦兹力 f:磁场对运动电荷的作用力 $$f=qvB\sin\theta$$ q,v,B 分别为电量、速度和磁感应强度,θ 为速度方向和磁场方向的夹角	安培力和洛伦兹力均可用左手定则判断:大拇指和四指垂直,磁场垂穿手心,四指表示电流方向,则大拇指为受力方向 地球的南边为 N 极,北边为 S 极,所以小磁针的 N 极总指向北边。铁磁材料有:铁、钴、镍及其合金,它们能被磁铁吸引
电磁学(研究电与磁之间的联系,电磁感应和电磁波)	磁通量 $\Phi=BS_{\perp}$,表示穿过某一个回路磁场能量大小的量,但与能量有别单位:韦伯。$S_{\perp}$ 为垂直于磁场的回路面积 电磁感应:磁通量变化导致回路中产生感应电动势(电压)或电流的现象 电磁波:交替变化的电磁场由近及远的传播 电磁波谱:按某一个特性各种电磁波的有序排列	法拉第电磁感应定律 $$\varepsilon=n\Delta\Phi/\Delta t$$ $\varepsilon,n,\Delta\Phi,\Delta t$ 分别为电动势(不接用电器时的电压)、线圈或回路的匝数、磁通变化量、时间 变压器变压变流公式 $$U_1/U_2=n_1/n_2=I_2/I_1$$ 电磁波波速公式 $$V=\lambda f=\lambda/T$$	发电机就是利用电磁感应原理,通过切割磁感线或改变磁场,在线圈中产生电流 变压变流公式中的 1 表示原线圈,2 表示副线圈。匝数多,电压高,电流小 V,λ,f,T 分别为波速,波长,频率,周期。真空中电磁波速 $V=c=3\times10^8$ m/s

表3 声学、光学、热学、原子物理核心内容

分支	基本概念及其字母	核心内容(定律、定理、公式)	备注
声学(研究声音的产生,反射、吸收和传播)	声源:产生声音的振动物体。广义声波:声振动在介质中的传播;超声波:频率 f>20 000 Hz,次声波:f<20 Hz,普通声波:20 Hz≤f≤20 000 Hz 声音:某一个频率范围内的振动通过耳膜后在人脑中产生的一种感觉 声音的三要素:音调、响度、音品,分别由频率、振幅和材质决定	波速公式(电磁波和声波通用) $$V=\lambda f=\lambda/T$$ 波速 V 由介质和温度决定,与波长 λ(振动一次波传播的距离)、频率 f(一秒内波振动的次数)和周期 T(振动一次的时间)无关通常,固体中的声速比液体中大,液体中的声速又比气体中大,但有例外	V,λ,f,T 的单位分别为:m/s,m,Hz,s。超声波具有直线传播和穿透性,次声波具有衍射(拐弯)性和不易衰减性 一般空气中声速为 340 m/s。至少 17 米之外才能听到回声,这是因为人的耳朵分辨两个不同声音的时间至少为 0.1 秒
几何光学(把光看作一种高速运动粒子,研究光的反射、折射等常见现象及其规律,不涉及光的本性、光的干涉衍射等现象)	光的反射、折射(光从一种介质到另一种介质时方向发生偏折)、透射、全反射、漫反射(光照射到粗糙的凹凸不平的表面时向四面八方反射的现象)、色散(白光通过三棱镜出现七色彩光的现象)、散射(光通过透明介质如空气时由于光和空气分子的作用使光线向四周散开的现象)	反射定律:入射角等于反射角 折射定律:入射角的正弦和折射角的正弦之比为一常数(折射率) 即 $\sin i/\sin\gamma=n_{21}$ 透镜成像公式: $$1/u+1/v=1/f$$ 其中的 u,v,f 分别物距、像距和焦距 凸面镜与凹透镜相似,凹面镜与凸透镜相似	平面镜成像时物像对称。成像公式中采用实正虚负,即凡是虚像距虚焦距都是负数 凹透镜和凸面镜成的像总是缩小的正立的虚像 凸透镜和凹面镜成的像可实可虚,可放大也可缩小,可正立也可倒立,由物距决定,两者规律相似

分支	基本概念 及其字母	核心内容 （定律、定理、公式）	备注
热学 （研究热现象及 其变化规律）	温度：物体的冷热程度，分子平均动能大小的标志 内能：物体内部所有分子无规则运动的动能和势能之和，与质量、温度和体积有关 表面张力：液体表面层内各部分之间的吸引力，由分子引力引起（通常用单位长度的分界线上受到的拉力来表示） 晶体：有确定熔点的物体，包括单晶和多晶体 毛细现象：浸润液体在细管中上升，不浸润液体在细管中下降的现象	气态方程： $$PV/T = MR/\mu$$ 热力学第一定律： $$\Delta U = Q + W$$ 即：内能的变化＝热＋功 热力学第二定律： 孤立系统的熵永不减小（熵表示混乱程度） 热力学第三定律： 自然界的温度不可能达到或低于绝对零度（－273.15℃）。 统计规律：大量偶然事件表现出的必然规律	P, V, T, M, R, μ 分别表示压强、体积、绝对温度、质量、常数、摩尔质量 绝对温度 T（开尔文）＝摄氏温度 t＋273.15 分子的数量级 10^{-10} m 布朗运动：悬浮于液体或气体中的颗粒的无规则运动，由分子运动引起 内燃机工作的四个冲程：吸气、压缩、做功、排气冲程
原子物理学 （研究原子和原子核的结构及其变化规律）	放射性：一种元素或核通过放出射性变成另外一种元素或核的现象 三种射线：α, β, γ 分别为高速的氦核流、电子流和光子流，是从原子核中放出的 原子由原子核和电子组成，原子核由质子和中子组成 核能：核变化时放出的能，包括裂变和聚变能 能源：提供能量的物质资源 x 光：一种穿透力强的射线，由伦琴发现	爱因斯坦质能方程： $$E = mc^2$$，即能量等于质量乘以光速平方。 核变化时放出的能量 $\Delta E = \Delta mc^2$，Δm 为质量亏损（核反应过程中质量的减小） 典型裂变方程 $^{235}_{92}U + ^{1}_{0}n \longrightarrow ^{141}_{56}Ba + ^{92}_{36}Kr + 3^{1}_{0}n$ 铀＋中子→钡＋氪＋3 中子 典型聚变方程 $^{2}_{1}H + ^{3}_{1}H \longrightarrow ^{4}_{2}H + ^{1}_{0}n$ 氘＋氚→氦＋中子	原子弹和核电站都是裂变反应，核材料为铀235。前者浓度高，后者很低，前者瞬间释放能量，后者慢慢释放能量 氢弹和恒星内部都是聚变反应，效率极高 原子弹中心可达上千万度，百万大气压，而氢弹则要高出十倍 x 光是从原子内部放出而非核内放出，穿透力比 γ 射线弱

三、与幼儿科学教育相关的重要概念和知识点

1. 力学部分

路程、距离、速度；三种平衡、稳度及影响因素（在解释不倒翁时会用到）。力和重量；三种常见的力：重力、弹力（拉力、压力、支持力、浮力等都属于弹力）、摩擦力（滚动摩擦力最小，滑动摩擦力、静摩擦力较大，摩擦力产生需要三个条件：接触面粗糙，有压力，有滑动趋势或相对滑动，压力越大，摩擦力越大）。惯性（在解释陀螺的转动时需要用到转动惯性）、能量（可简单理解为做功的本领或物质运动的量度）。很多定律基本不会用到。

2. 电磁学部分

电荷及其作用规律（同性相斥，异性相吸），静电的利弊；导体和绝缘体。电源、电压、电阻、电流、电路等概念，安全电压和电流，电生热。磁场概念，地磁场的特点（相当于一个条形磁铁，南方为 N 极，北方为 S极，小磁针的 N 极总是指向北边，满足同性相斥，异性相吸）。铁磁材料有：铁、钴镍及其合金，能被磁铁吸引，其他材料为非铁磁材料。任何磁铁总是 N 和 S 极同时出现，磁极附近磁性强，中间部分弱。发电机原理（导体切割磁感线或线圈中磁场变化能产生电压或电流），电动机原理（通电线框在磁场中受力会旋转，或电流产生旋转磁场迫使线圈转动）。电磁波谱：根据波长由大到小（频率由低到高），整个电磁波可以分为六个大的波段：无线电波（长波、中波、短波、微波）、红外线、可见光（红橙黄绿青蓝紫）、紫外线、x 射线、γ射线（穿透力最强，能穿透钢板）。手机和微波炉中用的都是微波（频率在 300～300 GHz 之间，波长在 1 米到 1 毫米之间）。真空中电磁波速为自然界速度的极限，电流传播的速度等于光速，但是导线中电子移动

速度很慢。

雷电：两块云层摩擦后产生火花放电，电压上亿伏特，导致空气导电，电流可达几十万安培，闪电即是空气导电所产生，雷声是因为空气受热急速膨胀产生的。

3. 声学部分

声音的三要素（音调、响度、音品）；超声波和次声波的特点及其利弊；超声波在医学如B超、探测潜水艇（声呐）、探伤（混凝土内部裂缝）有广泛应用。海豚、鲸鱼、蝙蝠等都能利用超声波来定位。声音在不同介质中的传播速度（一般固体中较大，气体中较小，有例外）。回声产生的条件（17米之外，反射面比较硬），普通声速340 m/s。普通声音的波长为17米到17毫米，多数可以拐弯（衍射）。听到声音的三个条件：有声源（振动频率在20～20 000 Hz）、有介质（固体液体气体）、有良好的接收装置（耳朵或其他）。传声筒和简易听诊器都是把声波的能量集中起来沿特定管道传播，所以能听到微弱的声音。

4. 光学部分

基本概念：反射（光入射到两种介质的界面上时，能够返回自身介质的现象）；折射、透射（光从一种介质直接渗透进入另一种介质的现象）、全反射（光从光密介质到光疏介质，入射角大于临界角时，能够全部反射的现象，光纤通信就是利用激光在光纤中全反射前进）。漫反射（如看清黑板上的字），色散（彩虹的形成，三棱镜分光实验），散射（早晚的太阳是红色的，天是蓝色的，是因为大气对光的散射，因为对波长较短的青、蓝、紫光散射得非常多，所以天空看起来是蓝色的。红光很少散射，太阳发出的红光直接进入人的眼睛，所以看到早晚的太阳是红色的。中午前后，阳光垂直照射地面，大气层很薄，散射少，所以太阳看起来仍然是白色的）。

万花筒的原理：三个长条形平面镜互成60°，构成一个正三棱柱（横截面为正三边形），内部的任意一个透明彩色塑料花或碎屑，能在三个平面镜中成三个像，而这些像又能在其他两个平面镜中再次成像，经过多次成像后，可以看到"无数"朵花（这是比喻，是很多的意思）。一个镜子中的像能在另外一个镜子中再次成像，是光的反射导致的结果。

筷子在水中折弯，这是折射现象。从四周来的光透过玻璃杯和水照射到浸没在水中的筷子上，水中筷子的每一处都能发出（实际是漫反射）光，这些光线从水中射向水面时会发生折射，进入人的眼睛时，人眼所看到的每一点的位置都显著升高，导致看起来在水面处筷子折弯了。我们所看到的水中的硬币、鱼儿、杯子底部都比实际位置高也是折射所致。

哈哈镜：原理很简单，凸面镜缩小，凹面镜放大（距离镜面较近，一倍焦距内）。如果上凸下凹，则人的上半身缩小，下半身放大，人像会畸变。如果一个瘦高个变成了一个矮胖子，说明竖直方向缩小了，水平方向放大了，这可能是竖直方向为凸面镜，水平方向为凹面镜所致。

显微镜：由两个凸透镜组成，前面一个物镜能把小物体放大成一个倒立的实像，它落在第二个透镜（目镜）的一倍焦距内侧，实像能成一个放大的虚像。两次放大后能看清物体。

望远镜：由物镜（通常为凸透镜）和目镜（凸透镜或凹透镜）组成。物镜能把极远处的物体移到近处（物镜的一倍焦距外侧）成一个缩小的倒立的实像，它落在目镜的一倍焦距内侧，成一个放大的虚像。开普勒望远镜由两个凸透镜组成，看到的像是倒立的，而伽利略望远镜由一个凸透镜和一个凹透镜组成，看到的像是正立的。

彩虹的成因：雨过天晴，空中有很多水滴，光线照射到水滴时经过两次折射一次反射进入人的眼睛，因为折射时会产生色散现象，白光就变成了七色彩光，这就是彩虹。单纯的反射产生不了颜色，颜色的产生与光的成分和物质的吸收情况有关，如果吸收了除红光之外所有的光，那么我们看的就是红色。此外，折射通常会导致色散从而出现彩色。光的三原色是：红、绿、蓝，而颜料的三原色是红、黄、蓝。紫外线的四大特点：能消毒杀菌；使荧光粉发光；使底片感光；促进人体合成维生素D。但过量的紫外线能导致得皮肤癌的概率上升，或晒伤，皱纹等。

5. 热学部分

温度和温度计；表面张力和毛细现象；晶体和结晶；大气压和气压计。扩散（物质从浓度高的向低的地方迁移的现象）。物质的三态（固态、液态、气态）及其相互转变。

酒精温度计（−114～78℃）适合于测量低温（−114℃以上），不适合测量高温（比如开水的温度，因为78℃时酒精会变成气体，导致温度计炸裂）。而水银温度计（−38.87～356.7℃）则相反，适合测量高温（356.7℃以下），不适合测量很低的温度（−38.87℃水银会凝固，北方地区冬天可能低于−38.87℃，无法测量）。

吹肥皂泡比吹水泡更容易，是因为肥皂膜的表面张力小于水的表面张力，就像如果气球膜的张力较小容易把气球吹大一样。小船后面粘一小块肥皂，放在水中它会自动前进，也是因为小船后面肥皂水的张力小，小船前面水的张力大，所以能拉着小船往前跑。

纸花会在水中绽放，是因为水通过纸纤维之间的缝隙（毛细管）渗透进去，使纤维发生软化变形所致。纸张的吸水性与纸张的性质以及是否涂有防水层有关。

雪花是一种冰晶（单晶体），大多数成对称的六边形，这是因为水分子在凝结成冰晶时，以六边形最为稳定（能量最低），而其他形状的冰晶极易遭到破坏。

蒸发和沸腾的区别：蒸发是一种液体表面的气化现象，与液体的性质、通风情况、敞开的面积、温度等有关，在任何温度下都可以进行。而沸腾则是一种内部和外部剧烈的气化现象，必须在特定的温度（沸点）时才会发生，此时大量液体迅速化为气体。不能一看到气泡就说是沸腾，小苏打和柠檬酸混合产生大量二氧化碳气体，形成大量气泡，鱼儿在水中吐出气泡，这些都不是沸腾。

6. 原子物理部分

放射性及其标志（不去或尽量少到有放射性标志的地方如医院的放射科）；能源和环保（要节约能源，保护环境和生态平衡）。新能源（太阳能、风能、生物质能、地热能、海洋能和水能、氢能、核能等）。太阳以及所有的恒星，其释放的能量都来自于核聚变（两个比较轻的核聚变成一个稍重的核）。x光和CT拍片，都是利用x光具有较强的穿透性而对人体伤害较小的特点。CT是通过一层层x光扫描后经过计算机处理成像，因此清晰度更高。

第二部分 化学基础知识精要

一、化学概论

1. 化学的研究对象

化学是一门在分子、原子层次上研究物质的组成、结构、性质及其变化规律和应用的科学。

2. 化学的基本特点和作用

化学是重要的基础科学之一，是一门以实验为基础的学科，与物理学、生物学、地理学、天文学等学科相互渗透，共同发展。从天然资源中提取或制取所需要的新物质，一般要通过化学反应与分离过程相结合的化学过程，而化学反应相当普遍地进行于包括生物界在内的大自然中。迄今，能源工业在很大程度上有赖于化学过程，核酸化学的研究成果也使今天的生物学从细胞水平提高到分子水平，建立了分子生物学。

3. 化学的分类

依照所研究的分子类别和研究手段、目的、任务的不同，在20世纪20年代以前，化学传统地分为无机化学、有机化学、物理化学和分析化学四个分支。20年代以后，世界经济的高速发展，导致这门学科飞跃发展，化学又一般分为生物化学、有机化学、高分子化学、应用化学、化学工程学、物理化学、无机化学等七大分支学科。在中学阶段，化学大致可以分为：无机化学和有机化学两大部分，包含了化学基本概念、化学基本理论、元素化合物知识、化学用语、化学计算、化学实验等教学内容。

二、化学各分支学科的核心内容

表4　无机化学核心内容

分支		基本概念	核心内容	备注
金属及其化合物	碱金属	碱金属、Na、Na_2CO_3、$NaHCO_3$、Na_2O_2 焰色反应、氧化还原反应、氧化剂和还原剂	一、钠 1. 钠的物理性质：密度小、硬度小、熔点低 2. 钠的化学性质：钠和氧气、水的反应 二、过氧化钠 过氧化钠和水、CO_2 的反应 三、碳酸钠和碳酸氢钠 1. 和盐酸的反应 2. 热稳定性 四、碱金属元素性质的变化规律 五、氧化还原反应	1. 演示实验：钠和水的反应；Na_2O_2 和水、CO_2 的反应；Na_2CO_3、$NaHCO_3$ 与盐酸的反应；Na_2CO_3、$NaHCO_3$ 热稳定性比较；焰色反应 2. 钠和水反应的现象、解释、化学方程式 3. 过氧化钠和水反应的现象、解释、化学方程式 4. 呼吸面具和潜水艇中氧气的来源 5. 从化合价升降的角度理解氧化还原反应（双桥线）
	铝铁铜	金属的物理通性；合金；Al、Al_2O_3、$Al(OH)_3$、明矾；Fe、铁的氧化物、$Fe(OH)_2$、$Fe(OH)_3$、Fe^{2+}、Fe^{3+}；Cu	一、金属的物理通性 二、铝 1. 铝的物理性质 2. 铝的化学性质 铝和氧气、和水的反应；铝的两性和酸、碱的反应；铝热反应 三、三氧化二铝 Al_2O_3 的两性：和酸、碱的反应 四、氢氧化铝 $Al(OH)_3$ 的两性：和酸、碱的反应 五、明矾 净水原理：Al^{3+} 的水解 六、铁及其化合物的性质、Fe^{2+} 和 Fe^{3+} 间的转化、Fe^{3+} 的检验 七、铜的化学性质	分组实验：Al、Al_2O_3、$Al(OH)_3$ 分别与 HCl 和 NaOH 的反应，突出： 1. Al 的两性：金属性和非金属性 2. Al_2O_3 的两性：酸性和碱性 3. $Al(OH)_3$ 的两性：酸性和碱性
非金属及其化合物	卤素	卤素 液氯和氯水 烟和雾 漂白粉 卤化氢和氢卤酸 置换反应 卤化银 离子反应和离子方程式	一、氯气 1. 氯气的制法 2. 氯气的物理性质 颜色、状态、气味、密度、熔沸点、水溶性 3. 氯气的化学性质 氯气和金属铜、水、氢气、碱的反应 4. 氯离子的检验及离子方程式的书写 二、卤族元素 1. 卤素原子结构上的相似性与递变性 2. 卤素化学性质上的相似性与递变性；与氢气的反应、卤素单质间的置换	演示实验 氯气的制法 氯气和金属铜的反应、氯气和水的反应（HClO 的漂白性）、氯气和氢气的反应 卤离子的检验 溴的挥发、碘的升华、溴碘在有机溶剂和水中的溶解性 卤素单质间的置换反应
	氧族元素	氧族元素 同素异形体 可逆反应 氧化性、还原性、漂白性 吸水性、脱水性、钝化、酸雾和酸雨	一、硫的性质 二、二氧化硫的性质 氧化性、还原性、漂白性（比较 SO_2 与 Cl_2 的漂白原理和效果） 三、浓硫酸的性质 1. 酸的通性 2. 特性：吸水性、脱水性、氧化性 3. 硫酸根离子的检验 4. 环境保护	1. 演示实验：SO_2 的漂白性 2. 学生实验：硫酸的性质（胆矾晶体、纸张棉花木屑、蔗糖、铜片），硫酸根离子的检验 3. 从氧化还原反应的角度探讨硫元素的多变价与电子转移的关系

分支	基本概念	核心内容	备注
氮族元素	氮族元素 铵盐 光化学烟雾 固氮 吸热反应和放热反应 化学反应速率 化学平衡	一、氮气 1. N_2 的结构：牢固的叁键，结构稳定 2. N_2 的性质： 合成氨反应（生产硝酸、氮肥的基础反应）、与氧气的反应（雷雨发庄稼） 二、氨 1. 氨的物理性质：极易溶于水（1∶700） 2. 氨的化学性质 与水的反应、与酸的反应、催化氧化 三、铵盐 受热分解、与碱反应（铵离子的检验；实验室氨气的制取） 四、硝酸 酸的通性、不稳定性、氧化性（钝化） 五、化学反应速率和化学平衡	1. 喷泉实验的现象、原理（氨极易溶于水，与水反应呈碱性） 2. 氨的催化氧化—工业上制硝酸的挤出反应 3. 影响化学反应速率和化学平衡的因素（浓度和温度）；化学平衡的特征（逆，等，定，动，变）
碳族元素	碳族元素 硅酸盐工业 玻璃水泥陶瓷 新型无机非金属材料	一、碳族元素性质变化规律 二、硅和二氧化硅的主要性质 $SiO_2 + 2NaOH == Na_2SO_3 + H_2O$ 三、硅酸盐产品的组成特点和应用	1. 硅：半导体材料 2. 二氧化硅（水晶、石英）的压电现象：石英钟，石英表 3. 解释为什么盛放碱液的试剂瓶不能用玻璃塞
物质结构元素周期律	质量数 同位素 电子云 原子序数 周期、族 化学键 离子键 共价键 极性键 非极性键 极性分子 非极性分子	一、原子结构 1. 原子的组成 2. 同位素 3. 核外电子的排布 二、元素周期律和元素周期表 1. 元素周期律 2. 元素周期表：7 个周期 16 个族（7 个主族，7 个副族，1 个零族，1 个第八族） 三、化学键 1. 化学键 2. 离子键：阴阳离子间的静电作用 3. 共价键：原子间共用电子对 四、键的极性与分子的极性	1. 两个等式： ① 质子数＝核电荷数＝核外电子数＝原子序数 ② 质量数＝质子数＋中子数 2. 元素周期律主要体现在核外电子的排布、原子半径、元素主要化合价、元素的金属性和非金属性随着原子序数的递增呈现周期性的变化规律 3. 离子键 4. 共价键 5. 极性键：不同种原子间形成；非极性键：同种原子间形成
物质的量	物质的量(n) 摩尔质量(M) 气体摩尔体积(V) 物质的量浓度(C) 溶质的质量分数(W)	一、求物质的量的四种方法 $n = N/N_A$　　$n = m/M$ $n = V/22.4$　　$n = C*V$ 二、溶液的稀释 $C_1V_1 = C_2V_2$ 三、w 与 C 之间的换算 三、阿佛加德罗定律 四、一定物质的量浓度溶液的配制 五、物质的量应用于化学方程式的计算	1. 一定物质的量浓度溶液的配制的步骤：计算、称量、溶解、移液、定容、摇匀 2. 阿佛加德罗定律： 同温同压下，同体积的气体含有同数目的分子

表5　有机化学核心内容

分支		基本概念	核心内容	备注
烃	烷烃	有机物、分子式、结构式、结构简式、取代反应、烷烃（饱和烃）、同系物、同分异构体、烃基、系统命名法	一、烷烃的结构和性质 1. 结构 2. 性质：与甲烷类似，与酸碱、氧化剂不反应，能发生取代反应 二、同分异构现象 三、烷烃的命名	1. 结构特点 C—C单键，C—H单键 2. 取代反应机理 3. 同分异构体的书写 4. 系统命名法
	烯烃	不饱和烃 烯烃 加成反应 聚合反应 加聚反应 高分子化合物	一、乙烯的实验室制法 二、乙烯的结构 三、乙烯的性质 ① 氧化反应 与酸化的高锰酸钾反应 ② 加成反应 与溴水、氢气、氯气、卤化氢的反应 ③ 聚合反应（聚乙烯） 四、乙烯的用途 五、烯烃	1. 利用乙醇的消去反应制取乙烯 2. 结构特点 C═C 双键，不饱和键易断裂，可以发生加成反应，可以被酸化的高锰酸钾氧化，因此可用于鉴别烯烃与烷烃 3. 聚乙烯塑料
	炔烃	炔烃	一、乙炔的实验室制法 二、乙炔的结构 三、乙炔的性质 ① 氧化反应 与酸化的高锰酸钾反应 ② 加成反应 与溴水、氢气、氯化氢的反应 ③ 聚合反应 聚氯乙烯 四、炔烃	1. 制法：电石加饱和食盐水 2. 结构特点：碳碳叁键，不饱和键，易断裂，可以发生加成反应，可以被酸化的高锰酸钾氧化，因此可用于鉴别炔烃与烷烃 3. 氧炔焰切割焊接金属 4. 聚氯乙烯塑料
	芳香烃	芳香烃 硝化反应 磺化反应	一、苯的结构：凯库勒式 二、苯的化学性质 1. 苯的燃烧 2. 取代反应： 溴代、硝化、磺化 3. 加成反应 三、石油和煤炭	苯分子中碳碳之间的化学键是一种介于单键和双键之间的独特的键，不存在一般的双键，故不能被酸化的高锰酸钾氧化，也不能和溴水发生加成反应
烃的衍生物	醇	烃的衍生物 官能团 醇类 消去反应	一、乙醇的结构 二、乙醇的化学性质 1. 与钠的反应 2. 氧化反应（工业上制乙醛） 3. 消去反应（实验室制乙烯）	1. 官能团：—OH 羟基 2. 利用乙醇的氧化反应检测酒驾 3. 丙三醇的用途（护肤）
	酚	芳香醇 酚类	一、苯酚的结构 二、苯酚的化学性质 二、乙醛的化学性质 1. 与 NaOH 的反应 2. 取代反应：与浓溴水的反应 3. 消去反应（实验室制乙烯）	1. —OH 羟基直接与苯环相连，区别于芳香醇 2. 比较苯酚、碳酸酸性的强弱 3. 羟基苯环相互影响

分支		基本概念	核心内容	备注
	醛	醛类 银镜反应	一、乙醛的结构 二、乙醛的化学性质 1. 乙醛的加成反应 2. 乙醛的氧化反应：银镜反应；与新制的 $Cu(OH)_2$ 的反应：检验醛基的存在 三、醛类 甲醛的结构、用途	1. 官能团：—CHO 醛基 2. 银镜反应：制镜或保温瓶胆 3. 与新制的 $Cu(OH)_2$ 的反应原理可用于医学上糖尿病的检测 4. 福尔马林：防腐剂
	羧酸	羧酸 酯化反应 水解反应	一、乙酸的结构 二、乙酸的化学性质 1. 乙酸的酸性 2. 酯化反应 3. 酯的水解反应 三、羧酸 高级脂肪酸	1. 官能团：—COOH 羧基 2. 比较中性、酸性、碱性条件下酯的水解程度 3. 酸性条件下，酯化反应和酯的水解反应是一对可逆反应
糖类 油脂 蛋白质		单糖、二糖、多糖 油、脂肪 盐析 变性	一、糖类 单糖：葡萄糖、果糖 二糖：蔗糖、麦芽糖 多糖：淀粉、纤维素 二、油脂 油脂的氢化——硬化油 油脂的水解——肥皂的成分 三、蛋白质 盐析、变性、颜色反应	1. 葡萄糖、麦芽糖含有醛基—CHO，能发生银镜反应、与新制的 $Cu(OH)_2$ 的反应 2. 蔗糖、淀粉、纤维素水解后生成葡萄糖

三、与幼儿科学相关的重要概念和知识点

从衣、食、住、行四个方面介绍与幼儿科学相关的化学知识。

一、衣——纤维

1. 简介

纤维分为天然纤维和化学纤维。棉麻、羊毛、蚕丝、木材、草类属于天然纤维（如纯棉 T 恤、真丝衬衫、纯羊毛衫、羊绒衫、呢子大衣等）。其优点：柔软、透气、吸湿、对皮肤无刺激性、可生物降解；缺点：褪色、缩水、易皱、易变形。用木材、草类的纤维经化学加工制成的粘胶纤维属于人造纤维（如人造棉、人造毛、人造丝三种，重要品种有粘胶纤维、醋酸纤维、铜氨纤维等）。利用石油、天然气、煤和农副产品为原料制成的是合成纤维（如"六大纶"：涤纶、腈纶、锦纶、丙纶、维纶、氯纶）。合成纤维和人造纤维又统称化学纤维。与天然纤维相比，合成纤维具有强度高、耐磨、耐腐蚀、不发霉、不怕虫蛀、抗皱等优点，但缺点是透气性差，有静电，会起球。

2. 小实验：燃烧法鉴别真假羊毛衫

燃烧法是鉴别天然纤维的常用方法之一。由于纤维的化学组成不同，燃烧特征也不相同。可以根据纤维燃烧难易、是否呈热塑性、燃烧时产生的气味和燃烧后灰烬的特征等区别纤维素纤维和蛋白质纤维。棉、麻、粘胶等纤维素纤维与火焰接触迅速燃烧，离开火焰后继续燃烧，有烧纸气味，燃烧过后留下少量松软的灰色灰烬；羊毛和蚕丝等蛋白质纤维接触火焰时徐徐燃烧，离开火焰后继续缓慢燃烧，有烧羽毛臭味，燃烧过后留下黑色松脆灰烬。

二、食——米、面、土豆

1. 简介

米、面、土豆的主要成分都是淀粉。淀粉属于糖类中的多糖，本身无甜味，但吃饭时多加咀嚼就能感觉

到米饭或馒头的甜味,是因为淀粉受到唾液淀粉酶的作用水解成了麦芽糖。继续进入肠道之后最终水解产生能被吸收的葡萄糖,给人体提供营养。

2. 实验与制作

① 炒土豆丝。知识点:淀粉的糊化作用,即常说的食物由生到熟。

② 观看制作面包、馒头。知识点:发酵粉 $NaHCO_3$ 对热不稳定,易分解,放出 CO_2 气体,导致面粉体积膨胀,留下许多小孔,使面包或馒头松软。

3. 思考

为什么未成熟的苹果感觉不到甜味? 且遇碘显蓝色?

三、住——水泥

1. 简介

水泥是一种硅酸盐工业产品,是非常重要的建筑材料。水泥跟水掺和搅拌后很容易凝固变硬,形成强度较大的固体,这个过程叫水泥的硬化。水泥的原料是黏土和石灰石,水泥的主要成分是硅酸三钙、硅酸二钙、铝酸三钙。水泥、沙子、水的混合物叫水泥砂浆,是黏合剂,可以把砖头、石头粘合起来。水泥、沙子、碎石的混合物叫混凝土,混凝土常用钢筋做结构,即钢筋混凝土,它的强度非常大,常用来建造高楼大厦。

2. 实验与制作

水中花园:在水槽或大玻璃容器底部铺一层干净的细沙(约 1 cm),再放置一块形状像假山的石头或炉渣。向容器中注入过滤后的质量分数约为 20‰ Na_2SiO_3 溶液(约占容器体积的 3/4),用玻璃棒将底部的沙子摊平。静置,待液面停止晃动后,用镊子分别将各种颜色的固体(红豆粒大小),如 $CuSO_4$、$MnCl_2$、$CaCl_2$、$CoCl_2$,投入槽底细沙的不同位置。不久可以看到,在投入盐的地方有晶体慢慢从水底的细沙中向上"生长"。几小时后,就能长成各种颜色的"水草",形成美丽的"水中花园"。

实验原理:金属盐固体加入硅酸钠溶液后,它们就开始缓慢地和硅酸钠反应生成各种不同颜色的硅酸盐胶体(大多数硅酸盐难溶于水),例如:

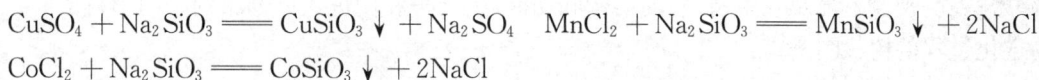

$$CuSO_4 + Na_2SiO_3 = CuSiO_3 \downarrow + Na_2SO_4 \quad MnCl_2 + Na_2SiO_3 = MnSiO_3 \downarrow + 2NaCl$$
$$CoCl_2 + Na_2SiO_3 = CoSiO_3 \downarrow + 2NaCl$$

生成的硅酸盐固体与液体的接触面形成半透膜,由于渗透压的关系,水不断渗入膜内,胀破半透膜使盐又与硅酸钠接触,生成新的胶状金属硅酸盐。反复渗透,硅酸盐生成芽状或树枝状。

四、行——汽车、飞机、军舰

1. 简介

合成橡胶是三大合成材料之一,是制造飞机、军舰、汽车、医疗器械等所必须的材料。橡胶可以分为天然橡胶和合成橡胶,合成橡胶是以石油、天然气中的二烯烃和烯烃为原料制成的高分子化合物,具有高弹性、绝缘性、气密性、耐油、耐高温或低温等性能。

2. 了解"白色污染"及防治措施

塑料、合成纤维、合成橡胶三大合成高分子材料的应用与发展,极大地方便了我们的生活,但废弃物的急剧增加也带来了更严重的环境污染,尤以塑料制品带来的"白色污染"最为严重。

防治措施:(1)使用可降解塑料;(2)限制销售使用一次性塑料餐具、超市塑料购物袋,倡导"绿色消费"。

第三部分 生物基础知识精要

一、生物学概论

1. 研究对象

生物学是研究生命现象和生命活动规律的科学,在自然科学的三大任务物质结构、生命起源和天体演化中，生物学的研究对象是最复杂的生命。

目前，人类认识的生物的种类大约有200万种，约有30万种植物，20万种微生物，150万种动物。而实际的生物种类可能有数千万甚至上亿种。

2. 生物学的分类

生物的分类单位从大到小依次是：界、门、纲、目、科、属、种。

在中学层次，生物学大致可以分为：植物、动物、微生物、人体生理卫生等四门学科。

（1）植物：是适应于陆地生活、具有光合作用能力的多细胞真核生物。结构：含有叶绿素、胡萝卜素和叶黄素，所贮存的养分都有淀粉；它们的细胞壁成分是纤维素；具有根、茎、叶等器官的分化，有利于它们在陆地环境中吸收水分和养分、并高效地进行光合作用。

类别：藻类植物、苔藓植物、蕨类植物、裸子植物和被子植物。

作用：吸收二氧化碳，放出氧气；与人类衣食住行联系密切。

（2）动物：一般都具用运动能力并表现出各种行为，为真核、多细胞生物，无细胞壁；大多数组织和器官发达；异养；在体内消化食物；吸收氧气，放出二氧化碳。

类别：无脊椎动物（原生动物、腔肠动物、扁形动物、线形动物、环节动物、软体动物、节肢动物、棘皮动物）；脊椎动物（鱼类、两栖类、爬行类、鸟类、哺乳类）。

作用：是人类生活的各种食物、药物、轻工、化工的主要来源；动物的多样性对维护生态平衡起重要作用。

（3）微生物：是指一切肉眼看不到或看不清楚，因而需要借助显微镜观察的微小生物，包括细菌、病毒、真菌等在内的一大类生物群体。它个体微小，与人类生活密切相关，涵盖了有益有害的众多种类，广泛涉及健康、食品、医药、工农业、环保等诸多领域。

（4）人体生理卫生：是研究人体的外部形态和内部结构的一门学科，外部形态主要了解人体的分部以及各部分的名称、特点；内部结构主要研究人体八大系统（运动系统、呼吸系统、消化系统、循环系统、内分泌系统、泌尿系统、神经系统及生殖系统）的结构和功能，是维护和增进人体健康的一门学科。

生物进化过程的树状图谱是：

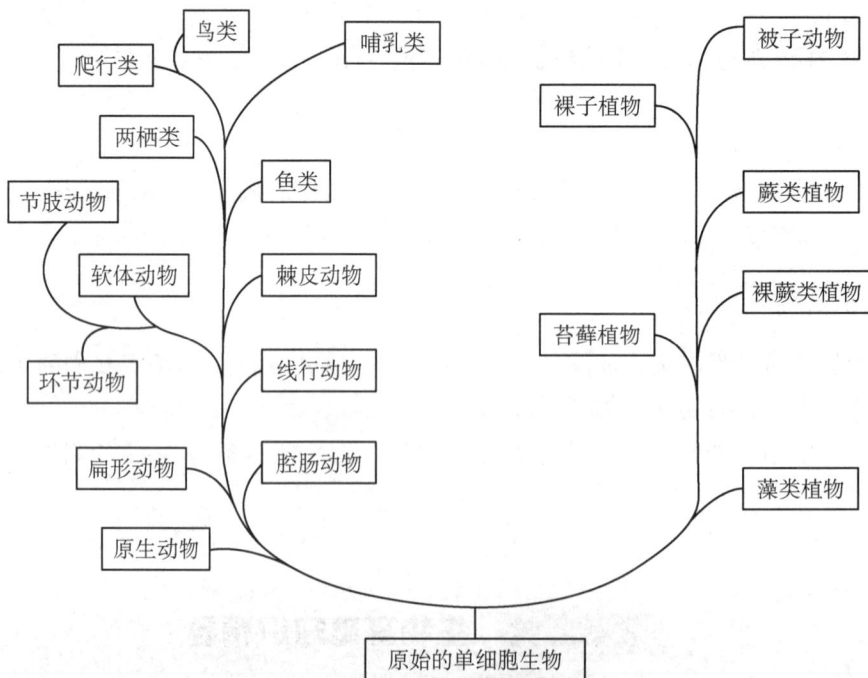

图1 生物进化树状图谱

二、生物学各分支学科的核心内容

表6　植物核心内容

分支	核心内容	备注
绪论	重点：生物的基本特征： 完整的结构、生长现象、应激性、新陈代谢作用、繁殖的特性、遗传和变异、适应环境和影响环境	区分生物与非生物
植物类群概述	重点：孢子植物与种子植物的比较 结构方面：孢子植物结构简单；有的有根、茎、叶的分化，有的没有，无花、果实、种子，大都没有输导结构；种子植物有根、茎、叶、花、果实、种子，有输导的导管和筛管 生殖方面：孢子植物受精离不开水，依靠孢子繁殖后代，种子植物受精过程不受水的限制，靠种子繁殖后代，适应能力强	区分孢子植物与种子植物 学会辨别植物的特点
根的形态和生理	主要特征：生长在土壤中，不分节与节间，不生叶、芽和花具有向地性、向湿性 主要功能：有吸收、输导、固着、支持、贮藏和繁殖等功能 重点：根对水分和无机盐的吸收	理解灌溉和施肥的原理；科学的浇水和施肥 植物烧苗现象
茎的形态与功能	主要特征：具节和节间；芽是尚未发育的枝条、花或花序 主要功能：输导和支持作用，还有贮藏和繁殖的功能 重点：茎对水分和有机物的输导	理解年轮的形成和特点 扦插和嫁接 建筑材料
叶的形态和生理	主要特征：叶着生在茎节上，常为绿色扁平体，含有大量叶绿体，具有向光性 主要功能：是植物进行光合作用、呼吸作用、蒸腾作用的重要器官 重点：叶子的形态；光合作用的过程；呼吸作用的过程和应用；气孔的开放和关闭	提供了有机物和氧气 改善了环境 植树造林 叶画和叶脉书签 蔬菜和水果的保存
花的形态和生理	主要特征：花是不分枝的变态短枝 主要功能：是种子植物的有性繁殖器官 重点：花冠的类型；花的类型和传粉；植物的双受精包括花萼、花冠、雄蕊、雌蕊	花与人类生活的关系 花中的文化
果实和种子的类型	主要特征：果实内含种子，外具果皮 种子的基本结构 主要功能：果实有保护种子和散布种子的作用；种子是被子植物的繁殖器官 重点：果实的分类；种子的结构	果实的食用部分 种子的传播

表7　微生物核心内容

分支	核心内容	备注
细菌的形态结构、结构与功能	细菌是单细胞原核微生物，个体微小，形态简单；分布最广、数量最多；营养方式大多为异养；它们的呼吸方式有两种，有氧呼吸和无氧呼吸；以二等分裂方式进行繁殖	细菌与人类的关系：大都无害，少数有益，有的也有很大的危害

分支	核心内容	备注
真菌的形态结构、结构与功能	真菌属于真核细胞生物。它有较完整的细胞结构；它不含叶绿素，不能进行光合作用，无根、茎、叶的分化，细胞壁的主要成分为几丁质。真菌是异养型生物	细菌与人类的关系：在医药上生产青霉素、头孢霉素、灰黄霉素；食用真菌
病毒的形态结构、结构与功能	病毒颗粒很小，大部分要用电子显微镜观察，单位为纳米；结构简单；没有细胞结构，只能寄生繁殖。由蛋白质和核酸组成	病毒与人类的关系：大多数有害，严重危害人类的健康

表8　动物学核心内容

分支	核心内容	备注
原生动物门和腔肠动物门	主要特征：原生动物门是最原始、最低等的动物；整个身体由单个细胞构成—单细胞动物；具细胞器；个体微小 　腔肠动物门是低等的多细胞动物；身体呈辐射对称；体壁由外胚层、内胚层和中胶层构成；体内有消化腔；身体有口，无肛门 　重点：草履虫的结构和生命活动特点；水螅的结构和生命活动特点	赤潮现象 痢疾的病因 珊瑚的成因 海蜇的食用
扁形动物门和线形动物门	主要特征：扁形动物营寄生生活或自由生活；身体呈两侧对称，有三个胚层；身体有口无肛门；梯状神经系统 　线形动物身体细长，呈圆柱形；体表有角质层；具有原体腔；有完整的消化道，有口有肛门 　重点：涡虫的结构和生命活动特点；蛔虫的结构和生命活动特点	血吸虫的生活史 猪肉绦虫的生活史 蛔虫的生活史、危害和预防 蛲虫的生活史、危害和预防
环节动物门和软体动物门	主要特征：环节动物出现了分节现象；出现了真体腔；具有刚毛和疣足等特殊的运动器官；具闭管式循环系统；链状神经系统；雌雄同体，异体受精 　软体动物门动物身体柔软；有外套膜；身体表面有贝壳 　重点：蚯蚓的结构和生命活动特点；蜗牛的结构和生命活动特点	蚯蚓的害与益 蚂蟥的害与益 贝壳的形成原因 珍珠的形成和人类的作用 蜗牛与人类的关系
节肢动物门	主要特征：节肢动物的身体由很多体节构成，并且分部；体表有外骨骼；足和触角都分节 　重点：昆虫纲的主要特征（身体分为头、胸、腹三部分，头部有一对触角；一对复眼和一个口器；胸部有三对足；一般有两对翅） 　昆虫纲的分类依据 　节肢动物四纲的比较	认识身边的昆虫 学会辨别昆虫与非昆虫 学会区分害虫与益虫 蝴蝶的发育过程
鱼纲	主要特征：终生在水中生活；体表一般有鳞；用鳃呼吸；用鳍游泳；心脏有一心房和一心室 　重点：鲫鱼的外部形态和内部结构 　鲫鱼适于水中生活的特征	身边的淡水鱼和海洋鱼 金鱼的品种和饲养 鱼与我们的生活

分支	核心内容	备注
两栖纲	主要特征：幼体生活在水中，用鳃呼吸；多数种类成体生活在潮湿的陆地上，少数种类成体生活在水中，主要用肺呼吸；皮肤裸露、湿润，有辅助呼吸的作用；体温不恒定 重点：青蛙的两栖特点 青蛙的发育过程	青蛙是有益动物 小蝌蚪找妈妈的故事 青蛙和蟾蜍的区别
爬行纲	主要特征：皮肤表面覆盖角质的鳞片或骨质的甲；用肺呼吸；体温不恒定；四肢短小或无四肢，爬行 重点：壁虎的外部形态和内部结构 爬行动物适于陆生的理由	壁虎的爬墙和断尾行为 龟与鳖的区别 恐龙的种类与灭绝 毒蛇与无毒蛇的区别
鸟纲	主要特征：有喙无齿；被覆羽毛；前肢特化为翼；骨中空，内充空气；心有四腔；用肺呼吸，并且有气囊辅助呼吸；体温恒定；卵生 重点：家鸽适应飞翔的主要特征 家鸽的外部形态和内部结构 鸟纲的分类知识	认识身边的鸟 鸟类的迁徙 孔雀开屏 鸟类的粪便 鸟类的故事
哺乳纲	主要特征：体表被毛；牙齿有门齿、犬齿、臼齿的分化；用肺呼吸；心脏分为四腔；体腔有膈；大脑发达；胎生、哺乳 重点：哺乳动物成为最高等动物的理由 家兔的外部形态和内部结构 哺乳纲的分类知识	认识身边的哺乳动物 哺乳动物的故事 哺乳动物与人类的关系

三、与幼儿科学相关的生物部分和知识点

小班上：

可爱的兔子（身体的分部、毛的颜色、毛的功能、食物、眼睛的颜色）；

小鱼游泳（身体的结构、身体的颜色、鳍的种类）；

好吃的桃子（桃子的形状、颜色、果实的结构、种子的位置）；

可爱的蜻蜓（昆虫的结构、翅的形态、飞机与仿生、益虫与保护）。

小班下：

春天来了（开花植物的名称、时间、特点，校园植物发芽的时间、名称）；

桃花开了（花的基本结构、花冠的数量、花蕊的位置、与蜜蜂的关系、花的功能）；

小鸡和小鸭（鸟的繁殖特点、早成鸟、喙与爪的区别、生活环境和食物的区别）；

能干的青蛙（两栖动物的形态结构、蛙眼的特点、捕食的工具、田园卫士）。

中班上：

有趣的叶子（叶的结构、叶形的多样性、叶的功能、与我们的联系）；

培养豆芽菜（种子的结构、发芽的条件、营养价值）；

可爱的蜜蜂（蜜蜂的分工、与植物的关系、信息的表达、蜂产品）；

动物找家（代表动物家选择的位置、特点、功能、生物的习性、鸟巢）。

中班下：

毛毛虫和蝴蝶（蝴蝶的结构特点、变态发育、与蝗虫的对比、翅的特点与保护）；

蜗牛吃什么（软体动物的结构、贝壳的形成与功能、蜗牛的食性与运动特点）；

捕鼠能手猫头鹰（猫头鹰的眼、爪、羽毛结构特点，生活习性，食性特点，叫声）；

苍蝇和蚊子（结构特点、生活习性、危害性、繁殖特点、研究价值）。

大班上：

植物趣闻（植物的结构特点，植物各部分器官的功能，特殊植物的特殊性、观赏性）；

植物的年轮（木本植物茎的特点、与气候环境的关系、与生长时间的关系）；

恐龙世界（爬行动物的特点，化石，恐龙的食性、名称、灭绝的原因）；

动物怎样过冬（昆虫的过冬、变温动物的过冬、恒温动物的过冬、过冬的准备）。

大班下：

挖野菜（认识身边的野菜，野菜的营养、食用部位和加工）；

制作叶画（植物的名称，叶的形态、颜色，与美术的结合）；

我们的身体（人体的分部，各部分的位置、名称和功能，运动与保护）；

指纹的秘密（指纹的特点、差别，指纹的功能，指纹的应用）。

第四部分 地理（含天文）基础知识精要

一、地理学概论

1. 地理学的研究对象

地理学是研究人类赖以生存和发展的地理环境，以及人类与地理环境关系的一门科学。这门科学力图阐明地理事物和现象的分布规律，世界和中国的区域特征和区域差异，以及人类活动与地理环境之间的相互关系。

2. 地理学的基本特点

因为地理学是研究地理要素和地理综合体的空间分布规律、时间演变过程及区域特征的学科，所以它具有综合性、交叉性的特点，其研究内容是地球表层人与环境相互作用的机理，研究过程需要耦合自然要素和人文要素，因此地理学是"探索自然规律，昭示人文精华"的一门学科。新时期地理学的发展体现在岩石圈、水圈、生物圈、大气圈和人类社会圈交互作用和过程不断深化，研究范式从过程研究深化到对复杂环境系统的模拟和预测，加强 RS、GIS 等相关技术的发展和应用[①]，更深刻地认识和耦合社会和文化在地表环境系统变化中的作用及驱动机制。

3. 地理学的分支学科

地理学分为通论地理学（即部门地理学）和专论地理学（即区域地理学）两部分。通论地理学中分出自然地理学和人文地理学两大分支。自然地理学包括：生物地理学、气候学、海洋地理学、地貌学、水文学、冰川学、土壤学、古地理学、海洋学、环境地理学。

在幼师层次，自然地理（含天文）的内容按照所研究的范围来分，由远及近分别是：宇宙环境、大气环境、海洋环境、陆地环境等四大部分的基础知识和基本原理。

二、自然地理学（含天文）的基本概念与核心内容

1. 宇宙环境

（1）基本概念

① 宇宙：时间和空间的总和；②天体：天体是宇宙间物质的存在形式；③天体系统：天体之间相互吸引、相互绕转，组成天体系统；④太阳辐射：太阳辐射是太阳以电磁波的形式向宇宙间放射的能量；⑤地球自转：地球围绕地轴自西向东旋转；⑥晨昏线：昼半球和夜半球的分界线；⑦地转偏向力：由于地球自转，地球表面的物体在沿水平方向运动时其运动方向发生一定的偏转促使物体水平运动方向发生偏转的力；⑧地方时：以一个地方太阳升到最高的时间为正午12时，将连续两个12时之间等分为24个小时，这样形

---

① RS是遥感（Remote Sensing）的英文缩写，是通过人造地球卫星上的遥测仪器把对地球表面实施感应遥测和资源管理的监视（如树木、草地、土壤、水、矿物、农作物、鱼类和野生动物等的资源管理）结合起来的一种新技术。GIS是地理信息系统（Geographic Information System）的英文缩写，它是一种特定的十分重要的空间信息系统。它是在计算机硬、软件系统支持下，对整个或部分地球表层（包括大气层）空间中的有关地理分布数据进行采集、储存、管理、运算、分析、显示和描述的技术系统。

成的时间系统,称为地方时;⑨地球公转:地球绕太阳运行叫公转。

(2) 核心内容

① 宇宙。知道宇宙是物质的也是运动的,宇宙中的地球既是一颗普通的、又是一颗与众不同的行星。认识星空。初步了解人类探索宇宙的价值。

② 太阳、月球与地球的特点及相互关系。知道太阳辐射的含义,了解太阳能量的来源;阐述太阳对地球和人类的重大影响如太阳辐射能是维持地表温度促进地球上水、大气、生物活动和变化的主要动力,是维持我们日常生活和生产所用的能量;了解太阳活动对地球的影响,如对地球气候的影响,对地球电离层的影响,对地球磁场的影响等,知道人类对太阳活动的及时预报和观测的意义。了解月球概况、月相及变化的周期,知道日食和月食的成因,懂得月球对地球的意义。

知道地球运动的基本形式——自转和公转;掌握地球自转(自转的方向、周期、速度)和公转的特点(公转的轨道、速度、方向和周期)以及自转和公转的关系;掌握地球在公转轨道上的不同位置和太阳直射点的变化规律;理解、分析地球运动的地理意义,了解晨昏线、太阳日、地方时、北京时间;理解昼夜更替和地方时产生的原因;了解地转偏向力及地表水平运动物体偏转的规律。了解昼夜长短和正午太阳高度随纬度和季节变化的规律;记住二分二至(春分、夏至、秋分、冬至)太阳直射点的纬度和几条特殊纬线上的太阳高度。了解四季的形成,知道四季和五带的划分。

2. 大气环境

(1) 基本概念

① 热力环流:由于地表冷热不均所引起的大气环流;②水平气压梯度力:水平面上促使大气由气压高的地方流向气压低的地方的力;③风:大气由高压区向低压区作水平运动;④大气环流:全球性的有规律性的大气运动;⑤季风环流:一年中盛行风向随季节有规律地向相反或接近相反的方向变换;⑥天气:一个地方短时间的大气状况;⑦气候:一个地方多年平均的天气状况;⑧锋面:两种不同性质气团的交界面;⑨气旋:是指北(南)半球,大气中水平气流呈逆(顺)时针旋转的大型涡旋;⑩反气旋:反气旋是指中心气压比四周气压高的水平空气涡旋;⑪台风:热带海洋上生成的热带气旋中强度最强的一级;⑫寒潮:大范围的强冷空气活动。

(2) 核心内容

① 大气环境。知道大气的组成及作用;了解人类活动对大气组成成分的影响,培养节能减排意识。知道大气垂直分层,每层与人类的关系;知道风的成因和气压带、风带名称及分布,进一步知道我国冬季、夏季分别盛行西北风、东南风。

② 天气和气候。区分"天气"和"气候",知道天气是与锋面、气旋和反气旋有关,气候与纬度、大气环流、地面状况有关;搜集民间流传的气象谚语,学会留心观测天气变化;知道世界主要气候类型,大致了解其成因,具体说出我国的气候类型。

③ 气候资源和气象灾害。大致了解气候资源的特性;知道气象灾害的特点,了解我国常见的气象灾害及其防治。

④ 大气环境保护。知道大气环境问题的成因及保护措施。

3. 海洋环境

(1) 基本概念

① 盐度:海水中盐类物质的质量分数;② 洋流:海水常年比较稳定地沿着一定方向作大规模的流动;③ 水循环:自然界的水周而复始连续运动的过程。

(2) 核心内容

① 海水的性质和洋流。大致了解海水的性质,知道洋流的成因、会说出地图上主要洋流名和分布。描述洋流的环境效应。

② 海洋开发利用及海洋环境保护。说说人类对海洋资源的开发和利用状况及措施;以海上石油开发和运输污染、日本50年代水俣病为例说明海洋环境污染的严重后果,说出保护海洋环境的一些措施。

4. 陆地环境

（1）基本概念

① 陆地环境：地球上陆地表面的自然地理环境；② 矿物：地壳中的化学元素在一定的地质条件下结合而成的天然化合物或单质；③ 岩石：按照一定规律聚集在一起的矿物；④ 地质作用：是指由于受到某种能量（外部、内部）的作用，从而引起地壳组成物质、地壳构造、地表形态等不断的变化和形成的作用；⑤ 褶皱：岩石中的面受力发生的弯曲而变形；⑥ 断层：岩石受力发生断裂，沿破裂面两侧岩块发生显著相对位移的构造；⑦ 水资源：陆地上各种可以被人们利用的淡水资源；⑧ 自然灾害：是指由于自然异常变化造成的人员伤亡、财产损失、社会失稳、资源破坏等现象或一系列事件；⑨ 地震：地震又称地动、地振动，是地壳快速释放能量过程中造成的振动；⑩ 火山：岩浆在强大的内压力作用下从地壳薄弱的地段冲出地表。

（2）核心内容

① 地壳的组成物质。了解地球内部的圈层结构、地壳的特征；岩石的成因与分类、掌握三大类岩石与地壳物质的关系。

② 陆地地表形态及其变化。了解地表形态的特征；掌握板块构造理论的内容；了解人类活动与地表形态的关系；

③ 生态与环境。了解生物圈、生物的分布与环境的关系以及自然地的分布规律；自然地理环境要素间的相互作用，理解地理要素的变化会"牵一发而动全身"；了解地理环境的地域差异表现并且会说出地域差异的规律性；知道陆地自然资源与人类活动的关系。了解陆地自然灾害及其防御；了解陆地上的自然灾害（地质灾害）主要种类、成因（强调人为原因：工程建设、乱砍滥伐）及危害；知道自然灾害防御的措施。

三、与幼儿科学有关的重要概念和知识点

1. 宇宙环境

天体（太空旅行记用到）；太阳系（地球和它的伙伴用到）；星座（认识星座用到）；月相（月亮姐姐的变化、找月亮等用到）；太阳辐射（不能没有太阳、淘气的阳光等用到）；地球自转与公转（认识日历、讨厌黑夜的奶奶、奇妙的影子、四季妈妈的四个娃娃等用到）。

2. 大气环境

大气的组成及作用（找空气、给气球充气等用到）；热力环流（大气压力在哪里用到）；风（风的奥秘用到）；天气与气候（多变的天气、雨是怎样形成的、晴云雨雪等会用到）；气象观测（风级我知道、下雨早知道、温度的变化、天气预报、自制风向标等会用到）；大气环境保护（生态与环境、地球生病了、温室种植蔬菜、我是环保小卫士、恐龙去哪儿等会用到）。

3. 海洋环境

水循环（水娃娃漫游记、水流到哪里去了等会用到）；盐度（盐水的浮力会用到）；海洋开发（海底探宝会用到）。

4. 陆地环境

岩石（石头的奥秘会用到）；地震（地震来了藏哪里会用到）；火山（小火山爆发会用到）；土壤（土壤里面有什么、宝贵的土壤等会用到）。

附录二

幼儿科学活动教案集锦与说课案例

第一部分 物理现象（7个）

教案1 声音的秘密（中班）

【活动目标】

1. 体验听诊器可以使声音放大的现象，产生操作兴趣。

2. 产生探索科学的兴趣。

【活动准备】

听诊器1~3个；塑料漏斗、橡皮管、酸奶杯、线、回形针。

【活动过程】

一、听听说说

1. 引导幼儿把手放在胸膛上，感觉心脏的跳动。

2. 指导幼儿趴在同伴的胸前听一听心脏跳动的声音。

3. 让幼儿戴上听诊器听一听同伴、老师心脏的跳动声。

教师：用听诊器听到的心脏的跳动声和趴在胸前用耳朵听到的心脏跳动声有什么不同？

二、小实验

1. 观察桌上的材料。

塑料漏斗、橡皮管、酸奶杯、线、回形针。

2. 教师提问：

我们能运用桌上的材料来做一个传递声音的实验吗？

3. 教师示范制作方法：

在两个酸奶杯底各挖一个小洞，用线穿过，再用回形针卡住。

4. 幼儿制作，教师巡回指导。

三、游戏：打电话

1. 用自制电话通话。

教师引导幼儿用手握住线。

2. 教师：你发现了什么现象？为什么会产生这种现象？

3. 教师小结：声音是通过线来传播的，如果把线握住，声音就传不过去了。

四、幼儿讨论

动听的声音和烦人的噪音。

教案 2　弹力运动会（大班）

【活动目标】

1. 通过观察与实验,使幼儿进一步感知不同物体的弹性现象。

2. 培养幼儿观察的敏锐性。

【活动准备】

皮球、橡皮筋、气球、弹簧、木块、铁片、弹性球、动物标靶、自制弹弓(每人一个)、纸制子弹等。

【活动过程】

一、拍一拍,捏一捏,感知不同物体的弹性

1. 幼儿自主选择一个皮球跟着音乐拍球,其中有些皮球是没有气的。

2. 引导幼儿按一按、捏一捏有气和没有气的皮球,共同找出原因。知道皮球打了气会弹得高,原来空气也有弹性。

二、找一找生活中有弹性的物品

1. 在一大堆物品中找出有弹性的物品。(如拉一拉弹簧、橡皮筋,捏一捏气球、海绵等)

2. 在日常生活中还有哪些物品是有弹性的?(如弹簧床、海绵枕头、沙发、床垫、吹气救生圈等)

三、玩一玩

1. 橡皮筋的一端系在中指上,另一端系一只小球,并用同一只手拿着球向下投,用手掌收回小球。

2. 橡皮筋一端系着中指,然后一只手拿着球向前投,随后收回,重复投掷,可投向目标处。

3. 固定橡皮筋一端,另一端手拉着小球,拉到一定的距离时放手,让球反弹回去,超过固定物的高度。

4. 将长橡皮筋的一端固定在乒乓球拍柄上,然后用球拍向上拍打小球,让小球弹上去又拉回来,反复拍打。

四、游戏

1. 看谁射中靶。用力投掷玩一玩中的小球,使橡皮筋拉长,让小球能打中相隔一定距离的动物标靶。

2. 看谁弹得远。

(1) 一手握小弹弓的把柄,另一手用纸制子弹拉紧橡皮筋,然后放手,让子弹弹出去。拉得越紧,子弹弹得越远。

在地上按一定距离画三条线,超过最远一条线得 3 分,超过第二条线得 2 分,超过第一条线得 1 分。

(2) 注意事项:小弹弓不要对着别人。可分别采用集体活动、分组活动和自由活动的形式。

五、拓展思路

弹簧纸偶:先把一张大的长方形纸卷成筒状,然后在上面画上眼睛、嘴巴、耳朵及尾巴等。

用另一张小纸条来回折叠,折成弹簧状,要求折得整齐。然后把纸筒粘在弹簧状纸条上,用手轻轻一按,它一会儿变矮,一会儿变高。

教案 3　奇妙的透镜（大班）

【活动目标】

1. 引导幼儿在活动中发现不同透镜的特征,并用语言表达其发现。

2. 培养幼儿的尝试精神,激发幼儿对科学活动的探索兴趣。

【活动准备】

凹透镜、凸透镜、平面镜、凸面镜、凹面镜、望远镜、放大镜、显微镜、一副眼镜。

【活动过程】

一、第一次尝试:玩透镜

1. 教师:小朋友,教师为大家每人准备了两块奇妙的镜片,请你们用镜片放在眼睛前看看,你们发现了什么?

　　2. 幼儿操作尝试。

　　3. 引导幼儿讨论:刚才用两块奇妙的镜片看的东西一样吗?

　　4. 得出结论:不一样,有的放大,有的缩小。

二、第二次尝试:引导幼儿发现凹面镜、凸透镜的特征

　　1. 教师:两块小镜片看到的东西都不一样,真有趣,那为什么用它们看东西会不一样呢?

哪种镜片看东西会变小? 哪种变大? 请你们再仔细看一看、摸一摸,它们的样子是不是一样?

　　2. 幼儿尝试操作,发现不同的原因。

　　3. 引导幼儿讨论。

　　(1) 哪种镜片看东西会变小?(中间薄的镜片看东西会变小)

教师告诉幼儿:这种就叫凹透镜。(幼儿学说)

　　(2) 哪种镜片看东西会变大?(边上薄、中间厚的镜片看东西变大)

教师告诉幼儿:这种就叫凸透镜。(幼儿学说)

　　(3) 得出结论:不一样的透镜看东西也不一样。

三、第三次尝试:凹面镜、凸面镜的特征

　　1. 教师:小朋友真了不起,发现了这么多奥秘。老师还给大家准备了几面奇妙的镜子,你们看是什么?

　　2. 请幼儿看看这三面镜子里看到的人是一样的吗? 为什么会不一样?

　　3. 引导幼儿讨论:这两面镜子和我们刚才看到的透镜有什么不一样?

　　4. 得出结论:这两面镜子是工人叔叔们利用凹透镜、凸透镜的原理,只是它在透镜的后面涂上了一层铝,而这就不是透镜了,叫凹面镜、凸面镜。

　　5. 教师小结:今天,我们看到的这些镜子真奇妙,能把东西放大、缩小,你还在什么地方见过这种镜子呢?(望远镜、放大镜、显微镜、眼镜等)幼儿说出各种镜子,教师出示。

　　6. 幼儿自由地玩望远镜、放大镜、哈哈镜等。(自然结束)

教案4　神奇的电池(大班)

【目标】

　　1. 通过观察、操作、谈话等方式了解有关电池的一些小知识,认识电池的特征,了解正确安装电池的基本常识。

　　2. 发展动手与发现的能力,并记录自己的探究过程;认识电池给人们生活带来的益处和危害,增强环保意识。

【活动准备】

　　1. 不同型号的电池若干。

　　2. 钟表、手电、电动玩具、录音机、手机等。

　　3. 记录单、笔若干。

【活动过程】

一、通过观察、讨论认识电池

　　1. 利用玩具吸引幼儿,并且拨动开关,提出问题:玩具为什么不动?

　　2. 证实幼儿的猜测,引出活动的主题——电池。

　　3. 幼儿观察电池。

　　师:电池是怎样的呢? 旁边桌上有很多电池,请小朋友去玩一玩,看看电池上有什么小秘密?(自由观察、操作)

　　4. 电池上有什么标记符号? 知道电池上有"＋"正极、"－"负极。

电池的两端一样吗? 知道鼓出来的一端是正极,平的一端是负极。

电池都是一样大小的吗？知道电池的大小不同,型号也不同。常用电池有1号、2号、5号、7号电池等。

5. 教师小结电池的特征：知道电池上有"＋"正极、"－"负极。知道鼓出来的一端是正极,平的一端是负极。电池的大小不同,型号也不同。常用电池有1号、2号、5号、7号电池等。

二、操作实践,掌握电池的安装方法

1. 你们知道电池有什么用吗？（幼儿自由说）

选择自己喜欢的物品去操作。

介绍记录单,鼓励幼儿把操作结果记录下来。（试过了你就在操作纸上记录,如果成功地让钟表走起来了或让手电筒亮起来、玩具动起来了,就在操作纸上的相对应的物体下打√,如果失败了就打×（幼儿操作,教师观察指导幼儿活动情况）。

3. 引导、归纳安装电池的方法。

（1）请小朋友讲述操作过程及结果：你是怎样安装电池的？成功了没有？找一找看安装电池有没有小窍门、好办法。

（2）小钟表、手电筒、电动玩具等在安装电池的地方有什么标记？有没有和电池一样的标记？引导幼儿归纳安装电池槽中的弹簧和电池安装时的关系。知道把电池平的一端（负极）放在弹簧上,鼓的一端（正极）放在没有弹簧的一端。

引导幼儿归纳双向电池排列方法。知道虽然是两排,但仍然是电池平的一端（负极）放在弹簧上,鼓的一端（正极）放在没有弹簧的一端。

归纳单向两节电池的安装方向。知道电池是正级负级、正级负级相连。引导幼儿发现说出：电池上正负极的标记和电池槽中正负极标记的关系和作用。知道这些标记是告诉人们安装电池的方法。

4. 幼儿再次操作。

三、看课件,了解电池给人们生活带来的益处和危害,增强幼儿的环保意识

1. 电池的用处大不大？你还知道什么东西也要用到电池？

2. 看课件,教育幼儿不要乱扔废电池,用过的电池要进行回收再利用,尽量减少污染。

教案5　神奇的温度计（大班）

【活动目标】

1. 认识常见的温度计,了解其用途。

2. 帮助幼儿获取温度计指示温度的粗浅知识,初步掌握正确使用温度计及测量、记录的简单技能。

3. 激发幼儿测量温度的兴趣,培养幼儿的探索精神。

【活动准备】

1. 幼儿人手一份水温计、记录卡、笔。

2. 提供冷水、热水人手一份。

3. 温度计模型,气温计、体温计若干;词卡：温度计、热胀冷缩。

【活动过程】

（一）导入活动,引起兴趣

1. 通过提问,帮助幼儿认识水温计,并知道它是测量水的温度的。

2. 请幼儿仔细观察水温计,说出它的特征：玻璃管子、红柱子、数字。

3. 出示温度计模型,认读记录温度。

出示温度计模型,问："温度计里的红柱子和数字有什么用？"告诉幼儿："红柱子指的数字就是温度,我们可以用'℃'来记录,读作'摄氏度'。"出示卡片"℃"。并且移动模型中的红柱子,指导幼儿记录温度,第一次可由老师记录,接下来可由幼儿上来记录。

（二）幼儿操作活动：测量并记录水温

1. 孩子们,你们觉得测量有趣吗? 现在桌上有许多水,请你们去把它的温度测量出来,并记录在小卡片上。

2. 在测量前提几个小要求：

（1）温度计是用玻璃制作的,特别容易碎,请小心使用。

（2）碰到困难,请仔细想一想,或与好朋友商量,想出解决的办法。

（3）结束后,请与好朋友说说,你是怎么测量的。

幼儿第一次操作,教师观察,了解孩子碰到的是什么困难,是否想办法解决了困难。

3. 幼儿交流：你是怎么使用温度计的? 怎样观察的? 怎样记录的? 碰到了哪些困难? 又是怎么解决的?

（三）继续指导幼儿测量热水温度并记录

1. 第二次操作。

2. 提问："刚才我们测量了冷水和热水的温度,发现了什么?"（幼儿交流,温度计中的红柱子的长度会发生变化）是怎么变化的呢? 从冷水到热水怎么变? 从热水到冷水又会怎样?

3. 老师小结：热胀冷缩。

（四）游戏：热胀冷缩

小朋友,老师有个提议,我们来玩个"热胀冷缩"的游戏,好吗? 那这个"热胀"怎样来做出来? 这个"冷缩"怎么来做? 想出来后,师幼一起做游戏两遍。

（五）认识其他温度计,了解其用途

小朋友,老师这儿有三个小问题,请你们动脑筋告诉我答案。

（1）有位小朋友生病了,我们怎么知道他是不是发烧了呢?

（2）我们怎么知道今天的气温有几度呢?

（3）我们怎么知道水的温度的呢?

根据幼儿的回答,出示相应的温度计,并告诉幼儿它们的名字：测量体温的叫体温计;测量气温的叫气温计;测量水的温度的叫水温计。

它们有一个共同的名字叫"温度计"（出示卡片"温度计"）。

1. 请幼儿比较三种温度计相同的地方。

2. 提问："温度计还有什么作用? 你在哪里见过?"请了解后与好朋友或老师来交流。

教案6　奇妙的降落伞（大班）

【活动目标】

1. 积极探索影响降落伞下降速度的主要原因,知道伞面是影响降落伞速度的原因,悬吊物的重量也是影响降落伞下降速度的原因。

2. 在观察比较中发展思考能力,体验发现的乐趣。

【活动准备】

学具准备：两种大小不同的塑料纸伞面降落伞若干（颜色不同）、两种悬吊物重量不同的降落伞（根据幼儿人数）。

教具准备同上。

【活动过程】

（一）从天而降的降落伞,引发兴趣

1. 展示从天而降的降落伞,引发幼儿兴趣,出示小伞面降落伞,让幼儿扔起来,站在高处自由地玩。

2. 集中幼儿注意力,出示小伞面降落伞,提出哪种降落伞下降速度慢的问题。

（二）幼儿自由探索,教师提示幼儿去比较下降速度的快慢

（三）总结交流

1. 集体提问幼儿哪个降落伞下降的速度比较慢。（教师做好示范的准备）

2. 集体提问这两种降落伞有什么区别？（教师引导幼儿比较伞面）

小结：伞面大，包住的空气就多，降落伞下降的速度就会慢；相反，伞面小，包住的空气就少，降落伞下降的速度就会变快。

注明：如果幼儿以上环节能够流畅达成，出示同一伞面大小两种悬吊物重量不同的降落伞。提出"这两种降落伞哪种下降速度慢，为什么"的问题，让幼儿探索回答。

教案7　穿越弯管（大班）

【设计意图】

在日常生活中，孩子们对身边的事物非常感兴趣，经常问"为什么"。在"小博士研究所"里，孩子们用米粒、珠子、黄豆、沙子做实验，发现它们都能够穿越弯管子。于是，教师设计了本活动，抓住了幼儿这一兴趣点，意在通过活动和观察活动，激发他们的探索兴趣，使幼儿感知到身边的一些科学现象和基本原理，由此培养幼儿对科学活动的兴趣，并在活动中发展幼儿的观察能力和动手操作的能力。

【活动目标】

1. 能在活动中提出自己的假设，乐意通过实验加以验证，并作记录。

2. 通过实验获得有关物体特性的经验。

3. 喜欢操作，乐意将操作结果告诉同伴，懂得实验是验证猜想的方法。

【教案准备】

弯管若干，记录表一张，雪花片若干，一端系有螺帽的尼龙线若干，钢丝、手电筒若干。

【教案过程】

（一）导入

1. 介绍弯管。

今天老师带来了什么？（管子）这是什么样子的呢？（教师一边做弯的手势一边问）（弯管子）

2. 结合统计表，介绍操作材料。

这根弯管非常神奇，许多小东西都想到它的身体里面去旅行，有钢丝、手电筒、带螺帽的线、嘴巴里吹出的气（教师边讲述边演示），可是到底能不能穿越呢？它们想咨询一下我们小朋友，让我们小朋友来猜一猜，做个统计，好吗？

3. 预测并记录。

（1）老师为你们准备了一张统计表和许多的红片片、绿片片，绿的表示能够穿越，那么红的呢？（不能够穿越）你认为可以穿越的就在它上面贴上绿片片，不能穿越的就在另一边贴上红片片。那就让我们一起来猜一猜吧！注意统计的时候一定要有秩序哦！

（2）教师与幼儿一起统计预测结果，公布于黑板上。

小结：小朋友真能干！让我们一起来看一下你们猜测的结果吧！先看一下嘴巴里吹出的气，它能穿越弯管吗？（再看带螺帽的线、钢丝、手电筒照出的光）

4. 验证并记录。

（1）教师：小朋友对各种材料都有不同的意见，它们到底能不能穿越弯管呢？让我们一起来验证一下。

老师为你们准备了一些实验材料，请你们去做个实验，然后把实验的结果用红色和绿色的雪花片记录到黄色的统计图上，不要忘了每一样东西都要试一试哦！

（2）教师巡回观察、指导，了解幼儿的实验过程及问题，提醒幼儿及时记录自己的实验结果。

5. 教师与幼儿一起观察统计图，探讨、交流实验结果。

教师：瞧，我们的实验结果出来了。

（1）教师：让我们一起来看一下，什么材料是大家一致认为都能通过弯管的？（空气？）

教师：真的吗？让我也来试一试。哎，真的能够穿越，可真神奇！

那有谁知道空气为什么能够穿越弯管？（幼儿回答）

教师小结：因为空气是流动的，所以能在弯管子里通过。

教师：那么除了空气以外，还有哪些东西也是流动的，也能穿越弯管的呢？

（2）教师：那么我们再来看一下线，哦，有的小朋友认为它是能够穿越的，有的小朋友认为是不能通过的，谁认为是不能通过的呀？请你上来试一试。（幼儿操作）谁认为是能够通过的，请你来试一试。

教师：原来线在穿越的时候还需要用一点技巧呢！要抖一抖才能够顺利地穿越呢！为什么线能够穿越弯管呢？

教师小结：因为线是细细的、软软的，那为什么老师还要在线上面绑一个螺帽呢？

（因为可以增加它的重力，使它能够更加方便的穿越弯管）

（3）教师：好，让我们再来看一下钢丝穿越弯管的统计情况。大部分小朋友都认为它是不能够穿越弯管的，为什么呀？

（幼儿回答，如果他认为能的就请他上来试一试）

教师小结：因为钢丝是直直的、硬硬的，不能拐弯，所以不能穿越弯管子。

（4）教师：再来看一下手电筒照出来的光，有的小朋友认为是能的，有的小朋友认为是不能的，请你（认为能穿越的）上来试一试？（幼儿操作）

教师：你们看到的光它只能到哪里啊？

教师小结：手电筒照出来的光也是直射的，所以也不能穿越弯管子。

6. 发散性思维。

教师：刚才我们小朋友发现钢丝和光是不能够穿越弯管的，它们都很着急，也想到弯管子里去旅行，你们有什么好办法吗？（幼儿讨论）

教师：聪明的人们动了很多脑筋帮助它们穿越弯管了，瞧，老师这里有一根变形的钢丝娃娃，你们认识它吗？它的本事可大啦，能伸到长长的弯管里面帮助人们疏通堵塞的管道。

教师：光娃娃能到弯管里去旅行吗？（看老师演示）哇，好神奇啊！想知道其中奥秘吗？那好我们休息一下，等一会儿再到教室里去做光娃娃旅行的实验。

7. 幼儿收拾、整理活动室。

第二部分　化学现象（6个）

教案8　神奇的调料（小班）

【活动目标】

1. 让幼儿认识几种常见调料的名称及其味道的特点。

2. 锻炼幼儿用嗅觉、味觉、视觉等感官对事物进行辨别的能力。

3. 幼儿学会简单的使用方法，丰富生活知识，提高生活技能。

【活动准备】

1. 白糖、味精、盐、酱油、醋、辣椒油、香油、蒜泥等调料分类放好。

2. 黄瓜、西红柿、豆腐皮、葱、胡萝卜、火腿、白萝卜等切好分盘。

3. 筷子、透明口杯若干。

【活动过程】

一、导入主题

教师：今天，先请小朋友参观一下宝贝厨房的调料大世界。

带领幼儿进入宝贝厨房参观已准备的各种调料，提醒幼儿用各种方法感知各种调料的名称和味道。

注意参观时的秩序和卫生。

二、幼儿参观探究各种调料的名称和特点及用途

1. 提问：刚才小朋友们看到的是哪些调料？

（白糖、鸡精、盐、酱油、醋、辣椒油、香油）

2. 请幼儿说出是如何知道这些调料的。

引导幼儿分别从嗅觉和味觉、视觉的感受说出各种调料的名称和其味道的特点。

（如糖甜、盐和酱油咸、味精鲜美、醋酸、油香等）

3. 教师总结各种调料的味道和作用：

人们使用调料是为了做菜时使菜的味道更好吃。

醋可以用来杀菌消毒；盐可以加水稀释用于伤口或皮肤消毒。

如果有烧伤和烫伤可以用酱油涂抹，减轻伤痛。

涂抹香油可以减轻婴幼儿口疮等痛苦。

三、利用调料制作简单的凉菜

1. 出示一盘调好的菜，请幼儿品尝并说出菜中用到的调料。

2. 出示各种切好的菜类，请幼儿讨论说出日常生活中见过的这些菜的吃法，调制凉菜。

3. 教师：今天，我们用这些调料和蔬菜自己来做凉拌菜好吗？

4. 幼儿分四组进行活动。

每组幼儿根据自己的意愿挑选调料和蔬菜到桌子旁，在注意卫生方法和安全使用的前提下，将各种菜加入调料用筷子进行搅拌，教师进行指导，提醒幼儿味道搭配合理。每一个菜有其突出的特点，四组小朋友的菜尽量不重复。搅拌完毕之后幼儿试尝，然后根据不足进行补充加料。如淡的加盐，咸的加点鸡精或醋等。教师提醒幼儿不要将调料撒到外边，如果有，用抹布随时清理。

5. 请幼儿将调好的菜装盘，为菜起名并做简单介绍。

介绍的语言形式为：我们的菜名是（　　），用的主料是（　　），调料是（　　）。例如，白糖拌西红柿、凉拌豆腐皮、黄瓜火腿、糖醋萝卜丝等。

四、相互品尝，活动结束

教案9　糖怎么不见了（小班）

【活动目标】

1. 能对糖的溶解现象有好奇心，并愿意用语言大胆表达自己的发现。

2. 能用搅拌的方法观察溶解的过程及口味前后变化。

3. 愿意积极探索，知道有的东西放在水里会溶解，有的不会。

【活动准备】

每人一小杯水、一个勺子，糖、盐、米、奶粉、果汁粉、沙子、豆子，抹布若干。

【活动过程】

一、导入

猜猜你品尝的是什么，老师随机给小朋友分两种饮料（白开水、糖水）。

师：今天老师带来了一些饮料给小朋友们尝一尝，然后再轻轻地告诉你的好朋友，你尝到的是什么味道的？

师：谁来告诉大家你喝到的饮料是什么味道？ 为什么有的是甜的，有的是没有味道的？ 那你有没有在里面看到糖呢? 糖宝宝到哪儿去了?

二、开始

1. 教师示范小实验:观察糖溶解的现象

(1) 先让幼儿大胆猜测实验结果。

(2) 教师和幼儿一起操作:先尝一口自己杯子里的水(无味),然后用勺子舀一勺糖放入水中,看糖会发生什么变化?用勺子搅拌一下,观察糖到哪里去了吗?躲到水里去了!请幼儿再次品尝水(变甜)。

(3) 请幼儿交流表达自己的想法。教师总结:糖放在水里化掉,不见了,这个过程就叫做溶解,水就会变甜。

2. 请幼儿自己操作

(1) 帮助幼儿拓展经验,引导幼儿说说还有什么东西会溶解。

(2) 师:老师这里还有米、奶粉、果汁粉、沙子、盐,你们也来试一试?(幼儿分组操作)观察溶解现象、颜色变化,发现有的物品不能溶解。

(3) 幼儿自由交流实验结果,鼓励幼儿大胆说出自己的发现。

三、结束

师:在我们日常生活中还有好多东西是可以溶解的,也有好多东西是不可以溶解的,小朋友们可以回家后跟爸爸妈妈们一起观察、探索,然后再来告诉好朋友,好不好?

教案 10　水的溶解(中班)

【设计意图】

水是我们日常生活中不可缺少的,我们每天都离不开它,正因为水与生活的密切性,幼儿很早就接触并认识了它。然而水又有许多特性,如水的三态变化、水的冲击力、水的沉浮、水的溶解性等。幼儿天生就爱玩水,在玩水的过程中,发现了很多有趣而又新奇的现象,提出了很多关于水的问题。《纲要》指出:引导幼儿对身边常见的事物和现象的特点、变化规律产生兴趣和探究的欲望,要尽量创造条件让幼儿实际参加探究活动,使他们感受科学探究的过程和方法,体验发现的乐趣。为满足孩子的好奇心和探索欲望,我设计了这一科学活动。意在通过活动,增强幼儿对科学的探索兴趣,知道水具有溶解性,通过引导幼儿积极参加小组讨论、探索等方式,培养幼儿合作学习的意识和能力,学会用多种方式表现、交流,分享探索的过程和结果。

【活动目标】

1. 幼儿在观察比较、探究的过程中,能了解物质的溶解现象并增强幼儿环保意识。

2. 通过幼儿同伴之间对实验现象提出异议,培养幼儿交往合作的能力和科学探究的态度。

3. 幼儿能大胆描述自己在实验中看到的现象,培养其他幼儿倾听的能力。

【活动准备】

1. 一组一份记录表,透明杯子若干,石头、油、方糖、果珍适量,小勺、筷子、小网各 4 个。

2. 被污染的水的若干图片,其他可溶解于水的物质,如咖啡、奶粉、感冒颗粒等。

【活动过程】

一、出示实验材料,激起幼儿活动兴趣

师:今天我们要做一个非常有趣的实验,你们可以走到实验桌前看一看、闻一闻、说一说、摸一摸,看老师给你们准备了什么样的实验材料。(幼儿活动,教师指导)

师:请大家轻轻地回座位,谁愿意告诉我你都看到了什么材料?老师今天给你们准备了这四样实验材料,它们分别是:石头、果珍、冰糖和油。

(教师直接出示实验材料,充分抓住了幼儿的好奇心,继而引发了大班幼儿的探索欲望,激起了幼儿浓厚的活动兴趣。引导幼儿运用自己的多种感官来感知实验材料,符合幼儿的身心发展特点)

二、幼儿进行猜想并学会记录，初次实验并观察实验现象

1. 引导幼儿围绕"把这些实验材料放到水中会怎么样，谁能取出来，谁不能取出来"这个问题进行猜想和记录。

师：老师准备这四样实验材料，是想让小朋友们用它们来做个实验。我们要把这四样实验材料分别放在这四个杯子中，然后搅拌，充分地搅拌，再看一看，谁还能取出来，谁不能取出来。这里有很多可以利用的小工具，请小朋友用自己能看懂的方式记录下来。（教师发放表格）

师：好，请小朋友开动脑筋猜一猜吧。

2. 对幼儿的猜想提出疑问，引导幼儿初次实验，观察实验现象。

师：我发现每个小组猜想的都不一样，我怎么才能知道谁猜对了？谁猜错了？

幼：试一试。

师：好，那我们就要来进行这个有趣的实验了。在做实验之前，我想请你们把这些材料分别放进杯子中进行充分地搅拌后，先观察观察，看看有什么有趣的现象发生，然后在你们的记录表后面，把这种有趣的现象画出来。（观察完后，请幼儿讲自己看到的现象）

（本环节通过发放表格，请幼儿评选出一位小小记录员来进行记录，幼儿在实验的过程中知道了大家共同努力才能做得好，从而提高了幼儿的合作交往能力。幼儿观察完现象之后，鼓励幼儿大胆描述自己在试验中看到的现象，既培养了幼儿表达能力，也培养了其他幼儿倾听能力）

三、交流各自的猜想，再次实验来验证猜想结果

1. 请幼儿交流一下自己的猜想，通过各自猜想的不同，激起幼儿用实验来验证的想法，从而培养幼儿的科学探究精神。

师：我请小朋友来说说对这四样实验材料的猜想，到底谁能取出来，谁不能取出来。

2. 幼儿再次实验验证猜想并进行交流。

师：现在我要请你们接着做实验，刚刚介绍了这里有许多小工具，有小勺、筷子和小网，现在你们要用这些小工具，看看刚才放进水里的这些材料，哪些还能取出来，哪些取不出来，用同样的方式记录下来。（幼儿操作，教师指导）

（在本环节中，幼儿积极主动地实验，认真记录自己的实验结果，热情表达自己的发现和观点。让幼儿自己动手操作也顺应了幼儿的天性，充分体现了"做中学"的教育理念）

四、针对幼儿提出的异议，请个别幼儿再次实验，充分理解溶解的概念

师：做完的小朋友谁来讲一讲？你想讲四个中的哪一个实验结果？你猜想的结果和实验的结果是不是一样？（有异议的小朋友单独做试验，使幼儿意见达成统一）

教师小结：今天通过做试验，我们知道了不同的物质放进水中会有不同的现象发生。石头放进水中，沉下去了；油放进水中，浮起来了；果珍放进水中，水改变了颜色；冰糖放进水中，最后看不见了。冰糖和果珍经过充分的搅拌后，利用各种小工具能不能取出来？

幼：不能。

师：对，而且它们还改变了水的颜色和味道。这种现象有个词表示，叫做"溶解"，果珍和冰糖"溶解"在水中了。石头和油，我们用工具还可以从水中取出来，它们不能溶解在水中。谁能告诉我，你在生活中，还见过哪些东西可以溶解在水中？

幼 1：白糖。

幼 2：咖啡。

幼 3：盐。

幼 4：醋。

师：刚才小朋友还说了很多物质，那这些物质能不能溶解水中，老师先不告诉你们。小朋友知道，猜想的结果和实验的结果会有不同，那我们现在再猜一猜，回家后做做实验，明天告诉大家好不好？

（这一环节，通过让有异议的幼儿再次做试验，使幼儿初步感知溶解的概念。幼儿猜想生活中可能会溶解的物质，老师提前准备了一部分，老师做试验，幼儿在观察的过程中，更加充分地理解溶解的

概念)

五、观看被污染的图片和视频,增强幼儿环保意识

师:小朋友看这些图片,看看河流上飘着什么?

幼:塑料袋。

师:老师经常看到有些河流中有许多塑料袋,你们说它能溶解在水中吗?那样我们的水就会怎样啊?

幼:被污染了。

师:被污染的水都不能用了,地球上可饮用的淡水越来越少了,我们要怎样来保护水资源啊?

幼1:节约用水。

幼2:不往河流里扔垃圾。

幼3:制作标志,提醒别人。

师:小朋友想出了这么多的方法啊,你们真是环保小卫士!那让我们在区角活动时,一起制作环保标志吧!

(教师通过物质能否溶解在水中,来激发幼儿的环保意识。并把节约用水和幼儿的日常生活联系在一起,让幼儿知道环保从我做起,从点滴做起。通过动手做环保标志,使幼儿的想法付诸行动)

教案 11 神奇的药水(大班)

【活动目标】

1. 运用化学小魔术,使幼儿了解碘酒遇到另一种药水(淀粉溶液)会变成蓝色的现象。

2. 学习积极主动地探索"变色"的奥秘,真切地感受到大自然的奇妙。

3. 通过游戏活动,充分激发幼儿对科学活动的探究兴趣和积极尝试的欲望。

目标重点:运用化学小魔术,使幼儿了解碘酒遇到另一种药水(淀粉溶液)会变成蓝色的现象。

目标难点:学习积极主动地探索"变色"的奥秘,真切地感受到大自然的奇妙。

【活动准备】

1. 碘酒、淀粉溶液(米汤)、清水。

2. 毛笔、杯子、双面胶。

3. 水彩纸数张,教师示范画一张(事先均用彩笔画好树林、房屋等,用毛笔蘸取米汤画狐狸、老虎、大灰狼隐藏在树林中,晾干),白纸数张(事先用米汤画上小动物,晾干)。

经验准备:知道米汤、面汤内含有淀粉。

【活动过程】

第一个环节:教师做化学小魔术,激发幼儿兴趣。

1. 制造神秘效果,引发幼儿兴趣。

教师:"小朋友,今天老师给你们带来了一件礼物,看看是什么呢?(教师出示一张已用米汤画了小动物的白纸)教师:"看,这是什么呀? 你觉得这白纸里有东西吗?""这可不是一张普通的白纸,它里面藏着许多小动物呢,这些小动物们非常想出来玩玩,你们有什么办法可以请它们出来吗?"(幼儿自由畅想)

2. 教师演示小实验,激发幼儿探究的欲望。

教师:"老师带来了一样工具,我来试一试能不能把小动物请出来。"(教师操作)教师:"哇,它们真的出来了,是谁呀?"(三条毛毛虫)提问:"老师用什么方法把毛毛虫请了出来?"

3. 用试一试、看一看、闻一闻的方法比较水和碘酒,了解碘酒这一化学药品。

注意教给孩子正确闻化学药品的方法:一只手将瓶子放在鼻子附近,另一只手左右煽动,以免药品气味过大,刺激幼儿鼻腔黏膜。

教师小结:刚才老师请毛毛虫用的不是水,而是一杯神奇的药水,它的名字叫碘酒。

第二个环节:幼儿实验探索,发现其中奥秘。

1. 幼儿实验操作,请出小动物。

(1) 教师:"小朋友看,这些白纸里还藏着很多小动物,我们一起来把它们请出来好吗? 请小动物们出来需要用到什么工具呢?"(碘酒)"老师为你们每人都提供了一张隐藏着小动物的白纸和一杯碘酒,请你们自己动手把小动物请出来。"

(2) 幼儿操作,老师巡回指导。

2. 幼儿互相交流实验结果。

3. 幼儿在集体面前讲述实验过程。

提问:"你请出来的小动物是谁? 你是怎样把它请出来的?"

4. 引导幼儿归纳得出结论。

提问:"这些小动物都是什么颜色? 是谁把它们变成蓝色的? 他们是怎样隐身的?"

结论:用米汤液画的画遇碘酒后变成蓝色,显示出小动物。

5. 老师实验论证。(两种溶液直接反应)

第三个环节:游戏挑战,体验活动的乐趣。

1. 教师故事导入,引出游戏"捉小偷"。

2. 教师提问:

(1) 猜猜可能是谁把小鸡偷走了?

(2) 小偷可能隐身在哪里?

(3) 我们用什么办法让小偷显身呢?

(幼儿自由讨论,各抒己见)

3. 幼儿运用刚学过的办法,开展"寻找小偷"的游戏。

(1) 幼儿"搜索"。

(2) 幼儿讲述自己"搜索"的经过和结果。

最后一个环节:简单小结,感受大自然的奇妙。

淀粉溶液遇碘酒会变成蓝色。其实在我们的生活中还有许多变化,只要我们小朋友仔细观察,还会发现许多奇妙的现象。请小朋友回去后找一找、看一看,把你的发现告诉大家。

教案 12　西红柿会发电(大班)

【活动目的】

1. 培养幼儿的动手操作能力、探索能力和发现能力。

2. 丰富词汇:铜片、锌片、电路。

【活动准备】

若干块长 5 厘米、宽 1.5 厘米的锌片和同样大小的钢片(每组一套);每组十几个西红柿、一个小电珠、一张图纸;铜丝若干。

【活动过程】

1. 师:小朋友,现在老师和大家一起来做一个有趣的游戏。

2. 指导幼儿组装西红柿电路:在西红柿的一边插入锌片,另一边插入铜片,然后用细铜丝把相邻的两个西红柿的铜片和锌片连接起来。最后,在黑暗中将 A、B 两端相碰。

现象:产生了较明亮的火花。

3. 教师操作,将十多个西红柿串联起来,竟点亮了一个小电珠。

4. 组织并指导幼儿看着图示也将十多个西红柿串联起来点亮小电珠,以分享成功,建立自信。

5. 提问:西红柿为什么可以产生电流呢? 让幼儿了解,西红柿里含有酸,铜片和锌片在酸中产生了化学反应,便产生了电流。

教案 13　自制柠檬饮料（大班）

【活动目标】

1. 让幼儿初步了解柠檬饮料的成分。

2. 培养幼儿的实验操作能力和观察能力。

3. 培养幼儿对科学知识的兴趣,体验成功的喜悦。

【教学重难点】

1. 让幼儿了解柠檬饮料的成分和培养幼儿实验操作能力。

2. 培养幼儿实验操作能力及观察能力。

【活动准备】

小苏打、勺子、刀子、凉开水、糖、各种颜色的果汁粉,芒果精、酸梅精、苹果精等,盘子和一次性透明杯子若干,几种碳酸饮料汽水。

【活动过程】

（一）教师引入活动

1. 引导幼儿了解有关饮料的常识,小朋友你们喜欢喝饮料吗? 喜欢喝什么饮料呢? 你们喝那些饮料是什么味道呢? 喝后有什么样的感觉呢? 那么,你们想不想自己来制作饮料呢? 那这节课老师和小朋友一起来制作柠檬饮料怎么样?

2. 让幼儿通过亲自实验观察柠檬水(酸)和小苏打(碱)混合在水中会产生二氧化碳的气体现象。

出示柠檬:

小朋友认识这是什么吗?（它叫柠檬）

看看我们手中的柠檬它是什么颜色。

我们摸一摸有什么感觉。

认识小苏打:

出示小苏打,告诉小朋友这个也叫纯碱。

它像什么,它可以用来干什么呢?

（二）老师示范实验操作

1. 削皮,榨取柠檬汁,将汁放入杯中。

2. 自制柠檬饮料,让幼儿尝尝柠檬汁是什么样的味道。将少量开水倒入杯中,加一勺柠檬汁再加一勺小苏打,让幼儿仔细观察水中有什么现象发生。

组织幼儿讨论后老师小结,小苏打属于碱性,柠檬水属于酸性。碱性和酸性物质混合在水中就会发生反应冒出气泡。这些冒出的气泡就是反应产生的二氧化碳气体。

（三）出示几种碳酸饮料

1. 一边出示一边让幼儿说出名称及味道。摇动饮料瓶让幼儿观察有什么现象发生。

老师告诉幼儿含二氧化碳气体的饮料叫碳酸饮料。

2. 让小朋友们想一想,你们还喝过什么碳酸饮料,喝过都有什么样的感觉呢? 喝了这些碳酸饮料为什么会冲鼻子和打嗝呢? 这就是碳酸饮料里面都含有二氧化碳气体。

（四）幼儿尝试制作饮料

1. 提问:制作碳酸饮料需要哪些材料呢? 对了,要想配制出可口的味道还需要很多原料,如苹果精、菠萝精等这样配制出来的饮料不仅好看而且还很好喝。

2. 边说边出示这些材料及激发幼儿想配制饮料的欲望。

3. 幼儿动手尝试制作不同的饮料。老师巡回指导,提醒幼儿在削柠檬皮时一定要注意安全。不要浪费,吃多少就配制多少,舀果汁粉时也要小心别碰倒了,最后用勺子搅拌。

4. 鼓励幼儿自己介绍是如何配制柠檬饮料的。

5. 把自制好的饮料送给其他班的小朋友喝,让幼儿体验成功的喜悦。

第三部分 生命现象（9个）

教案14 种子藏在哪里？（小班）

【活动目标】

1. 探索发现种子生长在植物的不同部位,感知种子是各种各样的。

2. 初步了解种子的作用,体验发现的乐趣。

【活动准备】

1. 收集各类有种子的植物、果实等。

2. 餐巾纸、水果刀若干。

3. 记录单、PPT。

【活动过程】

一、介绍果实,激发兴趣

1. 教师：今天每个小朋友都带来了植物的果实,谁给大家介绍一下,你带的是什么果实? 长得怎么样?（讲述名称及外形特征）

2. 激发幼儿寻找种子的兴趣。

（1）教师：你们瞧,老师给你们带来了什么?（南瓜）

有一个问题,如果我们把今年的南瓜吃了,明年想吃南瓜又该怎么办呢? 请小朋友们帮老师想想办法。

（2）教师：有小朋友说可以再等它长出来,那我们到哪里去找南瓜种子呢?

3. 教师与幼儿交流讨论结果。

二、探索记录,寻找种子

1. 教师：老师带来的南瓜我们找到了种子,那你们想不想找一找你们带来的果实种子藏在哪里呢? 让我们一起来找一找吧!

2. 幼儿自由探索寻找种子,教师帮助幼儿切开部分果实。

3. 提问：

（1）果实的种子你是在什么里面找到的?

（2）种子长得是什么样的? 像什么?

4. 小结：我们发现了这些果实都有种子,它们生长的部位也不一样,有的长在果肉里,有的长在果壳里,有的长在果皮里。种子长得各不相同,种子颜色、形状、大小都不一样,种子真有趣!

三、幼儿模仿,种子排列

1. 教师：你们会学一学植物的种子,学一学种子是怎样排列的,好吗?

小组合作学一学,并让其他组的小朋友猜一猜你们扮演的是哪一种植物的种子。

2. 请幼儿模仿种子的排列。

3. 小结：我们发现不同的植物种子,其排列的也是各不一样,有的一颗挨一颗,有的对称排列,有的围成圆圈,还有的一排挨一排,像牙齿。

四、观看图片,了解作用

1. 教师：小朋友,这些种子除了可以传播下一代,你知道种子还有哪些用途?

2. 教师：除了今天我们在果实中找到了种子,在我们的生活中,还有许多果实他们的种子藏在哪里呢? 希望小朋友也能去找一找,好吗?

教案 15　昆虫找家（中班）

【活动目标】

1. 能将常见的昆虫区分为害虫和益虫。

2. 认识常见昆虫的食物,模仿昆虫的三种基本运动形态：飞、爬、跳。

【活动准备】

1. 昆虫头饰、昆虫拼图 4 张,画架 4 个。

2. 昆虫图卡若干,食物图卡若干。

【活动过程】

一、认识昆虫

1. 教师：今天我们小朋友一起来玩拼图游戏,看看里面躲了一只什么小动物?

2. 请小朋友把拼图背面的双面胶撕下,并把撕下的胶带纸放在筐里。

3. 幼儿操作,教师将拼好的拼图放在画架上展示,每组请一位幼儿回答。

4. 提问：蝴蝶属于什么? 蚂蚁呢? 为什么说它们是昆虫? 幼儿回答昆虫的基本特征。

5. 教师：除了蝴蝶、蚂蚁、萤火虫和七星瓢虫外,还有什么也是昆虫?

幼儿讲述,教师出示图卡。

二、游戏：昆虫找食

1. 教师宣布游戏规则：

请小朋友们每人找一个昆虫头饰戴上,看看自己扮的是什么昆虫,想一想它是怎么运动的,它爱吃什么。

幼儿寻找并戴上头饰。

2. 教师：请小昆虫们用自己的动作随音乐来寻找食物。

放音乐,教师带领幼儿到森林场景中寻找食物图卡。

3. 教师小结：小昆虫做得真好,请小朋友说一说你是什么昆虫,你是怎样行动的,你找到了什么食物。

请幼儿回答。

三、益虫和害虫

1. 教师：蜜蜂采花蜜,传播花粉,对人类有帮助,我们叫它益虫;苍蝇会传播细菌,给人类带来疾病,对人类有害,我们叫它害虫。

小朋友想想自己扮演的昆虫是益虫还是害虫。

2. 教师宣布游戏规则：

天快黑了,小昆虫们要回家了,我们来找家,益虫的家在这边,害虫的家在那边。

3. 幼儿找家。

4. 教师小结,帮助找不到家或找错家的幼儿正确认识自己扮演的昆虫是益虫还是害虫。

教案 16　恐龙喜欢吃什么？（中班）

【活动目标】

1. 了解恐龙的生活习性,认识草食恐龙和肉食恐龙的特征。

2. 学习按恐龙的食性给恐龙分类;尝试根据恐龙的外形来判断恐龙的食性并进行分类。

3. 激发幼儿对恐龙的探索欲。

【活动准备】

1. PPT 课件(食草恐龙和食肉恐龙)。

2. 各种恐龙卡片,记录表。

【活动过程】

一、幼儿介绍自己收集的资料

1. 幼儿根据自己收集的关于恐龙食性的资料，说一说自己的调查情况。（要求说清楚恐龙的名称）

2. 教师小结：恐龙分为肉食恐龙和草食恐龙两大类。

肉食恐龙中最有名的是霸王龙，还有跃龙、恐爪龙、永川龙等。

大型的肉食龙的主要捕猎对象是大型的草食恐龙，如梁龙、雷龙、马门溪龙、鸭嘴龙等。

二、按照食性给恐龙分类

1. 按照恐龙的食性对自己熟悉的恐龙进行分类。恐龙喜欢吃什么呢？ 哪些恐龙喜欢吃肉哪些恐龙喜欢吃草呢？（引导幼儿按照食性分类贴在大记录表上）

2. 师幼讨论幼儿的分类情况。

三、探索恐龙外形与食性关系

1. 食肉恐龙和食草恐龙看上去有哪些不一样的特征呢？

2. 引导幼儿观察肉食恐龙、草食恐龙的牙齿、脖子、体型的不同，鼓励幼儿说出自己的想法。

启发幼儿思考食性和外形的关系，如为什么肉食恐龙的牙齿很锋利，为什么草食恐龙的脖子很长。

3. 根据初步了解的肉食恐龙和草食恐龙典型特征，给挂图中的恐龙分类。

4. 小朋友知道肉食恐龙与草食恐龙生活在地球的什么地方吗？

小结：几亿年前的地球上拥有一个完整的大陆，恐龙可以自由自在地四处漫游，因此它们几乎遍布地球陆地上的各个角落。

5. 观察恐龙图片，判断图中的恐龙是肉食恐龙还是草是恐龙。

【活动延伸】

问题：草食恐龙是怎样保护自己的呢？

引导幼儿讨论的是恐龙的生存本能，在讨论中也可以适时渗透恐龙食物链的知识，同时为理解恐龙的灭绝作一些经验铺垫。

教案 17　探索人体(大班)

【活动目标】

1. 萌发探索人体的兴趣。

2. 在观察和操作中，初步了解皮肤的构造和功能，提高观察能力和触觉感受力。

3. 知道要注意保持皮肤的清洁，并使皮肤不受到损伤。

【活动准备】

1. 课件(人体的某些器官)。

2. 操作材料：冷水、热水、夹子、羽毛、石子、玻璃球、绒毛玩具、木块、放大镜、印泥、白纸、记号笔。

【活动过程】

一、幼儿互相找身上的皮肤，知道皮肤的重要性

1. 教师：小朋友，你们觉得人体中什么器官最重要？

2. 请小朋友互相找一找身上哪些地方有皮肤。

(幼儿观察议论，得出人的身体上每个地方都有皮肤)

3. 教师：皮肤是我们人体最大的器官，那我们如果没有皮肤会怎么样？

小结：皮肤就像我们的外衣一样，人身上不能没有它。

二、通过观察和操作，了解皮肤的构造和功能

1. 请小朋友去玩一玩桌上的材料，互相说说发现了什么，感觉到了什么。

2. 材料安排：

第一组：冷水、热水。

第二组：夹子、羽毛。

第三组：石子、玻璃球。

第四组：绒毛玩具、木块。

第五组：放大镜、印泥、白纸。

第六组：记号笔。

3. 请小朋友说一说发现了什么、感觉到了什么。

小结：皮肤上有细细的毛孔和绒绒的汗毛，热了，毛孔能帮助身体排汗、散热；冷了，毛孔就缩小，不让冷空气进入体内。手上有指纹和手纹，而且每个人的指纹和手纹是不一样的；它还能感觉出冷、热、痛、痒，感觉出物体的软硬、光滑和粗糙；皮肤还具有弹性。

4. 小朋友去玩一玩刚才没玩过的材料。

三、讨论如何保护自己的皮肤

启发幼儿从以下几方面进行讨论：要勤洗澡、洗脸、洗头、换衣，防止尖利的器具损伤皮肤，伤了要及时擦药，要加强锻炼，使皮肤更健康。

四、游戏：对与错

请小朋友仔细听，如果我说的话是对的，就举起手中的红卡；如果是错的，就举起手中的绿卡。

1. 蔬菜和水果使我们的皮肤变得不健康。（错）

2. 喝水对皮肤有好处。（对）

3. 皮肤被划破了，就再也不会好了。（错）

4. 小朋友用了化妆品能使皮肤变得更漂亮。（错）

5. 最薄的皮肤是嘴唇，最厚的皮肤是指甲。（对）

教案18　蚂蚁过冬（大班）

【活动目标】

1. 学习用轮廓线表现蚂蚁的结构，并通过头和身体的方位变化表现蚂蚁的各种动态。

2. 创造性地想象蚂蚁过冬的有趣情景，培养幼儿对自然现象探究的兴趣。

【活动准备】

1. 幼儿每人一张"蚂蚁的家"、红黑蓝三色粗细笔。

2. 欣赏作品三张：蚂蚁搬花生、蚂蚁宴会、蚁后生宝宝。

3. 展示板背景：蚂蚁过冬。

【活动过程】

一、导入情景

冬天到了，北风呼呼地吹，动物们开始准备过冬了。每种动物都有自己过冬的好办法。今天我们来做地下考察队，一起走到地下去访问小蚂蚁。

二、欣赏讨论

1. 出示背景"蚂蚁过冬"。

小蚂蚁的家在地下的洞里，一个蚂蚁洞有许多洞穴，四通八达，进出非常方便。现在，我们一起走进小蚂蚁的家里去看一看，好吗？

2. 打开一号家。

这是一群工蚁的家，工蚁们在干什么呢？（工蚁们在搬一颗花生）小蚂蚁搬的花生怎么这么大？（可是小蚂蚁很小，看上去这颗花生很大）这么大一颗花生，工蚁们是怎么搬的呢？（有的用头顶，有的躺在地上用力推，还有的用手拉）你认为哪个工蚁用的力气最大？（用头顶的工蚁）（教师边演示边提问）蚂蚁的身体哪一部分不是用图形来画的？（身体部分是用弯弯曲曲的线来画的）蚂蚁有三对足，第一对足是从头和身体连着的地方长出来的，就像人的手一样；第二对足是从腰间长出来的；第三对足是从身体下面长出来的。

腿是笔直的吗?(弯弯的,前腿朝后弯,后腿朝前弯)大家一起用力气,这群勤劳的工蚁从秋天开始搬食物,除了搬花生还可以搬什么呢?(蛋糕屑、小米粒、玉米粒、小虫子等)现在家里的食物堆得满满的,足够蚂蚁们吃上一个冬天了。

3. 打开二号家。

这是一群兵蚁的家,兵蚁们正在举行宴会,它们是怎样开宴会的呢?(它们坐在桌子边,有的蚂蚁举起酒杯,有的在喝酒)坐着的蚂蚁和站着的有什么不一样呢?(坐着的蚂蚁第二段身体应该弯弯的,站着的是平平的)(演示头和第一段身体)画第二段身体老师也觉得有点难,该怎么画小蚂蚁才会坐下呢?(幼儿:该把身体横过来画)兵蚁的家里真热闹。

4. 打开三号洞穴。

蚁后生小宝宝了,蚂蚁家族又添了许多新成员,蚂蚁刚出生,蚁后正在照顾小宝宝呢!蚁后蚂蚁过冬。

教案 19　橘子（小班）[①]

【活动目标】

1. 在教师的指导下学习运用各种感官感知橘子,了解橘子的特征。
2. 在观察及感知的基础上,尝试用适当的语言表达自己的发现。
3. 愿意参与观察活动,在教师的帮助下,能有意识地围绕教师的问题进行观察。

【活动准备】

1. 每人带一个橘子,教师事先装入摸袋,将摸袋集中放于大筐中。
2. 湿纸巾,餐盘。
3. 幼儿面对教师围坐成半圆。

【活动过程】

1. 出示摸袋,设置情景,引导幼儿用触觉感知橘子。
(1)教师:跳跳虎给大家送来了一个礼物。用手摸一摸,你猜会是什么,摸上去有什么感觉?
(2)教师小结:橘子摸上去是软软的,糙糙的,扁圆的。
2. 观察橘子的外部特征。
(1)观察橘子的外形。
教师:请你从袋子里拿出橘子,看看是什么样子的,像什么。
(2)观察橘子的颜色。
教师:橘子是什么颜色的?
(3)感知橘子的气味。
教师:闻一闻,橘子是什么味道的?
(4)教师小结:橘子是扁圆形的,软软的,橘子的颜色有的是绿色的,有的是橘黄色的,有的颜色深一点,有的颜色浅一点,橘子的皮摸上去是糙糙的,橘子闻起来是香香的。
3. 剥橘子,观察橘子的内部特征
(1)观察剥开的橘子。
教师:猜猜里面是什么样子的?(教师剥开橘子引导幼儿描述橘子肉是一瓣儿一瓣儿的)
(2)点数橘子瓣。
教师:这个橘子有几个瓣儿,我们一起来数数。(教师将剥下来的橘子瓣儿排成一排,让幼儿点数)
4. 品尝橘子,感知橘子的味道。
(1)教师:橘子吃到嘴里是什么味道的?(请幼儿品尝事先剥好的橘子)

[①] 张俊,等.幼儿园科学领域教育精要——关键经验与活动指导[M].北京:教育科学出版社,2017.

（2）教师：橘子里面小小的、硬硬的是什么？（引导幼儿说出是橘子籽）

教案 20 蚂蚁（大班）①

活动 1 你认识蚂蚁吗？

【活动目标】

1. 回顾对蚂蚁的原有认识。

2. 能用语言和绘画表达对蚂蚁的认识。

3. 通过讨论明确本班幼儿将要研究的问题及初步设想。

【活动准备】

1. 在教室的前半部分幼儿围坐在教师的周围。

2. 教室的后半部分摆放桌子，桌上放 A4 图画纸（每人一张），记录笔每人一支，方形的大白纸一张。

活动 2 哪里有蚂蚁

【活动目标】

1. 猜想并验证蚂蚁喜欢的活动环境。

2. 能细致搜索、发现蚂蚁的行踪并用简单的图形记录下来。

3. 归纳整理调查结果，指导哪些地方是蚂蚁喜欢的活动场所。

【活动准备】

1. 教师事先已经对蚂蚁的行踪做过勘察。

2. 黑板一块，记录表、水笔和书写板夹，每个幼儿一套（幼儿事先熟悉书写板的使用方法和常规）。

表 1 记录表

活动 3 观察蚂蚁

【活动目标】

1. 了解蚂蚁身体的基本特征。

2. 能利用放大镜细致、全面地观察蚂蚁并表达自己的发现。

3. 对观察蚂蚁的活动感兴趣。

活动 4 蚂蚁喜欢吃什么

【活动目标】

1. 通过观察、实验，知道蚂蚁喜欢吃的食物。

2. 能够大胆表达和交流自己的发现。

---

① 张俊，等.幼儿园科学领域教育精要——关键经验与活动指导[M].北京：教育科学出版社，2017.

3. 有兴趣探究蚂蚁的觅食活动。

【活动准备】

1. 白糖、饼干、面包、豆子、烧饼、饭粒、菜叶、苹果块、果冻、肉末,分别装在十个小碗里。

2. 十种食物的图标(或照片)共十套。卡片纸若干、记号笔一支、大记录表一张(格式如下,可画在白板上)

表 2　大记录表

白糖 图标	饼干 图标	面包 图标	豆子 图标	烧饼 图标	饭粒 图标	菜叶 图标	苹果块 图标	果冻 图标	肉末 图标

3. 小组实验材料及工具一套(按三人一组配给):放大镜一个,书写板、记录表和笔一套,食盒一个。

表 3　记录表

食物	食物	食物	

教案 21　会跳舞的乌龟（大班）

【活动目标】

1. 尝试在探究中寻找答案,知道乌龟会跳舞的原因。

2. 能通过动手探索发现光源位置与影子位置的关系,并学习记录实验结果。

3. 对科学活动感兴趣,体验探究、发现的乐趣。

【活动准备】

1. 环境:一个适合探索影子的活动室。

2. 教具:大手电筒、彩色的大乌龟、音频《森林狂想曲》。

3. 学具:每人一个小手电筒、一张白纸、一个彩色的纸乌龟、一张记录表;水母、章鱼、海马等图片若干;胶水、抹布等。

【活动过程】

一、激趣导入,激发探索兴趣

播放音乐,教师在手电筒、胶水和白纸的帮助下示范乌龟跳舞。

教师:"小乌龟跳得怎么样?""你们想不想也来试一试呢?"

二、探究质疑:自主探究质疑,体验发现乐趣

(一)第一次尝试

1. 教师引导、鼓励幼儿在白纸、胶水、手电筒的帮助下进行大胆尝试。

2. 帮助幼儿发现小乌龟"跳舞"的秘密。

讨论:小朋友,你们的小乌龟"跳舞"了吗? 小乌龟为什么会"跳舞"的呢? 为什么有的不会跳舞?

3. 展示"跳舞"与"不跳舞"的乌龟,引导幼儿仔细观察,寻找发现其中的秘密。

4. 师幼共同小结:"原来,手电筒的光照在小乌龟上就出现了乌龟的影子,当小乌龟的头、尾巴和腿都没有涂胶水,并且都向上翘时手电筒动了,小乌龟的影子也跟着动了,看起来就好像乌龟在'跳舞'了。"

（二）第二次尝试

1. 再次探索前的设疑:"小乌龟会跳哪些动作呢?"师出示记录表引导幼儿观察演示记录。

教师请小朋友看看手电筒朝哪个方向动,乌龟的影子会在哪里动。

2. 幼儿动手尝试、探索发现光源位置和影子位置的关系,并记录结果。

3. 幼儿做好记录后,与其他幼儿交流。

4. 展示幼儿的记录,在教师引导下进行归纳总结:当手电筒的光朝哪个方向,小乌龟的影子就朝哪个方向。

5. 随音乐表演,从玩法上进行调整,体验探索的乐趣。

教案22 动物怎样保护自己(大班)

【活动目标】

1. 了解动物自我保护的方式,知道动物保护自己的方法是多种多样的。

2. 积极参与活动,能大胆表达自己的想法。

3. 对动物世界产生兴趣,有较强的求知欲。

【活动准备】

1. 请幼儿预先搜集有关动物的图书、杂志、视频。

2. 豹捕食斑马的光盘、视频:《动物怎样保护自己》。

3. 各种动物图片、字卡。

【活动过程】

一、创设问题情境

1. 谈话:小朋友们,你们喜欢看《动物世界》吗? 那你们在《动物世界》中都看到过哪些动物?（请你和大家一起分享一下,幼儿自由说）

2. 出示豹和斑马图片。师:今天刘老师请来了两个动物朋友,你们瞧! 它们是谁?（豹和斑马）它们之间会发生什么事情呢? 下面就让我们到动物世界里去看一看。

3. 观看豹捕食斑马的视频。提问:谁能告诉我,短片中豹和斑马之间发生了什么事情? 豹捕食斑马有没有成功? 为什么?

4. 简单小结,帮助幼儿初步理解动物之间的弱肉强食。师:在动物世界中,每一种动物都有可能被比它更强大的动物吃掉,没办法保护自己的动物就无法生存。为了生存当它们遇到危险的时候,就会想办法来保护自己。

二、幼儿根据已有经验讲述动物保护自己的方法

1. 动物保护自己的方法是多种多样的,谁知道小动物们是怎样保护自己的呢?

2. 幼儿交流已有经验。请幼儿说出一种动物,它是用什么方法保护自己的。

三、观看录像,了解各种动物自我保护的方法

师:小朋友们说得可真棒! 知道的知识可真多。在动物世界中,动物们为了生存,有各自不同的保护方法。下面就让我们一起去看一看,它们都用什么本领来保护自己。

1. 边观看视频,边引导幼儿仔细观察各种动物自我保护的方法。

2. 介绍动物保护自己的方法。保护色:青蛙、蚂蚱、变色龙、螳螂、蝈蝈(出示图片)。拟态:尺蠖、枯叶蝶、叶䗛。盔甲:乌龟、蜗牛。硬刺:豪猪、刺猬、海胆。逃跑:斑马、鹿、兔子。自切:壁虎、螃蟹、海星。排脏:海参。放臭气:黄鼠狼、甲虫。喷墨汁:章鱼、乌贼。装死:负鼠、狐狸。

3. 讨论:刚才介绍的这种动物保护自己的方法叫什么? 有哪些动物是用这个方法保护自己的?（你看到了什么动物? 它们都是用什么方法保护自己的?）

四、幼儿根据已有经验说出动物保护自己的方法，加深幼儿对动物保护自己方法的理解

1. 请幼儿说出动物保护自己的方法有哪些。师：刚才我们知道了这么多动物保护自己的方法，你们都记住了吗？下面老师要考考你们，让我们一起来说一说，看谁最聪明。

小结：动物保护自己的方法有很多，其实有的动物不止有一种保护自己的方法，它可以用多种方法来保护自己。例如，章鱼它会用保护色、自切、喷墨汁的方法来保护自己。

2. 教师出示各种动物图片，幼儿操作按动物自我保护的方法对动物们分类。师：今天老师带来了许多动物朋友，我听说它们马上就要遇到危险了，想请小朋友们帮忙，给它们找到适合保护它们的方法，你们愿意帮助它们吗？

五、游戏：快问快答

教师出示动物卡片请幼儿快速回答它是用什么方法来保护自己的。如出示图片斑马，幼儿答：保护色。

小结：在大自然中还有许许多多的动物，它们保护自己的方法也各有不同，只要我们平时多留心观察就会发现更多的秘密。

第四部分　生态与环境（5个）

教案 23　动物和天气（小班）

【活动目标】

1. 知道一些气象变化与动物习性变化之间的关系。
2. 能根据动物的特殊表现来推断并预报天气。
3. 对探索天气奥秘感兴趣。

【活动准备】

1. 图片：蚂蚁搬家。
2. 纸、笔、展板。

【活动过程】

一、谈话引起幼儿对动物能预报天气的兴趣

1. 教师：明天会不会下雨？怎样才能知道天气会不会变化呢？
2. 教师：除了天气预报会告诉我们天气的变化，还有谁会告诉我们？
3. 教师：小动物们知道天气要变化了，会有哪些反常的举动呢？

二、教师引导幼儿讨论哪些动物能预报天气

1. 观看下雨天蚂蚁上树的图片，引导幼儿观察蚂蚁在下雨天的表现。
2. 提问：它们是谁？在干什么？为什么要这样？
3. 教师讲述"蚂蚁搬家"的原因。
4. 讲述"蜻蜓""燕子"低飞的故事。

提问：除了蚂蚁能预报天气外，你还知道哪些动物能预报天气，它们是怎样预报天气的？

5. 请个别幼儿在大家面前介绍，鼓励幼儿说出与别人不同的内容，教师在黑板上用简单图标记录幼儿讲述的动物。

三、教师请每组幼儿选一名幼儿在集体中介绍本组幼儿讨论的内容

1. 教师引导幼儿用展板的形式介绍动物预报天气的情况。
2. 教师引导幼儿将自己知道的能预报天气的动物及它们怎样预报天气的，用绘画的形式表现出来，并布置成展板。

四、教师和小朋友一起总结成一首儿歌,并游戏

1. 动物世界真奇妙,它能预报天下雨。

蚂蚁搬家要下雨,

小鱼水上游要下雨,

燕子低飞要下雨,

蜻蜓低飞要下雨,

乌龟冒汗要下雨,

天晴青蛙捉虫静悄悄,

树上知了声声叫,下雨知了无声响,

青蛙呱呱叫。

真有趣! 哗啦哗啦天下雨。

2. 小朋友扮演动物玩下雨的游戏。

教案 24　多变的天气(中班)

【活动目标】

1. 激发幼儿观察气象的兴趣。

2. 了解常见的天气情况,并知道通过哪些途径可以了解天气情况。

3. 知道气象与我们生活的关系,尝试设计气象预报表。

【活动准备】

课件、表格。

【活动过程】

一、了解气象与军事的关系

1. 让幼儿先来欣赏一段小故事"草船借箭"。

故事里有个非常聪明的人叫诸葛亮,他利用天气在三天时间造了 10 万支箭,是怎么办到的呢?

2. 让幼儿通过故事思考诸葛亮是怎么知道会有雾天呢?

二、了解常见的和恶劣的天气情况,并知道通过哪些途径可以了解天气

1. 除了雾天,你们还知道哪些常见的天气?

2. 了解一些恶劣的天气情况,并观看课件。

3. 你们是怎么知道天气情况的?

(手机、电视、上网等)

4. 欣赏一段天气预报,了解天气预报的主要内容。

(天气、温度、穿衣指数等)

三、了解天气与我们生活的关系

教师:天气和我们的生活有着非常大的关系,今天我就要考考你们。

(1) 高温天怎样避暑?

(2) 雷雨天怎样保护自己?

(3) 雨天出门准备些什么?

四、尝试设计气象预报表

1. 教师:天气和我们的生活息息相关。所以,我们应该关心天气情况,根据天气变化学会保护自己。

老师给大家准备了一份表格,上面有天气、温度、温馨提示三栏。

2. 请小朋友来当一当气象员,在表格上记录一下天气。

教案 25　认识日历（大班）

【活动目标】

1. 让幼儿认识日历，知道一年有 365 天，一年共分 12 个月。

2. 让幼儿学会看日历，并能在日常生活中运用。

【活动准备】

PPT 课件：认识年历。

【活动过程】

一、认识日历

出示日历，让幼儿观看，并向幼儿介绍日历。

二、介绍日历

1. 让幼儿辨认这是哪一年的日历。

2. 教师介绍。

每一大格内是一个月的日历，数数一共有几大格，就知道一年共有几个月了。

反复让幼儿回答一年有 12 个月。

三、让幼儿知道一年有 365 天

1. 告诉幼儿一年中所有的天数加起来共有 365 天。

2. 观看日历。

提问：一个大格子里（即每一个月）有多少天呢？

（让幼儿自己看格子里的数字来回答）

提问：为什么有的格内是 31 天，有的是 30 天，有的又是 28 天呢？

教师：小朋友，想知道原因吗？

3. 教师讲述故事。

四、了解一年有大月、小月、平月

1. 老师示范性地伸出左手，握成拳头，手背朝向全体幼儿，用右手的食指沿左手食指关节凸出处数起。凡关节凸处为月大，凡关节与关节之间的陷处为月小，其中二月为月平。

2. 让幼儿了解月大为 31 天，月小为 30 天，月平为 28 天（二月），于是有了"一月大，二月平，三月大，四月小……"的口诀。

五、了解一周有 7 天

1. 让幼儿知道，每大格内，第一排字表明的是星期几，从星期日开始，接下去是星期一至星期六（也叫周末）。

2. 提问：想想今天是哪一年几月几日，星期几？昨天是几月几日，星期几？明天是几月几日，星期几？

请个别幼儿上来在日历上找出这一天。

六、让幼儿自己练习看日历，在上面找出自己的生日，说出是几月几日，星期几

提问：每周有几天要上幼儿园？（5 天）包括星期六、星期天，一周共有几天呢？

再指导幼儿看看自己的日历表，学会看一周，明确 7 天为一周，一周共有 7 天。

七、老师小结，并巩固提问：

1. 一年有多少天？

2. 一年有几个月？

3. 大月是多少天？小月是多少天？平月是几月，有多少天？

4. 一星期有几天？

八、欣赏诗歌《时间伯伯》，教育幼儿珍惜时间

时间伯伯，时间伯伯，

你是伟大的旅行家,你从不停止自己的脚步,

从过去走到现在,从昨天走到今天,从现在走向将来。

时间伯伯,叔叔阿姨告诉我们,

一寸光阴一寸金,

我们一定爱惜你,

跟随你的脚步,做时间的小主人。

教案26　风级我知道(大班)

【活动目标】

1. 关注天气预报,感受、了解风级,初步了解风与我们的关系。

2. 能根据自己的感受分辨风力的大小。

【活动准备】

1. PPT 课件:风级图。

2. 声音:风。

【活动过程】

一、了解风级

1. 教师模仿播音员播放天气预报。

让幼儿说说今天的天气。

2. 播放声音:风(寒风、暴风、台风)。

教师:小朋友,风有大有小,你们听听这是什么风?

提问:我们把风是从一级风到十二级风来表示的,你们知道一级风和十二级风有什么不同呢?

小结:风有十二级,从一级风、二级风、三级风到十二级风,级数越大风越大。

3. 课件:风级图。

出示风级图,请幼儿观察。

(1)一二级风,你看到了什么? 你会听到什么? 你有什么感受?

(2)三四级风吹的时候是怎样的呢?

(3)五六级风与三四级风有什么不同呢? 你是从哪里发现的?

(4)七八级风来了,会发生些什么情况呢?

(5)九级风以后会是什么样的呢?

4. 引导幼儿回忆沙尘暴或台风时的感受。

二、风级标志

1. 引导幼儿讨论:怎样在天气记录中记录风级?

2. 商量哪种风级标志让人一看就明白,讨论并确定下来。

3. 说一说刮风时我们应该怎样保护自己。

4. 教师给小朋友说风级歌:

0 级烟柱直冲天,1 级青烟随风偏;

2 级风来吹脸面,3 级叶动红旗展;

4 级风吹飞纸片,5 级带叶小树摇;

6 级举伞步行艰,7 级迎风走不便;

8 级风吹树枝断,9 级屋顶飞瓦片;

10 级拔树又倒屋,11、12 陆上很少见。

三、游戏:大小风

教师:我们一起和大小风儿做游戏吧!

教师边念风级歌,边引导幼儿做动作:

一级二级纸屑跑(单腿站立,允许轻轻摇晃),

三级四级彩旗飘(彩旗飘),

五级六级树枝摇(转圈跑),

七级八级帽吹掉(说到七级八级帽吹掉时,小朋友坐到椅子上)。

教案 27 各种各样的飞行物（大班）

【活动目标】

1. 了解宇宙中不同飞行物的作用。

2. 对太空有一定的兴趣,愿意在日常活动中积极关注。

【活动准备】

1. 课件:宇宙航天飞机。

2. 幼儿用书人手一册。

【活动过程】

一、回忆自己已有的经验,了解各种飞行物的名称

1. 出示图片:飞机。

提问:这是什么?

2. 告诉幼儿在天空中飞行的物体都有一个共同的名称:飞行物。

教师:想一想,你们还知道天空中有哪些飞行物呢?

3. 可根据幼儿说出的飞行物,出示相应的图片。

二、探讨各种不同的飞行物,丰富相关经验

1. 阅读幼儿用书,认识各种飞行物。

2. 观察画面,认一认各种飞行器,说一说飞行器的名称以及用途。

想一想,你还知道哪些飞行器,它们有什么用?

3. 组织幼儿讨论并说出自己的想法,教师在此过程中给幼儿充分的空间。

教师帮助幼儿整理大家的想法。

4. 了解中国载人飞船上天的事情。

教师:我们知道中国也有载人飞船上太空,它叫什么名字,有什么作用?

5. 谁愿意来介绍有关它的情况呢?

鼓励幼儿大胆表达自己的想法,教师有意识地出示有关图片。

6. 教师:你们还想知道哪些有关飞行物的事情呢?

7. 教师鼓励幼儿想出解决问题的方法,可以问家长、看书、上网,等等。

三、游戏:我是飞行物。

1. 教师请幼儿想象自己是一种飞行物,并做出相应的动作表示自己是一种飞行物。

2. 教师发指令,幼儿做向上跳的动作。

教师说"准备",幼儿做蹲下的动作。

教师说"起飞",幼儿做向上跳的动作。

教师说"上升(或下降)",幼儿需做踮脚飞的动作或身体向下俯冲的动作。

教师说"到月球上",幼儿做又轻又小的跳跃动作,表示自己在太空中行走。

第五部分　科技小制作（2个）

教案28　饼干房子——幼儿园STEM课程实例①

【活动主题】

"饼干房子"活动是在本园实施STEM课程的一次初步尝试,该活动由幼儿在圣诞节前夕初见造型美观的姜饼屋所产生的愿望"如果我们也能做一个姜饼屋就好了"引发,产生了"如何建造姜饼屋"这一工程问题。教师带领幼儿围绕这一问题,进行了一系列的探索——计划、设计、尝试搭建、验证、调整设计、再尝试……活动中,幼儿综合运用了科学、技术、工程和数学多学科知识经验解决搭建过程中出现的各种问题,最后实现了自己愿望。

【活动过程与分析】

活动过程	活动实录	分析
阶段一：产生需求	圣诞节前的一天,天天带来了一个姜饼屋(如图)。造型美观的姜饼屋引起了孩子们的关注。"好漂亮的姜饼屋呀!""这个姜饼屋真高!""这是谁做的呀?""上面还有礼物和小人呢!"……孩子们围着姜饼屋赞叹不已 突然,一个声音冒了出来:"如果我们也能做一个姜饼屋就好了!""是呀! 是呀!"听到这个建议后,大家都一一附和,表示赞同。	日常教学活动中,幼儿探究的问题大多是由教师提出,幼儿围绕这个问题进行一系列探究活动。然而,教师提出的问题是否符合幼儿的实现需要呢? 这是值得教师深思的。 此次活动中,班级中出现的"姜饼屋"引起了幼儿极大的关注,也使幼儿产生了"如何建造姜饼屋"的工程问题。这个问题是幼儿主动、自发产生的。可以看出,这是幼儿真实的需要。由此,教师和幼儿围绕这一问题开展了一系列的活动。
阶段二：计划	可是要怎么做一个属于幼儿的姜饼屋呢? 针对这个问题,教师带着幼儿进行了讨论。 "你们想做一个什么样的姜饼屋呢?" 天天说:"我想做成一个两层楼高的姜饼屋!" 淘淘说:"我想做一个有尖尖顶的房子。" 小可说:"我要搭一个福建土楼。" 然然说:"我要搭一个爱莎公主的宫殿。" …… 每个幼儿都畅所欲言,说着自己想要搭建什么样的房子。这只是幼儿的想法,为了让幼儿的想法具体到可以操作,教师设计了相应的教学活动"各种各样的房子"。	为了体现工程的"设计"要素,并让幼儿带有明确的目的进行建造,教师引导幼儿思考"要做一个什么样的姜饼屋"的问题。借此鼓励幼儿大胆想象,主动表达自己的想法,为后面的设计环节做铺垫。 幼儿想象的过程,实际上也是在脑中对建造"姜饼屋"做初步的计划。

---

① 本文作者为南京市北京东路小学附属幼儿园刘晶老师,原文刊于《科学大众·STEM》2017年1、2月合刊。

活动过程	活动实录	分析
阶段三： 设计	在活动中,教师首先通过呈现不同造型的房子图片,丰富幼儿对不同造型、不同风格房子的经验,并引导幼儿将自己所设想的房子用设计稿的方式绘制出来。幼儿根据自己的设想,并结合自己所观察到的房子的造型,设计出造型各异的房子(如图)。 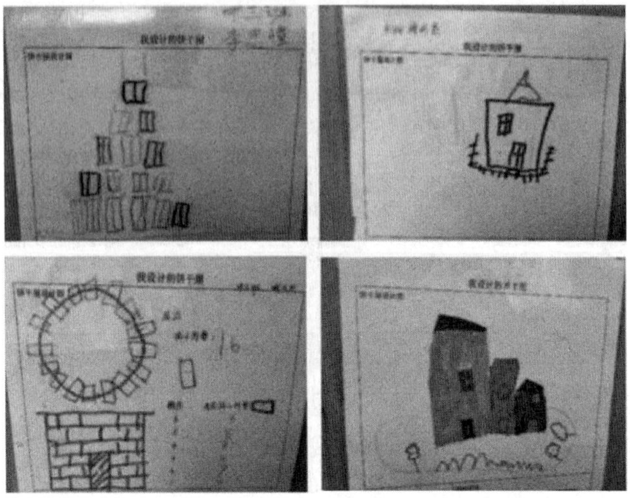 　　当幼儿把设计图画好后,新的问题又产生了。 　　"我们用什么材料来搭房子呀?" 　　"这需要多少块材料呀?" 　　接着,针对这两个问题,教师再次引导幼儿进行讨论。经过讨论,幼儿一致认为要用饼干来搭建房子,因为饼干有各种形状,与幼儿平时进行搭建游戏时所用的积木很像。 　　最后,幼儿根据自己的设计图以及将要选择饼干的尺寸,估计自己所需材料的数量。 　　"我需要30块。房顶用10块,墙用20块。" 　　"我需要45块!" 　　每个幼儿都在认真地估算着自己所需要的饼干数量,为后面的搭建做好准备。 　　当幼儿的设计图已经画好,材料已经确定,数量也已经估算出来了时,幼儿决定和自己的爸爸妈妈到超市选购自己所需要的饼干材料,并决定在元旦节这一天进行亲子活动"搭建饼干小屋"。	此环节中教师设计了三个层次: 　　一是引导幼儿根据自己的已有经验设计房子,并尝试用绘画的方式将自己想要搭建的房子表征出来,使想法和设计文本化。在设计时教师鼓励幼儿用自己的方式进行表征,便于幼儿在建构房子时能根据自己的设计稿进行建构。 　　二是根据设计过程中产生的新问题(选材、材料用量)进行进一步的设计。 　　三是引导幼儿根据自己的设计图估计自己所需建构材料的数量。 　　通过三个层次的设计,让幼儿在操作前能够将"如何建构房子"这一问题更加具体化。
阶段四： 开始尝试 搭建	在活动当天,幼儿们带着自己的设计图和材料来到了活动现场。在活动中教师又抛出了一个问题"怎样将饼干小屋搭得更加牢固呢?" 　　洋洋说:"用东西将饼干粘起来。" 　　教师追问:"用什么材料将饼干粘起来呢?" 　　幼儿争先恐后地说着:"用胶水把它粘起来。""用胶带把它固定住。"…… 　　天天站起来说:"可是胶水和胶带,不能吃呀?""姜饼屋上的东西都能吃呀?" 　　为了让制作好的饼干小屋还能食用,教师此时拿出了事先为幼儿准备的可以将饼干粘起来的材料——蛋白霜,并介绍了蛋白霜的用处。 　　搭建活动开始了,幼儿和家长们根据幼儿的设计图,用自己准备的饼干材料进行搭建。	虽然教师事先准备了蛋白霜,但是教师在活动中并没有直接提供给幼儿,而是通过抛出问题"怎样将饼干小屋搭得更加牢固呢?"引发幼儿进一步思考,明确饼干小屋上所用的材料都是能够食用的,当幼儿需要的时候再提供给他们。

活动过程	活动实录	分析
阶段五：验证测试、调整	搭建过程中,有的幼儿很顺利地根据图纸进行搭建,可有的幼儿却遇到了困难,发现自己设计的房子在搭建种中容易倒塌,于是幼儿分析自己的设计图,对自己的设计图进行了调整,加固房子底部,使房屋的重心更加稳定。30 分钟过去了,当大多数幼儿的房屋都已经搭建好后,教师引导幼儿对自己搭建好的房屋的每一部分使用的材料进行计数,了解自己搭建的房屋每一个部分用了多少材料,是不是跟自己预估的数量差不多。 　　淘淘:"我用了 68 块,我一开始数少了。" 　　小可:"我用了 89 块,我准备了 90 块,少用了 1 块。"	这一阶段是验证幼儿设计稿的重要环节,是幼儿进行搭建、发现问题、调整方案、再次搭建的过程。在最后的环节,幼儿通过计数,验证了自己预先估计的用材数量是否和自己实际搭建的数量一致。 　　在计数的过程中,幼儿发现,饼干的大小,以及临时的调整都会影响搭建房屋所需要的饼干数量。
阶段六：成果展示	当幼儿将自己的饼干房子放进一个个透明的礼盒中展览的时候(如图),一个个都欢呼雀跃起来:"我们的饼干小屋终于搭好了。"历时半个月的活动在幼儿的一阵阵欢呼声中结束了。 	作品展览提供给幼儿一个自我展示的平台,不仅对幼儿自信心的提高有很大的帮助,也给了幼儿相互学习借鉴的机会。

【活动反思】

本次活动不仅受到幼儿的喜爱,还促进了幼儿综合能力的发展。幼儿在关注生活情境的过程中,通过提出问题、计划设计、验证调整的方法,逐个解决遇到的问题。

在活动中,教师根据幼儿活动的情况适时抛出一个个问题:"搭成什么样的房子""怎么搭""用什么搭""怎样搭得牢固""为什么会倒"等等,引发幼儿对活动进行深层的思考,使幼儿在活动中能够运用工程思维解决问题。同时,教师引导幼儿借助科学知识、数学概念、工程技术等来解决问题,不仅使多学科的知识得以融通,还促使幼儿能合理规划自己的活动,并有计划地实施、培养了幼儿的计划能力。

而在最后的亲子搭建过程中,通过家长和幼儿的共同讨论、合作搭建,不仅激发了幼儿参与活动的积极性,促进了亲子关系,还使幼儿在借助成人经验的基础上,对自己所搭的饼干小屋进行进一步的调整,使作品达到自己理想的状态。

教案 29 弹簧玩具(大班)

【活动设计】

本次活动通过让幼儿在自制弹簧玩具的过程中接触各种材料,探索弹簧的弹性与材料、制作方法之间的关系,懂得如何比较和寻求验证,并在此过程中训练幼儿的艺术创意,获得审美与成功的快乐。

【活动目标】

1. 探索制作圆柱螺旋弹簧玩具的方法。

2. 体验科技小制作的乐趣。

【活动准备】

1. 每人一根约 30 厘米长的细铁丝，一根食指粗的圆木棍，小兔等弹簧玩具范例几个。

2. 白板纸、约 3 厘米长的塑料吸管、双面胶、剪刀、橡皮泥等材料。

【活动过程】

一、教师出示小兔的弹簧玩具，激发幼儿的兴趣

教师用力压一下小兔，请幼儿观察，发现原来小兔会跳舞。猜猜它为什么会自己跳舞，它是怎么做出来的？

二、打开玩具外面的包装，请幼儿观察玩具里面的秘密：原来小兔的身下有弹簧

幼儿运用弹簧，再次进行操作。

（1）我们刚刚发现了有弹簧的玩具就能动。这里有各种各样的弹簧，请你玩一玩，说说你是怎么玩的？弹簧有哪些变化？

（2）师幼共同小结：能伸能缩，松手后能恢复原来的样子。

三、教师示范弹簧的做法，请幼儿尝试制作玩具弹簧

1. 教师左手拿圆木棍，右手拿细铁丝，将细铁丝的一端固定在木棍上，然后开始一圈一圈地往木棍上绕铁丝。

注意：每圈铁丝螺旋式上升，每圈之间留有一定的空隙，不要太密。缠好后，将木棍从中间抽出，弹簧就做好了。

2. 请幼儿自己尝试制作弹簧，教师巡回指导，重点帮助有困难的幼儿，提醒幼儿注意安全操作。

四、请幼儿将做好的弹簧固定在橡皮泥底座上，制作喜欢的小动物形象

1. 可以取白纸板，画上自己喜欢的小动物，然后将其剪下，粘贴到塑料管上。

2. 将吸管插到弹簧上，玩具就做好了。

3. 教师鼓励幼儿大胆创作，互相交流，分享成功的经验。

五、组织幼儿以组为单位交流自己的制作经验

幼儿交流自己的制作经验，教师适时指导。

第六部分　数学教案（1个）

教案 30　比较轻重（中班）

【设计意图】

数学在现实生活中有着广泛的应用，为了达到"学以致用"的目的，我充分利用教学资源，让幼儿不断体验、感受物体的轻与重，真正让幼儿感受到数学是来源于生活的。让幼儿理解物体的轻与重和掌握判断物体轻与重的方法，同时让幼儿在这个过程中感受到物体体积大不一定重的道理，以及在不同情况下可采用不同的判断方法。让幼儿在自主探索、合作交流中，发现和解决问题，获得成功的体验。

【活动目标】

1. 通过活动让幼儿学习比较轻重的方法，并初步学会记录。

2. 培养幼儿的观察能力、动手能力。

【活动准备】

1. 一个布娃娃，苹果、梨、柑橘各一个。

2. 每个幼儿一架自制天平称、一个小篮（内装玻璃珠、木珠、积塑等）、记录纸、笔等。

【活动过程】

1. 教师出示一个小娃娃和橘子：

今天,老师给小朋友带来了一个布娃娃,它们是用什么做的?(布)这个小娃娃和橘子来比一比哪个重哪个轻?

请一幼儿上前分辨,并说出方法。

教师小结:刚才这方法叫惦一惦。

2. 出示各种玩具、材料,让幼儿分组用各种方法比出它们的轻重。

教师:你们用什么方法分出它的轻重?

启发幼儿说出:端一端、提一提、抱一抱的方法比较物体的轻重。

3. 教师出示自制的天平秤,认识并使用测量。

师:老师手里有一个宝贝,它的名字叫天平,它有一个神奇的本领,可以测量出哪个轻、哪个重。

教师操作:教师在天平秤一头放木珠,一头放玻璃珠,请幼儿观察,哪边重哪边轻。

师小结:玻璃珠重,木珠轻,重的一头垂下去,轻的一头翘起来。(学习词汇:垂、翘)

4. 幼儿分组操作。

师:好,现在要看看你们的本领了,都学会了吗?请你们也来测测看到底哪个轻哪个重,测出来了后把结果记录在记录表内。教师在一旁巡回指导。

5. 师幼一同验证结果。

师:你们都测量好了吗?我们一起再看看你们都猜测量得对不对。对的表扬,不对的纠正。学会了这个本领在家的时候不知道哪个轻、哪个重就可以用这个方法来测量。

第七部分　幼儿科学教育说课案例

大班科学说课稿:美丽的彩虹

尊敬的各位评委老师:

大家上午好! 今天我说课的题目是"美丽的彩虹",本次活动选自幼儿园多元能力实践课程大班下册科学领域,下面我将从教材分析、活动目标、活动的重点与难点、活动准备、教学与学法、活动过程六个方面来进行说明。

一、说教材

首先我对教材进行分析,先说一下我的设计思路,正如《纲要》中所要求的,选取事物要贴近幼儿生活,就拿"彩虹"这一自然现象来说吧,它常常出现在夏天雷雨后,云层中的水珠大量聚集时,经过阳光的折射,就会在天空中出现美丽的彩虹。但往往孩子们还未仔细欣赏,它就转瞬即逝,犹如昙花一现,让人难以捉摸。根据以上情况便生成了"美丽的彩虹"这次活动。

接下来我对幼儿现状进行分析:大班的孩子探索欲望强,能够相互合作也有竞争意识,而且喜欢动手,敢于尝试。在生活中感觉自己很棒,信心十足。《纲要》指出,教育活动内容的选择要既适合幼儿的现有水平,又有一定的挑战性;既符合幼儿的现实需要,又有利于其长远发展;既贴近幼儿的生活来选择幼儿感兴趣的事物和问题,又有助于拓展幼儿的经验和视野。因此,我设计了此次科学活动"美丽的彩虹"。

二、说活动目标

教学目标是教学活动的起点和归宿,对教学活动起着指引和导向作用。依据大班幼儿的年龄特点和已有生活经验,我制定了以下活动目标:

1. 知识目标:认识彩虹,了解它有七种顺序排列的色光。

2. 能力目标:尝试用多种方法制造"彩虹",产生对自然界奇妙现象的兴趣。

3. 情感目标:愿意与同伴交流,分享探索的过程。

三、说教学重点和难点

为了更好地完成本次活动,达成以上活动目标,我制定了教学重点和难点:

教学重点是:认识彩虹,了解它有七种顺序排列的色光。

教学难点是：尝试用多种方法制造"彩虹"，产生对自然界奇妙现象的兴趣。

四、说活动准备

为了使活动呈现出趣味性、综合性，寓教育于生活情境中、游戏中。我做了以下活动准备：

1. 空间准备：选择晴天开展活动。

2. 物质准备：课件一份，镜子人手一份，盆中装满水，圆珠笔、色拉油、白纸、三棱镜、放大镜、泡泡等。

五、说教法与学法

《纲要》提出：创设一个宽松的环境，让每个幼儿都有机会参与探究活动，进行尝试，感受参与的乐趣，并能鼓励幼儿自主探索，大胆尝试，因此，我采用了以下教法：

1. 提问法：教师有意识地提出幼儿所关注的、感兴趣的、有益于发现某种关系的问题，为幼儿指引了探索的方向，减少了探索的盲目性。

2. 观察指导法：针对科学探索活动的随机性，以及幼儿的自主建构过程，采取观察指导法是比较合适的，教师通过敏锐的观察，能针对性地进行指导，还能在观察中发现幼儿感兴趣的事情以及其中所隐含的教育价值，把握时机，积极引导。

《纲要》指出，要尽量创造条件让幼儿实际参加探究活动，使他们感受科学探究的过程和方法，体验发现的乐趣。因此，此次活动中，幼儿的具体学法有：

1. 操作法：操作活动，是幼儿获得并理解知识的最好的方法，这是此次活动中幼儿学习活动的主要方法。

2. 尝试探究法：在活动中，幼儿通过不断地尝试失败，最终在探索中获得成功，使孩子们懂得真理存在于客观事实之中，并体验探索的乐趣。

3. 体验交流法：在探索活动结束后，教师组织幼儿进行探讨、交流，不仅发展了幼儿的表达能力，也体现了师生互动、幼儿与幼儿的互动。

六、说活动过程

为了达到以上活动目标，突出重点，突破难点，我设计了以下活动的过程：

猜谜语，激发幼儿探究欲望——认识彩虹，了解它有七种顺序排列的色光——学习动手制造"彩虹"——交流总结——延伸活动。我是让孩子们在操作探索中亲身体验，认识彩虹，了解它有七种顺序排列的色光，克服难点。具体过程如下：

第一个环节：

我会以猜谜语的方式引起幼儿的注意，激发幼儿的兴趣，把幼儿的注意力一下子带入活动中。（弯弯一座桥，挂在半天腰，七色排得巧，一会不见了。请你猜猜我是谁？引导幼儿根据经验猜出谜底——彩虹）

第二个环节：

认识彩虹，了解它有七种顺序排列的色光。在这个环节中，我通过以下三个步骤来实施：

1. 幼儿自由玩镜子。幼儿在玩中和同伴说说从水中的镜子中找到了什么。

2. 引导幼儿在水中把镜子对着太阳照射。

3. 说说自己的发现。数一数有几种颜色？它们是怎么排列的？

我开始的直接提问是让孩子们拿着镜子在水中自由玩耍，讨论自己的发现，幼儿讨论的问题肯定不充分，之后我用语言提示他们"在水中把镜子对着太阳照一照"，这样有目的地引导，让他们自己去发现"彩虹"这一奇妙的自然现象：镜子中能反射出七彩的颜色。

第三个环节：

学习动手制造"彩虹"。经过前一环节的介绍，幼儿对"彩虹"已经产生了浓厚的兴趣，这时教师可以这样引导"这么漂亮的彩虹一会就没有了，怎么办呢？"我直接把问题抛给幼儿，让他们想办法解决，孩子们肯定会说："我们可以自己做一条'彩虹'呀？那怎么制造'彩虹'呢？"带着这个问题，让孩子们自己寻找材料，如泡泡、放大镜、三棱镜、圆珠笔、白纸……幼儿自由地尝试用多种方法制造"彩虹"，教师用问题设置的方法边观察幼儿操作，边及时地提出问题进行引导，幼儿在尝试操作过程中交流、合作。本环节是运用了尝试法和操作法，也是活动的难点之处。

简要评析：该说课内容很全面，条理清楚，重点突出，实践性强，互动性好，在幼儿科学教育的六性标准中，前四性做得非常好，但是，在后两性即科学性和总结性方面还有待提高。科学性方面，要区分真彩虹和"假彩虹"，镜子在水中反射阳光，虽然也会形成七色彩光，看起来好像彩虹一样，但这不是真正的彩虹，而是光的色散。简单地说，也就是白光中七种颜色的光分散开来了，所以叫做色散。白光经过三棱镜后呈现七色彩光，也是同样道理。色散和彩虹不能完全等同。彩虹是空中的雨滴反射和折射阳光的结果。光线经过球状的雨滴内部，经过两次折射和一次反射后出来，折射时白光就会分解成七色彩光。可以用喷雾器在空中喷出一条雨带，然后背对着阳光观察，可以看到真正的人造彩虹。可以通过课件，用动画的形式呈现白光色散的过程和雨滴形成彩虹的过程，这样比较直观。

最后总结的时候，要注意色散和彩虹的形成过程，以及两者的区别和联系。

附录三

幼儿科学实验集锦(20)

第一部分 **物理小实验（6个）**

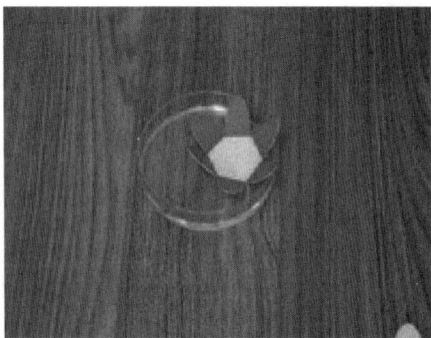

图1 "绽放的纸花"实验图

1. 绽放的纸花(毛细现象)(大班)

材料准备：彩色印花纸，培养皿。

实验步骤：

(1) 在塑料培养皿中加入二分之一的水。

(2) 把彩色花的花瓣按顺序折叠起来，折叠纸花时，无论从哪个方向折叠，一定要按花瓣的排列顺序依次折叠。把折叠好的纸花放入水中。

(3) 观察纸花在水中慢慢展开的过程。

原理：毛细现象在日常生活中很常见，纸张纤维遇水通过毛细现象进入内部，导致纤维段变形，所以会导致纸张变形。

2. 跟着跑的汽车(磁铁)(小班)

材料准备：塑料托盘、吸管、曲别针、车轴、车轮、双面胶条、条形磁铁。

实验步骤：

(1) 把吸管剪成同等长的两段。

(2) 把吸管粘上双面胶条。

(3) 把吸管粘在托盘的凹槽处。

(4) 把车轴一端安装好车轮后，穿过吸管，把另一个车轮安装到另外一端，并安牢固。

图2 "跟着跑的汽车"实验图

(5) 把另外一个车轮按照同样的方式安装好。在塑料托盘的一端，别上两个曲别针。

(6) 用条形磁铁靠近曲别针的一端，并牵引移动。

图3 "颜色变变变"实验图

原理：

磁铁能产生磁场，具有吸引铁磁性物质的特性，小车上面的曲别针是铁制品，所以用磁铁会吸引向前行走。

3. 颜色变变变(光学)(中班)

材料准备：塑料托盘，红色、黄色、蓝色橡皮泥。橡皮泥。

实验步骤：

(1) 把每块橡皮泥均匀分成两部分。

(2) 把红色和蓝色橡皮泥糅和在一起，观察颜色的变化。

(3) 把黄色和蓝色橡皮泥糅和在一起,观察颜色的变化。

(4) 把黄色和红色橡皮泥糅和在一起,观察颜色的变化。

(5) 把前面糅和好的三块橡皮泥糅和在一起,观察颜色的变化。

原理:

红、黄、蓝是三种(颜料)的基本颜色(三原色),通过这三种颜色的混合,理论上可以产生任何颜色。所以,三种颜色的橡皮泥用不同的比例就可以混合出很多颜色。

4. 哪个跑得快(滑动和滚动)(中班)

材料准备:纸支架、双面胶条、泡沫板、玻璃球、方木块。

实验步骤:

(1) 在老师的帮助下,沾好纸支架。

(2) 把泡沫板放在支架上。

(3) 把玻璃球放在斜坡顶端松手,观察玻璃球的滚动速度。

(4) 把木块放在斜坡上,观察木块向下滑动的状况。

原理:

图4 "哪个跑得快"实验图

物体滚动时受到的滚动摩擦力较小,所以速度大,而滑动时受到的滑动摩擦力较大,所以速度较慢。注意玻璃球的滚动,不要把玻璃球放在嘴里。

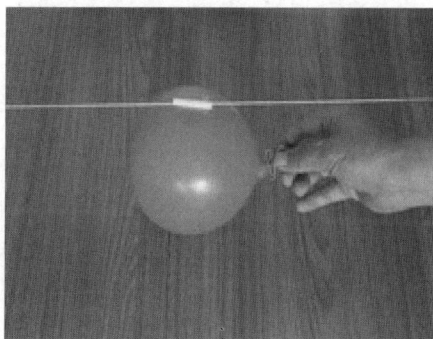

图5 "气球火箭"实验图

5. 气球火箭(反作用力)(大班)

材料准备:棉线、气球、一截吸管、回形针、胶条。

实验步骤:

(1) 把气球吹大,用回形针卡住气球口。

(2) 用胶带把吸管牢牢粘贴在气球上。

(3) 把线穿过吸管。

(4) 请另一个小朋友抓住线的两端或把线的两端系在固定位置上(要让气球悬空)。先捏住气球口取下回形针,然后迅速放开被捏住的气球,发射气球火箭。

原理:

气流通过气球口喷出,形成反作用力,进而导致气球向前冲。注意该实验需要小朋友们之间协作,进而培养孩子的协作习惯。(吸管和棉线可以使气球沿着固定的线路运动,如果不这样,气球会到处乱跑)

6. 稳定平衡(大班)

a. 技艺高超的猫头鹰

材料准备:猫头鹰卡片、铁丝、橡皮泥、双面胶条、棉线。

实验步骤:

(1) 把猫头鹰卡片卷成一个圆筒,并用双面胶粘好。

(2) 把铁丝穿过卡片上的孔,并把橡皮泥团成小球状。

(3) 轻轻地向下弯曲一下铁丝。

(4) 把铁丝水平方向拉紧,把圆筒的卡槽部位卡在线绳上。

图6 "技艺高超的猫头鹰"实验图

原理:

重心在支线的下方,为稳定平衡。

注意:铁丝两端的长度要基本一致,橡皮泥的大小也要基本一致。

b. 站立的蜻蜓

材料准备:蜻蜓图案、双面胶条、吸管、气球托杆、曲别针。

实验步骤:

(1) 把吸管插入气球托杆,并竖直在桌上。

图7 "站立的蜻蜓"实验图

(2) 把蜻蜓图案按照如图样式组合，用胶条粘好。

(3) 把曲别针别在蜻蜓的翅膀上。

(4) 把做好的蜻蜓的中间位置轻轻放在吸管顶端。

原理：

和不倒翁相似，重心很低，在支点下方，偏离后重心升高，所以是稳定平衡。

注意：如果蜻蜓站立不稳，可以稍微调整蜻蜓和吸管的接触位置。

第二部分　化学小实验（7个）

7. 油消失了（分子作用）（小班）

材料准备：洗涤剂、食用油、塑料杯、搅拌棒。

图8　"油消失了"实验图

实验步骤：

(1) 塑料杯中倒入半杯水。

(2) 滴入几滴食用油，观察油在水面的状态。

(3) 滴入一半的洗涤剂，用搅拌棒搅拌，观察油是否还存在。

注意：

要轻轻搅拌，不要洒外面，油不要滴入太多。

原理：

洗洁精可以增强污垢的分散和悬浮能力。其表面活性剂具有乳化能力，可以将油污乳化成小油滴而分散悬浮于水中，阻止油珠重新聚集。表面活性剂也可使固体污垢表面带电，利用同种电荷之间的斥力而使固体污垢分散在水中，阻止污垢再沉积。

8. 冒泡泡（中班）

试一试：

猪妈妈给小猪宝宝拿来一杯放置很久的可乐。小猪看后很不高兴，不想喝这杯可乐，还说没有气泡的可乐就不好喝了。猪妈妈想了想后，往可乐杯里放了点东西，很快可乐就冒起了泡泡。你们猜猜猪妈妈在可乐里放了什么？

实验目标：

(1) 知识目标：了解二氧化碳加盐产生盐析现象。

(2) 能力目标：通过本实验的操作，使幼儿会用碳酸饮料与食盐制作泡泡。

(3) 情感目标：体会碳酸饮料与食盐的作用过程，激发幼儿对小实验的兴趣。

实验准备：

一瓶可乐，食盐若干，一个烧杯。

实验过程：

第一步：把可乐倒入烧杯中。

第二步：放置大约20分钟，直至可乐没有气泡产生。

第三步：加入食盐观察现象。

现象：加入食盐后没有气泡的可乐会突然产生大量气泡。

注意：本实验可以将烧杯换成透明塑料杯。

探索空间：尝试用啤酒加盐，看看能不能产生气泡。

实验延伸：尝试喝一下盐可乐，发现会比平时更甜。

科学宝典：

食盐溶于水，破坏了原来溶解在可乐中的二氧化碳的溶解平衡，二氧化碳因浓度过高而析出，变成气态。这就是气泡哦!

9. 自制碳酸饮料(大班)

试一试:小朋友,你们喝过碳酸汽水吗? 你们每次打开瓶盖时会发现什么?

那你们知道这些气泡是怎么来的? 现在我们就一起来做碳酸饮料吧!

实验准备:

一瓶白醋,半杯清水,小苏打若干。

实验过程:

第一步:在装水的烧杯里面加上适量的醋。

第二步:将适量的小苏打放到上述烧杯中去,观察。

现象:烧杯中的液体有小气泡不断出现。

注意:可以将烧杯换成透明的塑料杯。

实验延伸:除了加入小苏打外,加入柠檬酸、糖或果汁粉,观察现象。

科学宝典:

小苏打与醋混合后的现象,表明发生了剧烈的化学反应,产生了很多无色的气泡,触摸杯底有温热的感觉。小苏打与醋混合后生成的气体是二氧化碳。它是一种无机物,常温下是无色无味气体,密度比空气略大,能溶于水,并形成碳酸。二氧化碳可以使澄清的石灰水变浑浊。

10. 食盐水冒气泡(大班)

试一试:小朋友们,水能导电吗? 盐水能不能导电? 我们一起来看看吧!

材料准备:一个烧杯,一个1.5伏的电池,一个电池盒,两根导线,食盐水若干。

实验过程:

第一步:往烧杯中注入盐水,八分满。

第二步:将电池放入电池盒中,并用导线连接好电池的正负极。

第三步:将导线插入食盐水中,观察现象。

现象:连接着电池负极一端的导线在水中部分会有气泡冒出。

注意:导线的长度要适宜,使用一节1.5伏的电池。

探索空间:为什么电池负极会有大量气泡冒出? 冒出的气体是什么?

实验延伸:在水里加入小苏打,看看会不会有气泡产生?

科学宝典:

从负极冒出的气体是氢气,正极也会冒出氯气,但氯气溶于水,肉眼几乎无法看到。如果把鼻子凑上去闻,可以闻到一股刺激性的气味,这就是氯气的气味。

另外,使用一节1.5伏电池做实验,即使手指接触到铝箔纸与电池的连接点也没有危险,而一旦用两节1.5伏的电池,就会有触电的感觉,请特别注意。

11. 牙膏大PK(大班)

试一试:有一天,牙膏宝宝到蛋宝宝家做客,他们要一起玩个游戏,我们一起看看吧!

实验准备:四个烧杯,一瓶碳酸饮料,三管不同的牙膏,四个生鸡蛋,清水,一盒水彩笔,一个托盘。

实验过程:

第一步:取出三管不同的牙膏、三个生鸡蛋,用每种牙膏涂满一个鸡蛋,在托盘中放置3分钟。

第二步:3分钟过后向4个烧杯中倒入相同的碳酸饮料,把3个涂满牙膏的鸡蛋和一个没有涂过牙膏的鸡蛋放入这4个烧杯中,让幼儿观察10分钟。

第三步:取出这4个鸡蛋,让幼儿猜想哪个鸡蛋更容易破。

第四步:等幼儿思考之后,把鸡蛋相碰,观察结果。

现象:没有涂过牙膏的鸡蛋更容易破碎。

注意:可以用塑料杯代替烧杯。

探索空间:为什么没有涂过牙膏的鸡蛋更容易破碎,而涂过牙膏的鸡蛋不易破碎呢?

实验延伸:观看有关可口可乐可以用来清洗马桶、去除水垢的视频。

科学宝典:

蛋壳的主要成分为碳酸钙,它与牙齿的主要成分一致,也可以与酸反应而被腐蚀。可乐中含有柠檬酸等酸性物质,能够使蛋壳变软易碎。在实验中,用碳酸饮料代替酸来做实验使整个实验更加贴近生活,同时也保证了实验材料绝对安全。若把蛋壳涂满牙膏,蛋壳就会被牙膏保护起来而不易被腐蚀。这也是牙膏的作用。

12. 自制泡泡液(大班)

试一试:

小朋友们,你们想不想自己动手制作泡泡液来玩?今天老师教给大家两种制作泡泡液的方法,大家看仔细喽,有一种方法可以让泡泡变大,而另一种会让泡泡变小。

实验准备:

糖、小苏打、洗洁精若干,两个烧杯、一根吸管。

实验过程:

第一步:先将烧杯中加入少许的水后再倒入洗洁精。

第二步:用吸管搅拌一下,再倒出一部分在另外一个烧杯中,两个烧杯中的水量要一样多。

第三步:在一个烧杯中加糖、一个烧杯中加小苏打,并分别用吸管搅拌均匀。

第四步:用吸管分别蘸取两个烧杯中的不同液体吹泡泡。

现象:加糖的泡泡液吹出的泡泡会变大,而加小苏打的泡泡液吹出的泡泡会变小。

注意:水量一定要把握好,否则吹出的泡泡不明显。烧杯也可以换成纸杯或塑料杯。

探索空间:糖和小苏打分别与洗洁精发生了什么反应?

实验延伸:回家后和爸爸妈妈一起制作泡泡液。

科学宝典:因为洗洁精加糖后有黏稠度,遇水稀释后能够降低水的表面张力,就会吹出比较大的泡泡来。

13. 使食盐重新现身(大班)

试一试:

今天我要请小朋友们品尝杯里饮料的味道,还有,你能把盐水里的盐提取出来吗?

实验准备:一个玻璃杯、一根筷子、一支毛笔、一张黑纸、一个吹风机、一些食盐。

实验过程:

第一步:在玻璃杯里加 1/4 的水,撒入食盐并用筷子搅拌,直到全部溶解。

第二步:用毛笔蘸取杯中的水,在黑纸上涂写。

第三步:用吹风机吹干黑纸。

现象:吹干黑纸后会看见闪闪发亮的氯化钠晶体(食盐)。

注意:使用吹风机注意用电安全。为保证实验的成功,食盐水一定要溶解到不能继续溶解的程度哦!

探索空间:为什么黑纸上会有发光的晶体呢?

实验延伸:给你一杯污水、一个汤勺和一块明矾,设计一个小实验,使污水变成清水。

科学宝典:

由于食盐在一定量水中的溶解程度有限,当吹风机使黑纸上的盐水蒸发后,便留下了白色的食盐晶体,这说明食盐可以通过蒸发的原理从水中被分离出来。

第三部分 生物小实验(5个)

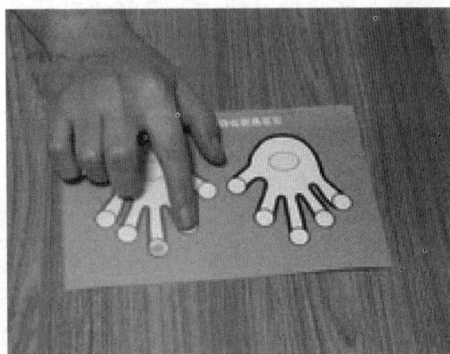

图9 "奇妙的手印"实验图

14. 奇妙的手印(人体)小班

材料准备:印泥、手印图案、面巾纸。

实验步骤:

(1)观察自己手指的指纹。

(2)把手形图案放在桌子上,依次用手指粘取少量印泥后,按在手型图案的相应位置。

(3)用面巾纸把手指擦干净,并观察印好的指纹。

注意:不要去摸或者擦拭刚刚印好的手印。在实验过程中,不要去摸其他物品,或其他小朋友,以免红色染到其他物体或人身上。实验完成后,立即擦干净手指,并在实验后洗手。

指纹有三种基本类型,为弓形纹、箕形纹、斗形纹:

图 10 弓形指纹

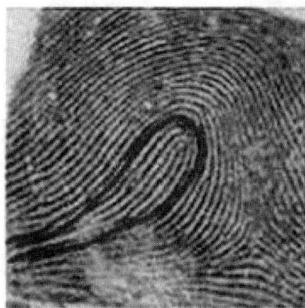

图 11 箕形指纹

图 12 斗形指纹

15. 我们的身体(人体)中班

材料准备:人体图片、人体骨骼图片、双面胶条。

实验步骤:

(1) 把人体图片平放在桌面上,说说人体的各个部位。

(2) 把上肢骨骼图片放在人体图片的相应位置,并粘在这个位置。

(3) 把下肢骨骼图片放在人体图片的相应位置,并粘在这个位置。

(4) 说一说人体的构成。注意:不要割到手指。

图 14 是人体的主要结构。基本要求是能够说出人体由头、胸、腹和上肢、下肢等组成。头部有四种感觉器官:眼睛、耳朵、鼻子和嘴巴。较高要求:能够说出人体由骨骼和肌肉等组成,内部有心、肺、肝、肾、胃等。

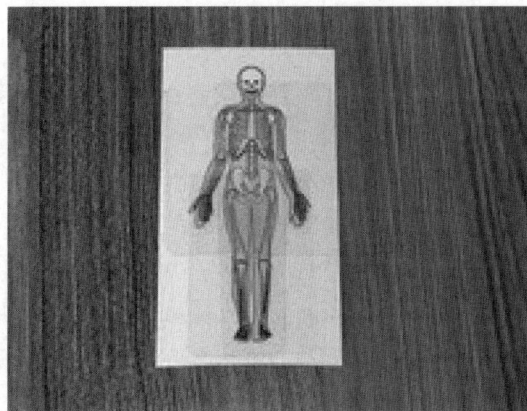

图 13 人体图片

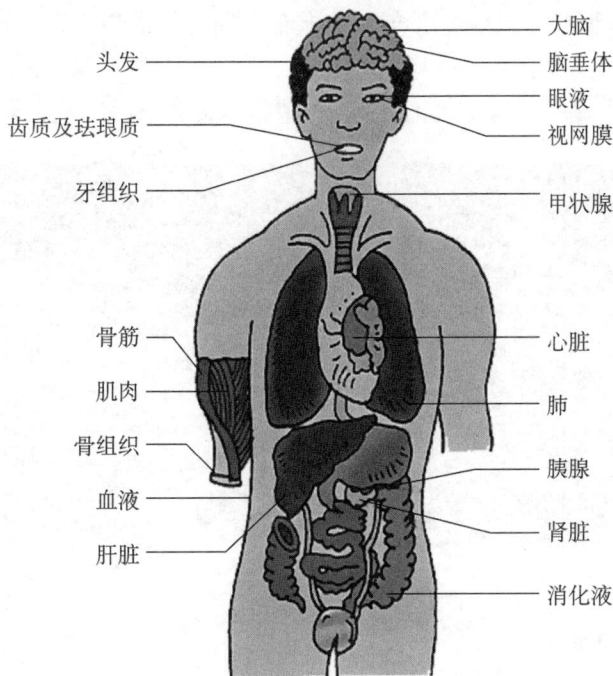

图 14 人体结构图①

---

① 相应彩图请到复旦学前云平台(www.fudanxueqian.com)上下载。

图 15 "我也会种植"实验图

16. 我也会种植(植物种子萌发)(大班)

材料准备：塑料杯、黄豆、面巾纸。

实验步骤：

(1) 把黄豆裹进面巾纸中。

(2) 把裹好的面巾纸放入塑料杯中。

(3) 向塑料杯中倒入少量的水,让纸巾湿透即可。

(4) 以后每天都向纸杯加入少量的水,等待黄豆发芽。

原理：

种子吸收水分后能够发芽。孩子们可以把实验材料放在幼儿园,也可以带回家观察,注意水不要放太多,湿透面巾纸即可。

17. 神奇的小葫芦(小班)

试一试：老师领着头戴葫芦藓头饰的小朋友出场。快看快看,谁来啦?

实验准备：

(1) 课件：有关葫芦藓的影像。

(2) 图片：按分组准备葫芦藓的图片。

(3) 采集葫芦藓的工具：小铲、小纸盒(白色最好)。

(4) 课前准备：上课前领几个小朋友在幼儿园里采集葫芦藓。

(5) 小朋友的葫芦藓头饰。

实验过程：

第一步：老师和小朋友一起观看葫芦藓的影像。

第二步：结合影像启发引导采集的小朋友描述葫芦藓的采集地点等。

第三步：通过观察图片、活体材料,和小朋友一起总结葫芦藓的生活环境。

探索空间：鼓励小朋友探究葫芦藓的秘密。

实验延伸：鼓励小朋友课后一起采集葫芦藓,向其他小朋友介绍葫芦藓。

科学宝典：

葫芦藓属于苔藓类植物,多生于阴凉湿润的地方,植物体矮小,只有 1~3 厘米,没有真正的根。

图 16 葫芦藓

18. 叶子身上的骨头(大班)

试一试：

小朋友们,昨天放学后你们采集叶子了吗? 好棒啊,你们采集了那么多的叶子,现在就让我们走进叶子的世界,侦察一下叶子的秘密,叶子有什么秘密呢? 小朋友一定要仔细观察才能发现哦。

实验准备：

(1) 图片：常见的脉序图片。

(2) 小朋友课前采集的各种叶子。

(3) 教师准备常见脉序的新鲜叶子。

实验过程：

第一步：请每个小朋友选出自己最喜欢的一片叶子,把其他叶子暂时放到一边。

第二步：用笔画出观察到的叶脉形象。

第三步：认识常见叶脉的种类。

探索空间：叶脉除了有支持作用还有什么重要作用？（疏导作用）

实验延伸：大家一起采集叶子,画出叶脉的形状,看看有没有和课堂不一样的叶脉。

科学宝典：

叶脉就是生长在叶片上的维管束,他们是茎中维管束的分枝。这些维管束经过叶柄分布到叶片的各个部分。叶脉分为叉状脉、网状脉和平行脉三种。

第四部分 生态与环境(2个)

19. 我是环保小卫士(环境保护,垃圾分类)(中班)

材料准备：垃圾图片、纸杯、双面胶条、垃圾桶、贴纸。

实验步骤：

(1) 让小朋友认识各种垃圾桶的标志。

(2) 把垃圾桶的标识粘贴在纸杯上,做成小垃圾桶。

(3) 把各种垃圾图片按照分类放入垃圾桶内。

(4) 让小朋友说一说垃圾分类的好处。

目的：

培养小朋友的环保意识,认识到垃圾分类的必要性和重要性。

图 17 "我是环保小卫士"实验图

20. 美丽的彩虹(大班)①

材料准备：两个塑料水瓶,一支圆规;一把锥子,一些水,一根小号缝衣针。

实验操作：

(1) 用缝衣针在塑料瓶盖上扎二十几个小孔,将塑料瓶灌满水,盖紧瓶盖,人背对太阳,握住瓶子,轻轻地挤压使水喷出来,就能看见彩虹了。

(2) 用锥子在另一个瓶盖上扎孔,重复上面的试验,这次从瓶盖上喷出的小雨中就看不到彩虹了。

图 18 人造彩虹

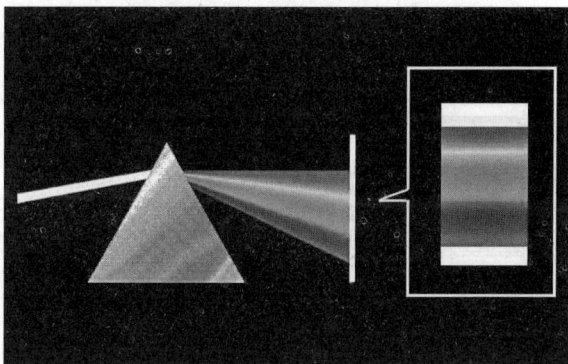

图 19 白光经过三棱镜时的色散

① 相应彩图请到复旦学前云平台(www.fudanxueqian.com)上下载。

图20　夏季,雨过天晴,空中形成的虹和霓

（说明：下为虹,上为霓。彩虹的颜色从上到下为：红、橙、黄、绿、青、蓝、紫,较为
鲜艳。霓的颜色次序相反,较暗淡。）

　　指导要点：幼儿在用缝衣针扎孔时要指导幼儿注意使用缝衣针的方法,使用缝衣针时要注意不弄到手上。

附录四

课时分配方案和教学建议

一、课时分配方案

根据我们的了解,多数院校学前教育专业"幼儿科学教育"的课时数为32课时,有些本科院校可能达到36课时,少数院校只有24课时。这里以32课时为基准,提出一个课时分配方案,以供教师参考。实施过程中,可以根据具体情况灵活调整。考虑到期末复习需要2课时,上半年有清明节、五一节、端午节等;下半年有国庆节等,所以实际上课的课时数一般为28~30课时。

实际上课为30课时的分配方案:

表1　课时分配方案

章	第一章	第二章	第三章	第四章	第五章	第六章	第七章
课时数	4	4	6	4	2	4	6

二、教学建议

第一章"幼儿科学教育的主要问题及相关理论",建议安排4课时(课时数比较少的时候安排2课时)。这一章是理论性的内容,以讲解为主。但是讲解不等于完全没有互动、完全一讲到底。如在第一节引出幼儿科学教育的三个基本问题之后,可以先让学生思考一下这些问题,学生先讲,然后教师再讲。而在讲完幼儿科学教育的四项原则之后,也可以请学生讲讲这四个原则在生活中或其他方面的应用。

第二节扼要介绍了六种教育理论,可以采用PPT或视频适当介绍一下这些教育家的生平和核心思想,这样有利于提高学习积极性。根据自己的喜好,可以重点讲两种理论,比如建构主义理论和蒙台梭利理论,其他几种简要介绍一下即可。讲完之后,可以让学生先讲讲这些教育理论的核心和精髓,以提高学生的概括能力。然后再适当介绍一下本章后面的五项十字教学法。

第二章"幼儿科学教育的目标、内容和方法"是本书理论部分的重点。原来的标题为"幼儿科学教育精要",精要一词还是比较能够准确反映这一章的地位的。的确,这一章是幼儿科学教育的精髓和要点。建议安排4课时。由于这一章的内容仍然是理论性的,因此也是以讲授法为主。但以讲授为主不等于没有一点点实践和互动,可以采用PPT以图文并茂的形式介绍幼儿科学教育的总目标和各年龄阶段目标。如果有可能,可以举一些例子来说明课时教学目标的写法(第一节后有一个例子,可以举更多例子),可以先让学生评价一下这个目标写得怎么样,然后教师做一些评析,这样比空讲要好一些。

第二节"幼儿科学教育的内容",有四大领域,教师带领学生快速浏览一下即可,没有必要花费太多时间一个一个细讲。在实际的教学中,幼儿教师选什么教材和内容,并非个人说了算。具体操作时,可以查阅资料。这一节相当于一个日后可以查阅的手册,学生了解一下即可,既无可能又无必要让学生全部记住这些教学的条目和内容。建议第一节和第二节各花一课时即可。

第三节"幼儿科学教育的方法",是重点,可以安排2课时。各种方法都应当有所了解,但探究法是幼儿科学教育的核心,应当作重点介绍。除了书上介绍的观察实验之外,也可以适当介绍一些其他类型的探究方法。学是为了用,应用是最好的学习。所以,讲完之后务必要举例说明如何采用这些方法来进行幼儿科学教育。本节后面有一个例子,但是可以举更多的例子来说明。

第三章"幼儿集体科学教育活动典型案例解析"是本书的重点,安排6课时,如果课时比较紧的话,可以安排4课时。20个典型案例可以全部讲。但不建议这样做,应当讲练结合。建议教师在四节中分别选择1~2个自己喜欢的案例做重点分析,以教师为主,以学生为辅,花2节课的时间分析4~8个案例的优缺点。书中的案例评析只是作为参考,不能认为是绝对正确的。然后,再花2节课的时间,在附录二的30个优秀教案中,让学生自己挑选喜欢的案例做深度评析,学生当场评析,评析较好的学生可以上台谈谈自己的评析内容,教师做适当点评。然后,教师可以布置课后作业,让学生在附录三的20个小实验中,挑选一个自己喜欢的实验,以此为基础,按照教案的一般写作流程,自己写一个教案。当然,原则上也可以上网找其他的实验,并以此为基础写一个教案。教师批阅后,选择一些有代表性的教案,花2课时的时间,师生共同评析学生的教案。从以教师为主评析别人的教案→以学生为主评析别人的教案→学生自己写教案并评析自己的教案,经过这三步,可以让学生学会如何写一个教案,而写教案是上好课的前提。

第四章"其他形式的幼儿科学教育活动",建议安排4课时。这部分内容目的是为了让学生了解正规上课之外的一些科学教育活动的知识。由于中国的国情和西方国家有所不同,社区和幼儿园的联系不是非常紧密,有的时候教师也是力不从心。因此,第三节"家庭与社区的科学教育活动"可以不作为重点,当然应该了解。而把重点放在区域活动和游戏活动方面,尤其是科学游戏活动一节。区域活动中又以自然角(或种植园地)和班级区域活动为重点,而全校性的科学发现室的设置或材料投放,并非教师说了算的,适当了解一下即可。如何开展科学游戏活动,不能光是空讲,应该讲练结合。通过教师或学生自己收集这方面的案例,共同评析,学生自己设计科学游戏活动,公开展示或评析。只有在实际的操作中,才能提高学生设计科学游戏活动的能力。

第五章"幼儿科学教育的统整、资源和评价",安排2课时。这样安排是有理由的。一方面,统整不是一件容易的事,实际操作起来比较困难。当然了解一下这方面的知识是应该的。另一方面,第二节"幼儿科学教育的资源",绝大部分的内容和第四章相似或相同,许多内容是重复的,快速浏览一下即可,如果时间比较紧的话,跳过不讲也可以。第三节"幼儿科学教育的评价",了解一下几种常见的评价方法即可。评价的内容太多,无需一一细讲。后面有一个附录,介绍了如何简化评价的内容和标准,可以作为参考。这一章的第一节"幼儿科学教育的统整"比较重要,可以通过案例评析和学生的课后实践加以解决。

第六章"幼儿科学实验与制作",安排4课时。这一章的目的是让学生有动手操作的机会,了解幼儿科学实验的一些情况,为后面制作PPT、进行说课比赛或模拟上课做好准备。有两种方案:第一种是教师选择一些典型的、难度比较大或材料准备比较麻烦的实验,花两节课做演示实验,另外两节课为学生分组实验。第二种方案是:四节课全部为学生分组实验,两次完成,每次两节课。每次花一节课的时间分组实验,第二节课为学生介绍自己做的实验。这样做有两个好处:一是调动了学生的积极性,提高了他们的语言表达能力;二是可以让其他学生了解更多的实验。

编者曾经有过一次教训,两节课的分组实验,学生一节课就完成了(通常为4个以上的小实验),第二节课很多学生就无所事事,如果叫他们互相交换做对方的实验,一来实验材料可能已经用完,无法再做;二来,教学秩序会比较混乱(最后收拾整理材料会出现问题,开始的时候哪些人用哪些材料是指定的)。因此,不如叫他们自己介绍自己的实验过程并展示实验结果好。教师可以适当点评或帮助他们解释学生难以解释的一些实验现象。实验的具体内容并不一定要限制在书上的20个实验中,可以选择其他一些实验(但要注意覆盖幼儿科学教育的四大领域)。实验组长要切实负责,每个人做的实验都要有记录(不仅仅是实验报告)。动态过程要用手机拍摄视频(如风车、不倒翁等),静态过程要用手机拍摄图片(开始、中间、结束都要有,至少五六张),确保每个人真正亲自动手,而不是四人一组,一人做三人看(以往曾经出现过这种情况)。

此外,随机点名上台介绍自己的实验,也是确保每个人必须真正亲自动手操作的好方法。如果课时紧的话,安排2课时也行。

　　第七章"幼儿科学教育实施的基本要求",安排6课时。这是科学教育的实践部分,目的是让学生有真正实践锻炼的机会。2课时讲解书上的内容,让学生大致了解一下教学的基本要求;1课时专门欣赏和点评别人制作的说课PPT(本校学生的更好),1节课专门欣赏优秀幼儿教师的上课视频(大概2个),并做简要评价,这样让学生知道说课和上课是怎么回事,如何说课,如何上课。另外2节课为专门的说课比赛或模拟上课。如果时间非常充裕,则可以增加实践锻炼的时间,到幼儿园见实习或上课等。

　　总之,本课程的宗旨是贯彻"理实一体,做中学,学中做"的理念。

参考文献

1. 倍趣科学. 四季科学乐园：幼儿趣味科学实验[M]. 上海：复旦大学出版社,2015.
2. 蔡志东. 现代科技概览[M]. 南京：东南大学出版社,2010.
3. [德]E·丹勒克尔. 100个科学小实验[M]. 成都：四川人民出版社,2000.
4. 顾克. 幼儿园利用社区教育资源组织教育活动之思考[J]. 学前教育研究,2004(7).
5. 管旅华.《3～6岁儿童学习与发展指南》案例式解读[M]. 上海：华东师范大学出版社,2013.
6. 黄瑾. 幼儿数学教育与活动指导[M]. 上海：华东师范大学出版社,2015.
7. 吉恩·D·哈兰,玛丽·S·瑞维金. 许倩倩译. 儿童早期的科学活动——一种认知与情感相整合的学习模式(第九版)[M]. 南京：江苏凤凰教育出版社,2012.
8. 贾洪亮. 学前儿童科学教育(第二版)[M]. 上海：复旦大学出版社,2016.
9. 江苏省中小学教学研究室. 幼儿园综合活动课程(教师指导用书)[M]. 南京：江苏少年儿童出版社,2010.
10. 教育部. 幼儿园教育指导纲要(试行)[M]. 北京：北京师范大学出版社,2001.
11. 李季湄,冯晓霞.《3～6岁儿童学习与发展指南》解读[M]. 北京：人民教育出版社,2013.
12. 李生兰. 美国幼儿园教师运用社区资源优化教育活动的观察研究[J]. 上海教育科研,2010(6).
13. 郦燕君. 学前儿童科学教育(第二版)[M]. 北京：高等教育出版社,2014.
14. 刘占兰,沈心燕. 让幼儿在主动探索中学习科学[M]. 北京：北京师范大学出版社,2001.
15. 刘占兰. 学前儿童科学教育(第二版)[M]. 北京：北京师范大学出版社,2014
16. 刘占兰. 有趣的幼儿科学小实验[M]. 北京：科学教育出版社,2011.
17. 刘占兰. 幼儿园科学教育资源[M]. 北京：人民教育出版社,2014.
18. 陆兰. 幼儿儿童科学教育与活动指导(第二版)[M]. 北京：北京师范大学出版社,2014.
19. 梅纳新. 学前儿童数学教育(第二版)[M]. 上海：复旦大学出版社,2016.
20. 彭小元. 幼儿科学教育与活动指导[M]. 南京：江苏凤凰教育出版社,2013.
21. 皮亚杰. 傅统先译. 儿童的心理发展[M]. 上海：上海教育出版社,1982.
22. 施燕. 学前儿童科学教育[M]. 上海：华东师范大学出版社,2008.
23. 孙姝婷. 幼儿园利用家庭、社区资源进行科学教育的研究[D]. 上海：华东师范大学,2008.
24. 王金娥. 幼儿科学小实验(生物、化学分册)[M]. 上海：复旦大学出版社,2015.
25. 王金娥. 幼儿科学小实验(物理分册)[M]. 上海：复旦大学出版社,2014.
26. 兀静. 发展幼儿的科学素养及探究精神[M]. 南京：江苏凤凰少年儿童出版社,2015.
27. 夏力. 回归生活：幼儿园教育活动案例及评价分析[M]. 上海：复旦大学出版社,2016.
28. 夏力. 学前儿童科学教育活动指导(第三版)[M]. 上海：复旦大学出版社,2014.
29. 徐飚. 科学素养基础教程[M]. 北京：电子工业出版社,2009.

30. 一步幼儿学习资源. 现代幼儿园科学活动案例[M]. 上海：复旦大学出版社,2016.

31. 喻秋平. 幼儿园园本玩具的设计与开发(第二版)[M]. 上海：复旦大学出版社,2016.

32. 张春兴. 教育心理学[M]. 杭州：浙江教育出版社,1998.

33. 张国玺. 综合理科教程(第二版)[M]. 上海：复旦大学出版社,2017.

34. 张俊,等. 幼儿园科学领域教育精要——关键经验与活动指导[M]. 北京：教育科学出版社,2015.

35. 张俊. 幼儿园科学教育[M]. 北京：人民教育出版社,2016.

36. 张伟钢. 科学素养与培育[M]. 北京：科学出版社,2015.

37. 张亚军,方明惠. 幼儿园活动设计与经典案例[M]. 上海：华东师范大学出版社,2013.

38. 赵洪. 学前儿童科学教育[M]. 武汉：华中师范大学出版社,2014.

39. 赵寄石. 幼儿园课程指导丛书·科学(第二版)[M]. 南京：南京师范大学出版社,1997.

40. 赵雷石,唐淑. 幼儿园渗透式领域课程(第二版)(科学·艺术)(教师用书)[M]. 南京：南京师范大学出版社,2009.

41. 周雪艳. 学前儿童家庭与社区教育(第二版)[M]. 上海：复旦大学出版社,2015.

42. 朱家雄. 幼儿园教育活动设计与实施(第二版)[M]. 北京：高等教育出版社,2008.

图书在版编目（CIP）数据

幼儿科学教育：科学素养与活动实训/蔡志东主编. —上海：复旦大学出版社，2018.4（2020.8重印）
ISBN 978-7-309-13598-5

Ⅰ. 幼⋯　Ⅱ. 蔡⋯　Ⅲ. 学前教育-科学知识-幼儿师范学校-教材　Ⅳ. G613.3

中国版本图书馆 CIP 数据核字（2018）第 054078 号

幼儿科学教育：科学素养与活动实训
蔡志东　主编
责任编辑/朱建宝

复旦大学出版社有限公司出版发行
上海市国权路 579 号　邮编：200433
网址：fupnet@ fudanpress.com　http://www.fudanpress.com
门市零售：86-21-65102580　团体订购：86-21-65104505
外埠邮购：86-21-65642846　出版部电话：86-21-65642845
江苏句容市排印厂

开本 890×1240　1/16　印张 14.5　字数 436 千
2020 年 8 月第 1 版第 2 次印刷

ISBN 978-7-309-13598-5/G·1824
定价：36.00 元